처음부터 다시 배우는
서양고대사

메소포타미아·이집트 문명부터 서로마제국 멸망까지

처음부터 다시 배우는
서양고대사

정기문 지음

책과함께

일러두기

- 메소포타미아 인·지명 표기는 마르크 반 드 미에룹, 김구원 옮김,《고대 근동 역사》, CLC(기독교문서선교회), 2010을 따르고, 제임스 B. 프리처드 편, 강승일 외 옮김,《고대 근동 문학 선집》, CLC, 2016을 참고했다. 성경에 나오는 인명의 경우 두 책은 개역 개정 성경을 따랐지만, 이 책은 학계에서 통용되는 표기를 따랐다.
- 이집트 인·지명 표기는 게이 로빈스, 강승일 옮김,《이집트의 예술》, 민음사, 2008을 따랐다.
- 원어는 의미를 명확히 하는 데 꼭 필요한 경우에만 병기했다.
- 인명 뒤에 연도를 붙인 경우 통치자는 재위 연도이고, 일반인은 생몰 연도이다.

30여 년간 서양고대사를 공부해왔지만, 일반 독자나 학생들에게 적합한 입문서를 찾지 못했다. 시중에 나와 있는 서양고대사 입문서들은 저마다 장점을 갖고 있다. 화보가 뛰어난 책도 있고, 연구자들의 전문성이 돋보이는 책도 있다. 그렇지만 서양고대사가 다루어야 할 시기 전체를 망라하면서, 서양고대사 이해에 필수적인 주제를 모두 담아낸 책은 찾기 힘들다.

우선 시대 면에서 서양고대사는 메소포타미아 문명의 출범부터 서로마제국의 멸망까지를 다루어야 한다. 일반적으로 고대 그리스를 서양 문명의 원류로 규정하고 메소포타미아·이집트 문명을 소홀히 하는 경향이 강하다. 그러나 서양 문명의 기둥이라고 할 수 있는 종교, 철학, 법은 모두 메소포타미아와 이집트에서 유래했다.

서양의 중심 종교인 기독교는 팔레스타인 지역에서 생겨나 성장했으며, 그리스 신화의 근간은 수메르 신화와 바빌론 신화에서 형성되었다. 특히 메소포타미아의 종교관이 중요하다. 메소포타미아 최초의 문명인 수메르 시대에 형성된 신과 인간에 대한 사고관이 이후 그리스, 로마는 물론 서양 근대까지 세계를 작동하는 기본 원리로 작동했기 때문이다.

수메르인은 독자적인 통치조직을 갖춘 수많은 도시국가를 건설했다. 그들은 주요 신들이 도시를 보호해준다고 생각하여 도시별로 수호신을 정했다. 가령 우르Ur의 수호신은 달의 신 난나였고, 우루크의 수호신은 하늘의 신 이난나였으며, 니푸르의 수호신은 폭풍우의 신 엔릴이었다. 수메르인은 도시를 건설하면서 중심지에 도시의 수호신을 위한 신전을 짓고, 신전에 수호신의 신상을 설치하고 예배를 드렸다. 이렇게 신전을 도시의 중심에 설치하고, 수호신을 위한 종교 활동을 도시 유지에 가장 중요한 것으로 여기는 관념은 그리스·로마 시대까지 계속된다. 로마제국 말기에 기독교가 국교가 되면서 다신교도 신전이 기독교 성당으로 교체되었지만, 성당을 중심으로 도시를 건설하고 신에 대한 예배를 사회 운영에 가장 중요한 활동으로 여기는 관념은 근대까지 지속되었다. 또한 메소포타미아의 신에 대한 생각은 이후 그리스에 큰 영향을 끼쳤다.

우리는 흔히 그리스인이 인간 중심적인 문화를 발전시켰다고 말하고, 그 근거로 신을 절대적인 존재가 아니라 인간처럼 희로애락을 느끼는 존재로 보았다는 사실을 제시하곤 한다. 그러나 이 관념은 수메르에서 이미 확연하게 관찰된다. 수메르의 신은 인간처럼 가족을 형성하고, 온갖 '인간적인' 행동을 하는 존재였다. 따라서 그리스 신화의 원형은 수메르 시대에 형성되었다.[1]

메소포타미아와 서양의 종교적 연관성은 점성술에서도 명확히 나타난다. 점성술은 하늘에 있는 별과 인간의 운명이 연계되어 있기에, 별들의 움직임을 관찰하면 인간의 운명을 알 수 있다는 신앙을 말한다. 점성술은 메소포타미아 문명을 출범시킨 수메르 시대에 발전하기 시작하여, 함무라비가 속한 고바빌로니아 왕국에서 체계화되었다.[2] 이후 점성술은 그리스와 로마로 전파되었고, 근세 초까지 서양인의 종교 생활에서 가장 중요한 요소 가운데 하나로 작용했다. 16~17세기 서양의 대다수 마을에서 점성술사들이 활동하고 있었으며, 그들이 발행한 달력almanac은 성경보다 많이 팔렸다. 아메리카 대륙까지 항해해 유명해진 콜럼버스도 점성술에 심취했으며, 위대한 천문학자 케플러도 점성술사로 활동했고 점성술 달력을 발행해 많은 돈을 벌었다.[3]

최초의 철학이라고 이야기되는 그리스 철학도 메소포타미아와 이집트의 영향을 받았다. 이는 무엇보다 그리스 철학의 초기 중심지가 밀레토스를 비롯한 소아시아의 이오니아 지방이었다는 사실에서 드러난다. 메소포타미아인은 수학과 천문학에서 뛰어난 발전을 이루었다. 그들은 숫자의 가치가 위치에 따라 달라진다는 '자릿값'의 개념을 도입했고, 그 개념을 분수에까지 적용해 정교한 계산을 하였다. 또한 바빌로니아 사람들과 이집트 사람들은 피타고라스가 발명했다고 알려져 있는 피타고라스의 정리, 즉 '직각삼각형의 빗변의 제곱이 두 직각변의 제곱의 합과 같다'라는 정리도 이미 알고 있었다.[4] 피타고라스가 우주의 기본 원리를 '숫자'로 파악할 수 있었던 것은 메소포타미아와 이집트에서 수학이 발달했기 때문에 가능했다. 그리고 메소포타미아인은 점성술에 따른 점을 치기 위해 우주를 관찰하여 천구도를 만들었다. 수메르 시대부터 메소포타미아인은 하늘을 관찰하여 황도黃道를 파악했으며, 태양계 7행성의 운동을 정밀하게 관찰해 일식과 월식을 예측했다.[5] 오늘날 터키 동부에 해당하는 이오니아에 살던 그리스인들은 메소포타미아의 선진 학문을 수용해 서양 철학의 출발점을 만들 수 있었다. 따라서 그리스 철학은 어느 날 하늘에서 뚝 떨어진 것이 아니라 메소포타미아의 문물을 수용한 결과이다.*

서구인이 자랑하는 '법의 통치'도 이미 메소포타미아에서 확고하게 정립되었다. 수메르인은 고대 법전 가운데 가장 유명한 함무라비 법전 이전에 우루카기나Urukagina 법전, 우르남무 법전, 에쉬눈나 법전Eshnunna Code을 만들었다. 세 법전은 법이 질서와 정의를 실현하는 가장 중요한 수단이라는 개념을 확립했다. 이 법전들을 계승한 함무라비 법전은 282개나 되는 조항을 갖추고 있으며, 법을 통해 사회를 운영한다는 원칙을 확고하게 밝혔다. 함무라비 법전은 '눈에는 눈, 이에는 이'라는 원시적인 원칙을 제시한 것으로 알려져 있다. 그러나 282개 조항을 꼼꼼하게 읽어보면 사람들의 신분과 경제 형편을 고려하여 규정을 만들고, 고아나 과부와 같은 사회적 약자를 보호한다는 개념이 뚜렷하게 관찰된다. 이런 법치의 개념은 그리스·로마에 계승되었고, 이후 서양의 근대를 만드는 원리가 되었다.

초기 그리스의 문화 발전에서 이집트의 영향도 무시할 수 없다. 그리스 학문의 아버지로 꼽히는 탈레스와 그리스 민주주의의 기초를 세운 솔론은 이집트에서 공부했다.[6] 또한 그리스는 신화, 언어 등에서 이집트의 영향을 크게 받았다. 그리스 어휘의 20퍼센트 정도는 이집트에서 유래했으며, 그리스 신의 이름 중에도 이집트에서 온 것이 많

---

* 마틴 버날, 오홍식 옮김, 《블랙 아테나의 반론: 마틴 버날이 비평가들에게 답하다》, 소나무, 2017, 26쪽. 버날은 그리스 문명이 위대한 것은 이집트와 레반트(동지중해 연안 지역)의 문화를 흡수했기 때문이라고 주장했다.

다. 이집트에서 유래한 스핑크스의 조각상이 그리스 건축물에서 많이 발견되고,* 스핑크스 수수께끼가 그리스에서 유행했다는 것을 생각해 보면 이 사실을 잘 알 수 있다. 그리스 문명이 이집트에 뿌리를 두고 있는 현상을 최근 한 학자는 '블랙 아테나'라고 집약해서 표현했다.[7] 이렇게 메소포타미아와 이집트 문명이 중요하기 때문에 서양 고대의 역사를 제대로 이해하려면 반드시 고대 근동(유럽인이 보기에 가까운 동쪽이라는 뜻으로 메소포타미아와 이집트 일대)의 역사에서 출발해야 한다.

  주제 면에서 서양고대사는 서양 문명을 이해하는 데 핵심이 되는 주제들을 빠짐없이 다루어야 한다. 기존 입문서들은 대개 정치사, 제도사, 사건사에 초점을 맞추면서 문화사 분야를 소홀히 했다. 따라서 여러 인물의 업적이나 정치제도의 발전은 자세하게 다루어졌지만 그리스 문학, 기독교의 발전과 로마의 기독교 박해, 로마의 실용 문화와 같은 주제는 소략하게 다루어졌다.

  그리스 문학은 탄생 순간부터 현대까지 서양 모든 지식인의 중요한 자산이었다. '철학자의 왕'이라고 불리는 플라톤은 331번이나 호메로스를 그의 주장의 전거로 제시했다. 셰익스피어, 몽테뉴, 괴테를 비롯한 서양 근대의 지식인도 그리스·로마 문학에서 많은 영감과 자극을 받았다.[8] 현대에도 서양 지식인들은 호메로스의 작품이나 그리스의 비극 작품을 인용하면서 자신의 논지를 펼치며, 할리우드가 만든 영화에도 그리스 문학이 만들어놓은 구조와 모티프들이 많이 사용된다. 가

* C. M. 바우라, 이창대 옮김, 《그리스 문화예술의 이해》, 철학과현실사, 2006, 88쪽. 대표적인 것으로는 낙소스섬 아폴론 신전의 스핑크스 조각상을 들 수 있다.

령 이야기를 순서대로 진행하지 않고 거꾸로 거슬러 올라가는 플래시백 기법은 이미 호메로스가 수준 높게 구사했다. 로마 문명을 이야기할 때면 로마 시대에 실용 문화가 발달했다고 말하면서도 내용을 제대로 살피지 않는다. 따라서 서양고대사를 공부한 학생도 로마 실용 문화의 정수인 법과 건축이 얼마나 뛰어났는지 모르는 경우가 많다. 서양 문명의 종교인 기독교도 그렇다. 기독교가 어떻게 탄생했고, 언제 독립된 종교로 성장했으며, 로마제국으로부터 왜, 얼마나 강하게 박해를 받았는지 제대로 다룬 입문서를 보지 못했다. 이 책은 이러한 주제를 모두 다루었다.

또한 이 책에는 많은 사람이 재미를 느낄 만한 흥미로운 소재들이 담겼다. 영국 고고학자 레너드 울리의 발굴과 노아의 홍수, 지구라트와 바벨탑의 진실, 왕들의 계곡 발견의 뒷이야기, 권력을 되찾기 위해 꾸민 페이시스트라토스의 연극, 아테네 참주정의 몰락을 가져온 동성애 사건, 페리클레스의 연설을 실제로 작성한 여인 아스파시아, 베르길리우스가 죽어가며 《아이네이스》를 불태우라고 유언한 사연, 폭군으로 알려진 네로 황제에 대한 재평가, 로마제국 말기 호노리우스 황제의 닭 사랑이 대표적이다. 기존 입문서에서 보기 힘든 이런 소재들을 통해 독자들은 재미있게 서양고대사를 만날 수 있을 것이다.

이 세 가지 조건을 염두에 두고 원고를 쓰는 일은 매우 힘들었다. 주요 주제들을 확실하게 파악하려고 전문 연구서, 개론서, 심지어 연구 논문을 수백 편 읽었지만 로마제국의 기독교 박해와 같은 몇몇 주제에 대해서는 좋은 안내 글을 찾을 수 없었다. 할 수 없이 이 분야에 대한 전문 연구 논문들을 읽고 직접 여러 편의 논문을 작성했다. 이 책의 초고를 완성하고도 2~3년 동안 내용을 확인하고 다듬었다. 문화사 분야를 대폭 보강했지만, 입문서가 기본적으로 다루어야 할 인물, 정치 사건도 넣어야 했기 때문에 수많은 인명과 지명, 연대가 등장한다. 중요한 사건과 제도, 주요 인물의 업적을 점검해 오류가 없도록 노력했지만 아직도 부족한 점이 많을 것이다. 여러 독자의 의견을 받아 좀 더 좋은 글로 발전할 수 있기를 바란다.

2021년 2월
정기문

차례

3부 고대 로마

1부

메소포타미아 · 이집트 문명

1장

메소포타미아 문명

4대 문명 중 가장 먼저 발전한 메소포타미아

기원전 1만 년경 현재 터키의 아나톨리아 지역에서 최초로 농경이 시작되었다. 이때 인류는 양을 비롯한 가축을 기르고, 돌을 갈아 연장을 만들고, 흙을 구워 도기를 만들고, 실을 자아 옷을 만드는 등 혁신적인 기술을 개발했다. 역사가들은 이를 신석기 혁명이라고 부른다. 신석기 혁명을 통해 인류는 이전보다 훨씬 안정적으로 식량을 확보하고, 환경을 효율적으로 이용할 수 있게 되었다. 남자와 여자가 한곳에 모여 살면서 부부, 가족과 같은 제도도 성립했다. 또한 여러 사람이 협력하여 토지를 개간하고, 농사에 필요한 물을 관리하고, 농기구를 공동으로 사용하면서 촌락이 발전했다.

신석기 혁명은 사람들이 살고 있는 거의 모든 지역으로 빠르게 퍼져 나갔다. 메소포타미아에서 농경이 시작된 지 2000~3000년이 지나지 않아 신석기 문화는 아프리카의 열대우림 지역, 북극 근처의 극지대, 아시아와 유럽의 여러 지역, 아메리카, 오세아니아에 이르기까지 인간이 거주하는 모든 지역으로 확대되었다. 신석기 혁명은 여러 지역에서 비슷한 시기에 일어나, 주변으로 빠르게 퍼져나간 것이다. 이후 인류는 각기 다른 지역에서 다른 문화권을 형성하고 살아갔지만 청동기 시대, 철기 시대, 고대, 중세, 근대를 거치면서 유사하게 발전하게 된다.

그렇지만 세계 모든 지역이 똑같은 속도로 발전하지는 않았다. 유난히 농사가 잘되고 살기 좋은 곳들이 더 빨리 발전했다. 메소포타미아 지역, 이집트의 나일강 일대, 중국의 황허강 일대, 인도 북부의 인더스강 일대가 바로 그런 곳이다. 이 네 곳은 문명 발달에 필요한 다음 세 조건을 갖추고 있었다.

첫째, 강 하류에 위치해 토질이 비옥했다. 농작물은 흙 속에 있는 영양분을 먹고 자라는데, 한번 씨앗을 뿌려 추수하고 나면 흙 속의 양분이 고갈되어 농사를 지을 수가 없다. 강 하류 지역의 땅은 특별히 거름을 주지 않아도 계속 농사를 지을 수 있었다. 강 상류 지역에서 새로운 흙이 흘러 내려와 쌓이면서 강 중하류 지역의 흙을 매년 교체했기 때문이다. 둘째, 기후 조건이 좋았다. 사람이 살기 좋은 지역은 평균 기온이 섭씨 17~20도이고, 습도는 40~75퍼센트이다. 지금 기준에서는 좀 더운 것 같지만 신석기 시대에는 난방 기술이 발전하지 않았기 때문에 여름에 덥더라도 겨울에 따뜻하게 지낼 수 있는 곳이 좋았다. 네 지역은 모두 이 조건에 잘 맞았다. 기후 조건을 이야기할 때 주의할 점이 있는데, 4대 문명이 발생한 시기의 기후는 지금과 많이 달랐다. 가령 황허 문명 지대는 현재 온대 지역이지만, 신석기 시대에는 코끼리, 코뿔소와 같은 열대 동물이 살 수 있을 만큼 따뜻했다. 셋째, 풍토병을 비롯한 전염병이 발생하기 어려웠다. 늪지가 넓게 퍼져 있는 곳에는 다양한 벌레들이 살고, 그런 벌레들은 말라리아, 콜레라와 같은 풍토병을 옮기곤 한다. 따라서 풍토병이 적은 지리 조건은 문명의 발달에 중요한 역할을 했다.

네 지역 중에서 티그리스강과 유프라테스강 유역인 메소포타미아 지역에서 가장 먼저 문명이 발전했다. '문명'은 영어로 'civilization' 인데, 이 단어는 도시를 뜻하는 라틴어 '키비타스civitas'에서 유래했다. 기본적으로 문명은 '도시를 건설하는 것'을 의미한다. 고대에는 외적의 침입을 막기 위해 도시를 거대한 성벽으로 둘러싸곤 했다. 그 안에는 왕·사제·귀족과 같은 지배층, 그리고 서기·수공업자와 같이 지배층을 보조하는 사람들이 살았다. 이들은 농사를 짓지 않고, 오로지 백성을 통치하고 적을 방어하는 일에만 전념했다. 농사짓지 않는 사람들이 도시에 거주했다는 사실은 농사짓는 사람들이 그들을 먹여 살렸음을 의미한다. 그러려면 농업 생산성이 높아야 했다. 따라서 도시가 건설된 곳은 농업 생산성이 높아서 잉여가 풍부한 곳이었다.

메소포타미아 문명의 젖줄인 두 강, 즉 유프라테스강과 티그리스강은 남동쪽으로 흘러 페르시아만 입구에 도착한 후 합류하여 인도양으로 흘러 들어간다. 두 강 사이에 형성된 평야 지대는 북으로 지중해 연안의 시리아 지역과 연결되어 '비옥한 초승달 지역'이라고 불리기도 한다. 농업이 발달하기 시작하면서 주변의 황무지를 떠돌던 유목민들이 두 강의 범람으로 형성된 퇴적평야에 관심을 갖고 정착하기 시작했다. 최초로 정착한 사람들은 수메르인이었는데, 수메르인은 보리와 밀을 재배해 풍요를 일구었다. 식량이 풍부했던 수메르인은 여러 종류의 술을 마셨는데, 특히 맥주를 좋아했다. 그들은 "인생의 즐거움, 그것은 바로 맥주"라고 말했다.

메소포타미아 지역이 비옥하기는 했지만, 정착에는 많은 어려움이 따랐다. 두 강의 범람은 메소포타미아 사람들에게 비옥한 토지를 선사했지만, 언제 그들의 생명을 앗아 갈지 모르는 공포의 대상이기도 했다. 두 강이 수시로 범람했기 때문이다. 따라서 강의 범람을 효율적으로 통제하는 일이 메소포타미아인의 생존에 매우 중요했다. 메소포타미아인에게 물을 통제하는 것이 얼마나 중요했는지는 그들의 창세 신화에 잘 나타나 있다. 태초에 인간은 없었고 신들만 살고 있었다. 작은 신들은 먹고살기 위해 직접 농사를 지었고, 큰 신들이 그들을 지배했다. 작은 신들은 농사를 잘 짓기 위해 작은 강과 물길에 쌓인 퇴적토를 파내는 일을 반복하면서 점차 지쳐갔다. 그들은 큰 신들의 우두머리인 엔키에게 항의하면서, 자신들이 만든 연장을 모두 부숴버리겠다고 위협했다. 엔키는 어머니인 남무Nammu 여신과 상의하여 진흙으로 사람을 빚고 코에 생기를 불어넣었다. 이렇게 해서 사람이 만들어져 작은 신들을 대신하여 일을 하게 되었다.* 이 신화는 메소포타미아 지역의 삶에서 홍수를 관리하는 노동이 매우 고되었음을 잘 보여준다.

또한 메소포타미아에는 지진이 자주 일어났고, 여름에는 인도양으로부터 사이클론이 불어왔다. 사이클론이 불 때면 홍수와 해일이 동반되는 경우도 많았다. 노아의 대홍수는 메소포타미아인이 수없이 겪었던 홍수 중의 하나일 것이다. 메소포타미아의 지형은 매우 개방되어 있었다. 티그리스·유프라테스강 유역에는 높은 산이 거의 없었다. 끝

---

* 제임스 B. 프리처드 편, 강승일 외 옮김, 《고대 근동 문학 선집》, CLC, 2016, 99~100쪽에는 반란을 주도했던 킹구를 죽이고, 그 피로부터 인간을 만들었다는 아카드 버전이 실려 있다.

없이 평야가 펼쳐져 있고, 산이라고 해봐야 높이가 몇백 미터 되지 않았다. 따라서 메소포타미아 사람들은 자연적 방어물이 전혀 없는 강 사이의 탁 트인 평야 위에 도시를 만들 수밖에 없었다. 이러한 개방적 지형 탓에 산악 지역에 사는 주변 종족들의 침입이 잦았고, 전쟁이 계속되면서 왕조가 바뀌고, 지배하는 종족이 바뀌는 일이 반복되었다. 따라서 메소포타미아인의 삶은 항상 불안했다. 자연재해와 전쟁에 시달리던 메소포타미아 사람들은 현세의 삶에 매달릴 수밖에 없었다. 그 결과 메소포타미아인은 내세를 중요시하지 않는 현세 중심 세계관을 발전시켰다.

빛은 동방에서 왔다

서양인에게 메소포타미아는 그리움과 동경의 대상이다. 메소포타미아가 서양인들이 어릴 적부터 읽은 성경과 그리스·로마 신화의 배경이기 때문이다. 노아의 방주가 닿았다는 아라랏산과 바벨탑이 세워졌다는 바빌론이 그곳에 있었다. '메소포타미아에 가면 정말 바벨탑을 볼 수 있을까?', '아라랏산 위에는 노아의 방주가 있을까?' 많은 서양인이 이런 동경과 환상을 가졌고, 그것을 확인하기 위해 메소포타미아 구석구석을 헤매고 다녔다. 성지 예루살렘 순례는 로마 시대부터 시작되었고, 중세에는 많은 여행가들이 아라비아 사막을 넘어 바빌론과 우르 지역까지 여행했다.

그러나 아라비아를 넘어선 여행가들은 이내 자신들의 꿈과 동경이 신기루에 불과함을 깨달았다. 가도 가도 모래사막과 황무지밖에 없었다. 가끔 기이한 비문들이 발견되기는 했다. 비문들에는 어린이들의 낙서인지 그림인지 아니면 부적인지 알 수 없는 이상한 표식들이 있었다. 12세기 이래 많은 여행가들이 비문들을 보았지만 아무것도 해독할 수 없었다. 그런데도 메소포타미아에 대한 서양인들의 동경과 환상은 계속되었다. 더위와 목마름에 시달리고, 온갖 해충의 위협을 받으면서도 서양인들의 순례와 여행은 계속되었다.

19세기에 고고학이 탄생하면서 서양인들의 꿈은 비로소 현실이 되었다. 바벨탑이 발견되고, 노아의 홍수의 정체가 밝혀졌다. 구약성경에 전하는 사건들이 역사적 사실임을 밝혀주는 비문들도 수없이 발견되었다. 고고학 발굴이 계속 성과를 거두고 비문 해석 작업이 진행되면서 메소포타미아 문명은 서서히 실체를 드러냈다. 수천 년 이상 모래 속에 묻혀 있던 황막한 사막에 고도의 문명이 잠들어 있었다. 메소포타미아 문명의 실체가 밝혀지면서 서양인들은 깜짝 놀랐다. 문명의 수준이 생각했던 것보다 훨씬 높았다. 고도의 도시 문명, 윤리적인 종교, 현세 중심적인 신화, 수준 높은 철학과 과학, 정교한 법률 체계가 그곳에 있었다. 더욱이 메소포타미아가 서양 문명에 끼친 영향은 그때까지 생각했던 것보다 훨씬 컸다. 서양의 종교, 문화, 언어, 예술 모든 분야에 메소포타미아 문명의 흔적이 깊게 각인되어 있었다.[1]

서양인들이 20세기에 와서야 깨달은 이 사실을 로마인은 '빛은 동방에서 왔다'라고 표현했다. 여기서 빛은 문명을 말하고 동방은 메소포타미아와 이집트를 가리킨다. 동방을 영어로는 오리엔트orient라고 하는데 이 말은 라틴어 '오리오르orior'에서 유래했다. '오리오르'는 해가 뜬다는 말이다. 그리스인이 보았을 때 해가 뜨는 지역이 동방이고, 그곳은 메소포타미아와 이집트였다.

쐐기 문자의 해독

메소포타미아인이 사용하던 글자를 쐐기문자라고 한다. 그들은 점토판에 첨필(주로 갈대를 뾰족하게 깎아서 만든 필기구이다. 갈대 외에 금속이나 뼈로 만들기도 했다)로 글자를 새겼는데,[2] 글자의 모양이 쐐기를 닮았다. 이 문자는 오랫동안 수수께끼로 남아 있었다. 17세기부터 여행가들이 메소포타미아에서 그림인지 어린애들의 장난인지 알 수 없는 글자가 새겨진 벽돌을 유럽으로 가져오거나, 비문들을 베껴 왔다. 비문에 새겨진 것이 글자일 것이라는 생각이 생겨나면서 메소포타미아에 잃어버린 문명이 있다는 믿음이 커졌다. 그리하여 18세기 말부터 유럽인들은 열정적으로 메소포타미아로 달려갔다.

그러한 가운데 카르스텐 니부어K. Niebuhr가 고대 페르시아 제국의 수도였던 페르세폴리스의 왕궁 터에서 여러 비문을 발견했다. 니부어는 비문에 새겨진 것이 글자임에 틀림없다고 확신하고, 베껴 와서 공개했다. 비문 해독의 열쇠를 최초로 연 사람은 독일인 그로테펜트G. F. Grotefend(1775~1853)였다. 고전 문헌학을 전공한 그로테펜트는 페르세폴리스에서 발견된 비문이 페르시아 왕들의 업적을 기리는 것이라고 생각했다. 그는 왕들의 업적을 기리는 비문이라면 페르시아 왕들의 이름이 자주 등장할 테니, 반복해서 등장하는 글자를 모아 페르시아 왕 이름과 비교하면 문자를 해독할 수 있을 것이라고 생각했다. 그는 수년간의 고생 끝에 고페르시아어로 쓰인 몇 개의 비문을 해독했다. 1802년 그로테펜트는 〈페르세폴리스의 설형문자 해석에 관하여〉라는 논문에서 자신의 견해를 밝혔지만, 알아주는 사람은 거의 없었다. 그의 주장이 맞는지 확인할 길이 없었기 때문이다.

쐐기문자 해독에 결정적 단서가 된 비시툰 비문. 페르시아의 다리우스 왕(❶)이 반역자를 처단하는 모습이 묘사되어 있고, 위쪽 중앙에는 조로아스터교의 상징(❷)이 보인다.

그로테펜트의 해석이 옳다는 것을 입증한 사람은 헨리 롤린슨H. Rawlinson(1810~1895)이었다. 페르시아에서 군인으로 복무하고 있던 롤린슨은 비시툰(옛 이름은 베히스툰. 고대에는 바가스타나라고 불렸고, 신의 땅이라는 뜻이다)에 거대한 암벽이 있고 그곳에 이상한 글자들이 새겨져 있다는 사실을 알게 되었다. 롤린슨이 그곳에 가보니 높이가 120미터나 되는 거대한 바위에 쐐기문자가 가득 새겨져 있었다. 롤린슨은 비시툰 비문이 고페르시아어, 아카드어, 아람어로 같은 내용을 반복해서 담고 있다는 것을 알고,* 먼저 고페르시아어의 해독에 매달렸다. 롤린슨은 1847년 고페르시아어를 해독해 그로테펜트의 주장이 옳다는 것

---

* 비시툰 비문이 고페르시아어, 아람어, 바빌로니아어로 쓰였다고 말해지기도 한다. 이 비문에 쓰인 바빌로니아어는 아카드어의 변형이다.

을 입증했다. 롤린슨은 1851년에는 아시리아와 바빌로니아 제국의 언어였던 아카드어를 해독했고, 이로써 쐐기문자 해독의 기반을 확실하게 마련했다.[3]

롤린슨이 아카드어 해독에 성공했을 무렵 다른 학자들이 자신들도 아카드어 해독에 성공했다고 주장했다. 1857년 영국왕립아시아학회는 학자들의 주장을 확인하기 위해 당시 발견된 지 얼마 되지 않은 비문을 네 사람에게 보내 각자 해석본을 제출하라고 요청했다. 몇 달 뒤 롤린슨을 비롯한 네 명의 학자가 해석본을 보냈는데, 내용이 같았다. 이로써 롤린슨의 해독이 맞았다는 것이 입증되었고, 1857년은 아시리아학이 탄생한 해로 불리게 되었다.[4]

노아의 방주와 길가메쉬 서사시

1849년에는 레이어드가 아시리아 제국의 수도 니느웨의 유적을 발굴했다. 아시리아 왕 중에 가장 막강하고 피를 많이 흘린 통치자였던 센나케리브(기원전 704~681)가 살던 궁전이 발견되었고, 뒤이어 앗수르바니팔(기원전 668~627) 왕의 도서관이 발견되었다. 도서관에서 발견된 점토판 중에 〈길가메쉬 서사시〉가 실려 있었다. 이 점토판의 발견으로 성경에 실린 대홍수 이야기와 낙원에 관한 이야기들이 가장 오래된 역사적 원전이 아님이 밝혀졌다.

〈창세기〉 6장에서 9장 사이에 노아의 홍수에 대한 이야기가 나온다. 기독교를 믿는 서양인들은 〈창세기〉의 설명에 따라 노아의 방주가 닿았다는 아라랏산에 올라 방주의 흔적을 찾아다녔다. 방주를 찾아 자기들의 믿음을 구체적으로 입증하려고 했기 때문이다. 아라랏산은 터키, 이란, 아르메니아 3개국의 국경에 높이 솟아 있는데, 최고봉이 5137미터나 된다. 수많은 사람이 노아의 방주를 찾기 위해 이 산에 올랐다. 그중에서도 유명한 사람이 1955년 이 산에 올랐던 프랑스인 탐험가 나바라였다. 그는 산 정상에서 방주의 잔해를 발견했다는 체험기를 발표했다. 그의 체험기는 세계적으로 큰 반향을 일으켰고, 지금도 많은 사람들이 굳게 믿고 있다. 그러나 나바라가 증거로 내민 것은 고작 1.5미터의 각목이었고, 나중에 방사성 동위원소로 측정해본 결과 그 각목은 650년경의 것으로 밝혀졌다.

과연 노아의 홍수는 실제로 있었던 사건일까? 영국의 고고학자 레너드 울리가 그 비밀을 밝혀냈다. 1929년 여름 수메르인의 중심지인 우르를 발굴하던 울리는 이상한 유적지를 발견했다. 울리가 지휘하는 발굴대는 우르에서 가장 오래된 유적층을 발굴하기 위해 계속 땅을 파들어갔다. 땅을 계속 파다 보면 유물이 더 나오지 않는 지층(생토층)이 드러난다. 그 지층은 우르인이 최초로 정착했을 때 사용했던 지층일 것이다. 인부들이 계속 땅을 파던 끝에 드디어 최초의 지층에 도달한 것 같았다. 인부들은 울리에게 내려와서 확인하라고 말했다. 땅속으로 들어가 인부들의 말을 확인하고 있던 울리는 깜짝 놀랐다. 마지막이라고 생각했던 지층이 점토층이었기 때문이다. 점토층에서 어떻게 사람이 살았단 말인가. 이상하게 생각한 울리는 땅을 더 깊게 파라고 명령했다. 인부들이 다시 3미터의 땅을 파내자 그곳에서 점토층이 끝나고 새로운 거주지가 발견되었다. 그리고 점토층을 자세히 조사해보니 거기에는 바다 생물들의 잔해와 소금기가 있었다. 울리의 발굴을 지켜보고 있던 부인 캐서린Katharine Woolley이 말했다. "홍수로 인한 잔해물이네요." 캐서린의 말 한마디는 세계를 발칵 뒤집어놓았다. 노아의 홍수 설화의 모티프가 밝혀졌기 때문이다.[5]

나중에 세밀한 조사를 해보니 우르 지역의 해안가 전체에서 이런 점토층이 발견되었다. 우르의 해안가 넓은 땅에서 소금기를 포함한 점토층이 발견되었다는 것은 대홍수가 해일이었음을 의미한다. 언젠가 대해일이 있었고, 그 해일로 인해 우르의 해안가가 모두 물에 잠겼다. 해일이 가라앉고 많은 시간이 흐른 뒤에 다시 해안가에 사람들이 살기 시작했다. 대홍수를 겪었던 사람들이 대홍수 전설을 만들어냈다.

그런데 울리가 대홍수의 비밀을 밝히기 전에도 노아의 홍수가 사람들의 이목을 집중시킨 적이 있었다. 1849년 영국 고고학자 레이어드가 아시리아의 수도 니느웨에서 발굴한 3만 개의 점토판을 대영박물관으로 보냈다. 대영박물관의 이집트-아시리아 부서의 담당자는 조지 스미스George Smith였다. 그는 점토판을 분류하고 해독하다가 1872년 가을 어느 날 한 점토판에서 〈길가메쉬 서사시〉를 찾아냈다.

〈길가메쉬 서사시〉는 기원전 2800년경에 실존했던 길가메쉬라는 왕의 모험담을 전한다. 길가메쉬는 도시 우루크의 왕이었다. 반신반인半神半人이었던 길가메쉬는 자신의 힘을 믿고 갈수록 교만해졌다. 길가메쉬가 폭압을 휘둘러 백성들의 삶이 날로 어려워지자, 신들은 엔키두를 보내 길가메쉬를 견제하도록 했다. 그러나 길가메쉬와 엔키두는 서로의 영웅 됨을 알아보고 친구가 되었다. 엔키두라는 새로운 영웅을 친구로 맞은 길가메쉬는 의기양양하여 신들에게 도전했다.

길가메쉬와 엔키두는 신들의 숲을 지키는 훔바바와 하늘 문을 지키는 황소를 죽였다. 분노한 신들은 엔키두를 죽이기로 하고, 꿈을 통해 그 결정을 알려준다. 그 후 엔키두는 12일 동안 앓고 나서 숨을 거둔

길가메쉬의 조각상. 왼쪽 팔로 사자를 끌어안고, 오른손으로 뱀을 움켜쥔 늠름한 모습이다.

다. 친구의 죽음을 지켜본 길가메쉬는 자신의 죽음을 생각하다가 영생을 열망하게 된다. 길가메쉬는 인간 중에서 유일하게 영생을 얻은 우트나피슈팀을 찾아, 대홍수 이전에 있었던 다섯 도시 가운데 하나인 슈루파으로 향했다. 그는 굶주리고 맹수들과 싸우면서 산과 들을 지나 멀리 여행했다. 그의 몰골은 추해졌지만 영생을 얻고자 하는 집념은 변함없었다.

숱한 모험과 긴 여정 끝에 길가메쉬는 우트나피슈팀을 만났다. 길가메쉬의 간절한 청을 받아들여 우트나피슈팀은 자신이 영생을 누리고 있는 비결을 이야기해준다.

"옛날 하고도 아주 옛날 지상의 인간들이 타락하자, 신들은 살아 있는 모든 창조물을 절멸시키기 위해 대홍수를 일으켰다. 그때 위대한 지혜의 신 에아가 나에게 나타나 배를 만들고, 살아 있는 생물들을 모두 한 쌍씩 태워 멸망을 피하라고 말씀해주셨다. 나는 에아 신의 조언대로 거대한 방주를 만들고, 살아 있는 동물들을 한 쌍씩 태워, 멸망을 피할 수 있었다. 온 세상을 뒤덮었던 물이 빠진 후 나는 신들에게 감사의 제사를 지냈다. 그때 신들이 나를 어여삐 여겨서 영생을 주었다."

우트나피슈팀은 신들의 축복을 받은 덕분에 영생을 누릴 수 있었지만, 길가메쉬를 축복해줄 신은 어디에도 없었다. 절망에 빠진 길가메쉬를 측은하게 여긴 우트나피슈팀의 아내가 바닷속에서 자라는 불로초가 있는 장소를 알려주었다. 길가메쉬는 바다 깊숙이 잠수해 불로초를 캔 다음, 가슴 벅찬 기쁨을 느끼며 우루크로 향한다. 그러나 신들은 그에게 영생을 허락하지 않았다. 그가 어느 우물가에서 목욕하는 동안 뱀이 불로초를 가져가버렸다. 완전히 지치고 참담해진 영웅은 자신의 안식처로 돌아온다.

〈길가메쉬 서사시〉가 전하는 대홍수 이야기는 성경에 나오는 노아의 홍수 이야기와 너무나 흡사했다. 길가메쉬의 이야기가 알려지자 세상이 발칵 뒤집혔다. 가장 놀란 것은 교회였다. 성경에 나와 있는 이야기가 다른 민족들의 전설을 각색한 것이라는 사실이 밝혀졌기 때문이다. 〈길가메쉬 서사시〉는 인류 최초의 서사시이고, 문학 작품으로서 완벽한 구도를 가지고 있다. 〈길가메쉬 서사시〉가 기록된 시기는 기원전 21세기경이다. 당시 사람들이 글자를 사용했다는 사실만으로도 신기한데, 이미 신과 인간의 관계, 삶과 죽음의 문제를 고민하고 그것을 뛰어난 문학 작품으로 남겼다는 것은 참으로 경이로운 일이다.

인간의 오만함을 심판했다는 바벨탑의 진실

바벨탑 이야기는 〈창세기〉 11장에 실려 있다. 노아의 홍수 이후에 동쪽으로 이동하던 사람들이 시날 땅(바빌로니아)에 이르러, 거기에 자리를 잡았다. 그들은 서로 "자, 도시를 세우고 그 안에 탑을 쌓고서, 탑 꼭대기가 하늘에 닿게 해 우리의 이름을 날리고, 온 땅 위에 흩어지지 않게 하자"라고 말했다. 이들이 탑을 쌓는 모습을 보고 하느님께서 말씀하셨다. "보아라, 만일 사람들이 같은 말을 쓰는 한 백성으로서, 이

16세기에 네덜란드 화가 피터르 브뤼헐이 그린 〈바벨탑〉.

렿게 이런 일을 하기 시작했으니 이제 그들은, 하고자 하는 것은 무엇이든지, 하지 못할 일이 없을 것이다. 자, 우리가 내려가서 그들이 거기에서 하는 말을 뒤섞어, 그들이 서로 알아듣지 못하게 하자."[6] 하느님께서 언어를 다르게 하여 사람들을 온 땅으로 흩으셨기 때문에 이곳은 바벨이라고 불린다.

과연 성경이 전하는 바벨탑 이야기가 사실일까? 성경을 읽은 수많은 사람들이 바벨탑의 전설이 사실이라고 믿고, 바벨탑을 찾으려고 노력했다. 그들은 현재 이라크와 이란 지역에 펼쳐진 황량한 사막을 헤매고 다니며 거대한 탑을 발견하고는 그것이 바벨탑이라고 주장했으나, 그들의 주장을 뒷받침할 증거는 없었다. 19세기 말 독일인 로베르트 콜데바이Robert Koldewey(1855~1925)가 바벨탑의 비밀을 밝혀냈다.

콜데바이는 1899년부터 독일 조사단을 이끌고 바빌론을 발굴했다. 그는 바빌론에서 가장 신성한 지역으로 여겨지던 에사길라Esagila 신전을 발굴하고, 바벨탑의 흔적을 찾기 위해 노력했지만 성과가 없었다. 그러다가 콜데바이는 발굴지에서 조금 떨어진 지역의 지하에서 사람들이 계속 벽돌을 캐 가는 모습을 목격했다. 콜데바이는 바벨탑이 벽돌로 지은 거대한 탑이라는 것을 알고 있었기에, 사람들이 캐 가는 벽돌이 바벨탑의 잔해일 것이라고 직감했다. 콜데바이는 즉각 에사길라에서 200미터 떨어진 지하를 발굴했고, 그곳에서 7500만 개의 벽돌로 지어졌던 7층 탑의 유물을 찾아냈다. 이 탑의 기단에는 다음과 같은 비문이 실려 있었다.

아주 오랜 옛날에 사람들은 각자의 말을 함으로써 무질서에 빠져서 이 탑의 건축을 포기했다. 그 후로 지진과 천둥이 햇볕으로 말린 진흙을 흩어지게 했다. 덧입혀 구운 벽돌들이 깨지고, 내부의 흙이 덩어리 지어 흩어져버렸다. 위대한 신 마르두크께서 이 탑을 수리하라고 나에게 명령하셨다. 나는 탑이 놓인 자리를 변경하지 않았고, 기단부를 제거하지도 않았다.[7]

이 탑은 이후 여러 발견에 의해 바벨탑임이 확증되었다. 우선 이 탑을 발굴해본 결과 밑변과 높이가 각각 91미터였는데, 이는 역사가 헤로도토스가 묘사한 서술과 일치한다. 그리고 이 탑의 이름과 제작자가 적혀 있는 비문이 발견되었다.[8] 비문에는 '에테메난키, 지구라트, 바벨탑'이라는 글자가 새겨져 있었고, 이 탑을 세운 사람이 네부카드네자르(기원전 604~562)라고 적혀 있었다. 이 비문의 발견으로 그토록 찾아 헤매던 바벨탑의 존재가 확증되었다.

'에테메난키, 지구라트, 바벨탑'의 의미를 좀 더 살펴보자. 이 구절은 이 탑은 '바빌론에 있는 지구라트로서, 그 이름은 에테메난키이다'라고 해석할 수 있다. 따라서 이 탑의 원래 이름은 에테메난키이며 그것은 '하늘과 땅의 기초가 되는 집'이라는 뜻이다. 그런데 에테메난키가 바빌론을 대표하는 탑이었기 때문에 이 탑은 바벨탑이라고도 불렀다. 에테메난키는 지구라트 가운데 하나이다. 지구라트는 산꼭대기를 뜻하는 아카드어 지쿠라투ziqquratu나 높이 세우기를 의미하는 지카루ziqaru에서 유래했다.⁹ 지구라트는 우르, 우루크를 비롯해 메소포타미아 주요 도시에 세워졌는데, 거의 대부분 돌이 아니라 진흙 벽돌로 세워졌다. 여러 종족이 다양한 시기에 지구라트를 만들었기 때문에 모양이나 형식이 다양했다. 현재 약 30개의 지구라트가 발견되었다. 지구라트는 사각형 모양으로 기단을 만들고, 그 위에 좀 더 작은 모양의 단을 얹는 방식으로 제작되었다. 이런 식으로 만들어진 지구라트는 계단식 형태를 띠고 있어서 계단식 신전이라고도 불린다.

지구라트는 기원전 4000년대 말부터 만들어지기 시작했는데, 초기에는 높이가 낮았다. 문명이 발달하면서 지구라트의 규모는 갈수록 커졌다. 벽돌의 단을 몇 층씩 쌓아 올린 후대의 지구라트들은 산 모양을 닮았다. 지구라트가 산과 깊은 관련이 있음은 그 이름들에서 알 수 있다. 원래 지구라트들에는 모두 이름이 있었는데, '하늘과 땅을 연결하는 집', '산의 집', '폭풍우의 산', '하늘과 땅의 유대', '꼭대기가 하늘에 닿는 신의 집' 등의 명칭이 많이 사용되었다. 따라서 지구라트는 일종의 인공 산이라고 할 수 있다.

그렇다면 메소포타미아 사람들은 왜 인공 산을 만들었을까? 메소포

이라크에 남아 있는 지구라트. 메소포타미아 사람들은 산처럼 높은 지구라트를 만들어 신들을 숭배했다.

타미아에 정착한 대부분의 종족은 산에서 유목을 하던 사람들이었다. 그들은 메소포타미아에 정착하기 전부터 산을 신성시했고, 산이 하늘과 땅을 연결해주는 곳이라고 여겼다. 이들은 신들은 하늘에 있으므로 신들에게 드리는 예배도 높은 언덕이나 산에 자리 잡은 신전에서 드려야 한다고 생각했다. 인간이 신에게 가까이 갈수록 신이 크게 만족하며 그렇게 되면 무력한 인간이 신으로부터 괴롭힘을 당할 가능성도 줄어든다고 생각한 것이다. 그런데 그들이 메소포타미아에 들어왔을 때, 신들에게 제사를 지내고 신들을 만날 수 있는 산이 없었다. 이 때문에 메소포타미아 사람들이 만든 인공 산이 지구라트였다.

이렇듯 지구라트는 신에게 가까이 가고, 신들을 숭배하려는 메소포타미아인의 염원을 상징한다. 이 가운데 가장 유명한 지구라트가 바벨탑이다. 바벨이라는 말은 원래 아카드어로 바빌림Bāb-ilim이고, 이는 '신의 문'을 의미한다. 나중에 그리스인이 바벨을 바빌론이라고 부르고, 이 지방을 바빌로니아라고 불렀다. 바빌로니아인에게 바벨탑은 신전이었고 종교 생활의 중심지였다. 바빌로니아인은 바벨탑 순례를 중요한 의무로 여겼다. 맨 아랫단에 모셔진 하급 신들의 신전에서부터 순례가 시작되지만 정상의 마르두크 신전에는 제사장들만이 들어갈 수 있었다.

기원전 458년경 헤로도토스는 이 사원을 직접 보았다. 그의 이야기에 따르면 신전의 밑부분은 황금으로 치장된 반면 신전의 최상부에는 어떤 신상이나 장식도 없었다. 그곳에는 마르두크 신이 옆으로 누워 식사할 수 있도록 놓은 식탁용 장의자와 황금색을 입힌 탁자밖에 없었다. 이 지고지선의 성역에는 일반인의 출입이 허용되지 않았다. 이곳은 마르두크가 강림하는 곳으로 일반인들은 그 모습을 볼 수 없었다. 신성한 사제로 임명된 한 여인만이 그곳에서 지내면서 신의 수발을 들었다. 헤로도토스는 그 이야기를 듣고 "신이 신전을 방문해 쉬고 간다고 말하고 있으나, 나는 도저히 믿어지지 않는다"라고 말했다.*

지구라트에서는 신년제를 비롯한 중요한 의례가 행해졌다. 메소포타미아 지역에서 신년제는 춘분인 3월 21일에 치러졌는데, 이날 태양이 새로운 힘을 얻는 것으로 이해되었다. 신년제 때 여러 의례가 행해지는데 그중 성혼례가 중요했다. 성혼례는 지구라트 꼭대기에 있는 방에서 왕이 여사제와 혼인 의식을 치르고 성행위를 함으로써 새해의 다산과 풍요를 기원하는 의례이다.[10] 메소포타미아인은 이 의례를 통해 신이 왕의 통치를 승인하고 왕에게 신의 힘을 내려준다고 믿었다.

---

* 헤로도토스, 김봉철 옮김, 《역사》, 길, 2017, 179쪽. Bodie Hodge, *Tower of Babel: The Cultural History of Our Ancestors*, Master Books, 2013, pp. 53~58은 바벨탑의 용도에 대해 대홍수 때 대피소, 천문 관측소, 희생 제사 드리는 곳 등 여러 의견을 소개하고 있다.

이렇게 바벨탑은 바빌로니아인이 세운 거대한 건축물로, 바빌로니아 종교 생활의 중심지였다. 그런데 성경은 거대한 탑을 쌓은 것을 왜 신에 대한 도전이라고 규정했을까? 바벨탑이 다신교의 상징이었기 때문이다. 바벨탑을 쌓은 네부카드네자르는 아시아 일대를 정복했고 그 과정에서 예루살렘을 멸망시켰다. 바로 그 왕 때문에 유대인이 바빌론으로 끌려와 '바빌론 유수'를 겪었다. 따라서 유대인은 네부카드네자르가 자신들의 신에게 도전하는 사람이며, 그가 탑을 쌓은 것도 신의 권위에 대한 교만한 도전이라고 생각했다. 성경의 바벨탑 전설은 유대인의 이런 시각을 반영한 것이다.

2장
메소포타미아를 지배했던 종족들

문자와 교육의 창시자, 수메르인(기원전 6000~2350)

기원전 6000년경 수메르인이 메소포타미아 남부 지역에 정착했다.[1] 그들은 도시, 청동, 수레, 도르래를 만들어 청동기 문명의 발전을 선도했다. 이들이 남긴 업적 중에서 가장 위대한 것은 문자의 발명이었다. 문자의 발명으로 지식이 축적되어 인류는 크게 발전할 수 있었다.

수메르인이 만든 문자를 쐐기(설형)문자라고 한다. 초기에 쐐기문자는 주로 상거래나, 천체의 운행과 강물의 움직임을 기록하는 데 사용되었다. 수메르인에게 천체 관측은 각별히 중요했는데, 천체의 움직임을 통해 사계절의 변화를 예측하고, 달력을 만들고, 점을 칠 수 있었기 때문이다.

초기 수메르 문자는 약 2000개로 이루어진 상형문자였다. 수메르인은 뾰족한 필기구로 글자를 새긴 점토판을 구워 보관했다. 시간이 흐를수록 기호들은 점점 더 단순해지고 기록하기 쉽도록 변해갔다. 이렇게 해서 쐐기처럼 보이는 일정한 형식을 갖추게 되었다. 단순한 상형문자에서 기호를 이용한 문자로 발전하면서 쐐기문자는 소리는 물론 추상적인 개념까지 표현할 수 있게 되었다. 가령 '하늘'을 뜻하는 '안an'이라는 단어는 하늘뿐만 아니라 '신'을 표시했다. 현재까지 발견된 최초의 점토판은 우루크의 이난나 신전에서 발견된 재산 목록으로 기원전 3400~3000년경에 작성되었다.[2]

문자의 발명으로 체계적인 교육이 필요해져 학교가 세워졌다. 학교에 대한 최초의 기록은 기원전 3000년경 우루크에서 발견되었다. 기원전 2500년경에 이르면 수메르 전역에 많은 학교가 세워졌다. 슈루팍의 유적에서는 상당한 분량의 '교과서'들이 발굴되었다. 교과서의 주요 내용은 지혜 있는 말, 우화, 토론 방식 등이었다.[3] 수메르 학교의 원래 목적은 전문 직업인을 양성하는 것이었다. 나라, 왕궁, 신전을 운영하기 위해 많은 행정 인력과 서기가 필요했다. 학교는 이런 엘리트를 육성하는 곳이었지만, 시간이 갈수록 학교의 기능이 확대되었다. 특히 교과과정이 계속 늘어나면서 학교는 문화와 학문의 중심지가 되었다. 학교를 졸업한 후 서기가 된 사람들의 명단이 그들 아버지의 이름·직업과 함께 남아 있다. 아버지들의 직업은 총독, 신전 관리자, 군대 지휘관, 선장, 사제, 감독관, 필경사, 회계사 등이었다.

수메르의 학교에서 교사들은 체벌을 가하며 학생들을 길들였다. 학생들은 대부분 아침부터 저녁까지 매일 매를 맞을 공포 속에서 생활했다. 부모들도 교사가 학생을 때리는 것을 당연하다고 생각했는데, 심지어 선생에게 특별히 뇌물을 주면서 자기 자식에게 매를 아끼지 말라고 청탁하는 부모도 있었다. 청소년이 공부를 게을리하는 것은 예나 지금이나 마찬가지였다. 수업이 엄하고 교육 기간이 길었기 때문에 더러 말썽을 피우는 학생들도 있었다. 다음은 공부를 안 하는 아들을 야단치는 아버지와 아들의 대화이다.

아들의 빈둥거리는 모습에 화가 난 아버지가 말했다. "어디에 갔었니?" "아무 데도 가지 않았어요." "아무 데도 가지 않았다면, 왜 집에서 빈둥거리고 있지? 학교에 가서 너의 선생님 앞에 서고, 너의 과제물을 암송하고, 너의 책보를 열고, 너의 점토판에 필기하고 너의 선배가 새 점토판에 너를 위해 써주도록 해라. 너의 숙제를 끝내고, 너의 감독관에게 보고한 뒤 나에게 와라. 그리고 거리에서 방황하지 마라. 내가 한 말을 알아듣겠느냐?" 아들이 대답한다. "알아요, 나중에 말씀드릴게요." 아버지와 아들의 이야기는 계속된다. "애야, 지금 말해라." "나중에 말씀드릴게요." "어서 말해라." "애야. 이제 철 좀 들어라. 공공장소에서 서성거리거나 길에서 배회하지 마라. 길을 걸을 때는 주위를 두리번거리지 마라."[4]

최초의 통일자, 아카드인(기원전 2350~2150)

기원전 2350년경 북쪽에서 아카드인이 내려와 수메르인을 정복했다. 아카드의 지배자 사르곤 왕(기원전 2334~2279)은 자기의 출생에 대해 신화적인 이야기를 남겼다.

나는 아카드의 위대한 왕 사르곤이다. 어머니는 여제사장이었고 내 아버지는 누구인지 모른다. 내 어머니는 나를 임신하시고, 몰래 낳았다. 그녀는 갈대 바구니에 나를 넣어 역청을 바른 덮개로 덮었다. 그녀는 강가에 나를 두었다. 강은 나를 '물 긷는 자'인 아키에게 데려갔다. 물 긷는 자인 아키는 물 양동이를 떨어뜨렸다가 나를 건져 올렸다. 물 긷는 자인 아키는 나에게 정원사 일을 시켰다. 내가 정원사 일을 하자, 이슈타르 여신께서 나를 줄곧 사랑하셔서, 나는 54년 동안 왕권을 행사했다. 나는 검은 머리의 사람들을 다스렸다.[5]

부모가 버린 자식이 동물이나 신의 보호를 받고 커서 영웅이 된다는 이야기는 이후 역사에서 자주 등장한다. 출애굽의 영웅 모세와 로마의 건국자 로물루스와 레무스가 대표적이다. 사르곤의 전설은 후대 전설들의 원형이다. 아버지가 누구인지 모르는 사람들은 처음에 정통성을 의심받을 수밖에 없다. '사르곤'이라는 이름은 '합법적인 왕'이라는 뜻이다. 이는 사르곤의 정당성이 의심되었던 정황을 반영한다.

이런 이야기는 모계사회의 유습을 보여준다. 사냥과 채집을 하면서 이동 생활을 했던 구석기 시대에는 일부일처제를 기반으로 한 가족이 없었다. 신석기 시대에 재산과 권력이 생기면서 부계 중심의 일부일처제가 생겨났다. 이후 농경 사회에서는 일부일처제가 빨리 정착했지만, 유목 사회에서는 다양한 형태의 결혼 방식이 유지되었다. 지금도 유목 부족 가운데 모계제나 일처다부제의 결혼 방식이 발견된다. 메소포타미아에 정착한 종족들도 대부분 유목 부족 출신이어서 일부일처제가 정착하지 않고 다양한 결혼 방식이 있었던 것 같다. 기원전 2400년경 수메르의 도시국가 라가시의 우루카기나 왕의 개혁이 이 추론을 뒷받침한다.

우루카기나는 나라를 새롭게 하기 위해 세금을 감면하고, 강제 노역을 철폐하고, 과부와 고아를 비롯한 사회적 약자를 돕는 대대적인 개혁을 단행했다. 그가 개혁을 단행하고자 만든 법전이 현존하는 세계 최초의 법전이다.[6] 우루카기나의 개혁을 전하는 비문에는 다음과 같은 구절이 있다. "이전 시대의 여인들은 두 남자와 결혼했지만, 이제 여자들은 이 악습을 포기해야 한다." 이 조항을 보면 우루카기나가 그때까지 존재했던 일처다부제의 풍습을 중단시킨 것 같다.* 따라서 우루카기나 시기 이전에는 일부일처제가 정형화되지 않았다. 이는 부계제 사회가 확고하게 확립되지 않았음을 의미한다.

다시 사르곤 이야기로 돌아가자. 아카드인으로서 수메르인을 정복한 사르곤은 위대한 정복왕이었다. 사르곤은 수메르를 평정한 후 북서쪽으로 대원정을 감행했다. 그리하여 유프라테스강 중류에 있던 교통의 요충지 마리 왕국에서, 시리아를 포함한 소아시아의 동부까지 정복했다. 사르곤의 정복 사업으로 메소포타미아에 최초의 통일제국이 건설되었다. 사르곤의 사후에 아카드 제국은 더욱 넓어졌다. 3대 왕 나람신Naram-Sin(기원전 2254~2218)이 북동쪽으로 원정하여 영토를 크게 넓혔다. 메소포타미아 전역과 주변 지역을 평정한 나람신은 "위력 있는 이, 아카드의 신, 사방 세계의 왕, 신인 나람신"이라는 칭호를 썼다. '사방 세계의 왕'이라는 칭호는 나람신이 당시 알려진 모든 세계를 통치한다고 생각했음을 말해준다.

아카드의 왕들은 절대 권력자들이었다. 그들은 힘을 바탕으로 메소포타미아에서 일어나는 교역과 전투를 통제했다. 수메르인은 이들의

---

* Gerda Lerner, *The Creation of Patriarchy*, Oxford University Press, 1986, p. 63은 1처2부제로 해석하는 것은 페미니스트들의 견해라고 지적하고 있다. 여인이 전남편과의 결혼이 정리되지 않아서 이중 결혼이 되는 것을 막은 조치로 해석되기도 한다.

지배에 끊임없이 도전했다. 수메르인이 반란을 일으킬 때마다 아카드의 왕들은 학살과 강제 이주라는 강경 수단을 동원했다. 5대 왕인 샤르칼리샤리Shar-Kali-Sharri(기원전 2217~2193) 이후 왕권이 쇠약해졌다. 아카드 왕조가 수메르인과 협력하지 못했던 것이 왕권 쇠퇴의 큰 원인이었다. 아카드 왕들의 지배력이 약해지자 북쪽에서 구티인이 쳐들어와 아카드 왕국은 멸망했다. 아카드 왕조가 멸망한 후 수메르인이 일시적으로 중흥했다. 성경에 따르면 이 시기 말에 아브라함이 칼데아-우르에서 지금의 팔레스타인 지방인 가나안 땅으로 이주했다.

법전의 창시자, 바빌로니아(기원전 1950~1500)

기원전 1950년 무렵, 서쪽에서 아모리족이 메소포타미아로 진출했다. 이들은 바빌론을 수도로 하는 거대한 왕국을 건설하고, 500여 년간 번영을 누렸다. 바빌로니아 왕국의 가장 위대한 왕이 함무라비(기원전 1792~1750)이다. 함무라비는 바빌론의 6대 왕으로 기원전 1792년경에 즉위하여 1750년까지 다스렸다. 함무라비는 집권 초기에 우루크와 이신Isin을 정복하고, 30년간 내치에 주력했다. 여러 도시국가의 성벽을 보강하고 운하와 도로를 정비했다. 함무라비는 즉위 30년이 된 후 본격적인 정복 활동을 펼쳤다. 9년 동안 정복 활동을 펼친 결과 메소포타미아 전역을 장악했다. 함무라비는 뛰어난 정복왕이었지만, 그의 이름이 후대에 남게 된 것은 훌륭한 법전을 만들었기 때문이다.

흔히 함무라비 법전이 인류 최고最古의 법전으로 알려졌지만, 사실 함무라비 법전은 그보다 앞서 있었던 우루카기나 법전, 우르남무 법전, 에쉬눈나 법전을 정리하고 보강한 것이다. 우루카기나 법전은 앞에서 살펴보았다. 우르남무 법전은 우르 3왕조의 왕이었던 우르남무가 만들었다. 이 법전은 전문과 대략 40개의 조항이 남아 있는데, 우르남무가 정의를 실현하는 신의 대리자로서 도량형을 통일하고 사회적 약자를 보호한다고 말하고 있다. 에쉬눈나 법전은 아모리족이 세운 도시인 에쉬눈나에서 기원전 2000년경 제정된 것인데 내용이 매우 소략하게 전한다.

함무라비 법전은 1901년 프랑스인 모르강이 고대 도시 수사에서 발견한 비석을 통해 내용을 알 수 있다. 비석은 태양신 샤마슈로부터 법을 받는 장면, 법의 전문, 그리고 282개 조의 본문을 담고 있다. 법의 전문에서 함무라비는 법을 만드는 목적을 이렇게 밝혔다.

나의 백성들에게 질서를 가져다주고 그들을 악마와 사악한 자들로부터 해방하고, 약자를 강자의 억압으로부터 지켜주는 것이 나의 책무이다.

몇 가지 조항들을 살펴보면서 함무라비 법전이 가지는 의의와 한계를 살펴보자.

48조. 홍수가 밭을 폐허로 만들거나 가뭄 때문에 그 밭에서 곡식이 생산되지 못했다면, 그해에는 그가 채권자에게 곡식을 되돌려주지 않아도 된다. 그는 계약서를 파기하고 그해의 이자를 지불하지 않아도 된다.

196조. 만약 귀족이 귀족의 눈을 멀게 했다면, 그들은 그의 눈을 멀게 할 것이다.

198조. 만약 귀족이 평민의 눈을 멀게 했거나 평민의 뼈를 부러뜨렸다면 그는 은 1미나mina*를 달아줄 것이다.

199조. 만약 귀족이 다른 귀족 노예의 눈을 멀게 했거나 노예의 뼈를 부러뜨렸다면 그는 그 노예 가격의 2분의 1을 달아줄 것이다.

200조. 귀족이 다른 귀족의 이를 빠지게 했으면, 그들은 그의 이를 부러뜨릴 것이다.

215조. 만약 의사가 귀족에게 작은 청동 칼로 대수술을 하여 귀족을 치료했거나 귀족의 관자놀이를 열어 그의 눈을 치료했다면 그는 은 10세겔을 받을 것이다.

216조. 만약 환자가 평민이라면 그는 은 5세겔을 받을 것이다.

217조. 만약 환자가 귀족의 노예라면 그 노예의 주인은 2세겔을 의사에게 지불할 것이다.

이 조항들에 나타나듯이 함무라비 법전의 기본 정신은 피해자가 당한 만큼 가해자에게 갚아준다는 것이다. 이를 동태복수법同態復讐法, 혹은 동해법同害法이라고 한다. 당한 만큼 갚아준다는 것은 지금의 기준으로 보면 매우 불합리해 보인다. 그러나 함무라비가 법전을 만든 것은 인류의 역사가 한 걸음 진보했음을 의미한다. 법전이 만들어지기 전에 사람들은 피해를 당하면 개인적으로 복수했다. 다른 사람이 아들의 팔을 부러뜨렸다면, 온 가족이 몰려가서 그 사람을 혼내주었다. 이럴 경우 피가 피를 부르곤 했다. 그리고 법이 없다 보니 힘 있고 세력 있는 자들이 힘없는 자들을 마음대로 괴롭혔다. 법전의 정비로 이런 무질서 상태가 끝나게 된다. 피해를 당해 이성을 잃은 사람이 과도하

---

* 약 480그램.

게 복수하고, 복수가 다시 복수를 부르는 일이 없어졌고, 세력가들이 자기 마음대로 힘없는 사람을 괴롭히는 일도 줄어들었다.

함무라비 법전의 규정들을 꼼꼼히 생각해보면 대단히 합리적인 측면이 있다. 위 조항들에서 보듯 동태복수는 같은 신분에만 적용되고, 신분이 다르면 돈으로 보상할 수 있다. 이는 가난한 평민이 가해자에게 복수함으로써 사태를 끝내는 것이 아니라 돈으로 보상을 받아 생계를 유지하게 하려는 것이었다.

함무라비 법전 석상. 함무라비 왕이 태양신 샤마슈에게 법전을 받는 모습 아래에 쐐기문자로 법령이 새겨져 있다.

함무라비 법전에는 가난한 사람과 사회적 약자를 보호하는 조항도 많다. 가령 20조는 "만약 귀족에게 지불해야 할 빚이 남아 있는데 홍수가 밭을 폐허로 만들었거나 가뭄 때문에 그 밭에서 곡식이 생산되지 못했다면, 그해에는 그가 채권자에게 곡식을 되돌려주지 않아도 된다. 그는 자신의 계약서를 파기하고 그해의 이자를 지불하지 않아도 된다"라고 규정하고 있는데, 이는 가난한 사람이 돈을 갚지 못해 노예로 팔려 가는 것을 막는 조처였다. 여성을 보호하는 법 조항도 있었다. 142조는 "만약 한 여자가 남편을 싫어하여 '당신은 나와 부부생활을 할 수 없다'라고 선언했다면, 그녀의 도시 의회에서 그녀의 상황을 조사할 것이다. 만약 그녀가 신중하며 잘못이 없는데 그녀의 남편이 제멋대로 굴며 그녀를 심하게 무시했다면, 그녀는 지참금을 돌려받고 그녀 아버지의 집으로 떠날 것이다"라고 규정하고 있다.* 이는 여성의 이혼권을 보장하는 조항이다. 또한 함무라비 법전은 과부나 고아가 특별히 보살핌을 받도록 규정했다.[7]

이렇게 함무라비가 확립한 법치의 전통은 이후 서구 사회를 움직이는 기본 원리가 되었다. 윤리나 도덕이 아니라 법을 통해 사회를 작동시켜야 한다는 생각은 그리스를 거쳐 로마에서 모든 사람이 공유하는 원칙이 되었고,** 로마법은 근대 서양 모든 나라 법의 토대가 되었다.

법전을 만들며 전성기를 누리던 바빌로니아 왕국은 오래가지 못했다. 기원전 2000년경 소아시아에서 일어난 히타이트가 새로운 강자로 부상했다. 히타이트인은 기원전 19세기경 하투샤를 수도로 하는 왕국을 세운 후 점차 세력을 넓혔고 기원전 16세기 초 바빌론을 공격해 멸망시켰다.[8] 히타이트는 인류 최초로 철을 만든 것으로 유명하지만, 히타이트가 철로 무기를 만든 것은 바빌론을 정복하고 한참 뒤인 기원전 1400~1200년경이다.[9] 이때에도 철기 제조 기술이 낮았기 때문에 철제 무기를 대량으로 만들기는 힘들었다. 이 시기 히타이트와 이집트가 주고받은 서신에 히타이트가 철제 무기를 사용했다는 언급이 나오지

---

* 함무라비 법전의 원문은 제임스 B. 프리처드 편, 강승일 외 옮김, 《고대 근동 문학 선집》, CLC, 2016, 392~393쪽에서 인용했다. 이 책 363쪽에 따르면 본문에서 귀족으로 번역한 단어의 원어는 아윌룸이다. 아윌룸에는 세 가지 의미가 있다. 즉 귀족, 어떤 계층에 속하든지 상관없이 자유인, 인간 전체를 의미한다. 이 책의 번역자는 아윌룸을 '자유인'으로 번역했지만, 이 경우 법전에 나오는 평민의 의미를 제대로 살릴 수 없다. 따라서 필자는 귀족으로 번역했다.
** 법치를 로마의 특징으로 파악하는 경향이 있지만, 그리스에서도 법치의 전통은 확고했다. 특히 플라톤과 아리스토텔레스는 법을 통치의 기본으로 삼아야 한다고 주장했다. 이에 대해서는 C. M. 바우라, 이창대 옮김, 《그리스 문화예술의 이해》, 철학과현실사, 2006, 140~141쪽과 이정우, 《세계 철학사 1》, 길, 2013, 450쪽 참조.

만, 철제 무기는 최상급 지휘자들만 사용했다. 고고학자들이 히타이트 지역을 발굴했지만 히타이트인이 철제 무기를 대량으로 만들었다는 증거는 아직 발견되지 않았다. 히타이트 유적지에서 지금까지 발굴된 철제 제작물은 컵, 핀, 조각상 등 일상 용품밖에 없다.[10]

잔인한 정복자, 아시리아(기원전 1300~612)

기원전 3000년경 셈족 계통의 아슈르인이 메소포타미아 북부의 구릉지대, 즉 티그리스강 중상류 지역에 정착하기 시작했다. 이들은 기원전 2600년경 도시국가 아슈르를 건설했다. 아시리아라는 명칭은 아슈르에서 유래했는데, 아슈르는 원래 아시리아인이 섬기던 신이었다. 기원전 2025년경 아시리아는 세력을 팽창하여 메소포타미아 일대를 지배하는 제국으로 성장했다. 구아시리아 제국Old Assyrian Empire이라고 불리는 이 시기 아시리아는 소아시아·이집트와 교역했고, 카니슈와 하투샤(훗날 히타이트 제국의 수도) 같은 도시를 건설했다. 기원전 18세기 이후 바빌로니아, 미타니 같은 나라들이 메소포타미아 북부를 차지하면서 아시리아의 도시들은 세력을 잃고 그들의 지배를 받았다.

기원전 14세기 초부터 아시리아는 메소포타미아의 강자로서 다시 부상하여 중기 아시리아 제국을 건설했다. 이 시기 대표적인 통치자인 투쿨티 니누르타 1세(기원전 1243~1207)는 기원전 1240년경 바빌론을 공격하여 정복했다. 니누르타는 바빌로니아의 수호신 마르두크의 조각상을 아슈르로 가져오는 등, 바빌로니아의 문화와 종교를 도입하는 데 힘썼다. 기원전 1100년경 티글라스 필레저 1세(기원전 1114~1076)

는 소아시아 동부의 흑해 연안에까지 진군하여 철의 주산지를 확보했다. 필레저 1세는 또한 이집트와 우호 관계를 맺었다. 이로써 필레저 1세는 메소포타미아 남방에서 지중해에 이르는 통상권을 장악하고, 아시리아를 부강하게 만들었다. 필레저 1세 사후에 아람인이 침입하여 아시리아의 지배권이 붕괴되었다. 아람인은 기원전 1200년경부터 여러 세기 동안 시리아 일대를 중심으로 티그리스강 일대까지 세력을 떨쳤다. 이들의 언어는 훗날 예수 시절까지 메소포타미아의 국제 공용어로 사용되었다.

기원전 911년부터 아시리아는 신아시리아 제국을 건설했다. 아닷니라리 2세Adad-nirari II(기원전 911~891)가 번영을 위한 기초를 닦은 후 앗수르나시르팔 2세(기원전 883~859)가 대제국을 건설했다. 앗수르나시르팔 2세는 아시리아 군대를 세계 최강의 군대로 키우기 위해 두 가지 조처를 단행했다. 먼저 상위 지도자들만 철제 무기를 사용했던 히타이트인과 달리, 철제 무기 제작법을 개량하여 모든 군인을 철제 무기로 무장시켰다. 따라서 철제 무기 시대를 본격적으로 연 것은 아시리아였다.[11] 그리고 앗수르나시르팔 2세는 말의 품종을 개량하고, 달리는 말 위에서 활을 쏠 수 있도록 병사를 훈련했다. 그는 훈련된 기병을 기병대로 조직해 역사상 최초로 전투에 투입했다.[*]

강력한 군대를 조직한 앗수르나시르팔 2세는 먼저 북쪽의 산악 종족들을 정복하여 통상로를 확보했다. 그리고 소아시아로 진격해 지중해 연안의 페니키아를 정복했다. 그의 정복은 잔인했고, 지배는 가혹

---

[*] Richard A. Gabriel, *The Ancient World*, Greenwood, 2007, p. 92. 기원전 1800년경 미탄니족이 근동 지역에 말을 최초로 도입했고, 처음에는 전차를 끌거나 명령을 전달하는 전령을 태우는 데 말이 이용되었다.

했다. 그는 "나는 반항하는 자들의 피로 산을 물들이고, 그들의 시체로 모든 산의 골짜기와 절벽을 덮을 만큼 많이 죽였다. 나는 저항하는 도시 병사들의 목을 자르고, 그것을 쌓아 올려, 그들의 도시를 향해 기둥을 만들었다. 나는 반란 주모자들의 가죽을 모조리 벗겨, 그 가죽으로 기둥을 감았다"[12]라고 자랑했다. 앗수르나시르팔 2세가 이렇게 잔인한 정복자로 이름을 날리자 페니키아의 여러 도시는 그가 접근했다는 소리를 듣자마자 값비싼 공물을 바쳐 멸망을 피하려고 했다.

앗수르나시르팔 2세의 아들인 살마네저 3세(기원전 858~824)는 35년간이나 통치했다. 그는 메소포타미아 전역과 시리아 전역, 팔레스티나에 걸치는 넓은 지역을 지배했고, 지배 체제를 정비해 아시리아를 실질적인 제국으로 만들었다. 그 이전의 정복자들은 정복한 땅에서 전리품과 공물만 거둔 반면, 살마네저 3세는 정복지를 속주로 만들고 관리를 파견해 직접 지배했다. 속주로 편입되지 않는 지역에는 감찰관을 보내 관리했다. 이런 의미에서 아시리아는 세계 최초의 제국이다.

살마네저 3세 이후에도 티글라스 필레저 3세(기원전 744~727), 사르곤 2세(기원전 721~705), 센나케리브(기원전 704~681)와 같은 위대한 정복자들이 잇달아 등장하여 아시리아의 지배를 굳건히 했다. 특히 사르곤 2세는 기원전 721년 이스라엘을 공격하여 정복했다. 아시리아 정복의 최정점은 에사르하돈Aššurahaiddina(기원전 680~669) 때 이루어졌다. 에사르하돈은 부왕 센나케리브가 파괴한 바빌론을 재건하는 등 민심을 정비하는 데 힘썼다. 그러나 아시리아의 지배에 치를 떨고 있던 소아시아의 여러 나라가 끊임없이 반란을 일으켰고, 이집트가 반란을 후원하고 있었다. 당시 이집트의 왕 타하르카Taharqa(기원전 690~664)는 페니키아인의 도시인 티루스를 끌어들여 아시리아에 맞서려고 했다. 에사르하돈은 이집트를 정복하지 않고는 소아시아인들의 반란을 잠재울 수 없다고 판단하고 이집트 원정에 나섰다.

기원전 671년 에사르하돈은 대군을 이끌고 메소포타미아의 지배자로서는 최초로 이집트 원정을 단행했다. 그는 50킬로미터에 이르는 하이집트의 사막을 횡단하여 이집트의 수도 멤피스를 함락했다. 에사르하돈은 이 사건을 다음과 같이 기념했다.

나는 이슈프리 성에서 출발해 그가 사는 멤피스까지 걸어서 15일 걸리는 거리를 행진하면서 매일 예외 없이, 신들의 저주를 받은 이집트와 에티오피아의 왕 타르하카에 맞서 치열한 전투를 벌였다. 나는 그가 사는 멤피스를 포위하여 지하로 구멍을 파고, 성을 공격하는 사다리를 이용하여 한나절 만에 점령했다. 그의 왕비, 그의 궁녀들, 그의 상속자들, 그의 소유물, 그의 수많은 말, 크고 작은 동물들을 노획해 아시리아로 끌고 왔다.[13]

멤피스 함락을 자랑했던 에사르하돈은 이집트 원정 중에 갑자기 병에 걸려서 죽었다. 에사르하돈이 죽자 그의 아들 앗수르바니팔(기원전 668~627)이 왕이 되어 기원전 666년 상이집트의 중심지 테베를 점령함으로써 이집트 원정을 마무리했다. 이로써 고대 동방의 두 중심인 메소포타미아와 이집트가 최초로 하나의 제국으로 통합되었다.

지금까지 살펴보았듯이 아시리아의 정복은 사납고 잔인했다. 아시리아인은 전투에서 사로잡은 포로들은 물론 민간인들까지 잔혹하게 다루었다. 아시리아인은 자신들의 잔인함을 부끄러워하거나 추한 것으로 생각하지 않았고, 오히려 자랑삼아 기록해놓았다. 그들은 이러한 잔학 행위가 자신들의 안정과 권력을 보증해준다고 믿었다. 아시리아인의 이런 잔인함은 내부 사회에도 적용되었다. 그들은 범죄자를 잔인하게 처벌했는데, 특히 여성에게 가혹했다. 만약 여인이 물건을 훔치다가 잡히면 남편이 그녀의 귀를 잘랐다. 창녀는 머리를 가리는 것이 허락되지 않았는데, 만약 창녀가 머리를 가리고 거리에 나섰다면 곧장 50대를 치고, 옷을 벗긴 다음 뜨거운 액체를 머리에 부었다.[14]

칼로 흥한 자는 칼로 망한다. 잔인했던 아시리아는 자신들이 한 만큼 보복을 받았다. 앗수르바니팔 치세 말에 스키타이인이 쳐들어온 데다 제위 계승을 둘러싼 내분까지 일어났다. 이렇게 제국의 지배력이 약해지자 그동안 포악한 지배를 받던 메디아인과 바빌로니아인이 반란을 일으켰다. 기원전 612년 메디아 왕국과 신바빌로니아 동맹군이 아시리아의 수도 니느웨를 함락했다. 아시리아의 전 국토가 철저히 약탈당했고, 아시리아인은 모두 노예가 되거나 처형당했다. 약탈과 보복이 어찌나 철저했던지, 아시리아가 그 후 역사에 어떤 영향을 미쳤는지 찾아내기 불가능할 정도였다. 이에 대해 2세기 그리스 시인 루키아노스는 "여보게 사공, 니느웨는 그토록 흔적조차 남기지 않고 파괴되었으니, 당신이 예전에 있던 곳을 어찌 알겠소?"라고 말했다.[15]

아시리아의 위상은 19세기 중엽 앗수르바니팔의 도서관이 발굴되면서 새롭게 부각되었다. 이 도서관에서 수메르 시절부터 메소포타미아인이 발달시킨 문학과 과학 분야의 점토판 3만 개가 발견되었다.* 이 가운데 하나가 〈길가메쉬 서사시〉이다. 앗수르바니팔은 도서관을 조성한 후에 "나는 에아Ea의 지혜, 박식한 제사장들의 기술, 성인들의 지식 그리고 위대한 신들에게 드리는 위로를 아시리아와 바빌로니아

---

* 문서로는 5000개가 된다.

의 책을 따라 점토판에 기록했고, 그 내용을 직접 검토하고 감수했다"라고 말했다.[16] 앗수르바니팔의 이 말은 아시리아가 학문과 문화 발전에도 큰 관심이 있었음을 보여준다. 아시리아가 잔인한 정복자로만 알려진 것은 아시리아 왕들이 그들의 업적을 선전하는 비문을 많이 남겼고, 역사가들이 그런 기록에 너무 의존했기 때문일 수 있다.

건축의 천재, 신바빌로니아

메소포타미아 문명은 아시리아의 붕괴 이후 최종 단계에 접어들었다. 이 단계는 신바빌로니아 시대라고 불리는데 네부카드네자르와 그의 추종자들이 바빌론에 수도를 복구하고 함무라비 시대의 문화를 재생하려고 했기 때문이다. 헤로도토스는 신바빌로니아에 대해 자세한 정보를 남겼는데, 특히 수도 바빌론에 세워진 여러 건물에 대한 묘사가 인상적이다.

헤로도토스에 따르면 바빌론의 가장 큰 기적은 바빌론의 성벽이었다. 그의 기록에 따르면 이중으로 된 바빌론의 성벽은 네 필의 말이 끄는 마차가 양쪽에서 달려와도 염려할 게 없을 정도로 넓었다. 사람들은 19세기 말까지 헤로도토스의 진술이 과장일 것으로 생각했지만, 1899년에 콜데바이가 사실임을 입증했다. 그의 발굴에 따르면 바빌론 성벽은 그때까지 지구상에 알려진 성벽 가운데 가장 컸다. 지금까지 대략 18킬로미터의 성벽과 250여 개의 망루가 발견되었는데, 고고학자들이 발굴해낸 성의 대략적인 모양은 다음과 같다.

바빌론 성은 넓은 평야에 자리 잡고 있으며 모양은 정사각형이다.

한 벽의 둘레는 23킬로미터이고, 총 둘레는 90킬로미터나 된다. 크기 못지않게 바빌론 성은 놀라울 만큼 견고한 방어 시설을 갖추고 있었다. 먼저 외벽의 너비는 7미터였다. 그 외벽에서 13미터 안쪽으로 두 번째 성벽이 있었는데, 너비는 8미터였다. 그 안에 있는 세 번째 방어 벽의 너비는 4미터였다. 두 외벽 사이의 공간에는 성벽만큼이나 높게 흙이 쌓여 있었다.[17] 이 성벽을 쌓은 왕은 구약성경의 다니엘이 '왕 중의 왕', '황금의 두목'이라고 부른 네부카드네자르이다. 그는 역사상 유례가 없는 기념비적인 규모의 성벽으로 바빌론을 재건했다. 신전들을 재건하고 운하를 개축했으며 유프라테스강에 다리를 건설했고, 그 유명한 이슈타르 성문을 장식했다.

네부카드네자르는 불에 구운 견고한 벽돌을 사용했다. 그가 만든 벽돌은 후대에 계속 재사용될 만큼 견고했다. 그가 세운 건물들 주변에 살던 주민들은 건물에서 벽돌들을 떼어내어 새로운 건물을 지었다. 마치 중세 유럽인이 고대 로마의 신전들을 망치와 끌로 깨뜨린 후 거기서 얻어낸 재료들로 교회를 건축했듯이 말이다. 네부카드네자르의 벽돌은 왕의 인장이 찍혀 있기 때문에 다른 건물들에 쓰이고 있다는 사실을 확인할 수 있다.

네부카드네자르는 바빌론 성 안에 끊임없이 새로운 건물들을 지어나갔다. 그중 하나가 바벨탑이다. 바빌론에는 바벨탑 못지않게 뛰어난 건축물이 있었다. 그 건축물은 아미티스라는 여인을 위해 세워졌다. 그녀는 메디아 왕국의 공주였는데, 정략결혼으로 네부카드네자르에게 시집왔다. 북쪽의 산악 지역이 고향이었던 아미티스는 사막으로 둘러싸인 바빌론에서 마음의 안정을 찾을 수 없었다. 부인이 향수병에 걸려 시름에 젖자 네부카드네자르는 그녀를 위해 공중 정원을 만들었다. 이 정원은 사방 123미터의 7층 건축물로, 꼭대기는 바빌론의 내부 성벽보다 약 20미터가 더 높았다. 각 층의 테라스에는 흙을 덮은 다음 온갖 나무와 화초를 심었다. 나무와 화초가 마르지 않도록 꼭대기에 거대한 저수조를 만들고, 나선형 펌프로 물을 공급했다. 각 층의 테라스에 심어진 수목과 화초가 마치 공중에 떠 있는 듯 보여서 '공중 정원'이라는 별명을 얻었다. 공중 정원의 구조에 대해서는 디오도로스, 요세푸스를 비롯한 고대 역사가들이 많은 이야기를 전한다.

2500년 전 사막 한가운데 있던 도시 바빌론에 식물들이 울창한 정원을 만드는 것이 정말 가능했을까? 고대인들은 이 정원의 규모와 아름다움이 인간의 한계를 넘어섰다고 해서 7대 불가사의 가운데 하나로 꼽았다. 그런데 공중 정원은 7대 불가사의 중에서 위치가 정확하게 확인되지 않은 유일한 유적이다. 20세기 초 독일 고고학자 콜데바이가 바빌론을 발굴하여 공중 정원을 발견했다고 주장했다. 그는 열네 개의 방이 있는 지하 시설을 발견했는데, 그 방들의 천장은 돌을 다듬어 만든 아치 구조를 이루고 있었다. 콜데바이는 고대 기록에 따르면 고대 바빌론 건축에 석재가 사용된 것은 북쪽의 성벽과 공중 정원밖에 없으므로 이 지하 구조물이 공중 정원의 지하실이라고 주장했다. 그러나 현대 고고학자들은 콜데바이가 찾은 건물이 저장 창고이거나 감옥이라고 생각하고 있다. 급수 문제 때문에 공중 정원이 강 근처에 있어야 하는데, 콜데바이가 찾은 곳은 강에서 상당히 떨어져 있기 때문이다.[18]

네부카드네자르가 죽은 후 바빌로니아는 쇠퇴하기 시작했다. 후임 왕들이 제대로 통치하지 못해 국력이 약해지던 상황에서, 동쪽에서 새로운 강자인 페르시아가 팽창했다. 기원전 539년 페르시아의 키루스 왕이 바빌론을 함락하면서 신바빌로니아 제국은 멸망했다.

지중해의 항해자, 페니키아인

기원전 4000년 무렵 페니키아인이 지중해 동쪽 끝 해안 지역에 정착하기 시작했다. 그들은 남부 아라비아 태생으로 추정되는 셈족 계통의 종족이다. 그들은 레바논 해안선을 따라 티루스, 시돈, 비블로스를 비롯한 여러 도시를 건설했다. 페니키아의 도시국가들에서는 왕의 권력이 절대적이지 않았다. 유력자들이 모인 원로회가 왕을 견제하면서 정치에 참여했다. 각 도시는 적이 침입할 때에만 일시적으로 동맹을 맺었을 뿐 정치적으로 통일된 체제를 만들지 않았다.

페니키아인은 인구는 많지 않았지만, 자원을 효율적으로 이용하고 수공업과 상업이 발달해 점차 경제 강국으로 성장했다. 그들은 기후가 온화한 해안가에서는 포도, 올리브, 무화과를 비롯한 농작물을 재배했고, 산에서 자라는 질 좋은 삼나무로 배를 만들었으며, 목재를 가공해 널리 이집트까지 수출했다.

또한 그들은 자색 염료를 만들고 유리 제작 기술을 개발해 막대한 수익을 올렸다. 로마의 건축가 비트루비우스는 페니키아의 자색 염료에 대해 다음과 같이 말했다.

소라고둥conchylio marino을 골라놓은 다음, 연장으로 그 주변을 깨면 상처에서 자색 피가 물방울처럼 솟아난다. 그것을 도기에 모은 후 가공하면 자색 염료가 된다. 이렇게 바다 조개에서 추출되었기 때문에, 자색 염료는 오스트룸이라고 불린다.[19]

만 개 이상의 조개를 가공해야 겨우 몇 그램의 자색 염료를 얻을 수

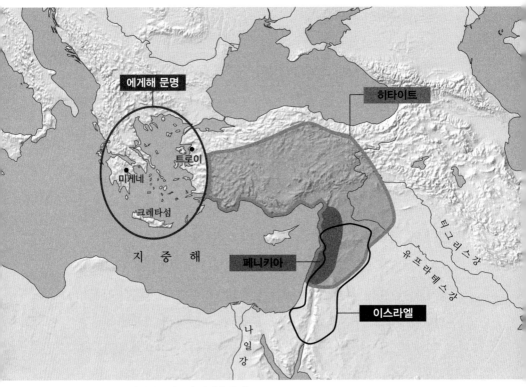

지중해 동부 연안의 국가들과 에게해 문명.

있었다. 염료의 채취가 힘들었기 때문에 자색으로 염색된 옷감은 귀한 신분의 상징이었다. 페니키아인이 자색 옷을 입고 있는 모습을 보고 고대 사람들은 페니키아인들을 '자색 옷을 입은 사람들'이라고 불렀다. 페니키아인은 또한 천연 소다와 모래를 혼합해 유리를 만들었다. 페니키아인이 만든 유리그릇, 거울, 구슬은 지중해 전역으로 팔렸다. 기원전 1세기에는 대롱처럼 불어서 유리잔을 만드는 기술도 개발했다. 흔히 로마가 만든 유리가 비단길을 통해 중국은 물론 한반도까지 전해졌다고 하는데, 로마 시대 유리 생산은 페니키아인이 주도했다.[20]

페니키아인에게 무엇보다 중요한 것은 바다였다. 페니키아는 동방에서 이집트와 그리스로 가는 교역로의 중심지에 위치했다. 페니키아인은 기원전 3000년경부터 배를 만들어 지중해 전역으로 진출했다. 그들은 지중해 구석구석에 상관을 설치했다. 페니키아인은 어디를 가든 토착민들과 마찰을 피하고 협력 관계를 맺어나갔다. 페니키아인은 정착지에서 자유롭게 장사를 하는 대신 세금을 냈다. 기원전 12세기 무렵부터 페니키아는 시칠리아, 사르데냐, 코르시카 등에 식민도시(모도시母都市가 제국주의 지배를 하지 않았으므로 이주지나 정착지라는 표현이 더 정확하다)를 건설했다. 이 중에는 나중에 모도시보다 더 세력이 커지는 경우도 있었다. 기원전 9세기 말에 티루스가 건설한 식민도시 카르타고가 대표적이다. 카르타고는 기원전 6세기부터 지중해와 대서양을 누비고 다니면서 세력을 떨쳤다.

페니키아인은 여러 지역을 여행하면서 다른 지역의 문화를 자연스럽게 접했다. 페니키아인은 다른 민족과의 교역을 통해 신앙, 기술, 지식 등을 습득하고 이를 토대로 자신들의 문화를 발전시켜나갔다.

페니키아의 문화유산 가운데 가장 유명한 것이 페니키아 알파벳이다. 페니키아 알파벳은 기원전 11세기에 만들어졌다. 페니키아가 최초로 알파벳을 만들었던 것은 아니다. 이집트인은 하나의 자음을 하나의 상형 기호로 표기하는 방식을 발전시켰고, 기원전 제2천년기(기원전 두 번째 천년기, 즉 기원전 2000~1001년) 후반 이집트 글자의 영향을 받은 시리아-팔레스타인 지역에서 여러 개의 알파벳 문자가 사용되었다. 도시국가인 우가릿이 기원전 13세기에 만든 우가릿 알파벳이 대표적이다. 우가릿 알파벳보다 뒤에 만들어졌지만, 페니키아 알파벳은 22개의 부호로 되어 있어서 이전의 글자들보다 습득하기 쉬웠다.

페니키아인은 또한 이집트로부터 파피루스를 수입해 필기 재료로 사용했다. 이 때문에 문자 사용층이 크게 늘어났다. 페니키아의 알파벳은 서쪽으로 전파되어 그리스 알파벳으로 이어졌다.[21] 페니키아의 알파벳은 현대 알파벳의 기원으로 이야기되곤 한다.

일신교의 창시자, 유대인

구약성경은 메소포타미아의 도시국가 우르에서 아브라함이 신의 계시를 받고 가나안(오늘날의 팔레스타인)으로 이동했다고 전한다. 아브라함은 페니키아 남쪽, 지금의 팔레스타인 지역에 정착했고, 그의 후손들에게서 이스라엘 민족이 기원했다. 기원전 1500년대에 이스라엘 민족 일부가 기근을 피해 이집트로 건너갔다. 그들은 점차 이집트 정부에 의해 노예로 전락했다. 이들은 기원전 1300년경 이집트 왕실에서 자란 모세의 지도로 이집트에서 탈출하여, 그들이 가나안이라고 불렀던 팔레스타인 지역으로 이동했다. 이들은 히브리인이라고도 불렸는데, 히브리라는 단어는 원래 종족이 아니라 특수한 신분을 가리키는 말이었다. 한 지역의 토착민이 아니라 낮은 계층에 속한 사람들을 가리키기도 하고, 토착민이라고 하더라도 토지가 적거나 재산이 없는 사람들을 가리키기도 했다. 이들은 부역에 종사하거나 용병으로 끌려 다녔다.[22] 이스라엘 사람들이 이집트에서 종살이하면서 이렇게 불리기 시작했다.

모세의 지도로 이집트를 탈출한 히브리인은 가나안 땅에 다다른 후 가나안에 살던 원주민을 정복했다. 히브리인은 열두 부족으로 구성되어 있었고, 부족 연합 단계의 국가를 세웠다. 열두 개의 지파 중에서 사사士師가 선출되어 하느님에게 제사를 지내고 히브리인을 다스렸다. 머리카락에서 초능력이 나오는 것으로 유명한 삼손도 바로 이 사사 중의 한 명이었다.

그러던 중 기원전 1100년경 바다 사람들의 일파인 필리스티아인(블레셋 사람)이 가나안 지역으로 들어왔다. 철제 무기로 무장한 이들은 빠른 속도로 가나안 지역을 정복했고, 히브리인은 큰 위기를 맞았다. 필리스티아인과 싸우면서 히브리인은 부족 연합의 한계를 절실히 느꼈다. 강력한 왕이 나와 히브리인을 응집시켜야 할 필요성이 날로 커졌다. 히브리인은 사울을 왕으로 선출했다. 사울은 집권 초기 상당한 성공을 거두었지만, 사사들의 지지를 얻는 데 실패하고 다윗과의 권력 투쟁에서 패배하여 비참하게 자살했다.

사울의 뒤를 이은 다윗이 필리스티아인과의 전쟁에서 승리하고 중앙집권적인 국가 체제를 강화했다. 필리스티아인은 해안 도시로 쫓겨났고, 다윗은 그들의 독립을 인정했다. 다윗의 중요한 업적 가운데 하나가 예루살렘 정복이다. 예루살렘은 전략적인 요충지였지만, 가나안족의 일파인 여부스인이 차지하고 있었다. 이스라엘 12지파 가운데 두 개의 지파는 예루살렘 남쪽에 있었고, 열 개의 지파가 예루살렘 북쪽에 있었다. 이 때문에 예루살렘을 필리스티아인이 차지한다면 히브리인은 큰 타격을 입을 수밖에 없었다. 다윗은 예루살렘 남서쪽의 시온 성을 점령하고 예루살렘을 이스라엘의 수도로 삼았다. 후대의 일이지만, 로마에 반역을 일으켜 패배한 후 세계로 흩어지게 된 유대인이 19세기부터 팔레스타인 지역으로 돌아가려는 운동을 시작했다. 이 운동을 시오니즘이라고 하는데, 시오니즘이라는 명칭은 다윗이 정복한 시온 성에서 유래했다.

히브리인에게 다윗은 영웅 중의 영웅이다. 다윗은 예루살렘을 정복하고, 필리스티아인을 쫓아내고, 이스라엘을 왕국으로 발전시켰다. 그러나 인간적인 면에서 다윗은 참으로 추악한 인물이다. 그는 사울의 딸인 미갈과 결혼했지만, 이곳저곳 다니면서 여자들을 겁탈하곤 했으며, 왕이 되고 나서도 부하의 여자들을 차지했다. 그가 차지한 여자 가운데 밧세바라는 여인이 있었다. 어느 날 다윗은 궁궐의 높은 곳에 올라가 도시를 바라보다가 밧세바가 집에서 목욕하는 모습을 훔쳐보았다. 그녀의 미모에 홀딱 반한 다윗은 그녀를 궁궐로 데려와 사랑을 나누었다. 다윗은 자신의 부정이 들통 날까 봐 그녀의 남편 우리야를 일부러 위험한 전투에 보내어 죽게 했다.

다윗이 이스라엘의 지배권을 대외적으로 확장했다면, 그의 후계자 솔로몬은 정복 사업보다 왕권 강화에 주력했다. 솔로몬은 흔히 '지혜의 왕'이라는 별칭과 함께 언급되지만 민간전승에서 말하듯 훌륭한 군주는 아니었다. 오히려 그는 억압적 폭군에 가까웠다. 솔로몬은 전제군주로서의 화려함을 과시하려고 대규모의 건설 사업을 벌였다. 특히 솔로몬은 예루살렘 성전을 지어 예루살렘을 유대교 신앙의 중심지로 만들려고 했다. 그 대규모 건설에 엄청난 비용이 소모되었다. 솔로몬은 심지어 수입한 건축 자재의 대금을 지불하기 위해 20여 개의 성읍을 이방인들에게 양도하기까지 했다.

다윗의 정복 사업으로 무거운 조세 부담을 지게 된 백성들은 솔로몬의 낭비와 압제에 불만을 터뜨리기 시작했다. 기원전 931년 솔로몬이 죽자 반란이 일어났다. 그 결과 북부의 열 개 지파가 사마리아에 도읍을 정하고 이스라엘 왕국을 세웠다. 남부에 있던 두 개의 지파는 예루살렘을 수도로 하는 유대 왕국을 세웠다.

두 지역은 경제구조 면에서 두드러진 차이가 있었다. 근동 무역의 교차점에 위치한 북부 지역은 중계무역을 통해 경제적 이득을 얻은 덕분에 도시 생활에 익숙한 세련된 문화가 발달했다. 이러한 요인은 그들에게 번영을 가져다주는 한편 외래문화에 개방적인 태도를 갖게 했다. 예를 들면 페니키아의 종교가 들어오면서 이교도와의 갈등이 사회 문제가 되었다. 이스라엘 왕국은 기원전 722년 아시리아의 공격을 받아 멸망했다. 아시리아는 이스라엘의 수도 사마리아를 철저하게 파괴하고 백성들을 아시리아 전역으로 뿔뿔이 흩어지게 했다.

북부 지방과 대조적으로, 유대 왕국을 이룬 남쪽의 두 개 지파는 대체로 목축과 농업에 종사했다. 이들은 조상들의 종교에 충실했으며 외래의 풍조를 혐오했다. 아시리아의 위협을 받으면서도 유대 왕국은 100년 이상 유지되었다. 결국, 기원전 597년 신바빌로니아의 네부카드네자르가 이집트 원정을 가는 길에 유대 왕국을 정복하고 꼭두각시 왕을 세웠다. 10여 년 후 기원전 586년 유대인이 반란을 일으키자, 신바빌로니아는 무자비하게 진압하고 살아남은 유대인을 바빌론으로 끌고 갔다. 유대인의 포로 생활은 기원전 539년 페르시아가 신바빌로니아를 멸망시킬 때까지 계속되었다. 유대인은 자신들의 조상이 바빌론에 유폐되어 노예살이 했던 이 시기를 '바빌론의 유수'라고 한다.

이 시기는 유대 문화의 발전에 매우 중요한 시기였다. 구약성경 대부분이 이 시기에 정리되었다. 구약성경에서 메소포타미아 문화의 영향이 강하게 관찰되는데, 이 시기 성경을 저술한 유대 지식인들이 바빌론에서 메소포타미아 문화의 영향을 크게 받았기 때문이다. 바빌론 유수는 그들의 종교적 전통을 재발견하고 그들의 믿음을 더욱 강화하는 역할을 했다.

신바빌로니아 왕국을 멸망시킨 페르시아 키루스 왕의 유화 정책에 따라 유대인은 해방되었다. 그러나 당시 고향으로 돌아간 사람은 얼마 되지 않았고, 이후에도 유대인의 고난은 멈추지 않았다. 유대인은 기원전 539년에서 기원전 332년까지 페르시아의 지배를 받다가, 기원전 332년에는 알렉산드로스 대왕(기원전 356~323)에게 정복되었고, 그의 사후에는 프톨레마이오스 왕조가 가나안 지역을 다스렸다. 그리고 기원전 63년 이 지역은 로마의 보호령이 되었다.

기원후 66년 유대인은 로마의 지배에서 벗어나고자 대규모 반란을 일으켰다. 4년간의 저항 끝에 패배한 유대 반란군은 로마군에 쫓겨 마사다의 산악 요새에서 최후의 결전을 벌이게 되었다. 2년이나 항전하던 반란군은 장렬한 최후를 맞았다. 그 요새에 들어간 로마군은 반란군의 시체밖에 볼 수 없었다. 모두 자살했던 것이다. 이후 로마는 유대 지역을 속주로 병합하고, 팔레스타인에 거주하던 유대인을 로마제국의 여러 지역으로 뿔뿔이 흩어뜨렸다. 이를 디아스포라(해외 유랑이라는 뜻)라고 부른다.

유대인은 유일신 신앙을 발달시킨 것으로 유명하다. 이집트에서 태양신을 유일신으로 했던 시기가 있었지만, 그 기간은 매우 짧았다. 유일신 신앙의 성립은 인류의 종교사에서 중요한 전환이다. 유대교가 성립함으로써 인류는 동물이나 사물에 신이 깃들어 있다는 원시 종교를 극복할 수 있었다. 기독교와 이슬람교가 모두 유대교에 뿌리를 두고 있다는 점에서 유대교의 중요성은 한층 더 빛난다.

그러나 유대인이 종족 형성 초기부터 유일신 신앙을 가지고 있지는 않았다. 이집트를 탈출할 시기 히브리인 가운데 일부가 유목족의 신인 야훼를 숭배했다. 특히 다윗이 속한 유다 지파가 야훼 신앙에 열성이었다. 그렇지만 야훼를 유일한 신으로 섬기지 않는 유대인도 많았다. 그들은 바알, 아세라를 비롯한 여러 신을 섬겼고, 가나안 종족처럼 주술이나 점술로 신들의 뜻을 알아내려 했다.[23] 히브리인이 야훼를 숭배하기 시작할 무렵 야훼는 부족신이었다. 히브리인이 가나안을 정복할 때 야훼는 '숨 쉬는 모든 가나안 사람'을 죽이라고 명령했다. 그 후에도 오랫동안 야훼는 오로지 유대인의 안녕만을 책임졌다. 이 시기 야훼는 유대인의 저승인 스올에는 힘이 미치지 못하는 현세의 신이기도 했다. 바빌론 유수 이전 유대인은 저승이나 부활을 믿지 않았고, 현세의 신인 야훼로부터 축복받기만을 바랐다.

기원전 7~6세기 야훼의 성격에 근본적인 변화가 생겼다. 유대 왕국이 아시리아와 신바빌로니아의 압박을 받으면서, 이스라엘의 지도자들은 야훼 신앙을 통해 위기를 극복하려 했다. 그들은 유대 백성에게 야훼가 세상 모든 일을 주관하는 최고의 신이며, 오로지 야훼만을 섬겨야 위기를 극복할 수 있다고 가르쳤다. 또한 바빌론 유수를 전후하여 조로아스터교의 부활, 천사, 천국과 지옥, 심판 등의 신앙이 유대교로 편입되었다.* 이후 유대교는 부족 종교에서 보편성을 추구하는 종

---

* 안토니우스 H. J. 군네벡, 문희석 옮김, 《이스라엘 역사》, 한국신학연구소, 1975, 266쪽, A. F. Segal, *Life after Death: A History of the After in Western Religion*, Doubleday, 1989, pp. 252~257, 이윤경, 〈묵시문학적 관점에서 본 쿰란문서의 '죽음과 부활' 이해〉, 《신학사상》 139, 2007, 15쪽. 그러나 천사론과 같은 영계에 대한 지식이 페르시아에서 유래하지 않았을 수도 있다. 오리엔트와 그리스 세계에도 신계와 인간계, 그리고 그 두 세계를 연계하는 신적인 존재에 대한 다양한 신앙이 발전하고 있었다. 유대교에서 천사론의 발전은 동방 지역이나 그리스의 영향을 받았을 수도 있다. 이에 대해서는 마르틴 헹엘, 박정수 옮김, 《유대교와 헬레니즘 2》, 나남, 2012, 372~374쪽 참조.

교로, 현세 중심적 종교에서 내세 중심적 종교로 변하게 되었고, 유일신 신앙이 자리 잡았다.[24]

키루스와 조로아스터의 나라, 페르시아

페르시아인은 이란고원의 해발 1000미터가 넘는 고원지대를 삶의 터전으로 삼았다. 이들이 사는 곳은 평야가 넓지 않았지만 많지 않은 인구가 살기에는 그럭저럭 여유가 있었다. 이들은 셈족이 아닌 인도·유럽어족에 속했다. 따라서 페르시아를 메소포타미아 문명의 일원으로 보지 않는 시각도 있다. 그러나 페르시아가 메소포타미아 지역에 제국을 이룩했고, 메소포타미아 문화를 종합했으므로 메소포타미아 문명의 일원으로 보는 것이 옳다. 고대 이란인이 그리스인과 접촉하게 되었을 때, 파르스라는 지역에서 발흥한 집단이 지배층을 이루고 있었다. 이 지역 명칭에서 페르시아라는 나라 이름이 유래했다.[25] 초기 페르시아는 메디아의 속국이었다. 메디아는 신바빌로니아와 함께 아시리아를 멸망시킨 나라였다.

페르시아는 기원전 559년 키루스 2세(기원전 559~530)가 왕위에 오르면서 세계 제국으로 발전하기 시작했다. 키루스 2세는 외할아버지의 나라 메디아를 정복한 후 기원전 539년 신바빌로니아 제국을 정복함으로써, 소아시아의 그리스 도시와 이란 동쪽의 인더스 유역에 걸친 모든 지역을 다스리게 되었다. 그의 활발한 정복 사업으로 페르시아는 20년도 안 되는 짧은 기간에 과거의 어떤 제국보다도 거대한 제국으로 떠올랐다.

키루스는 정복민을 포악하게 다루지 않았고 각 지방의 문화와 종교를 존중했다. 통치자로서 그의 능력과 덕목이 널리 알려져 높은 칭송을 받았는데, 특히 소크라테스의 제자 크세노폰이 키루스 대왕의 열렬한 지지자였다. 그는 키루스 대왕의 세계 정복에 대해 이렇게 썼다.

페르시아 사람Persian인 키루스Cyrus는 거대한 도시들, 수많은 국민과 민족들을 잘 지배했다. … 하여튼 우리가 알기로는, 키루스가 있는 곳으로부터 며칠씩 혹은 몇 달씩 걸리는 거리에 떨어져 있는 사람들, 키루스를 본 적도 없는 사람들, 그리고 키루스를 결코 볼 수 없다는 사실을 잘 알고 있는 사람들도 기꺼이 키루스에게 복종했다. 그들은 모두 자발적으로 키루스의 신민이 되려 했다.[26]

크세노폰의 진술을 보면 키루스는 참으로 '대왕'이다. 이 진술을 액면 그대로 받아들일 수는 없지만, 키루스가 온건하고 통합적인 정책을 펼쳤음은 분명하다. 키루스 대왕이 죽자 그의 아들 캄비세스(기원전 529~522)가 왕위에 올랐다. 그런데 캄비세스가 이집트 원정으로 자리를 비운 사이 반란이 일어났고, 캄비세스는 이집트에서 돌아오는 도중에 살해되었다. 이후에도 수차례 심각한 반란이 계속되었다.

유력한 귀족 출신인 다리우스(기원전 521~486)가 내란을 진압하면서 페르시아는 안정을 되찾았다. 다리우스는 '왕 중의 왕'이라고 불렸는데, 그 이름에 걸맞은 많은 업적을 남겼다. 거대한 정복 활동을 했을 뿐 아니라 페르세폴리스를 새로운 수도로 건설하고, 페르시아·메디아·바빌로니아·이집트·그리스 등 여러 문화를 융합하여 거대한 왕궁을 세웠다. 그리고 다리우스는 거대한 제국을 다스리기 위해 속주 제

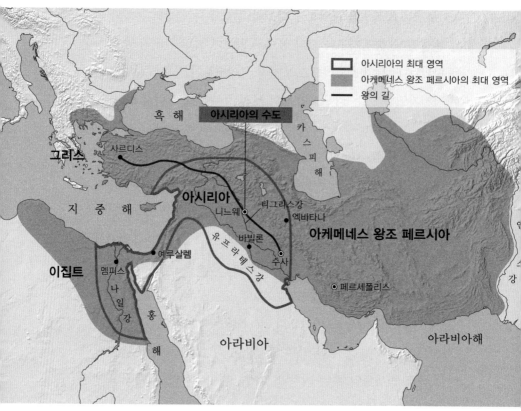

고대 서아시아를 통일한 페르시아.

도를 확대 재편했다. 그는 전국을 36개의 속주로 편제하고, 총독을 파견하여 행정과 조세 징수를 담당하도록 했다.

또한 다리우스는 제국의 모든 영토에서 통용되는 주화를 만들어 상품 유통을 원활하게 했다. 이러한 중앙집권화 정책을 수행하려면 왕의 명령이 신속하게 지방에 전달되어야 했다. 이를 위해 건설된 도로들이 상업적, 군사적으로도 중요한 역할을 했다. 이 중 가장 빠른 도로는 소아시아의 사르디스를 출발하여 리디아, 니느웨, 수사에 이르는 2700킬로미터의 대로이다.* 이 길은 '왕의 길'이라고 하며, 말을 탄 사자使者가 9일 이내에 주파할 수 있었다.

다리우스는 제국의 통치 구조를 정비하는 한편 서쪽으로의 정복 활동을 펼쳤다. 그는 리디아를 정복하고, 소아시아 연안의 그리스인에 대한 압박을 강화했다. 그리고 그리스를 상대로 기원전 492년부터 479년까지 전쟁을 일으켰다. 이 전쟁을 페르시아 전쟁이라고 하는데 페르시아는 막대한 병력을 동원했지만 패배했다. 이에 대해서는 다음에 자세히 살펴볼 것이다. 다리우스의 정복 작업에서 살펴보아야 할 것이 있다. 그는 자신의 업적을 선전하고자 많은 비문을 만들었는데, 대표적인 것이 비시툰 비문이다.

나는 다리우스 왕이다. 히스타스페스의 아들이자, 왕 중의 왕이고, 페르시아인이고, 페르시아의 왕이다. 다리우스는 다음과 같이 말한다. 나는 페르시아, 엘람, 바빌론을 비롯한 23개국을 지배하고 있다. 내가 그들의 왕이 된 것은 아후라 마즈다의 보호를 통해서이다. 나는 1년 동안 열아홉 번 전투했고, 아후라 마즈다의 보호 아래 모두 승리했다.[27]

이 비문에서 다리우스는 자신이 조로아스터교의 최고신 아후라 마즈다의 후원을 받아 거대한 제국을 건설했고, 자신의 업적은 아후라 마즈다의 지지 덕분이라고 말하고 있다. 이렇게 지배자가 자신의 정당성을 신의 지지에서 찾는 것은 이미 수메르에서 관찰된다. 가령 최

---

* 수사는 엘람 왕국의 수도였고, 페르시아 제국의 초기 수도였으며, 페르세폴리스가 건설된 후에도 겨울 궁전으로 사용되었다.

초로 법전을 만든 우루카기나도 자신의 통치와 개혁을 신이 지지한다고 주장했다.[28] 그렇지만 다리우스 이전의 신들은 부족신들이었기 때문에 특정 부족이 세계 전체를 지배할 이데올로기를 제공하지 않았다. 반면에 다리우스가 믿었던 아후라 마즈다는 부족신의 한계를 넘어 세계 역사를 주관하는 신, 나아가 우주 전체를 지배하는 신이었다. 아후라 마즈다는 여러 부족 사이에 존재하는 차별을 철폐하고 세계를 하나로 통합할 것을 요구했다. 다리우스는 자신이 아후라 마즈다의 명령을 받아 모든 부족을 하나로 통합하고, 정의롭게 다스린다고 주장할 수 있었다. 이 주장은 세계를 정복하려는 이데올로기였지만, 이 때문에 페르시아 왕들이 이전의 어떤 지배자들보다도 다른 종족에게 관용을 베풀었던 것도 부정할 수 없다.

다리우스 사후 아들 크세르크세스가 왕이 되었다. 그는 아버지에 이어 그리스를 침입했지만 크게 패했다. 그러나 전쟁의 패배로 페르시아 제국이 치명적인 타격을 입지는 않았다. 상실한 영토도 없었고, 전비로 쓴 돈도 금세 복구되었다. 이 때문에 이란 사람들은 지금도 페르시아 전쟁에서 자기들이 승리했다고 주장한다. 하지만 페르시아 전쟁에서 패배한 후 페르시아는 점차 쇠퇴의 길에 들어선다. 크세르크세스는 암살되었고, 그 후에도 150년가량 반란, 외적의 침입이 끊임없이 계속되었다. 결국 기원전 330년 수적으로 우세했는데도 페르시아 군대는 알렉산드로스 군대에 패하고 말았다. 이렇게 해서 페르시아 제국은 멸망했다.

페르시아 문화의 가장 중요한 특징은 다양성과 여러 문화의 혼합이다. 페르시아는 이란 지역에서 발흥한 유목족이었기 때문에 제국을 만들기 전에는 문화가 뒤처져 있었다. 제국을 이루고 나서는 정복한 여러 종족의 문화를 존중하면서 통합하여 독특한 문화를 형성했다. 페르시아 문화의 다양성은 언어에서 명확하게 드러난다. 제국을 만들기 전에 문자가 없었기 때문에 페르시아는 당시 널리 사용되던 아람어를 제국 전체의 행정 언어로 사용했다. 그렇지만 아람어 외에 엘람어, 아카드어를 동시에 사용했고, 다리우스 때에는 페르시아어를 표기하기 위해 독자적인 알파벳을 만들었다.[29]

페르시아 문화의 절충적 성격은 건축에서도 나타난다. 페르시아는 바빌로니아와 아시리아 건물의 기본 양식을 본떴지만, 아치와 볼트 대신 이집트식 기둥과 열주列柱를 채택했다. 페르시아가 이렇게 여러 나라의 문화를 기꺼이 수용하는 것을 보고 헤로도토스는 "어떤 나라도 페르시아만큼 외국 관습을 기꺼이 채택하지 않았다"라고 말했다.[30] 페르시아 건축의 백미는 페르세폴리스의 궁전이다. 특히 크세르크세스의 궁전은 이집트 카르나크 신전을 모방한 것으로 백여 개의 기둥으로 이루어진 거대한 중앙 홀과 헤아릴 수 없는 많은 방으로 이루어져 있다.

고대 페르시아인이 남긴 문화유산 가운데 가장 중요한 것은 조로아스터교였다. 조로아스터교의 뿌리는 기원전 1400년대까지 거슬러 올라가지만, 실질적인 창시자는 기원전 7세기 무렵에 활동한 조로아스터(페르시아어로 자라투스트라)였다. 조로아스터는 기존 고대 종교에서 흔했던 다신 숭배, 동물 희생, 주술과 같은 요소를 부정하고, 좀 더 영적이고 윤리적인 종교를 확립하려 했다.

조로아스터교는 그때까지의 종교와 달리 이원론을 강력하게 표방했다. 조로아스터교에 따르면 두 가지 영적 원리가 우주를 지배했다. 그중 하나는 빛과 진리와 정의의 원리를 구현한 지고의 선한 존재 아후라 마즈다였고, 다른 하나는 어둠과 악의 세력을 주관하는 사악한 존재 아리만이었다. 두 신은 주도권을 장악하기 위해 필사적인 싸움을 벌였다. 그들은 대등한 대결을 벌였지만, 궁극적인 승리는 빛의 신이 차지하게 된다. 최후의 날 아후라 마즈다는 아리만을 물리쳐 그를 심연 속으로 던져버릴 것이다. 그때 죽은 자들이 무덤에서 일어나 그들의 공과에 따라 심판을 받게 된다. 의로운 자는 즉각 천국으로 들어갈 것이며, 사악한 자는 지옥의 불길로 떨어질 것이다. 그러나 궁극적으로 모든 사람은 구원받게 된다. 지옥에 간 자들도 지옥 불의 정화를 받아 결국 깨끗해지고, 천국으로 올라갈 것이기 때문이다.

또 하나의 특징은 조로아스터교의 윤리성이다. 조로아스터는 신의 의지가 미리 정해져 있다고 하면서도 인간이 자유의지를 가지고 있어 죄를 짓거나 짓지 않을 수 있다고 가르쳤다. 그리고 인간은 현세의 행동에 의거해 내세에서 심판을 받는다. 아후라 마즈다는 진실할 것, 서로 최선을 다해 사랑하고 도울 것, 그리고 가난한 자의 친구가 되어 환대할 것을 명령했다. 이 가르침에 따라 조로아스터는 구원받을 만한 행위와 금지된 행위를 일일이 밝혀 적어두었고, 부의 축적을 비난했다. 그리고 사람들에게 "자기 자신에게 좋지 못한 일은 무엇이든 다른 사람에게도 하지 마라"라고 가르쳤다. 조로아스터교가 표방한 윤리성은 고대 종교로서는 특이한 것이었다. 고대에 선하게 살아야 된다는 가르침을 펼친 것은 종교가 아니라 철학이었다. 고대 종교는 원래 신에게 제사를 지내고 신의 도움을 받는 것을 지향했다. 신들은 자신에게 제사 지내는 사람의 윤리성에는 관심이 없었고, 사람도 신의 윤리성에 관심이 없었다. 따라서 고대 신들은 그리스의 제우스처럼 바람둥이 난봉꾼이지 절대적으로 선한 존재가 아니었다. 조로아스터교는 고대 종교의 이런 측면을 부정하고 윤리성을 강조함으로써 종교 세계에 새로운 지평을 열었다.*

그러나 조로아스터교는 원래 상태로 오래 지속되지는 못했다. 원시적인 미신과 주술, 사제들의 술책이 지속되면서 교리가 점차 수정되었다. 특히 칼데아인(신바빌로니아)의 종교의 영향으로 페르시아의 이원론과 칼데아의 숙명론이 결합한 종교가 크게 성행했다. 대표적인 예가 미트라교이다. 미트라교는 기원후 1세기 로마 병사들을 중심으로 유행하기 시작했다. 전승에 따르면 미트라는 아후라 마즈다의 대리자로 악의 세력과 싸웠다. 그가 많은 기적을 일으켜 인간에게 도움을 주자 그를 섬기는 사람들이 많아졌다. 미트라는 일요일을 일주일 중 가장 성스러운 날로 정했고, 12월 25일을 연중 가장 성스러운 날로 선포했다. 태양은 미트라의 가장 충실한 동맹자였고, 12월 25일은 동지에 해당하는 날로 태양이 적도 남쪽의 긴 여행에서 돌아오는 날이기 때문이었다.[31] 그날은 모든 자연에 생명을 주는 태양의 생일이었다. 미트라교는 유럽에 전파되어 로마 시대에 가장 대중적인 종교의 하나가 되었다. 그러나 4세기 초 이후 교세가 급속히 약해졌다. 미트라교의 영향력을 정확히 알아낼 수는 없지만, 더 늦게 출발한 기독교가 미트라교에서 몇 가지를 빌려 온 것은 사실이다. 초기 기독교의 이단 분파로 알려진 영지주의나 3세기에 성행했던 마니교도 조로아스터교의 영향을 받은 것으로 이야기된다.[32]

---

* 조로아스터교가 탄생할 무렵 이집트에서도 종교의 윤리성이 부각되기 시작했다. 기독교가 전파될 무렵 여전히 고대 종교는 제사와 의례 중심이었지만, 이시스 숭배를 비롯한 여러 종교들이 윤리를 강조하기 시작했다. 이에 대해서는 토머스 R. 마틴, 이종인 옮김, 《고대 로마사》, 책과함께, 2015, 252쪽 참조.

3장
태양과 피라미드의 나라, 이집트

잃어버린 이집트를 찾아서

392년 로마 황제 테오도시우스(347~395)가 기독교를 국교로 선포했다. 기독교가 로마제국이 인정하는 유일한 종교가 되면서 다신교 신전은 모두 폐쇄되었고 다신교 의례도 금지되었다. 이때 이집트의 화려한 문명을 담고 있던 신전도 폐쇄되었고, 신전을 관리하던 사제들도 뿔뿔이 흩어졌다. 사제들이 흩어지자 이집트 글자를 아는 사람이 사라져버렸다. 유물은 방치되어 훼손되었고, 신전 벽에 새겨진 이집트 상형문자는 그림으로 변해버렸다. 그러나 거대한 피라미드가 남아 있고, 무엇보다 그리스·로마인이 남겨놓은 수많은 기록이 있다. 그리스·로마인 가운데는 열렬한 이집트 애호가들이 많았다. 헤로도토스, 플루타르코스, 스트라본, 하드리아누스를 비롯한 수많은 학자와 정치가들이 이집트를 방문했고, 이집트 문명의 경이로움에 찬사를 보냈다.

유대인도 이집트에 대한 기록을 많이 남겼다. 기원전 1800년경 유대인이라는 종족이 생기기 시작할 때부터 유대의 역사는 이집트와 밀접한 관련이 있었다. 곡물을 찾아 이집트로 간 아브라함 이야기, 파라오('큰 집에 사는 사람'이라는 뜻)의 법정에 선 요셉 이야기, 아기 모세가 바구니에 담겨 나일강에 버려진 후 파라오의 딸이 그를 키운 이야기, 그리고 모세가 억압받던 유대인을 데리고 홍해를 건넌 이야기가 모두 이집트를 배경으로 하고 있다. 구약성경의 저술가들도 구약성경의 권위를 뒷받침하기 위해 이집트 역사가들의 저술을 많이 이용했다.

그러나 로마제국 멸망 후 이집트에 대한 기억은 점차 희미해졌다. 7세기 중반 이슬람 세력이 이집트를 장악한 후 이집트의 다신교 문화를 무가치한 것, 심지어 없애야 할 것으로 규정했기 때문이다. 유럽 중세 중기까지 서양인에게 이집트는 마음대로 여행할 수도 없는 금지의 땅이었다. 서양인의 이집트 방문은 십자군 전쟁 이후 다시 활발해졌다.

근대 초 이집트를 방문하는 유럽인이 늘어나면서, 많은 이집트 유물이 유럽으로 옮겨졌다. 18세기 프랑스의 총영사 브누아 드 마예는 이집트 유물의 수집과 발굴에 직접 참여하면서 가능한 한 많은 유물을 프랑스로 가져갔다. 그는 심지어 알렉산드리아에 있는 거대한 폼페이우스 원형 기둥을 프랑스로 옮길 계획을 세우기까지 했다. 이집트 유물의 진가가 알려지면서 18세기 말에는 수많은 사람들이 이집트로 몰려들었다. 그중 한 사람인 볼네C. F. Volney는 원래 건강이 안 좋았지만 이집트를 방문하기 위해 달리기와 벽 기어오르기 같은 운동을 하면서 체력을 키웠다. 건강에 자신이 붙은 그는 금화 6000프랑을 가지고 이집트로 갔고, 7개월 동안 이집트에 머물면서 《시리아와 이집트 여행》

이라는 책을 썼다.

볼네의 《시리아와 이집트 여행》은 이집트 재발견에 획기적인 전기가 되었다. 나폴레옹이 이 책을 열독했기 때문이다. 플루타르코스를 비롯한 고대 작가들의 작품을 즐겨 읽었던 나폴레옹은 고대 이집트에 고도의 문명이 발달했다는 사실을 익히 알고 있었다. 그는 볼네의 책을 읽고 큰 감명을 받아, 1798년 이집트를 원정할 때 187명의 학자들을 데려가 이집트 문명을 연구하게 했다. 나폴레옹이 데려간 학자들은 이집트의 지리와 유물을 세밀히 연구했다. 그중에 비방 드농Dominique Vivant Baron Denon이 있었다. 드농은 다방면에 재주가 많고 사교성도 뛰어난 사람이었다. 특히 드농은 그림을 잘 그렸다. 드농은 이집트 각지의 유물을 스케치해 왔고, 거기에 근거해 1802년 《이집트 나일강 상류와 하류의 여행기》를 썼다. 이 책은 영어와 독일어로 번역되었고, 40판까지 발행되는 엄청난 성공을 거두었다.[1]

나폴레옹의 이집트 원정은 이집트 역사의 재발견에 결정적으로 공헌한 또 다른 성과를 거두었다. 이집트 문자를 해독할 수 있는 계기를 마련한 것이다. 나폴레옹의 병사 중 한 명이 나일강변 도시인 로제타에서 참호를 파던 중 글자가 새겨진 검은색의 납작한 돌을 발견했다. 1802년 영국군이 나폴레옹을 격파하고 이집트를 접수하면서 로제타 석이라고 명명된 이 비문은 대영박물관으로 옮겨졌다. 그러나 발견 초기에 석고로 만든 모형이 프랑스에 있었다. 로제타석에는 같은 내용으로 추정되는 글이 신성문자, 민용문자, 희랍어로 쓰여 있었다.

로제타석이 발견되면서 사람들은 이집트 상형문자를 해독할 수 있으리라는 희망에 부풀어 올랐다. 희랍어 해독을 통해 비문의 내용이 프톨레마이오스 5세의 공덕을 찬양하고자 제사장이 바치는 글이었음이 알려졌기 때문이다.

그러나 이집트 상형문자에 대한 잘못된 편견이 로제타석의 해독을 가로막았다. 사람들은 사물의 형상을 본떠 만든 상형문자에 대해 오랫동안 막연한 생각을 가지고 있었다. 고대에는 이집트 상형문자를 신비한 주문 같은 것으로 여겼으며, 근대에 들어와 또 다른 상형문자인 한자와 비교해 해석하려는 시도도 있었다. 거의 모든 언어학자가 상형문자가 나중에 표의문자로 발전했다는 고정 관념을 가지고 있었다.

이집트 문자 해독의 계기가 된 로제타석. 윗부분(①)에 신성문자, 가운데 부분(②)에 민용문자, 아랫부분(③)에 희랍어가 새겨져 있다.

발상을 전환한 샹폴리옹이 드디어 로제타석을 해독해냈는데, 그의 성공은 우연한 것이 아니었다. 샹폴리옹은 언어를 습득하는 능력이 탁월했을 뿐 아니라 열정이 대단했다. 그는 타원형의 틀인 카르투슈 cartouche 안에 파라오의 이름이 새겨져 있다고 믿고,* 이름들을 수없이 비교하면서 이집트 문자가 소리를 기호로 나타낸 표음문자임을 깨달았다. 그는 1822년 〈표음문자로서의 상형문자의 자모에 대해 다시에 씨에게 보내는 편지〉에서 로제타석의 해석을 발표했다. 이집트 문자의 해독 원리를 파악한 샹폴리옹은 좀 더 많은 문자에 자신의 이론을 적용하기 위해 이집트 여행을 떠났고, 그 후 이집트를 가리고 있던 베

---

* 1761년 장 자크 바르텔레미가 카르투슈에 새겨진 글자가 파라오의 이름이라고 주장했다.

일이 벗겨지기 시작했다.[2]

'신의 선물' 나일강

역사의 아버지 헤로도토스가 이집트를 '나일강의 선물'이라고 말했다는 사실은 널리 알려져 있다. 이 말은 이집트의 정체성을 가장 잘 보여주는 표현인데, 사실 헤로도토스가 처음 한 말은 아니다. 그보다 1세기 전에 살았던 헤카타이오스가 했던 말이며,* 이집트인 사이에 널리 공유되던 생각이었다. 이집트인은 "이집트란 나일강이 흐르는 곳이며, 이집트인이란 나일강의 물을 마시는 사람이다"라고 말했다.[3] 이집트인은 이 강을 큰 강이라는 의미의 '이테르iteru'라고 불렀다. 이집트에 강은 나일강밖에 없었으므로 다른 명칭이 필요하지 않았다. 그런데 그리스인이 '큰 강'에 '나일'이라는 이름을 붙여주었다. 그리스인은 강의 신 닐루스Nilus의 이름에서 '나일'이라는 이름을 따왔던 것 같다.[4] 나일강은 아비시니아고원에서 발원한 청나일과 빅토리아호 일대에서 발원한 백나일이 수단의 카르툼 근처에서 합류하여 흐르는 강으로 길이가 6400~6700킬로미터나 된다. 발원지를 어디로 보는가에 따라 세계에서 제일 긴 강이라고 할 수 있고, 두 번째로 긴 강이라고 할 수도 있다. 이 길이는 지구 둘레의 6분의 1에 해당한다.

나일강에서 펼쳐진 인간들의 삶의 이야기는 구석기 시대로 거슬러 올라간다. 당시 이 지역은 지금과 달리 숲이 우거지고 사냥과 채집에

---

* 헤카타이오스는 그의 저서 《페리에게시스Periegesis》에서 이렇게 표현했다.

적합했다. 시간이 흐를수록 기후가 건조해지자 사막과 황무지가 늘어났지만, 나일강 유역만은 비옥함을 유지했다. 살 곳을 찾아 유랑하던 리비아와 아라비아의 유목민들이 이 땅에 자리 잡아 나일강의 은총 속에 고도의 문화를 발전시킬 수 있었다.

나일강의 홍수가 시작되는 7월 중순부터 홍수가 끝나는 11월 중순까지는 충적평야 전체가 물에 잠겼다. 이집트인은 이 시기를 아케트Akhet, 즉 '범람의 계절'이라고 불렀다. 범람의 계절에 이집트인은 나일강에서 물고기를 잡거나 가축을 키웠다. 이전의 정상적인 상태까지 수량이 줄어들면 비옥한 개흙의 침전물이 남게 되어 거기서 새로운 농작물이 겨울과 봄철의 따사로운 태양 아래 무성하게 자라났다. 이집트에서 이 시기는 11월에서 3월 사이이며, 페레트peret라고 불렀다. 홍수가 나면 쓰레기 더미와 해충이 쓸려 내려가는 이점도 있었지만, 농경지에 물이 고이고 토지의 경계 표시도 함께 쓸려 내려가는 바람에 몇 달 동안이나 땅을 쓸 수 없었다. 이집트인은 토지 소유자를 명확하게 가리기 위해 기하학과 수학을 발전시켰는데, 1858년 스코틀랜드의 골동품 수집가 린드가 발견한 '린드 파피루스'는 이집트 수학의 수준이 매우 높았음을 보여준다.

홍수의 시작은 예측이 가능했다. 매년 가장 밝은 별인 시리우스성이 70여 일 모습을 감추었다가 태양이 뜰 무렵 동쪽에서 솟아오르는 7월 19~20일 직후 홍수가 시작되었다. 이집트인은 이날을 새해 첫날로 하는 태양력을 만들었다. 이집트의 태양력에서 1년은 365일로 구성되어 있었다. 1개월은 30일이었고, 열두 달이 끝나면 5일을 더했다.*

---

* 이태원, 《이집트의 유혹》, 기파랑, 2009, 32~33쪽. 기원전 46년 로마의 율리우스 카이사르가

가끔 큰 홍수로 저지대가 침수될 수도 있었지만 고대 이집트는 나일강 덕분에 농업의 낙원으로 군림했다. 경제사학자들은 "이집트는 고대에 여분의 식량이 있던 거의 유일한 곳"이라고 말하곤 한다. 이집트가 고대에 가장 풍요로운 지역이었기 때문에 구약성경의 야곱과 요셉 형제들의 이야기처럼 주변 지역에 기근이 들어 식량이 부족해지면 사람들이 이곳으로 이주해 오곤 했다. 또한 홍수 뒤에 오랫동안 갈수기가 지속되는 현상은 지속적인 물 공급에 지장을 가져왔다. 이집트인은 이 문제를 해결하기 위해 관개 시설을 마련했다. 도랑둑과 제방을 세우고 늪지의 물을 배수시키고 수로와 수문을 만들어 물을 수송하고 저장하는 일을 신속히 처리해야 했다. 이러한 일은 순전히 인간의 노동력으로 해야 했으므로 노동력의 징집과 조직이 중요했다. 많은 사람을 동원하고 조직하면서 정치제도가 정비되었다. 조직적인 농업 활동을 위해 정책 결정을 신속하고 강력하게 해야 했으므로 한 사람의 절대 권력자가 생겨났고 그 밑에 농업을 관리하는 재상이 있었다.

나일강의 홍수는 상류의 열대우림 지역에서 우기에 내리는 비가 강하류로 흘러내리면서 생긴다. 따라서 나일강의 홍수는 규칙적으로 반복되었다. 이집트인은 규칙적으로 반복되는 홍수를 신의 섭리로 여겼고, 신의 섭리는 신의 대리자인 파라오에 좌우된다고 믿었다. 파라오는 해마다 적절한 시기에 충분한 홍수가 일어날 수 있도록 의식을 거행했다. 대표적인 의식은 홍수가 거의 끝나갈 무렵 새로운 땅이 출현할 때 행해지는 '도랑둑의 개통'이란 의식이었다.

이집트의 태양력을 개정하여 율리우스력을 만들었다. 이 달력은 1582년에 교황 그레고리우스 13세가 그레고리우스력을 만들 때까지 사용되었다.

나일강의 홍수는 이집트인의 사고방식에도 큰 영향을 미쳤다. 먼저 홍수는 이집트를 두 지역으로 나누었다. 홍수로 물이 뒤덮인 지역은 진흙이 쌓여 적갈색을 띤다. 이집트인은 나일강 물로 매년 뒤덮이는 곳을 '검은 땅Kemet'이라고 불렀다.* 그러나 이 좁은 유역을 벗어나면 대부분이 불모지인 사막이다. 이집트인은 사막 지역을 사람이 살 수 없는 '붉은 땅deshret'이라고 불렀다. 따라서 이집트인에게 검은색은 좋은 색인 반면 붉은색은 불길한 색이었다. 이렇듯 이집트인에게 경작지와 황무지는 뚜렷하게 대비되는 지역이었다. 이집트인은 땅뿐만 아니라 생과 사, 선과 악을 비롯해 많은 것이 서로 대립하는 요소들로 구성되었다고 생각했다. 그런데 나일강의 범람은 해마다 규칙적으로 이루어진다. 이를 파악한 이집트인은 우주의 모든 것에 규칙성이 존재하므로 우주는 질서 있고 안정된 상태라고 믿었다.[5]

피라미드의 수수께끼

피라미드는 희랍어(그리스어)로 '삼각형 모양의 과자'를 의미하는 피라미스pyramis에서 유래했다. 이집트의 명물 피라미드는 고대 7대 불가사의 가운데 유일하게 현존한다. 최초의 피라미드는 기원전 2600년경 고왕국기의 명재상 임호테프가 만들었다. 그는 당대의 걸출한 위인으로 천문학자, 건축가, 작가, 의사, 현자로서 유명하다. 임호테프는

---

* 이집트인은 나일강 물이 닿은 곳을 '검은 땅', '홍수의 땅', '두 땅'이라고 불렀고, 사람이 살 수 없는 사막 지역을 '붉은 땅'이라고 불렀다.

벽돌처럼 깎은 돌을 쌓아 거대한 건축물을 만들었는데, 그 건축물은 멀리서 보면 계단을 이루는 듯해 계단식 피라미드라고 불린다.

피라미드의 등장은 태양신 숭배와 밀접한 관련이 있다. 임호테프는 헬리오폴리스에서 태양신을 섬기는 대제사장이었으며, 그곳에 조세르 왕(기원전 2630~2611)의 신전을 건립했다. 이집트의 왕 파라오는 태양의 아들로, 그가 죽으면 자기를 낳았던 태양신과 일체가 되기 위해 여행을 떠난다고 여겨졌다.* 계단식 피라미드가 사다리 모양을 하고 있는 것은, 죽은 왕이 사다리를 타고 올라가 태양 범선의 선원을 만날 수 있도록 하기 위해서였다. 이집트의 전승에 따르면 피라미드 안에 매장된 파라오는 태양의 범선을 타고 태양신과 일체가 되어 우주를 순행한다. 그는 태양신과 함께 낮의 범선을 타고 하늘 물 위를 항해하여 인간에게 빛과 생명을 가져다준다. 해가 지면 다시 밤의 범선으로 옮겨 타고 활력 없는 숫양 머리 형상을 한 창조주의 육신을 빌어 지하의 물 위를 항해한다.

이렇듯 피라미드는 파라오가 태양신을 만나러 범선을 타고 출발하는 곳으로 생각되었기에 피라미드에 실제 배가 부장되기도 했다. 현존하는 가장 큰 피라미드인 쿠푸 왕(기원전 2551~2528)의 피라미드 옆에는 다섯 척의 배가 묻혀 있다. 이 가운데 하나는 쿠푸가 죽었을 때 그

---

* 파라오가 동일시된 신은 시기나 지역별로 다르다. 이집트의 역사가 매우 길고, 신화가 지역별로 특색이 있었기 때문이다. 헬리오폴리스가 유력한 도시로 성장하면서 헬리오폴리스의 주신이었던 태양신을 중심으로 한 신화 체계가 발달하는 한편, 고왕국 시대부터 주요한 신으로 등장했던 오시리스를 중심으로 한 신화 체계도 발달했다. 이 때문에 파라오가 태양신과 동일하다는 신앙이 가장 강했지만, 시기와 지역에 따라 파라오가 오시리스와 그의 아들인 호루스와 동일하다는 신앙도 관찰된다. 이에 대해서는 렌초 로시, 서정민 옮김, 《이집트 사람들》, 사계절, 2003, 54~56쪽 참조.

의 미라를 옮기는 데 실제로 사용되었다. 이집트인은 멤피스의 궁궐에서 쿠푸 왕의 미라를 제작한 후 나일강으로 가져가 배에 실어 피라미드 근처까지 옮겼다. 피라미드 근처에 도착한 후 배를 통째로 육지로 옮겼고, 장례가 끝난 후 배를 분해해 피라미드 옆에 묻었다. 쿠푸 왕의 피라미드 남쪽에 묻혀 있던 배가 1954년 발굴되었다. 4500년이 지났지만 이집트의 건조한 기후 덕분에 나무가 썩지 않았다. 이집트 정부는 1224개의 부품을 조립해 배를 복원했다. 복원 결과 배의 길이는 43.4미터이고, 폭은 5.9미터였다.[6] 다른 피라미드들에서는 나무가 아니라 벽돌이나 돌로 만든 배가 발굴되기도 했다.[7]

기원전 2600년경 고왕국이 확고하게 안정되면서 거대한 피라미드들이 연달아 건축되었다. 피라미드는 유력자들의 무덤이다. 왕뿐만 아니라 왕족, 지방 귀족, 고위 관료들이 자기들의 피라미드를 만들었다. 현재 남아 있는 피라미드는 90여 개인데 그중 카이로 서쪽 기자에 있는 피라미드들이 유명하다. 기자에는 세 개의 거대한 피라미드가 있는데 쿠푸, 카프라(기원전 2520~2494), 멘카우라 왕(기원전 2490~2472)의 것이다.

특히 쿠푸의 피라미드가 가장 크고 유명하다. 쿠푸의 피라미드는 규모와 정밀성이 놀라워 세계 7대 불가사의의 하나로 꼽힌다. 이 피라미드는 높이가 147미터로, 1889년 에펠탑이 세워지기 전까지 세계에서 가장 높은 건축물이었다.* 밑변은 정사각형인데, 동변은 230.391미터, 서변은 230.357미터, 남변은 230.454미터, 북변은 230.253미터이다. 밑변의 동변은 정동에서 0도 5분 30초가 기울어져 있다. 피라미

---

* 쿠푸 왕의 피라미드는 현재 137미터인데, 윗부분이 떨어져 나가기 전에는 147미터였다.

이집트 기자에 있는 세 개의 거대한 피라미드. 오른쪽부터 쿠푸, 카프라, 멘카우라의 피라미드다.

드의 방향이 거의 정확하게 동서남북으로 되어 있는 것은 태양신 숭배와 관련이 있을 것이다. 이 피라미드를 건설하는 데 사용된 돌은 모두 230만 개인데, 그 돌들의 평균 무게는 2.5톤이다. 따라서 피라미드의 무게는 대략 6백만 톤이다.

　그렇게 큰 돌들을 어떻게 채석했을까? 쿠푸 왕의 피라미드가 건설된 기원전 2500년대는 청동기 시대 초기였다. 당시 이집트인은 청동을 만들 줄 알았지만, 도구는 대부분 구리로 만들었다. 피라미드는 외벽은 석회암으로 되어 있지만, 내부는 아주 단단한 화강암으로 채워져 있었다. 그런데 고고학자들의 발굴에 따르면 이 화강암을 구리 톱으로 썬 자국이 있었다. 별로 단단하지 않은 구리 톱으로 어떻게 단단한 화강암을 썰었을까? 고고학자들은 구리 톱으로 자르면서 모래를 뿌렸고, 모래에 석영이 들어 있어서 절단이 가능했다고 생각하고 있다. 돌을 자른 뒤에는 다듬어야 했다. 그리스 역사가 헤로도토스는 피라미드의 건축에 관해 서술하면서 마제석, 즉 간 돌이라는 표현을 사용했다. 결국 돌을 깨고, 그 돌을 다른 돌이나 모래로 갈아 매끈하게 만들었던 것이다. 이렇게 다듬은 돌을 채석장에서 피라미드까지 옮겨야 했다. 돌을 옮기기 위한 도로를 건설하는 데만도 10만 명이 1년에 3개월씩 일하여 10년이 걸렸다. 당시에는 트럭은커녕 수레도 없었기 때문에, 인부들은 거대한 돌덩어리 밑에 통나무를 깔고 밀어서 옮겼고, 크레인이 없었기 때문에 보조용 계단을 쌓고, 계단을 이용해 돌을 끌어 올렸다. 이렇게 여러 과정이 필요했기 때문에 피라미드 건축에는 20년이 소요되었다.

피라미드의 제작만큼이나 신기한 것은 그렇게 거대하고 무거운 피라미드가 5000년이 넘도록 모양의 변형이 거의 없다는 점이다. 땅 위에 집을 지으면, 집의 무게에 의해 땅이 조금씩 가라앉고 그러면서 건물의 변형이 일어난다. 그런데 무게가 6백만 톤에 달하는 피라미드는 지난 5000년 동안 1.25센티미터밖에 가라앉지 않았다.[8] 이는 피라미드가 단단한 암반층 위에 설치되었기 때문에 가능한 현상이다.

이 모든 것을 생각할 때 피라미드의 제작은 영원히 풀 수 없을 것 같은 수수께끼다. 이 때문에 어떤 사람들은 우주인이 와서 피라미드를 만들어주었다고 이야기한다. 그러나 그 이야기는 믿을 수 없다. 피라미드가 딱 한 개만 있다면 그렇게 생각해볼 수도 있지만, 피라미드는 90여 개가 남아 있고, 피라미드가 제작된 시기도 1000여 년에 이른다. 우주인이 그렇게 긴 기간 동안 이집트인과 살았다고는 생각할 수 없다.

원래 피라미드 주위는 복합 단지로 조성되었다. 왕의 친척들과 궁전

고위 관리들의 석실 분묘들이 죽은 왕의 무덤인 피라미드를 둘러싸고 있다. 왕이 살아 있을 때 시중을 들었듯이 그들은 죽어서도 왕을 모시고 있다. 그러나 이러한 기념물 대부분은 황폐해졌고, 건물이 있었던 흔적만이 남아 있을 뿐이다.

피라미드들을 건립하기 위해 엄청난 인적·물적 자원이 소모되었다. 헤로도토스는 이집트인이 거대한 피라미드를 만들었던 쿠푸 왕과 카프라 왕을 미워하여 그들의 이름조차 거론하지 않았다고 전한다. 그러나 이는 헤로도토스의 생각일 뿐이다. 고대에는 농번기와 농한기가 있었고, 농한기에 농민은 할 일이 없었다. 따라서 농한기에 벌인 대규모 건축 사업은 농민의 일자리 창출이라고 볼 수도 있다. 더욱이 피라미드 제작에 동원된 농민들이 좋은 대우를 받았다는 주장도 있다.[9] 그러나 많은 사람을 조직하고, 거대한 자원을 이용하는 건축 사업이 계속될 수는 없었다. 후대에는 왕권이 약해졌고, 피라미드를 만들 자원도 부족했다. 따라서 후대로 갈수록 피라미드의 규모가 작아질 수밖에 없었다. 제4왕조가 끝나기도 전에 왕권의 약화가 뚜렷해지면서 신하들은 적당히 깎은 석굴 무덤에 매장되고, 왕들의 피라미드 규모도 카프라 왕 피라미드의 3분의 1밖에 되지 않았다.

또한 피라미드 근처에는 거대한 스핑크스가 있다. 고대 이집트인은 스핑크스를 여러 이름으로 불렀다. '지평선의 태양신'이라는 의미의 하르마키스나 '(파라오의) 살아 있는 모습'이라는 의미의 쉐세프 앙크Shesep ankh가 대표적이다. 쉐세프 앙크라는 말이 희랍어로 옮겨지면서 스핑크스라는 단어가 생겨났다. 스핑크스는 사자의 몸에 사람의 얼굴을 하고 있는 괴물이다. 그러나 스핑크스의 모양은 다양해서 새(호루스)나 숫양의 머리를 하고 있는 경우도 있다. 스핑크스는 제3왕조기에 최초로 만들어졌으며, 카프라 왕의 스핑크스가 가장 유명하다.[10] 그 스핑크스는 채석장에서 돌을 채취하고 난 후 남은 바위산을 다듬어 만든 것이다. 신왕국 시대에 와서 스핑크스는 왕의 후원자인 태양신의 현신으로 간주되었다. 스핑크스는 흔히 피라미드의 수호신으로 이야기되지만 확실하지는 않고, 스핑크스 자체가 숭배의 대상이었을 수도 있다.[11]

그런데 스핑크스는 고대 그리스에서도 많이 발견된다. 그리스의 도자기에 그려진 그림, 신전의 지붕 장식물, 묘지 장식물에서 스핑크스가 자주 보인다. 이는 고대 그리스인이 이집트의 신화와 매장 문화를 많이 받아들였기 때문이다.[12] 아테네의 신화와 관습이 이집트 것을 많이 모방했다는 점을 강조하는 학자들은 '블랙 아테나'라는 용어를 쓰기도 한다. 이 용어는 그리스 문명이 독자적으로 발전한 것이 아니라 이집트 문화를 수용했음을 강하게 보여준다.

피라미드, 스핑크스와 함께 이집트를 대표하는 건축물은 오벨리스크이다. 이집트인은 오벨리스크를 '빛나다'라는 뜻의 '테켄Tekhen'이라고 불렀는데, 그리스인이 매우 높이 솟아오른 이 건축물을 '작은 꼬챙이'라는 뜻의 오벨리스크라고 부르면서 오늘날의 명칭이 생겨났다. 오벨리스크는 태양신에게 바치는 기념 건축물인데, 고왕국 시대에는 3미터 정도로 크기가 작았다. 중왕국과 신왕국 시기에 거대하게 만들어 신전들의 탑 문 앞에 세웠다. 고대 이집트인은 약 120기의 오벨리스크를 만들었지만, 현재 27기만이 남아 있다. 이집트를 침략했던 외국인들이 이 건축물에 매료되어 많이 약탈해 갔다. 로마에 13기가 있으며 파리, 런던, 뉴욕, 이스탄불에 각각 1기가 있다.[13]

왕들의 계곡에서 발굴된 투탕카문의 무덤

신왕국 초기에 피라미드 대신 왕들의 계곡이 조성되었다. 기원전 1500년경 투트모세 1세(기원전 1504~1492)는 테베(오늘날의 룩소르) 서부에 있는 바위산의 암벽을 깎아 시신을 안치하도록 지시했다. 피라미드 제작을 포기함으로써, 투트모세 1세는 천 년 이상 계속되어온 전통을 깨뜨렸다. 투트모세 1세가 왕들의 계곡을 조성한 것은 그때까지 지어졌던 모든 피라미드가 도굴꾼들에게 털렸기 때문이었다. 고왕국 이래 피라미드는 평지에 조성되었고, 그 안에 보물이 많이 부장되었다는 사실이 널리 알려진 탓이었다. 투트모세 1세는 도굴을 피하기 위해 사람이 접근하기 힘든 룩소르 서쪽의 한 계곡에 공들여 '왕들의 계곡'을 조성했다. 그렇지만 성과는 별로 좋지 않았다. 도굴꾼들이 왕들의 계곡을 가만히 놓아두지 않았다. 가령 투트모세 4세(기원전 1401~1391)의 무덤은 사후 불과 몇 년 만에 도굴되었는데, 도둑들은 무덤에 온갖 낙서를 해서 자신들의 업적을 기렸다. 그러나 극성스러운 도굴꾼을 이겨내고 끝까지 원형을 유지한 무덤이 있었다. 투탕카문(기원전 1333~1323)이라는 파라오의 무덤이다.

먼저 왕들의 계곡이 어떻게 발견되었는지부터 살펴보자. 피라미드가 그랬듯이, 고대에 이미 왕들의 계곡도 끊임없이 도굴의 대상이었다. 도굴꾼들이 중요한 보물을 모두 가져가버리고, 세월이 흐르면서 왕들의 계곡은 황량한 장소로 변했다. 고대 말기에는 초기 기독교의 은둔자들이 왕들의 계곡에 숨어 살았고, 중세에는 도둑들이 모여 살기도 했다.

1875년 압드-엘-라술이라는 아랍인이 왕들의 계곡에 있는 절벽에서 우연히 미라들이 많이 매장된 방을 발견했다. 방들을 둘러본 그는 자신의 형제들과 함께 이 비밀을 지키면서 보물을 하나씩 가져다가 팔았다. 그들은 6년이나 유물을 몰래 팔면서 부자가 되었다. 그러나 그들이 내다 판 유물이 너무나 많았기에 비밀이 지켜질 수 없었다. 사람들이 귀중한 유물을 샀다고 이야기하자, 이집트 박물관 직원들은 깜짝 놀랐다. 박물관에서 도둑맞은 물건이 없는데, 진품 유물이 하나씩 거래되고 있기 때문이었다. 이집트 박물관에 근무하던 마스페로 교수는 누군가 신왕국기의 무덤들을 발견했음이 틀림없다고 생각하고, 조수를 룩소르로 급히 보냈다. 조수는 갑부 행세를 하면서 돌아다녔고, 드디어 압드-엘-라술 일당에게서 진품 유물을 한 점 샀다. 이후 본격적인 조사가 행해졌고, 압드-엘-라술 형제들이 공모하여 유물을 팔고 있다는 사실이 밝혀졌다. 그들이 유물을 꺼내 온 곳은 왕들의 계곡에 있는 공동 무덤이었다. 그 공동 무덤에는 신왕국기의 유명한 왕들, 가령 투트모세 3세와 람세스 2세 등의 미라가 있었다.[14]

이렇게 해서 왕들의 계곡이 다시 사람들의 주목을 받게 되었다. 1902년부터 본격적인 발굴이 시작되었다. 발굴을 시작한 사람은 데이비스였지만, 카르나본 경과 하워드 카터가 발굴을 이어받았다. 1922년 그들은 20세기 최고의 고고학 발굴에 성공한다. 그들은 투탕카문의 무덤을 거의 원형 그대로 발견했다. 무덤이 얼마나 잘 보존되었던지, 죽은 왕의 관(세 번째 관) 위에는 3200년의 세월을 이겨낸 수레국화 한 다발, 나뭇잎, 과일이 얹혀 있었다.[15] 비록 향기는 사라졌지만 오랜 세월 형태를 간직한 꽃을 보았을 때, 발굴자들은 이루 표현할 수 없는 감동을 받았다.*

---

* 투탕카문의 무덤은 거의 완벽하게 보존되어 있지만 도굴의 흔적도 있다. 그의 무덤에서 부장

투탕카문의 무덤은 총 네 개의 방으로 되어 있었다. 그곳에서 5000점이 넘는 유물이 거의 훼손되지 않은 채 3200년을 견뎌온 모습을 드러냈다. 투탕카문 무덤에서 가장 중심이 되는 것은 역시 그의 관이다. 그의 석관은 금도금을 한 나무함에 들어 있었고, 석관 속에는 세 개의 관이 있었다. 그중 두 개는 금세공으로 장식한 나무 관이고 세 번째 관은 순금으로 만들어져 있었다. 순금 관은 무게가 110킬로그램이나 나갔다. 순금 관을 여니 황금 마스크를 쓴 왕의 미라가 나왔다. 또한 이 무덤에는 투탕카문이 아내 안케세나멘과 보낸 즐겁던 한때가 그림과 시로 남아 있었다.

미라의 주인공 투탕카문은 누구일까? 그는 통치 기간이 짧았으며, 뚜렷한 업적도 남기지 못한 채 스무 살도 안 되는 나이에 죽었다. 투탕카문의 장례식은 서둘러 행해졌다. 미처 무덤이 준비되지 않아서, 다른 사람을 위해 만들고 있던 무덤이 묘지로 결정되었다. 그나마 완성된 무덤이 아니었기 때문에 다른 무덤에 비하면 완성도가 매우 떨어졌다. 관 주위의 안치대 위치들이 엉망이고, 관의 금빛 장식도 흠이 가 있었다. 그리고 작업에 쓰였던 나무들도 치워지지 않고 그대로 있었다. 투탕카문의 무덤이 이렇게 허술했던 것은 그가 급사했거나, 권력 투쟁의 과정에서 살해되었기 때문일 것이다.* 투탕카문이 살해되었다면, 그를 죽인 사람들은 누구일까?

품들은 잡동사니처럼 어지럽게 쌓여 있었고, 작은 보석류는 거의 없었다. 이는 그의 무덤이 조성 초기에 도굴되었지만, 신관들이 그 사실을 알고 다시 무덤을 봉인했기 때문일 것이다. 이에 대해서는 김문환,《유물로 읽는 이집트 문명》, 지성사, 2016, 238쪽 참조.
* 게이 로빈스, 강승일 옮김,《이집트의 예술》, 민음사, 2008, 158쪽. 투탕카문의 두개골 후두부에 몽둥이로 얻어맞아서 생긴 구멍이 있었다.

투탕카문의 황금 마스크.

투탕카문의 선왕은 형 스멘카라(기원
전 1335~1333)이다. 스멘카라는 아버
지 아켄아텐, 즉 아멘호테프 4세(기원전
1353~1335)가 죽은 후 2년간 통치하
다가 갑자기 죽었다. 따라서 투탕카문
은 사실상 아켄아텐의 뒤를 이어 통치
한 셈이다. 아켄아텐은 다신교를 버리
고 태양신을 유일신으로 섬기는 개혁
을 감행했다. 그러나 아켄아텐의 통치
기간은 17년으로 그리 길지 않았고, 그
의 종교 개혁을 지지하는 세력도 없었다. 그가 죽자, 전통 종교를 고수
하려는 귀족들과 신관들이 득세했다. 투탕카문은 즉위 초에는 선왕의
종교 개혁을 이어가려고 했다. 이는 그의 본래 이름이 아텐의 살아 있
는 이미지라는 뜻을 가진 투탕카텐이었다는 사실에서 드러난다. 신하
들은 투탕카텐이 즉위한 다음 해에 왕의 이름을 '살아 있는 아문의 형
상'이라는 뜻을 가진 투탕카문으로 바꾸고, 선왕이 추진했던 종교 정
책들을 모두 뒤집었다. 투탕카문이 장성하면서 신하들과 갈등이 일어
났는데, 갈등 끝에 신하들이 투탕카문을 죽인 것 같다.

투탕카문이 죽자 그의 아내 안케세나멘이 권력을 차지하려고 시도
했다. 그녀는 당시 강력한 제국이었던 히타이트의 왕자를 남편으로 삼
으려고 했다. 그러나 히타이트 왕자는 이집트에 도착하기 전 반대파에
게 암살되고 말았다. 그 후 아이Ay(기원전 1323~1319)라는 늙은 궁신
이 투탕카문의 뒤를 이어 왕이 되었고, 안케세나멘은 그의 아내가 되
었다. 그러나 강력한 군사령관이었던 호렘헤브(기원전 1319~1307)가

왕위를 빼앗았다. 안케세나멘은 이후 어떤 연대기에도 등장하지 않는다. 그녀의 무덤은 아직도 발견되지 않았다.*

영원에 대한 갈망이 만들어낸 미라

이집트인이 거대한 피라미드를 만들고 많은 부장을 했던 것은 죽음에 대한 애착이 남달리 깊었기 때문이다. 이집트인은 사람이 죽으면 사라지는 것이 아니라 영원히 산다고 생각했다. 그런데 영원히 살기 위해서는 육체가 보존되어야 했다. 육체는 영혼이 깃들 집이고, 그 집이 없다면 영혼이 소멸되기 때문이다. 이런 생각을 가진 이집트인은 미라를 만들어 육체를 보존했다.

미라를 만드는 고정된 방법은 없었다. 신분이나 비용에 따라 제작 방법이 달랐지만 공통점은 장기간에 걸친 건조 과정을 거친다는 것이었다. 미라는 오랜 기간 보존되어 지금도 많이 발견되는데, 그 이유는 이집트의 기후가 건조하기 때문이다. 미라로 만들어지지 않고 사막에 묻힌 평민들의 시신이 때때로 완벽히 보존된 상태로 발견되는 것이 이를 증명한다.

미라 제작법에 대한 헤로도토스의 설명을 들어보자.

---

* 일반적으로 아켄아텐 사후 그의 부인인 네페르티티가 섭정을 하다가 투탕카문이 즉위했다고 이야기된다. 그러나 피터 A. 클레이턴, 정영목 옮김, 《파라오의 역사》, 까치, 2002, 166~169쪽에 따르면 네페르티티는 아켄아텐이 죽기 전에 죽었으며, 투탕카문 이전에 스멘카라 왕이 있었다. 이 시기 역사를 제대로 복원하는 것은 불가능하다. 후대 이집트인이 아켄아텐, 스멘카라, 투탕카문의 이름을 왕 목록(아비도스에 있는 이집트 제19왕조의 세티 1세의 신전 벽에서 발견된 왕 목록)에서 제거하고, 이들과 관련된 자료도 많이 폐기했기 때문이다.

가장 완벽한 미라를 만드는 과정은 다음과 같다. 작업자가 먼저 쇠갈고리로 콧구멍을 통해 뇌수를 끄집어내는데, 그중 일부는 그렇게 끄집어내지만, 또 일부는 약물을 집어넣는다. 그런 후 날카로운 돌칼로 옆구리 부분을 절개하고 그곳을 통해 복강에 든 것을 모두 제거한다. 그리고 복강을 깨끗이 씻어내고 야자수로 행군 다음 빻은 향료로 다시 헹군다. 그 후 빻은 순수한 몰약과 계피 및 유향을 제외한 다른 향료들로 배 안을 가득 채우고 원래대로 봉합한다. 이렇게 한 다음 그들은 시신을 소다석으로 방부 처리하여 70일 동안 은폐해 보관한다. 그러나 이보다 더 오래도록 방부 처리해서는 안 된다. 70일이 지나면 시신을 잘 씻은 후 길쭉하게 잘라 만든 정교한 아마포 붕대로 전신을 감고 그 위에 이집트인이 대개 아교 대신에 사용하는 점성 고무를 바른다. 그리고 나면 친척들이 시신을 인도받아 사람 모양의 목관을 만들고 그 안에 시신을 안치한다. 그리고 그것을 봉한 다음 묘실의 벽 쪽에 똑바로 세워 보관한다.[16]

이상은 가장 값비싼 미라의 제작 과정이다. 유족들이 큰 비용을 꺼려 중급을 원하는 경우, 미라 제작자는 삼나무 기름으로 내장과 살을 녹여낸 뒤 유가족에게 넘겨주었다. 가장 가난한 사람의 경우 하제를 써서 창자를 세척하고 70일 후 유가족에게 넘겨주었다. 미라를 만들면서 심장은 제거하지 않았는데, 심장에 영혼이 존재한다고 믿었기 때문이다.

미라라는 말은 어떻게 생겨났을까? 아마포 붕대를 감은 다음 그 위에 바르는 수지를 '검gum'이라고 한다. 아랍인 구경꾼들이 이것을 그들의 말로 역청이나 타르를 뜻하는 '뭄미아mummia'라고 불렀다. 이것이 미라를 뜻하는 영어 '머미mummy'의 어원이 되었다.

미라는 일반적인 시체처럼 누워 있지 않고 반듯이 세워져 있다. 미라가 완성되면 이집트인은 미라를 배 위에 놓고 황소로 끌어서 무덤까지 가져갔다. 미라를 배에 실어 옮긴 까닭은 죽은 자가 지하 세계를 흐르는 강을 배를 타고 건너야 한다고 믿었기 때문이다.

미라가 묘지에 도착하면, 제사장들이 미라를 똑바로 세우고, 끌로 입을 열었다. 그렇다고 끌을 이용해서 진짜로 입을 여는 것은 아니었다. 대부분 시체를 염하면서 입에 넣어두었던 헝겊을 제거하고 입을 여는 흉내만 냈는데, 이를 개구 의식이라고 한다. 이집트인은 이 의식을 통해 미라가 살아 있는 사람처럼 서서 숨을 쉬고, 음식을 먹는다고 믿었다. 이집트인의 인간관에 따르면 사람은 몸, 바, 카로 되어 있는데, 몸은 육체이고 바는 개인이 가진 개별적인 특성, 즉 개성이고, 카는 생기 혹은 생명력으로 사람을 살아 움직이게 하는 힘이다.* 카는 살아서나 죽어서나 음식을 섭취함으로써 힘을 유지한다. 카가 배고픔에 시달리면 사막을 배회하게 되고, 썩은 물을 먹게 되면 죽고 만다. 따라서 후손들은 조상들에게 계속 제사를 지내 조상들의 카를 유지시켜야 한다. 개구 의식을 통해 미라는 음식을 계속 섭취하여 카를 유지할 수 있다. 그래서 이집트인은 개구 의식을 치른 후 좋은 음식을 차려 미라가 먹을 수 있게 했다.

이렇게 사람들이 영원을 갈망하며 만들어놓은 미라는 불행한 최후를 맞는 경우가 많았다. 무지한 중세 의사들이 미라를 만병통치약이라고 여겨 미라 가루를 환자들에게 복용시켰다. 약삭빠른 상인들은 미라

---

* 유성환, 〈벤트라시 석비: 위작 역사기술 및 신화학적 분석〉, 《서양고대사연구》 48, 2017에 따르면 이집트인은 인간이 육신, 그림자, 이름, 카, 바의 다섯 가지로 구성되어 있다고 생각했다.

공급이 달리자 가짜 미라를 만들어 팔기도 했다. 16세기에 미라를 약으로 쓰는 것이 금지되기는 했지만, 그 후에도 미라는 오랫동안 불행을 겪어야 했다. 철도가 만들어졌을 때, 연료가 부족해진 기관사들이 미라를 장작 대신 사용하기도 했다.

4장

이집트의 역사와 영웅들

통일 왕국의 등장

이집트의 고대사는 기원전 3세기의 역사가 마네토의 분류에 따르면 다음과 같이 여덟 개의 시대로 구분된다.[*]

- 초기 왕조 시대(제1~2왕조): 기원전 3100~2649
- 고왕국 시대(제3~8왕조): 기원전 2649~2134
- 제1중간기(제9~10왕조): 기원전 2134~2040
- 중왕국 시대(제11~12왕조): 기원전 2040~1640

---

[*] 이집트 역사의 연대 설정은 어려운 문제이다. 고왕국과 중왕국 시대에 대해서는 '튜린 왕 파피루스'가 중요한 자료이고, 신왕국에 대해서는 기원전 3세기에 활동했던 마네토의 기록이 중요한 자료이다. 클라아스 R. 빈호프, 배희숙 옮김, 《고대 오리엔트 역사》, 한국문화사, 2015, 22~24쪽 참조.

- 제2중간기(제13~17왕조) : 기원전 1640~1550
- 신왕국 시대(제18~20왕조) : 기원전 1550~1070
- 제3중간기(제21~25왕조) : 기원전 1070~712
- 후기 왕조 시대(제26~31왕조) : 기원전 712~332

이집트인은 통일 왕조 수립 이전부터 관개·배수 시설을 만들었고 구리를 재료로 도구를 제작했다. 기원전 3200년경부터는 상형문자에서 발달한 신성문자를 사용했다. 이집트인은 문자를 만들면서 문자나 그림은 신들의 힘에 의해 실체를 재현하므로 신성하다고 생각했다. 이렇게 글자는 실재하는 것을 상징적으로 재현하는 '신들의 말'이고, 이를 이집트어로 메두 네체르Medu Netjer라고 한다. 이 단어를 희랍어로 번역한 것이 신성문자Hieroglyph이다.* 제1왕조 시기에 신성문자를 좀 더 쉽게 흘려 쓰는 신관문자Hieratic가 만들어졌다. 상당히 많은 시간이 흐른 기원전 650년경 일상생활에서 사용할 수 있는 민용문자demoti가 만들어졌다.[1] 신관문자는 명칭을 보면 주로 종교적인 용도로 사용되었을 것 같지만, 원래 행정과 상업에 쓰이다가 민용문자가 만들어진 후에야 비로소 사제들만이 사용하게 되었다. 그리고 민용문자라는 말은 일반 인민이 사용한다는 의미가 아니라 '일상생활에 사용한다'는 뜻이다.[2]

---

* 이집트인이 문자를 사용하던 초기에 글자를 주로 신전이나 무덤의 신성한 돌에 새겼는데, 그리스인이 이것을 보고 이집트 글자를 신성문자라고 불렀다는 설명도 있다. Simson R. Najovits, *Egypt, Trunk of the Tree, Vol. I: A Modern Survey of an Ancient Land*, Algora, 2003, p. 56, 디미트리 라부리, 임미경 옮김, 《이집트 문명: 람세스는 가장 위대한 파라오인가》, 웅진지식하우스, 2007, 41쪽, 김용걸, 《한자자형의 세계》, 성신여자대학교출판부, 2002, 32쪽 참조.

기원전 3100년 이전 이집트는 멤피스 남쪽의 상이집트와 멤피스 북쪽의 하이집트로 분리되어 있었다. 농업이 발달하면서 나일강의 관개 사업을 총괄할 단일정부의 필요성이 점차 절실해졌다. 상이집트의 왕 나르메르(메네스라고도 불린다)가 통일의 위업을 이루었다.* 상하이집트를 통일한 후 나르메르는 중립 지역인 멤피스를 수도로 정했다. 멤피스는 카이로에서 남쪽으로 22킬로미터 떨어진 곳이고, 그 후 900년간 이집트의 수도였다. 나르메르는 상하이집트의 통합에 힘썼다. 그의 통합 정책은 새로 만든 왕관의 모습에 잘 나타나 있다. 통일 이전 상이집트의 왕은 백색의 긴 원추형 관을 쓰고 있었다. 이에 반해 하이집트의 왕은 앞으로 뻗은 장식이 있는 붉은색 왕관을 쓰고 있었다. 나르메르는 상이집트의 왕이었지만, 하이집트의 왕관 모양을 자신의 왕관에 혼합해 이중 왕관을 만들었다. 이러한 이중 왕관은 상하이집트의 통합과 결집을 상징했다.

나르메르의 도시 멤피스에서는 프타가 최고의 신이었다. 프타는 태초 이전의 혼돈 속에 존재한 신으로 먼저 세상을 구상하고, 그의 생각을 말로 표현함으로써 혼돈의 물로부터 온갖 신과 세상의 모든 것을 만들어냈다. 그는 그렇게 만들어진 사물들에 이름을 부여했고, 진흙으로 사람의 형상을 빚고, 코에 숨을 불어 넣어 인간을 창조했다.** 프타

---

* 나르메르의 통일을 기리는 이른바 '나르메르 팔레트'가 있다. 히에라콘폴리스의 신전에서 발굴된 이 팔레트는 신들의 동상을 색칠하는 데 사용된 것으로 높이가 63센티미터이다.
** David Leeming, *Jealous Gods and Chosen People: The Mythology of the Middle East*, Oxford University Press, 2004, p. 70. 프타 신의 창조 신화는 기원전 700년경에 기록되었다. 이집트는 원래 수많은 도시별로 문명이 발전하고 신화가 형성되었다. 이 때문에 도시별로 신화가 다양하고, 신들의 위상이나 역할이 시대별로 계속 바뀐다. 아스완 지역의 엘레판티네Elephantine에는 크눔 신이 진흙으로 사람을 창조했다는 신화가 전한다. 이 신화에 따르면 크눔은 태양신 라

신의 창조 이야기는 구약성경의 창조 이야기와 유사한 점이 있어서 이에 대해 연구하는 학자들이 많다.

여기서 잠시 이집트의 고유명사에 대해 짚고 넘어가자. 우리가 알고 있는 이집트의 고유명사 상당수는 그리스인이 만든 것이다. 가령 '이집트'는 고왕국 시대의 수도 멤피스를 가리키는 말에서 유래했다. 고왕국 시기 이집트인들은 멤피스를 그곳에 있는 신전 이름을 따서 '홋트-카-프타Hut-ka-Ptah', 즉 '프타의 영혼의 신전'이라고 불렀다. 기원전 8세기경 그리스인이 이 단어를 '아이-기-프토스Αι-γυ-πτος'라고 발음했고, 로마인은 '에깁투스Aegyptus'라고 읽었다. 이 라틴어에서 영어단어인 이집트Egypt가 유래했다.* 때때로 그리스인은 이집트인이 부르는 방식을 버리고 완전히 새로운 명칭을 부여하기도 했다. 가령 중왕국의 수도 테베는 고대 이집트어로 와세트Waset였는데, 고대 그리스인이 이 도시가 아테네에 인접한 폴리스인 테바이를 닮았다고 생각

의 명령을 받고 진흙으로 먼저 남자를 만든 다음 여자를 만들었다. 당시 신들도 인간처럼 육체를 갖고 있었는데, 신들이 늙어서 추해지자 인간들이 비웃었다. 그러자 태양신 라는 인간을 창조한 것을 후회했다. 이에 대해서는 이태원, 《이집트의 유혹》, 기파랑, 2009, 59~61쪽 참조. 메소포타미아에서도 진흙으로 사람을 만들었다는 신화가 있으므로 진흙으로 인간을 만들었다는 구약성경 〈창세기〉의 신화는 당시 널리 퍼져 있던 관념을 반영한 것으로 생각된다. 한편 태양신의 도시인 헬리오폴리스에서는 태양신 아툼이 천지를 창조했다고 믿어졌으며, 신왕국의 중심지 테베에서는 아문 신이 천지를 창조했다고 믿어졌다. 그리고 멤피스에서는 본문에서 다루었듯이 프타 신이 우주를 창조했다고 믿어졌다. 이집트 신들의 계보도와 다양한 창조 신화에 대해서는 김성, 〈송골매에서 태양신까지: 이집트 종교와 신화〉, 국립중앙박물관 은하문화학교 교육자료, 2009 참조.

* 김성, 〈"나일강의 선물": 고대 이집트 문명의 지리적 배경〉, 《이집트 강의 1부 합본》, 국립중앙박물관 은하문화학교 교육자료, 2009, 9~10쪽. 프타의 창조 신화에도 여러 버전이 있다. 어떤 버전에 따르면 프타는 헬리오폴리스의 9신을 비롯해 천지를 창조했고, 태양신 라의 눈물로 인간을 창조했다. 이태원, 앞의 책, 164쪽 참조.

하여 도시 이름을 테베로 바꿨다. 이렇듯 이집트의 신, 도시 등의 이름 가운데 그리스인이 변형하거나 붙인 것이 많다.

프타 신 이야기로 돌아가자. 이집트인은 그들의 왕인 파라오가 프타와 동등한 존재로서 그로부터 권능을 받아 세상을 통치한다고 생각했다. 상하이집트의 통합이 이루어지고, 나일강의 관개 사업이 효율적으로 진행되면서 왕권이 더욱 강해졌다. 이집트의 왕, 즉 파라오는 또한 원시 주술사로서 마술적인 권능을 가지고 있다고 믿어졌다. 파라오는 나일강과 그 생명을 부여하는 물을 지배하면서 백성을 가뭄과 흉작으로부터 보호했다. 그는 경작자들을 괴롭히는 모든 존재를 쫓아내는 보호자였다. 파라오가 죽으면 창조주와 동화되며, 그의 무덤은 성스러운 곳이 되었다. 그의 영혼은 영원불멸하여 그는 살아서 누리던 모든 것을 죽어서도 누릴 수 있다. 그래서 그가 사용하던 물품뿐만 아니라 부리던 종들까지도 그의 무덤과 그 근처에 묻혔다.

파라오의 권력이 막강했던 고왕국

기원전 2649년경 제3왕조 이후 500여 년을 고왕국 시대라고 한다. 제3왕조의 대표적인 왕인 조세르(기원전 2630~2611)가 거대한 피라미드를 최초로 건설했다. 이는 고왕국 시기에 파라오의 권력이 매우 강력해졌음을 의미한다. 파라오는 태양신 라의 아들로 제시되었고, 신성한 혈통을 유지하기 위해 그의 누이와 결혼했다. 오시리스 신을 비롯한 신들이 누이와 결혼했기에 지상신인 파라오도 누이와 결혼해야 한다고 생각했다고 전한다. 그러나 고대 이집트에서 근친혼은 빈번했으므로³ 파라오의 근친혼이 특이한 것은 아니었다.

고왕국 정부는 외부로 팽창하지 않고 이집트 땅 안에서 평화롭게 사는 정책을 추구했다. 이 점에서 고왕국은 고대 국가 중에서 매우 특이하다. 파라오는 소규모의 군대를 거느리고 있었고, 각 지방의 관리들이 자체의 병력을 지휘했다.⁴ 유사시에는 왕의 신하들이 사령관으로 임명되어 전투를 수행했다. 그러나 대개의 경우 군대는 공공사업에 투입되었다.

고왕국 시대의 이집트인은 대체로 자신의 삶에 만족했고, 다른 나라에 간섭하지도 않았다. 이러한 태도를 보인 이유는 이집트가 지리적으로 폐쇄되어 외침으로부터 안전했으며, 다른 지역에 관심을 가지지 않아도 될 만큼 농지가 비옥했기 때문이다. 고왕국 말기에 피라미드 건설과 같은 대규모 사업에 과다하게 재원을 소모하여 정부의 세입이 고갈된 상황에서 몇 년간 가뭄이 지속되었다. 계속 비가 오지 않자, 사람들은 파라오의 초능력이 없어졌다고 생각하고 왕의 권위에 도전했다. 왕권이 약해지고 지방 세력이 성장하는 가운데, 사막 부족들의 침입으로 혼란이 가중되었다. 그리하여 기원전 2145년경 제6왕조의 붕괴와 더불어 고왕국은 멸망했다. 이후 중왕국이 수립할 때까지를 제1중간기라고 부른다.

중왕국, 그리고 힉소스의 지배

제1중간기 말에 이집트는 헬리오폴리스를 수도로 하는 하이집트와 테베를 수도로 하는 상이집트가 대립하고 있었다. 기원전 2000년 무렵 테베 왕조의 몬투호테프 2세(기원전 2010~1998)가 상하이집트를 다시 통일하고 중왕국 시대를 열었다. 그렇지만 남쪽에 치우친 테베는 통일 왕국의 수도로서 적합하지 않았다. 제12왕조의 아멘엠헤트 1세(기원전 1991~1962)는 수도를 멤피스로 옮기고 이집트의 번영을 위한 기초를 다졌다.* 아멘엠헤트 1세의 아들 센워스레트 1세(기원전 1971~1926)는 왕권을 견제하는 귀족 관료들을 제압하고, 강력한 중앙 집권 체제하에서 교역을 장려하고 군사력을 강화했다. 이집트는 고왕국의 영광을 되찾았다.

중왕국 시기에 거대한 피라미드는 건축되지 않았다. 대신 농경에 필수적인 수로와 관개 시설 등을 개량하는 공공사업이 활발하게 진행되었다. 이 시기 종교 관념에 중요한 변화가 있었다. 고왕국 말기에 죽음의 신 오시리스가 죽은 자를 빈부나 신분이 아니라 생전의 삶을 평가하여 심판한다는 신앙이 생겨났고, 이 신앙이 민간에까지 널리 퍼졌다.[5] 이 때문에 이집트인은 윤리적인 삶에 대해 고민하기 시작했다. 사제들은 도덕적인 행동규범에 관한 글을 남겼고, 도덕적인 삶을 소재로 한 문학 작품들도 나왔다. 대표적인 예로 아멘엠헤트 1세가 암살당했다는 소식을 듣고 아시아 지역으로 도망했지만 고향 땅을 그리워했던 시누헤의 이야기, 형수의 유혹을 거절한 동생 이야기 등이 있다.**

중왕국 말기에는 다시 귀족들의 반란이 이어졌고, 파라오는 무기력

---

* 중왕국의 수도는 정확하게 이야기하면 멤피스가 아니라 멤피스에서 남쪽으로 30킬로미터 떨어진 '이츠타위'이다. 이에 대해서는 김성, 〈고대 이집트의 제 2중간기 시작 연대에 관한 논쟁〉, 《서양고대사연구》 51, 2018, 19쪽 참조.
** 제임스 B. 프리처드 편, 강승일 외 옮김, 《고대 근동 문학 선집》, CLC, 2016, 58~71쪽에 원문이 실려 있다. 형수의 유혹을 뿌리친 동생 이야기는 요셉과 보디발의 아내 이야기의 원형이다.

해졌다. 분열의 와중에 힉소스라고 불리는 혼합 유목민 세력이 침입했다. 힉소스는 '외국에서 온 지배자'라는 의미이다. 기원전 1700년경부터 1540년경까지 하이집트를 차지한 힉소스인은 외래 왕조로서 이집트를 지배했다. 힉소스 왕조는 수도를 아바리스Avaris(현대의 텔 엘 다바)로 옮기고, 세력을 키워 시나이반도와 팔레스타인까지 지배했다.* 상이집트 테베의 왕족들은 불완전하나마 독립을 유지하며 아바리스에 공물을 바쳤다.

이집트인들은 힉소스의 정복을 재앙으로 여겼지만, 이 시기에 이집트 역사 발전의 중요한 전기가 마련되었다. 이집트인은 힉소스인으로부터 청동과 은세공 기술을 배웠고 새로운 전투법을 배웠다. 말이 끄는 전차, 비늘 철갑 등이 이 시기에 이집트에 도입되었다. 이후 이집트의 파라오들은 전차를 타고 머리에는 케프레쉬khepresh라고 부르는 푸른색 왕관을 쓰고 전투를 직접 지휘했다. 또한 힉소스인은 교역을 장려하여 아시아와 그리스 지역에서 많은 물품을 수입했다. 이 때문에 힉소스 지배 시기에 이집트의 대외 교류가 확대되었으며, 외부 세계에 대한 이집트의 관심이 커졌다. 기원전 1550년경 테베의 왕 아흐모세가 힉소스인에 저항하여 군사를 일으켰다. 아흐모세는 힉소스인을 몰아내고 이집트 전체를 다시 지배함으로써 신왕국 시대를 열었다.

---

* 힉소스가 이집트, 시리아-팔레스타인을 지배했다는 것이 통설이지만, 몇몇 학자들은 그리스 본토, 크레타, 에게해 섬들까지 지배했다고 파악하고 있다. 오홍식, 〈필리스티아인들의 원고향: 캅토르(Caphtor, 크레타)?〉, 《서양고대사연구》 51, 2018, 38쪽 참조.

동방의 강국으로 성장한 신왕국

아흐모세 1세(기원전 1550~1525)가 힉소스인을 몰아내고 신왕국 시대를 연 후 이집트는 동방의 강국으로 성장했다. 신왕국 시기에 이집트는 힉소스인을 몰아내기 위해 육성한 군대와 새로운 무기로 적극적인 팽창 정책을 추구했다. 신왕국의 파라오들은 힉소스인의 세력권이었던 팔레스타인과 시리아 지역을 정복하고, 키프로스·바빌로니아·아시리아·히타이트·미탄니 지역의 왕들과 교류했다. 이집트가 거대한 제국이 되자, 파라오에 대한 이집트인의 생각도 바뀌었다. 이집트인은 파라오가 팔레스타인을 비롯해 새로 정복한 지역에까지 비를 내릴 수 있다고 믿었다. 그리고 파라오는 이제 전문적인 군사 지도자로서 바알이나 세트 혹은 멘투와 같은 전사 신의 화신으로 여겨졌다.

지금 우리에게 익숙한 이집트의 이미지는 대부분 신왕국 시대에 만들어졌다. 고왕국과 중왕국 시기에 만들어진 유물이 거의 파괴된 반면, 신왕국의 유물은 많이 보존되었기 때문이다. 신왕국은 남쪽으로 경계를 넓히고 소아시아 일대를 지배했기 때문에 많은 부와 자원을 동원할 수 있었다. 따라서 람세스 2세를 비롯한 파라오들은 거대한 신전과 신전의 부속 건물들을 세웠고, 귀족과 일반인들의 무덤이나 기념물도 이전보다 훨씬 화려해졌다. 여러 가지 색채의 파양스(채색된 고급 도자기), 그리고 유리를 비롯한 새로운 재료를 이용한 장신구가 이 시대의 사치스러운 모습을 보여주고 있다.[6]

투탕카문의 무덤에서 나온 유물들이 신왕국 시대의 이런 번영을 극적으로 보여준다. 이전 왕들의 무덤이 도굴로 인해 본모습을 간직하지 못했으므로 신왕국의 영광을 보고 싶어 했던 고고학자들이나 역사학자들은 투탕카문의 무덤 발굴에 매달렸고, 그 무덤은 그들을 실망시키지 않았다. 무덤 안에서 발견된 장례용 가면, 관, 천막, 석상, 가구, 의복, 필기구, 부채, 전차 등 다양한 물건은 신왕국 시기 이집트의 예술 수준을 잘 보여준다.[7] 이 유물들은 카이로에 있는 이집트 국립박물관 2층 공간을 대부분 차지하고 있다.

위대한 파라오였던 람세스 2세(기원전 1290~1224)와 람세스 3세(기원전 1194~1163) 이후 무능한 파라오들이 계속 통치하면서 신왕국은 쇠퇴기에 접어들었다. 기원전 13세기 이후 '바다 사람들'이 지중해 연안을 휘젓고 다니면서 약탈을 일삼았다. 그들은 정체가 확실하지 않아 '바다 사람들'이라고만 불린다. 람세스 3세의 장례 사원 벽에는 이런 기록이 남아 있다. "한꺼번에 바다 사람들이 출몰하였다. 어떤 나라도 그들에게 대항할 수 없었다. 히타이트, 킬리키아, 카르케미사(유프라테스강 상류에 있던 나라), 키프로스를 비롯한 여러 나라가 그들의 침입에 시달렸다. 어느 나라도 그들의 무기 앞에 버텨낼 수 없었다."[8] 바다 사람들의 약탈이 지속되자 지중해 연안의 국가들은 혼란에 빠졌고, 이집트도 예외는 아니었다. 파라오의 힘이 약해지면서 신왕국 말기 이집트는 아시아 지역에 대한 통제력을 상실했고, '부러진 갈대'라고 불렸다.

기원전 11세기 초반에 신왕국이 멸망한 후에도 이집트는 계속 외적의 침입을 받았다. 리비아인·누비아인의 침입이 계속되었고, 기원전 666년 앗수르바니팔의 아시리아군이 이집트를 정복했다. 기원전 525년 페르시아의 캄비세스가 이집트를 정복했으며, 기원전 333년 알렉산드로스 대왕이 페르시아를 물리치고 이집트를 차지했다. 알렉산드로스 사후 프톨레마이오스 왕조가 들어서면서 이집트는 그리스 세계의 일부가 되었고, 뒤이어 로마제국의 일부가 되어 제국의 성장을 뒷받침하는 곡창 역할을 하게 되었다.

고대 이집트의 영웅들

일신교의 창시자 아켄아텐

기원전 1353년에 패기만만한 젊은이였던 아멘호테프 4세가 파라오
가 되었다. 그가 즉위했을 때 테베의 수호신인 아문 신을 모시는 사제
들의 권력이 강했다. 그들은 신전의 금고를 관리하고 민중의 종교 생
활을 주관하면서 엘리트층을 형성했고, 고위 관직을 차지하면서 파라
오의 권위에 도전했다. 아멘호테프 4세는 이들을 견제하고 파라오의
권력을 강화하기 위해 개혁을 감행했다.

그는 신관들이 섬기고 있던 신들을 무의미한 존재로 규정하고, 새
로운 태양신을 도입했다. 새로운 태양신은 '아텐'으로 이집트뿐만 아
니라 온 세상과 우주를 창조하신 분이고, 세상을 비추는 밝은 빛이며,
사랑으로 세상의 모든 피조물에게 생명과 정의를 주는 분으로 제시되
었다.[9] 아멘호테프 4세는 자신의 이름을 '아텐 신을 위해 유용한 권능
을 가진 이'라는 의미를 가진 아켄아텐Akhenaten으로 바꾸고, 오직 자
신과 왕비인 네페르티티만이 아텐 신의 의중을 정확히 파악할 수 있는
지상의 대리자라고 선전했다. 이제 오직 왕과 왕비만이 아텐 신을 위
한 종교 의례를 주관하게 되면서 사제들은 직접 신을 숭배하지 못하고
왕과 왕비를 숭배하는 존재로 격하되었다. 따라서 아텐 신을 숭배하는
새로운 종교에서 사제들의 권위는 낮아졌고 파라오의 권위가 강화되
었다.[10]

새로운 태양신 아텐이 비추는 밝은 빛 아래 아켄아텐과 네페르티티가 세 딸과 함께 있는 모습을 묘사한 부조.

아켄아텐은 종교 개혁을 강력하게 추진하기 위해 아문 신 숭배의 중심지였던 테베를 버리고 아마르나(건설 당시에는 '아텐의 지평선'이라는 뜻의 '아케타텐'으로 불렸다)로 천도했다. 아마르나는 카이로에서 남쪽으로 300킬로미터 떨어진 곳에 있다. 아텐 숭배 의식은 아켄아텐의 통치기간 동안 갈수록 투철해졌다. 개혁 초기에 아텐은 전통적인 태양신처럼 인간의 몸을 하고, 머리에는 송골매가 앉아 있고, 그 위에 태양 원반이 있는 모습으로 묘사되었지만, 곧 이런 신인동형론적인 모습을 버리고 태양 광선들이 나오는 태양 원반으로, 그 끝에는 손이 달려서 생명을 전달해주는 모습으로 묘사되었다.[11] 이때 손은 항상 왕과 왕비만을 접촉했는데, 이는 오직 왕과 왕비만이 아텐 신과 직접 만날 수 있고, 아텐 신의 의중을 정확하게 파악할 수 있음을 의미했다.[12] 다른 신들, 특히 유력하던 아문과 오리시스 신의 형상은 파괴되었고, 신전의 벽화나 무덤의 비문에 새겨져 있던 그들의 이름도 모두 지워졌다. 그들을 위해 세워졌던 신전은 방치되었으며, 기존 신들을 섬기던 신관들은 채석장의 인부로 보내졌다. 기존 신전들을 폐쇄한 후 아켄아텐은 카르낙을 비롯한 여러 지역에 아텐의 새로운 사원을 건축했고, 아마르나에 새로운 왕궁을 세웠다. 따라서 그의 시대에 이집트 전역은 거대한 공사장 같았다.

아켄아텐은 아문 신관들을 누르고 개혁을 단행하기 위해 내치에 힘쓰면서 외국과는 평화롭게 지내려고 노력했다. 19세기 말 아마르나에서 발견된 〈아마르나 문서〉에 따르면 아켄아텐은 히타이트, 미탄니(일명 후리아인의 나라), 아시리아, 바빌로니아 등과 긴밀한 동맹과 평화 관계를 맺었다. 이 때문에 아켄아텐 시기에 국제 관계는 안정되었다. 그러나 집권 후반기에 아켄아텐은 국제 정세의 변화에 둔감했다. 히타이트가 세력을 팽창하여 시리아와 팔레스타인 지역으로 진출하자, 시리아와 팔레스타인 지역의 군주들이 아켄아텐에게 도움을 청했지만 아켄아텐은 군대를 보내지 않았다. 그 결과 이집트는 소아시아에 있던 영토를 모두 잃었다. 소아시아의 상실은 이집트의 위엄을 손상시켰고, 경제적으로도 큰 손실을 야기했다. 소아시아의 속국들이 공물 상납을 중단했고, 심지어 레반트 지역의 항구 도시들은 이집트 상인의 출입을 거부했다. 이로 인해 이집트의 국력이 점차 약해졌다.[13]

아켄아텐이 내정과 외교 정책에서 성과를 거두지 못한 채 죽자, 그가 도입한 새로운 종교도 금세 사라졌다. 수천 년간 민간 신앙에 젖어 있던 민중은 아켄아텐의 혁신적인 종교를 제대로 이해하지 못했고, 겉으로 그의 정책을 지지했던 귀족들도 그가 죽자 과거로 돌아가려고 했다. 아켄아텐의 아들 투탕카문이 아버지의 개혁을 이어가려고 시도했지만, 귀족들의 힘에 눌려 암살당하고 말았다.

이집트의 번영을 이끈 람세스 2세

아켄아텐의 개혁이 실패한 후 이집트의 정치는 문란해졌으며 국력은 급격히 쇠퇴해갔다. 투탕카문이 어린 나이에 죽은 후 왕들은 정치를 제대로 하지 못했고, 이집트는 해외에서 영향력이 크게 줄었다. 이런 와중에 이집트 제국의 부활을 꿈꾼 이가 람세스 2세였다.

아버지 세티 1세(기원전 1306~1290)와 공동 통치하던 람세스 2세는 즉위 후 나일강 삼각주 북쪽에 신도시인 페르라메수Per-Ramesesu를 조성해 수도로 삼았다. 그가 시리아-팔레스타인 지역으로 진출하겠다는 의지를 피력한 것이다. 그는 즉위 7년째인 기원전 1272년에 히타이트 정복에 나섰다. 그러나 히타이트는 만만한 상대가 아니었다. 히타이트는 세계 최초로 철제 무기를 만들었으며, 일찍부터 전차를 사용했다. 그들의 전차에는 여섯 개의 살이 달린 두 개의 바퀴가 있었으며, 한 전차에 마부와 전사 두 명이 타고 있었다. 이집트인도 힉소스인으로부터 전차를 도입했지만, 히타이트의 전차 수준에는 미치지 못했다.

싸움은 히타이트가 먼저 걸어왔다. 히타이트가 이집트의 영향력하에 있던 시리아와 팔레스타인 지역을 정복했다. 람세스 2세는 이 지역을 회복하기 위해 2만 명의 군대를 이끌고 출정했다. 양측의 군대는 오론테스강가에 위치한 무역도시였던 카데시 근처에서 마주했다. 5월에 카데시 부근에 도착한 람세스는 도시가 굽어보이는 고지에 진지를

쳤다. 람세스의 군대가 다가오자, 히타이트의 왕 무와탈리 2세(기원전 1295~1272)는 탈영병으로 가장한 베두인족 두 명을 보내어 히타이트 왕이 겁을 먹고 북쪽에 있는 도시인 알레포로 후퇴했다고 말하게 했다. 이 말을 믿은 람세스는 재빨리 군단을 이끌고 가서 카데시를 점령하려고 했다. 람세스의 군대가 진격하자 매복해 있던 히타이트군이 기습했다. 포위된 람세스 2세는 큰 위험에 빠졌지만 놀라운 무용을 보이며 포위망을 뚫고 탈출했다. 이렇게 전투는 히타이트의 판정승으로 끝났다.

람세스 2세는 전투에 패배했지만, 이집트로 후퇴한 후 자신이 승리했다는 내용을 담은 비문을 만들어 전국 곳곳에 게시했다.[14] 당시에는 언론이 발달하지 않았기에 나라 밖에서 왕이 승리했는지, 패배했는지 알 수 있는 사람은 거의 없었으므로 아무도 람세스 2세의 사기 행각에 시비를 걸지 않았다.[15] 카데시 전투의 패배에도 불구하고, 람세스 2세가 다스린 66년 동안 평화와 번영이 계속되었기 때문에[16] 모든 이집트인이 람세스 2세의 선전을 믿었다. 심지어 후대의 역사학자들도 오랫동안 이 비문을 믿고 카데시 전투에서 이집트가 승리했을 것으로 생각해왔다. 그러나 그의 신하들이 작성한 선전문을 면밀하게 보면 이상한 사실을 알 수 있다.

폐하께서는 히타이트에서 온 적의 전군을 도륙하셨다. 폐하께서는 그들 모두를 몰살시키셨다. 그들은 폐하의 말 앞에서 쓰러졌으며, 그때 폐하는 곁에 아무도 거느리지 않으신 채 홀로 싸우셨다.[17]

이 비문에서 왕이 홀로 싸웠다는 구절은 병사들이 모두 도망간 절망

아부심벨 신전. 람세스 2세의 상 네 개가 대신전 입구에 자리하고 있다.

적인 상황에서 왕이 용감히 싸워 위기를 극복했음을 암시한다. 다시 말해서 람세스의 군대는 패배했고, 왕과 그의 친위대가 무용을 발휘해 간신히 적의 위협으로부터 벗어났음을 암시한다. 카데시 전투 이후 히 타이트가 남부 시리아까지 세력을 확대했다는 사실이 이런 추론을 뒷받침한다. 따라서 승리했다는 람세스의 주장은 과장일 뿐이다.[18] 이와 관련해서 잘못 알려진 사실이 있다. 흔히 카데시 전투 이후 이집트와 히타이트 사이에 평화조약이 맺어졌다고 말한다. 그러나 양국의 평화 조약은 카데시 전투 15년 후에야 맺어졌다.*[19]

---

* 히타이트 문명은 19세기 말까지 베일에 싸여 있었다. 1893년 프랑스 고고학자 샹트르Ernest Chantre가 히타이트의 수도인 하투샤를 발굴하기 시작했고, 1906년 이후 독일 발굴단이 본격적으로 발굴을 진행했다. 독일 발굴단은 하투샤에서 왕립 문서고를 발견했다. 이 문서고에는 2만

이집트는 람세스 2세의 군사적 업적과 히타이트와의 평화조약으로 일시적인 부흥을 이룩했지만, 이후 바다 사람들의 침입을 받으면서 쇠퇴의 길로 접어든다. 그렇지만 람세스 2세가 아시아 지역에 세력을 떨칠 정도로 강력한 제국을 이룩했음은 사실이다. 람세스 2세는 수많은 건물을 세운 것으로도 유명하다. 그가 세운 유명한 건축물로는 아부심벨 신전, 람세스 성 등이 있다. 람세스 성은 구약성경 〈출애굽기〉 1장 11절에 언급된 성이다. 따라서 구약성경의 이야기를 그대로 믿는다면 이집트의 영웅인 모세가 이스라엘 백성을 이끌고 이집트를 탈출한 것은 람세스 2세 때였다. 모세가 과연 역사적인 인물인지, 람세스 2세 시대에 이스라엘 백성이 대규모로 이집트를 탈출했는지는 확인되지 않았다. 그러나 람세스 2세는 역사적으로 실재했던 인물임이 분명하다. 우리는 이 사실을 문헌 기록을 통해, 그리고 무엇보다 람세스 2세의 미라를 통해 확인할 수 있다. 그의 미라는 1881년에 발견되어 현재 카이로에 있는 이집트 국립박물관에 전시되어 있다. 3천 년 전 이집트의 영광을 대변했던 인물을 눈으로 직접 볼 수 있다니 참으로 경이로운 일이다.

마지막 여왕 클레오파트라

클레오파트라는 '아버지의 영광'이라는 뜻이다. 여기서 아버지는 그녀의 부친 프톨레마이오스를 가리킬 수도 있지만, 조국 이집트를 가리

5000개의 점토판이 보관되어 있었는데, 그 가운데 '카데시 협정 문서'라고 불리는 문서가 발견되었다. 카데시 전투 이후 양국의 관계를 잘 보여주는 이 협정 문서는 세계사에서 평화 협정을 보여주는 최초의 문서로 이야기된다. 현재 뉴욕에 있는 유엔 건물에 이 점토판의 모형이 전시되어 있다.

킬 수도 있다. 클레오파트라라는 이름은 프톨레마이오스 가문에서 흔하게 쓰였으며 그녀는 일곱 번째 클레오파트라였다. 클레오파트라는 프톨레마이오스 12세의 차녀로 헬레니즘 시대가 저물어갈 무렵에 태어났다. 프톨레마이오스 왕조는 원래 알렉산드로스 대왕의 동방 원정에 참가했던 부하 장수인 프톨레마이오스가 세웠다. 따라서 그들은 마케도니아계 그리스인이었다. 프톨레마이오스 1세(기원전 304~284)는 군대를 이끌고 이집트를 장악한 후 이집트를 세계의 중심으로 만들기 위해 알렉산드리아 항구를 건설했다. 그리고 그의 아들 프톨레마이오스 2세(기원전 283~246)는 알렉산드리아 항에 파로스 등대를 만들었다. 이 등대는 세계 7대 불가사의 중 하나로 135미터의 높이에서 빛나는 불빛을 50킬로미터 밖에서도 볼 수 있었다고 전한다.

그 이전까지 이집트는 바다에 접한 나라면서도 제대로 된 항구가 없었다. 따라서 메소포타미아와 그리스, 로마를 연결하는 중요한 길목에 있으면서도 이집트의 외부 진출은 미미했다. 그리스인과 페니키아인이 바다로 진출하여 지중해를 장악하고 있었지만, 이집트는 가장 번성했을 때조차 고작 소아시아에 진출했을 뿐이다. 그들은 결코 바다를 항해하여 멀리 지중해 서쪽으로 갈 생각을 하지 못했다.

프톨레마이오스 1세의 알렉산드리아 건설은 매우 성공적이었다. 알렉산드리아는 인구 70만의 대도시로 성장했고, 이집트는 지중해 연안의 초강대국이 되었다. 메소포타미아와 소아시아에서 온 산물들이 알렉산드리아를 거쳐 북아프리카와 로마로 갔고, 이집트는 중계무역을 통해 날로 부유해졌다.

그러나 프톨레마이오스 왕조의 왕권은 세월이 가면서 날로 약해졌다. 프톨레마이오스를 따라 이집트에 왔던 그리스 병사들이 점차 토착 이집트인과 혼합되어 실체를 알아볼 수 없게 되면서 왕권을 뒷받침해 줄 힘이 없어졌다. 따라서 토착 이집트 출신 관료와 사제들, 그리고 장군들이 득세하면서 권력을 침식했다. 더군다나 후대의 왕 중에는 나약하고 사치스러운 자가 많았다.

클레오파트라의 아버지 프톨레마이오스 12세(기원전 80~51)도 그런 인물이었다. 그는 사치하고 방종했으며 정치에는 큰 관심이 없었다. 실권을 장악한 환관들과 장군들은 때때로 왕의 권위에 정면으로 도전했다. 프톨레마이오스 12세의 실정이 계속되자 장군들이 반란을 일으켰고, 프톨레마이오스 12세는 당시 최강국이었던 로마로 피신했다. 그는 로마의 실력자 폼페이우스와 카이사르를 만나 많은 뇌물을 주고, 그들의 지지를 얻어 왕위를 되찾았다.

프톨레마이오스 12세는 죽으면서 딸인 클레오파트라와 아들인 프톨레마이오스 13세(기원전 51~47)에게 공동 왕위를 물려주었다. 그때 클레오파트라는 열일곱 살, 프톨레마이오스는 열세 살이었다. 어린 자식들이 염려되었던지, 프톨레마이오스 12세는 자식들의 왕위를 지켜달라고 로마 원로원에 부탁했다. 프톨레마이오스 12세에게 많은 뇌물을 받은 로마 원로원은 그들의 왕위를 지켜주겠노라고 약속했다.

왕이 된 클레오파트라는 뛰어난 통치자가 되려고 노력했다. 그녀는 환관들과 토착 관료들의 부패와 비행을 견제하면서 왕권을 강화했다. 이에 반발한 토착 관료들과 장군들은 어린 프톨레마이오스 13세를 사주하여 클레오파트라에게 도전했다. 클레오파트라는 그들에게 쫓겨나 시리아로 도망했다. 클레오파트라는 어떻게든 왕위를 되찾기 위해 지지 세력을 이끌고 이집트의 관문인 펠루시움으로 돌아왔다. 그때 로마의 실력자 카이사르가 알렉산드리아에 도착했다. 카이사르는 파르살로스 전투에서 패배하여 도망가고 있던 폼페이우스를 추격하고 있었다. 카이사르가 폼페이우스를 쫓아온다는 소식을 들은 이집트인은 폼페이우스의 목을 베어 카이사르에게 바치고, 카이사르와의 충돌을 피하려고 했다.

클레오파트라는 세력을 만회할 수 있는 절호의 기회가 왔다고 생각했다. 상당한 미인에 말솜씨까지 대단했던 그녀는 50줄에 들어선 노인네인 카이사르를 사로잡을 자신이 있었다. 그러나 카이사르에게 갈 수 있는 방법이 없었다. 프톨레마이오스 13세 측에서 클레오파트라를 막고 있었고, 그녀가 나타나면 죽여버리라고 명령해놓았기 때문이다. 클레오파트라는 묘안을 찾기 시작했고, 자신을 양탄자에 둘둘 말아서 카이사르에게 가져가게 했다. 클레오파트라의 하인이 카이사르에게 바칠 선물을 가져왔다고 외치면서 양탄자를 펼치자, 거기서 꽃처럼 예쁜 여자가 나타났다. 카이사르는 금세 클레오파트라에게 매혹되었고, 클레오파트라의 왕위를 되찾아주었다. 클레오파트라와 카이사르는 사랑을 나눴고, 카이사리온이라는 아들을 낳았다. 클레오파트라는 아들을 카이사르의 후계자로 삼아 로마의 황제로 만들려고 했다. 그러나 그녀의 꿈은 물거품이 되고 말았다. 기원전 44년 3월 15일 카이사르가 암살되었기 때문이다.

카이사르가 죽은 후 그의 부장이었던 안토니우스와 카이사르의 양자였던 옥타비아누스가 실권을 장악했다. 안토니우스가 동방을 차지하자, 클레오파트라는 다시 안토니우스의 마음을 사로잡았다. 안토니우스는 클레오파트라를 위해 소아시아를 정복하여 바쳤고, 클레오파트라는 다시 제국을 다스리는 왕이 되었다. 그러나 로마 장군 안토니우스가 클레오파트라의 치마폭에 빠져 있는 것을 본 로마인은 클레오파트라를 요부라고 욕했다. 로마인은 클레오파트라가 이집트의 부와 안토니우스의 군사력을 결합해 로마의 지배에 도전하지 않을까 걱정했다. 결국, 서방을 장악하고 있던 옥타비아누스가 군대를 이끌고 출정하여 기원전 31년 악티움에서 이집트군을 격파했다.

이때 클레오파트라와 안토니우스는 진정으로 사랑했다. 안토니우스는 최선을 다해 싸웠고, 전투 중에 클레오파트라가 죽었다는 잘못된 전갈을 듣자 비통함을 이기지 못하고 칼로 자신의 배를 갈랐다. 그런데 다시 전령이 와서 클레오파트라가 살아 있다는 소식을 전하자, 안토니우스는 마지막으로 클레오파트라를 보고 싶다고 말했고, 결국 클레오파트라의 품에서 죽었다. 옥타비아누스가 승리한 후, 클레오파트라는 식음을 전폐하고 있다가 안토니우스 묘소를 참배한 후 자살했다. 기원전 30년 그녀의 죽음으로 300여 년 동안 이어진 프톨레마이오스 가문은 종말을 고하고 고대 이집트의 역사는 막을 내렸다. 그리하여 헬레니즘 시대도 끝났다.

클레오파트라는 미녀의 대명사로 통하지만, 허영심에 가득한 요부로도 평가되었다. 리비우스는 "상대를 가리지 않고 바람을 피우는 요부"라고 평했고, 플리니우스는 "왕관을 쓴 창녀"라고 불렀다. 프로페르티우스는 "음탕한 생활에 푹 젖은 암펌, 어지러이 흐르는 나일강과 똑같은 여자"라고까지 악평했다. 그녀가 냉철하고 훌륭한 군주였는데도, 이렇듯 나쁜 이미지를 가지게 되었던 것은 그녀가 패배자이기 때문일 것이다.

그녀는 야망이 큰 여자였다. 그녀의 이미지에서 간과되는 부분은 그녀가 이집트의 통치자였으며, 이집트는 그녀가 죽기 전까지 군사적으로 약했지만 지중해의 상업과 문화의 중심지였다는 사실이다. 그녀가 여자라는 사실을 잠시 잊고 이집트의 상황과 연결하여 생각해보자. 이집트의 수도 알렉산드리아는 지중해 무역의 중심지였으며, 카이사르의 군사들에 의해 불타 없어진 알렉산드리아 도서관은 헬레니즘 문화의 보고로서 '세계의 모든 지식이 모여 있는 곳'으로 불렸다. 클레오파트라는 바로 그 도서관을 통해 많은 정보를 얻었고, 당대의 정치인 중에 그녀만큼 지성이 뛰어난 사람은 없었다. 카이사르에게 군대가 있었다면, 클레오파트라는 지식을 가지고 있었다. 둘이 결합한다면 얼마나 이상적인 통치가 될 것인가! 힘을 가진 로마와 지혜를 가진 이집트의 결합은 역사상 가장 이상적인 국가통합이 아닐까. 이것이 클레오파트라의 구상이었다. 클레오파트라는 날로 융성해가던 로마의 힘을 빌려 이집트의 영광을 되살리려 했던 정치가로서 평가되어야 한다. 그녀는 정치적 이상을 위해 자신이 가진 조건을 최대한 이용했으며, 여성이라는 점은 이용 가능한 조건 중의 하나였다.

2부

고대 그리스

5장

에게해 문명

동방과 서양의 연결자, 미노스 문명

메소포타미아와 이집트에서 발달한 문명은 그리스로 전파되기 전에 에게해의 섬들에 잠시 머물렀다. 지중해에 점점이 흩어져 있는 섬들은 메소포타미아·이집트·그리스의 상인들이 만나는 다리 역할을 했다. 청동기 시대에 키클라데스 제도, 크레타섬, 소아시아 쪽 해안 지역, 그리스 본토의 해안 지역에 발달한 문명을 통칭하여 에게해 문명이라고 한다. 에게해 곳곳에 동방 상인들이 드나들면서 동방 문화가 전파되었다. 따라서 에게해 문명은 초기에 동방의 영향이 컸다.

그러나 시간이 흐를수록 에게해 지역 사람들은 독자적인 문명을 발전시켜나갔다. 에게해 문명의 초기 중심지는 크레타섬이었다. 크레타섬은 문명의 싹을 틔우기에 더없이 좋은 곳이었다. 무엇보다 일 년 내내 기후가 온화했다. 의학의 아버지 히포크라테스가 "병을 치료하려

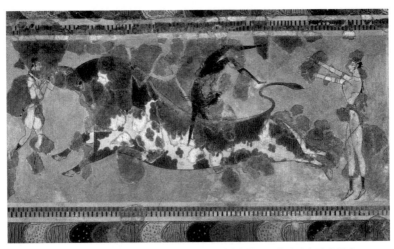
크레타섬의 크노소스 궁전에서 발견된 벽화로 황소를 뛰어넘는 곡예 장면이 담겨 있다.

면 크레타로 가라"라고 말했을 정도이다. 크레타 남부에는 농사를 짓기에 적당한 평야가 있고, 산지에서는 올리브, 밤, 호도, 포도가 잘 재배되었다. 그리고 크레타는 아시아, 이집트, 그리스를 연결하는 중심지여서 해상 교통이 매우 편리했다. 작은 배를 타고도 에게해 어디로든 갈 수 있어서 크레타인은 일찍부터 중계무역을 통해 많은 이득을 보았다.

기원전 3000년경부터 크레타에서 청동기 문명이 발달하기 시작했다.[1] 크레타 문명은 미노스 문명이라고도 불린다. 미노스라는 명칭은 크레타의 전설적인 왕인 미노스의 이름에서 유래했다. 지금까지도 미노스 문명은 수수께끼 문명으로 남아 있다. 그들이 사용했던 선문자 A가 해독되지 않았기 때문이다. 크레타에서 발견되는 유물로 그 문명의 특징을 가늠해볼 수 있을 뿐이다.

미노스 문명은 기원전 1900년경부터 해상 제국이라고 부를 수 있을 정도로 번영하기 시작했다. 이 시기 미노스인은 에게해 전 지역을 장악하고 중계무역을 통해 얻은 부를 이용하여 거대한 왕궁을 건설했다.[2] 미노스 문명의 발전은 미노스 왕과 이카로스의 이야기를 통해 짐작해볼 수 있다.

크레타섬의 최고봉인 이다산은 신들의 아버지 제우스가 태어난 곳이라고 한다. 이 섬에 있는 도시인 크노소스의 왕 미노스는 제우스에게 바치기로 했던(일설에 따르면 포세이돈이라고도 함) 신성한 하얀 소를 빼돌렸다. 화가 난 제우스는 미노스의 왕비 파시파에로 하여금 흰 소를 사랑하게 했고 왕비는 반인반수의 미노타우로스를 낳았다. 제우스의 저주로 태어난 미노타우로스를 자신의 아이로 착각한 미노스 왕은 아이를 세상에 드러낼 수가 없었다. 미노스 왕은 아이를 가두어두기 위해 최고 건축가 다이달로스에게 미로가 있는 궁전을 짓게 했다. 그리고 그곳에 사람이나 짐승을 넣어 미로를 헤매다가 미노타우로스의 밥이 되게 했다.

그 무렵 미노스 왕의 아들 안드로게오스가 아테네에서 열리는 판아테나이아 제전에 참가했다. 안드로게오스가 우승하자 아테네인이 그를 시기하여 죽였고, 이에 미노스 왕이 아테네로 쳐들어가 아테네를 제압한 후 매년 처녀 총각 일곱 명씩을 제물로 보내라고 명령했다. 몇 년 동안 이러한 희생이 계속되는 가운데 아테네인의 슬픔이 더해가자 테세우스 왕자가 불행을 끝내기 위해 자신이 제물이 되어 크노소스로 갔다. 테세우스는 그곳에서 미노스의 공주 아리아드네와 사랑하게 되었다. 아리아드네는 테세우스를 위해 미궁에서 길을 찾을 수 있는 법을 가르쳐주었다. 미궁으로 들어갈 때 긴 실타래를 가지고 실을 풀면서 움직였다가, 나중에 그 실을 잡고 나오는 방법이었다. 테세우스는

미궁으로 들어가 미노타우로스를 죽이고 무사히 귀환하여 아테네의 왕이 되었다.[*]

이 이야기를 통해 크레타에 있는 국가의 세력이 그리스 본토에까지 미치고 있었음을 알 수 있다. 그리스인이 크레타인에게 공물을 바쳤고, 테세우스가 그것을 중단시켰다는 신화는 미노스인이 기원전 1400년까지 그리스 지역을 지배했음을 의미한다.

이 이야기 속에 나오는 미궁은 실제로 있었을까? 크레타 지역에 대한 고고학 발굴 결과 실제로 미궁이라고 추정되는 궁전이 발견되었다. 그리스인이 크노소스의 궁전이 미로처럼 복잡함을 직접 보고 이런 이야기를 지어냈을 것이다. 그 미궁을 만든 건축가는 누구일까?

그리스 신화에 따르면 미궁을 만든 건축의 천재는 다이달로스였다. '테세우스 탈출 사건'으로 화가 난 미노스 왕은 다이달로스와 그의 아들 이카로스를 미궁에 가둬버렸다. 어린 아들을 미궁 속에서 죽게 할 수 없었던 다이달로스는 하늘을 나는 날개를 만들었다. 그가 만든 날개는 새의 깃털들을 양초로 붙인 것이었다. 드디어 날개가 완성되자 다이달로스는 이카로스에게 날개 사용법을 가르쳐주었다. 다이달로스는 이카로스에게 너무 높이 날지 못하도록 주의를 주었다. 뜨거운 태양이 초를 녹여버리면 날개가 부러지기 때문이었다. 날개 사용법을 다 가르친 후 드디어 탈출이 시작되었다. 에게해의 푸른 바다를 건너 아버지와 아들은 자유롭게 날아갔다. 그러나 어린 이카로스는 자신이 날 수 있게 되었다는 사실에 흥분하여 너무 높이 날고 말았다. 태양의

---

[*] 허승일 외, 《인물로 보는 서양고대사》, 길, 2006, 48~51쪽, 토머스 H. 카펜터, 김숙 옮김, 《고대 그리스의 미술과 신화》, 시공사, 1998, 178~183쪽. 테세우스는 생명의 은인인 아리아드네와 결혼하지 않았다. 다른 여인이 탐나서 아리아드네를 버린 것 같다.

뜨거운 빛이 이카로스의 날개를 녹여 버렸고, 이카로스는 바다로 추락하고 말았다.

크레타인은 검은 머리를 길게 기르고 운동을 즐겼으며, 평화주의자들이었다. 바다로 둘러싸인 천혜의 방어벽이 그들을 보호해준다고 믿었기 때문인지 성벽을 만들지 않았다.[3]

크레타의 유적에는 유독 여성을 소재로 한 그림이나 조각상이 많다. 여자 투우사, 여자 권투 선수, 여자 사제의 그림이 있다. 신들의 조각상도 대

크레타섬에서 발견된 이 조각상은 양손에 뱀을 쥔 지모신의 모습을 하고 있다.

부분 여신의 것이다. 이는 크레타가 남녀 차별이 두드러지지 않은 평등한 사회였음을 암시한다. 이 사실은 그들의 종교에서도 찾아볼 수 있다. 그들의 최고신은 원래 남신이 아니라 지모신이었다. 그녀는 양손에 뱀을 잡고 있는 모습으로 많이 등장한다. 이는 크레타인이 뱀을 숭배했을 가능성을 보여준다. 만물의 어머니로서 지모신은 선의 근원인 동시에 악의 근원으로서 여신의 파괴적 활동은 새로운 삶을 위한 준비 과정으로 이해되었다. 또한 여신을 섬기는 사제들은 여자들이 맡아서 종교의식을 주관했다.

크레타 종교의 또 다른 특이성은 소를 신성하게 여겼다는 것이다. 크레타에서 발견된 유물 가운데 소 모양을 한 것이 많다.[4] 이집트에서 탈출하던 히브리인이 황금으로 소 조각상을 만들어 숭배했다는 일화가 말해주듯이 지중해 연안에 소를 숭배하는 사람들이 많았고, 크레타

인도 그들 가운데 한 종족이었던 것 같다.

크레타인이 만든 벽화, 도자기, 장식품은 세련되고 현대적이기까지 하다. 고대 근동의 예술품과는 달리 미노스의 예술가들은 살육과 약탈의 장면이 아니라 꽃이 활짝 핀 풍경이나 아름다운 여인의 모습, 운동선수의 아슬아슬한 묘기나 축제의 모습 등 자유롭고 평화로운 정경을 그렸다. 이토록 평화롭고 찬란했던 크레타 문명은 기원전 1400년경 멸망했다. 그들이 멸망한 원인과 시기는 정확히 알려지지 않았다. 크레타인들이 전쟁을 싫어한 나머지 군사력이 취약해져서 그리스 본토의 호전적인 미케네인에게 정복되었다는 주장과 지진·해일 같은 자연재해로 멸망했다는 주장이 있다. 혹은 자연재해로 약해진 틈에 미케네인들이 쳐들어와 크레타 멸망의 마지막 과정을 정리했는지도 모른다.

최초의 서양 문명, 미케네

기원전 2000년 무렵 인도·유럽어족의 일파인 아카이아인이 유럽 중부에서 내려와 그리스 본토에 자리 잡았다. 이들 중 한 무리인 미케네인이 그리스반도의 남단인 펠로폰네소스반도에 자리 잡고 아카이아인의 맹주로 성장했다. 이들은 기원전 1600년경에서 1200년경 사이에 그리스적 요소와 미노스적 요소를 결합한 새로운 문명을 만들었다. 이 문명을 미케네 문명이라고 부른다. 이들은 기원전 1400년경 크레타가 멸망한 후 에게해 앞바다의 섬들을 정복하고 동지중해를 장악했다. 미케네 문명은 최초의 서양 문명이라는 점에서 중요하다. 미케네인은 언어와 종족 면에서 확실히 서양인의 조상이다. 서양 땅에 서양인의 조상이 이때에 와서 최초로 문명을 만든 것이다.

아카이아인들의 지배층은 주로 전사들이었다. 힘과 무용武勇을 자랑하는 이들은 왕에게 충성을 바치는 대가로 특권을 누렸다. 이들의 영웅적인 활약상은 호메로스의 《일리아스》와 《오디세이아》에 담겼다. 이 이야기들은 에게해의 패권을 두고 미케네를 중심으로 하는 그리스 본토 세력과 소아시아의 트로이가 벌이는 승부를 묘사하고 있다.

미케네 문명을 발견한 슐리만은 어떤 사람이었을까? 슐리만은 독일 메클렌부르크에서 태어났다. 슐리만이 일곱 살 때인 1829년 크리스마스에 아버지가 예너의 《그림으로 본 세계사》를 선물했다. 그 책에는 아이네아스가 늙은 아버지 안키세스를 업고 불타는 트로이 성을 탈출하는 장면이 있었다. 소년은 트로이의 거대한 성벽과 성문을 뚫어지게 쳐다보면서 말했다. "아버지, 이게 트로이의 모습이에요?" 아버지가 대답했다. "그렇단다. 하지만 지금은 없어져서 아무도 트로이가 어디 있었는지 모른단다." 그러자 슐리만은 자신이 트로이 성을 찾겠노라고 말했다.

당시 사람들은 호메로스의 《일리아스》를 즐겨 읽었지만, 그 이야기는 어디까지나 신화에 불과하다고 생각했다. 그러나 슐리만은 아이네아스의 이야기에서 생생한 감동을 받았고, 아이네아스의 트로이를 꼭 찾고야 말겠다는 꿈을 가졌다. 소년은 그 꿈을 이루기 위한 준비를 차근차근 해나갔다. 중동 지방의 고대어를 익히는 작업은 필수 조건이었다. 그의 준비 작업은 순탄하지 않았다. 부모님이 일찍 돌아가시는 바람에 경제적 어려움에 처했다. 그는 식품 가게의 일꾼, 선실 급사, 통신원 등 살아남기 위해 온갖 잡일을 했다. 한번은 네덜란드로 가는 도중에 타고 있던 배가 난파당해 죽을 뻔하기도 했다.

그렇게 힘든 생활 중에도 슐리만은 꿈을 이루기 위해 영어, 불어, 네덜란드어, 에스파냐어, 포르투갈어, 러시아어 등 8개 국어를 배웠다. 그의 어학 학습법은 남다른 데가 있었다. 그는 다른 언어를 배울 때 큰 소리로 읽었다. 그 소리가 얼마나 컸던지 옆집 사람들이 도저히 살 수 없다고 불평하는 바람에 그는 몇 번이나 이사를 다녀야 했다.

슐리만은 어학 솜씨 때문에 많은 덕을 볼 수 있었고, 무역업과 금광업을 통해 큰돈을 벌었다. 돈을 벌자 그는 돈의 노예가 되지 않고, 자신의 꿈을 실현하기 위해 1868년 소아시아로 갔다. 슐리만은 그곳에서 1871년 마흔이 넘어, 트로이를 확인했을 뿐 아니라 트로이 전쟁 이전의 유적지들도 발견했다. 슐리만의 트로이 발견은 결코 우연이거나 운이 좋았기 때문이 아니다. 사람들이 대부분 호메로스의 《일리아스》를 그저 하나의 전설로 여기고 있던 시기에, 슐리만은 《일리아스》의 한 구절 한 구절이 사실이라고 생각했다. 그는 《일리아스》에 묘사된 장면들을 하나하나 되새기면서 거기에 맞는 지점을 찾아냈고, 발굴을 통해 자신의 선택이 옳았음을 입증했다.* 트로이 발견에 성공한 슐리만은 미케네 궁전의 발굴에 착수했다. 그는 궁전터에서 이른바 황금 가면을 비롯해 많은 유물을 찾아냈다. 슐리만은 이 가면이 아가멤논의 것이라고 주장했지만, 고고학자들의 연구 결과 미케네 문명이 성립되기 전의 것으로 밝혀졌다. 이렇게 해서 《일리아스》에 나오는 트로이와 미케네가 전설상의 도시들이 아니라 역사적으로 실재했다는 사실이

---

* 그러나 슐리만이 무에서 유를 창조했던 것은 아니다. 슐리만과 같이 《일리아스》의 묘사가 사실이라고 믿고 트로이를 찾던 사람들이 있었으며, 슐리만은 그런 사람들 덕분에 쉽게 트로이의 위치를 확인할 수 있었다. 또한 슐리만이 모두 옳았던 것은 아니다. 그는 위치를 정확하게 파악하기는 했지만, 고고학 훈련을 받지 않았기에 트로이 시대의 지층을 찾아내지는 못했다.

밝혀졌다.

미케네는 트로이 전쟁에서 승리한 후 상당 기간 번영을 누렸지만, 기원전 1200년 무렵 갑작스럽게 쇠퇴했다. 다뉴브 초원지대를 중심으로 활동했던 도리스인이 쳐들어왔기 때문이다. 도리스인은 철제 무기를 앞세워 펠로폰네소스반도 일대를 정복했다. 도리스인에게 삶의 터전을 빼앗긴 아카이아인은 소아시아 연안으로 이주하거나, 이집트와 중동 해안지대를 중심으로 약탈을 일삼는 해적이 되었다. 도리스인은 펠로폰네소스 지역의 비옥한 평야 지대에 나라를 세운 후 그 이름을 미케네 시대의 이름대로 스파르타라고 했다. 한편 자신들의 땅을 지키며 아티카에 남아 있던 아카이아인은 이오니아인과 함께 아테네를 건설했다.*

---

* 그리스의 종족 구성은 복잡하다. 청동기 시대 이래 그리스 지역에 희랍어를 사용하지 않는 원주민들이 살고 있었다. 이들은 펠라스고스인이라고 불린다. 기원전 2200년경부터 원原희랍어를 사용하는 종족들이 내려오기 시작했다. 그들은 다시 이오니아인, 아카이아인, 도리스인으로 구별되는데, 각각 기원전 20세기경, 16세기경, 12세기경에 그리스 지역으로 이주했다. 아테네는 펠라스고스인, 이오니아인, 아카이아인의 혼합체로 여겨진다. 그렇지만 아테네인 스스로는 아테네가 이오니아 도시들의 모시라고 주장했기에, 아테네를 이오니아인이 창설했다는 설명도 있다. H. D. F. 키토, 박재욱 옮김, 《고대 그리스, 그리스인들》, 갈라파고스, 2008, 23쪽, 김진경, 《고대 그리스의 영광과 몰락》, 안티쿠스, 2009, 20~21쪽.

6장
그리스의 신화, 사상, 문화

그리스의 기후와 지형

고대 그리스인은 지중해의 파란 물결로 둘러싸인 발칸반도, 에게해에 점점이 박혀 있는 수많은 섬, 소아시아의 이오니아 해안, 이탈리아 남부, 흑해 연안 등에 살았다. 지중해는 그들의 삶의 무대였고, 생활에 필요한 모든 것을 제공하는 어머니와 같았다. 지중해는 사철 따뜻한 바람을 안겨주었다. 사계절의 변화가 있기는 했지만 기온의 변화가 그리 크지 않았다. 봄가을은 사람이 살기에 좋았고, 여름에는 온도가 높지만 크게 덥지 않았고, 겨울에도 기온이 영하로 내려가는 일이 드물었다. 의복이 귀한 고대에 얼어 죽을 걱정이 없다는 것은 큰 은총이었다. 온화한 기후 덕분에 그리스인은 야외 활동을 활발하게 할 수 있었다. 야외극장을 만들어 비극과 희극을 상연했고, 광장에 모여 회의와 토론을 즐겼다.[1]

발칸반도 내부의 육지는 산이 80퍼센트 이상이고 평야가 적었다. 비교적 큰 평야로는 코린트만 남안을 따라 뻗어 있는 해안 평야, 스파르타가 차지하고 있는 라코니아 평야, 보이오티아와 테살리아 지방의 평야를 꼽을 수 있다. 그리스의 대표적인 폴리스인 아테네는 내세울 만한 큰 평야가 없었다. 더욱이 아테네는 강수량도 연간 400밀리미터밖에 되지 않았다.

그럼에도 고대 인구의 대다수는 농업에 종사했다. 흔히 스파르타를 농업 국가, 아테네를 상업 국가로 분류하기에 아테네인 다수가 농민이었다는 사실을 망각하기 쉽다. 그렇지만 아테네에서 상업이 가장 발달했을 때도 인구의 다수는 농민이었다. 그리스의 모든 폴리스는 기본적으로 자급자족Autarky을 목표로 했다. 고대의 길과 수송 수단을 고려하건대 기본적인 자기 생산이 없다면 어떤 공동체도 생존이 힘들었고, 농경지가 귀했기에 고대인은 한 뼘의 땅이라도 있으면 농사에 전력을 쏟았다. 그리스의 농번기는 겨울이었다. 그리스인의 주식인 보리와 밀의 성장에 필요한 비가 겨울에 내리기 때문이었다. 여행이나 전쟁은 농번기를 피해야 해서 주로 여름에 이루어졌다.

평야는 적지만 산이 많았기 때문에 그리스인은 가축을 기르는 데 열심이었다. 가축 중에는 특히 양이 중요했다. 양은 인류 역사에 가장 중요한 동물이다. 털로는 옷을 만들어 입고, 고기로는 단백질을 섭취하고, 또 젖을 짜서 마시고 치즈를 만들어 먹을 수도 있었다. 양은 이렇게 무엇 하나 버릴 것 없는 소중한 동물이고 기동성이 뛰어났다. 이 때문에 유목민이 가장 많이 키우는 동물이 양이다. 옛날 사람들은 양을 보면 가슴이 뿌듯해졌다. 아름다울 미美 자에는 양羊 밑에 큰 대大가 들어가 있다. 이는 양이 큰 것을 보니 좋다는 뜻이다. 그렇지만 그리스는 다른 나라에 비해 많은 염소를 키웠다. 산지가 많아서 염소의 식량이 풍부했기 때문이다. 이 때문에 그리스의 신화나 문학에는 염소가 많이 등장한다.

가축 사육과 함께 과수 재배가 부족한 식량을 보충해주었다. 그리스인이 많이 재배하는 과수로는 올리브와 포도를 들 수 있다. 그리스의 포도와 올리브는 질이 매우 좋았다. 여름에 일사량이 많고 비가 적게 오기 때문이다. 올리브는 뿌리가 길고 잎이 가늘어서 땅으로부터 수분을 많이 빨아들이고 여름 햇볕에 수분을 적게 뺏기기 때문에 그리스의 척박한 땅에 재배하기 좋다. 올리브유는 그리스의 대표적인 수출 품목이었다. 고대에 올리브유는 효용이 매우 높았다. 고대 지중해 사람들은 올리브유를 음식을 튀기거나 조미하는 데 썼고, 밤이면 등을 켜는 데 사용했으며, 미용을 위해 피부에 발랐다. 특히 로마인은 목욕탕에 갈 때 남자라도 반드시 올리브 기름통을 가져갔다.

올리브와 함께 포도가 많이 재배되었다. 그리스 일대는 석회암 지대여서 물 사정이 좋지 않았다. 고대 그리스인은 포도주를 물에 희석하여 음료로 마셨다. 호메로스는 20 대 1로 희석하여 마시는 것이 일반적이었다고 전한다. 그리스 포도주는 질이 좋아 지중해 전역에서 수요가 많았다. 그리스인은 포도주와 올리브유를 암포라라는 항아리에 담아서 수출하고 그 대가로 곡물을 수입했다.

식량이 부족했기 때문에 인구가 늘어나면 해외로 진출할 수밖에 없었다. 그리스인은 기원전 8세기 후엽부터 멀리 남프랑스와 북에스파냐까지 진출했다. 해외로 진출한 그리스인은 지중해 곳곳에 식민시를 만들었다. 기원전 750년에서 500년 사이에 만들어진 식민시가 500여 개나 된다.[2] 식민시들은 발칸반도에 있는 그리스의 모시母市들과 긴밀한 유대관계를 가졌으며, 서로 교류하면서 협력했다. 그리스 시대의 식민시는 근대 제국주의 국가들이 만들었던 식민지와는 다르다. 그리스인의 식민시는 모시와 동등한 위치에서 서로 협력했다. 식민 활동이 활발해지면서 그리스인이 사는 공간이 넓어졌지만, 그들은 자신들이 하나의 종족이라는 일체감을 잃지 않았다.

폴리스의 형성

기원전 13~12세기 지중해 연안에는 여러 종족의 대이동이 있었다. 동지중해 연안에는 '바다 사람들'이 출몰했다. 그들은 이집트, 소아시아, 메소포타미아 일대를 휩쓸고 다니며 약탈했고 때로 정착하기도 했다. 그리스반도 북쪽에서는 북방 민족들이 그리스 쪽으로 대거 이동했다. 그리스 일대가 혼란에 빠지면서 미케네 문명은 기원전 1100년경 멸망했다. 이때부터 기원전 800년까지 문명의 흔적이 사라져버렸다. 농토는 버려지고 문자의 사용과 같은 문화생활이 중단되었다. 이 시기를 암흑 시기라고 부른다.

암흑 시기가 끝나고 평화가 찾아온 기원전 800년경 그리스에는 새로운 형태의 나라, 즉 폴리스가 나타났다. 이 시기에 등장했던 폴리스들은 500여 개나 된다. 폴리스polis의 원래 의미는 성城이다. 암흑 시기에 사람들이 모여들어 성을 쌓고 살다가 점차 평화가 찾아오자 그 성을 중심으로 거주지를 확대했고, 이것이 하나의 나라가 되었다.

폴리스는 도시와 농촌으로 구성되어 있는데, 대개 성안이 도시이고 성 밖 주변 지역이 농촌이다. 도시에는 아크로폴리스와 아고라가 있다. 아크로폴리스는 '가장 높은'을 의미하는 '아크로스akros'와 폴리스의 합성어로 폴리스에서 가장 높은 곳이다. 평화 시에는 신들에게 제사 지내는 곳이고, 전시에는 최후의 거점이다. 따라서 아크로폴리스에 신전들이 있었고, 아고라에서는 시장이 열리고 민회가 개최되었다.

도시 지역에서 교역과 통치 행위가 이루어진다고 해서 폴리스를 도시국가라고 옮기는 것은 폴리스의 국가적 면모를 축소할 가능성이 있다. 근본적으로 도시는 농촌의 생산물에 의해 유지되었고, 아테네를 비롯한 대다수 그리스인은 농촌 지역에 거주하던 마을 공동체의 구성원이었다. 따라서 배타적으로 도시 거주민들에게만 시민권이 허용되었던 중세 도시와는 다르므로 도시국가라고 표현하기보다는 고대 그리스인이 불렀던 대로 폴리스라고 부르는 것이 적절하다.

대표적인 폴리스로는 발칸반도 남쪽에 있었던 아테네·테바이·메가라, 펠로폰네소스반도에 있었던 스파르타와 코린토스·아르고스, 소아시아 해안에 있었던 밀레토스, 에게해의 섬인 사모스·레스보스 등이 있다. 이들 폴리스는 면적이나 인구가 다양했다. 스파르타는 8000제곱킬로미터의 면적에 최대 40만 명이 살았고, 아테네는 2500제곱킬로미터에 최대 40만 명이 살았다. 두 폴리스는 예외적으로 컸다. 대부분 폴리스들의 면적은 260제곱킬로미터, 인구는 5000명 정도였다.

그리스 내륙과 주변 도서 지역에 흩어져 있는 수백 개의 폴리스는 정치·경제적인 면에서 각각 독립을 유지하면서 개별적인 발전 과정을 겪었다. 무엇보다 폴리스는 문화 수준이 다양했다. 흔히 상고 시대라고 불리는 기원전 800년에서 기원전 500년 사이에 펠로폰네소스반도의 코린토스, 아르고스, 스파르타가 문화가 발전하고 국력도 강했다. 기원전 6세기에는 소아시아 해안과 에게해의 섬들에 있었던 도시들이 철학과 과학의 발전을 주도했다.

아테네는 선진 폴리스들에 비하면 백여 년 뒤처져 있었다. 그런데도 아테네가 그리스 최고의 폴리스로 성장할 수 있었던 것은 민주주의를 통해 자유로운 사회를 건설했고, 페르시아와의 전쟁을 승리로 이끈 후 다른 폴리스들로부터 많은 인적·물적 자원을 흡수했으며, 무엇보다도 아리스토텔레스와 같은 위대한 학자들이 아테네에 대한 기록을 많이 남겼기 때문이다.

폴리스는 그리스인의 활동 무대이자 생활의 단위였다. 그리스인들은 폴리스에서 인간과 신에 대해 고민했고 민주주의를 발달시켰다. 현재까지도 폴리스는 하나의 정치적 이상향이다. 영어의 정치라는 단어, 즉 폴리틱스politics는 폴리스에서 유래했다. 어떤 폴리스에 소속되어 있든 그리스인은 자신들이 폴리스에 소속된 자유인이라고 생각했고, 이것이 그들로 하여금 하나의 종족이라는 의식을 갖게 했다. 그리스인으로 하여금 동족 의식을 갖게 한 다른 요소들로는 언어와 종족이 같고, 호메로스의 서사시를 비롯한 신화와 문학을 공유하며, 올림픽 경기를 비롯한 종교·문화 행사를 함께 했다는 사실 등이 있다. 다른 요소들은 다음에 살펴보고 여기서는 올림픽 경기에 대해 살펴보자.

트로이 전쟁에 참가했던 아킬레우스는 친구인 파트로클로스가 죽자, 그의 죽음을 기념하는 경기를 열었다. 전차 경주, 권투, 레슬링, 달리기, 칼싸움 등의 시합을 열고, 참가자들에게 푸짐한 상품을 제공했다. 기원전 776년에 그리스인은 아킬레우스의 선례를 살려 펠로폰네소스반도 서북부에 위치한 올림피아에서 제우스에게 제사를 지내고 여러 경기를 여는 제전을 열었다. 이렇게 시작된 올림픽 경기는 이후 아테네는 물론 멀리 이오니아 지역의 그리스인도 참여하여 범그리스 축제로 발전했다. 주요 경기인 달리기, 창던지기, 원반던지기, 도약, 레슬링이 '5종 경기'로 불렸고, 5종 경기의 우승자가 종합 우승자로 선정되었다. 오직 헬라스의 자유인만 참가할 수 있었던 이 경기에 참가하고 관람하면서 그리스인은 하나의 종족이라는 의식을 점차 강화했다.[3] 올림픽 경기에는 남성만 참여할 수 있었고, 여성은 원칙적으로 구경조차 허락되지 않았다. 여성이 간접적으로 참여할 수는 있었다. 가령 여성은 마차 시합에서 말의 소유주로서 참여했다. 스파르타의 여인 카니스카는 전차 소유주로 참가하여 2회나 우승했다.[4] 남성들의 시합인 올림픽과 별도로 여성들의 시합도 있었다. 이 시합도 올림피아에서 4년마다 열렸는데, 헤라 여신을 기념하기 위해 열린다는 의미로 헤라이아Heraia라고 불렸다. 경기 종목은 오직 달리기뿐이었다.[5] 올림픽 외에도 그리스에서는 많은 제전이 열렸다. 모든 그리스인이 참가하는 제전으로는 피티아·이스트미아·네메이아 제전이 있었다.

올림포스 12신의 탄생

그리스 신들은 어떻게 탄생했을까? 태초에 혼돈이 지속되다가 땅이 생겼다. 땅의 이름은 가이아였다. 땅이 생기면서 사랑의 영혼 에로스가 태어났다. 에로스의 힘을 받은 가이아가 위로 솟구쳐 오르면서 하늘, 즉 우라노스가 태어났다. 하늘은 땅의 아들인 동시에 연인이었다. 하늘과 땅이 사랑을 나누어 팔이 백 개 달린 괴물 헤카톤케이레스, 이마에 눈 하나가 달린 괴물 키클로페스, 거인 신족인 티탄을 낳았다. 티탄 신족 가운데 막내가 크로노스였다.

아버지인 하늘, 즉 우라노스는 자식들이 보기 싫어서 자식들을 가이아의 자궁 속으로 밀어 넣어버렸다. 수많은 자식이 자궁 속으로 들어오자 괴로워하던 가이아는 아들 크로노스에게 부탁했다. "끔찍스러운 괴물이 되어버린 네 아버지로부터 나를 해방시켜다오." 크로노스는 어머니의 도움을 받아서 아버지의 남근을 잘라버렸다. 이렇게 해서 하늘과 땅의 관계가 단절되었다. 잘려 나간 우라노스의 남근에서 복수의 여신들인 에리니에스가 태어났고, 거인족인 기간테스가 태어났다. 기간테스는 인간과 비슷한 상체를 지녔지만 하체는 파충류를 닮았다. 우라노스의 남근은 바다에 떨어졌는데, 남근 속에 들어 있던 정자들이 일으킨 거대한 물거품 속에서 사랑의 여신 아프로디테가 태어났다.

아버지를 몰아내고 세상을 장악한 크로노스는 거만해졌다. 그는 팔이 백 개 달린 괴물들인 헤카톤케이레스를 지하 세계의 가장 어두운 곳으로 던져버렸다. 그리고 티탄 신족의 일원으로 누나였던 레이아를 아내로 맞아들였다. 가이아는 크로노스의 방자함에 화가 나서 그를 저주했다. 포악해진 크로노스에게 어머니 가이아는 "네 자식도 네가 아버지 우라노스에게 했던 것과 똑같이 하리라"라고 예언했다.

크로노스와 레이아가 사랑을 나누어 자식들을 연이어 낳았다. 첫딸 헤스티아는 집안의 화로를 관리하는 여신이 되었다. 둘째 딸 데메테르는 농업의 여신이 되었다. 가정의 여신 헤라, 지하 세계를 주관하는 하데스, 바다의 신 포세이돈이 줄줄이 태어났고, 마지막으로 번개의 신 제우스가 태어났다.

자식들이 연이어 태어나자 크로노스는 어머니의 저주가 두려워졌다. 크로노스는 예언을 막기 위해 자식들을 모두 삼켜버렸다. 크로노스가 자식들을 삼키는 모습을 바라보고 있던 레이아는 자식들을 살리기 위해 막내 제우스를 숨겼다. 대신 큰 돌을 강보에 싸서 갓 태어난 아기라고 속였다. 레이아는 제우스를 숲 속으로 데려갔고, 님프들이 그를 몰래 키웠다. 건장한 청년으로 자란 제우스는 메티스라는 요정과 사랑에 빠졌다. 제우스는 자신의 삶과 걱정을 메티스에게 고백했다. 그러자 메티스가 구토를 일으키는 약을 만들어주었고, 제우스는 그 약을 어머니 레이아에게 주었다. 레이아가 구토를 일으키는 약을 술에 타서 주자, 술을 마신 크로노스는 삼켰던 자식들을 모두 토해냈다.

다시 세상 빛을 보게 된 자식들은 아버지 크로노스를 몰아내기 위해 제우스를 중심으로 뭉쳤다. 제우스는 힘을 보태기 위해 지하 세계에 있던 키클로페스와 헤카톤케이레스를 불러왔다. 이렇게 해서 크로노스와 자식들 사이의 전쟁이 시작되었다. 전쟁에서 승리한 제우스는 형제들과 함께 세상을 새로 조직했다. 제우스는 하늘과 땅을 주관하게 되었고, 올림포스산에 자신의 신궁을 만들었다. 포세이돈에게는 바다를 주관하게 했고, 하데스에게는 지하 세계를 다스리도록 했다.

우라노스의 씨에서 탄생한 아프로디테와 크로노스의 자식들, 즉 제우스, 포세이돈, 헤스티아, 헤라, 데메테르는 모두 올림포스의 주신이되었다. 하데스는 저승의 신이기에 올림포스의 12신에는 포함되지 않는다. 그렇다면 올림포스 12신 가운데 나머지 여섯 신은 어떻게 태어났을까?

대장간의 신 헤파이스토스는 헤라가 낳았다. 제우스는 헤라와 결혼했는데 늘 바람피우기에 바빴다. 화가 난 헤라는 제우스의 도움 없이도 자식을 낳을 수 있다는 것을 보여주기 위해 헤파이스토스를 혼자서 낳았다. 남자의 도움 없이 헤라가 혼자서 낳은 헤파이스토스의 외모는 흉물스러웠다. 헤라는 헤파이스토스의 외모에 기겁하고는 올림포스 아래로 던져버렸다. 하늘에서 던져진 헤파이스토스는 테티스 요정의 해저 동굴 앞에 떨어졌는데, 그때 충격으로 절름발이가 되었다. 테티스가 헤파이스토스를 잘 키웠고, 헤파이스토스는 불과 연장을 잘 다루었다. 장성한 헤파이스토스는 식탁을 만들어 어머니 헤라에게 보냈다. 헤라는 다른 신들과 그 식탁에서 식사를 했는데, 식사를 마친 후 일어날 수 없었다. 헤파이스토스가 자신을 버린 어머니에게 복수하기 위해 비밀 장치를 해놓았기 때문이다. 꼼짝도 하지 못하게 된 헤라는 헤파이스토스를 하늘로 불렀다. 헤파이스토스는 어머니가 꼼짝도 못 하고 있는 모습을 보고는 복수심을 버렸고, 그가 술에 취해 있는 사이에 디오니소스 신이 열쇠를 빼앗아 헤라를 풀어주었다. 이 일이 있던 후 헤파이스토스는 올림포스에 사는 신이 되었다.

가장 못생긴 신인 헤파이스토스는 사랑의 여신 아프로디테와 결혼했다. 운명의 장난이었을까? 제우스의 농간이었을까? 헤파이스토스와 결혼한 아프로디테는 잘생긴 신들을 끊임없이 집으로 끌어들였다. 그녀가 가장 좋아하는 신은 전쟁의 신 아레스였다.

아테네의 수호신 아테나는 제우스가 낳은 자식이다.* 남성인 제우스가 어떻게 애를 낳았을까? 제우스는 메티스라는 요정과 살았는데, 그녀가 낳을 아들이 제우스에게서 천상의 지배권을 빼앗을 것이라는 예언이 있었다. 제우스는 천상의 지배권을 지키려는 욕심에 메티스가 임신하자 그녀를 파리로 변하게 한 뒤 삼켜버렸다. 제우스 안으로 들어간 메티스는 딸을 낳았고, 아기가 자꾸 커서 제우스의 머리를 짓누르

---

* 여신 아테나는 고대에 아테네, 아테나, 아테나이아 등으로 불렸다. 도시 아테네의 정확한 표기는 아테나이이다. 현대 그리스인은 아테네를 아띠나라고 부른다. 일본과 한국만이 아띠나를 아테네라고 부른다.

자 제우스는 머리가 아파서 살 수가 없었다. 제우스는 헤파이스토스를 불러서 애를 꺼내도록 했다. 헤파이스토스가 제우스의 머리를 가르자 완전히 자라서 옷까지 입고 있는 아테나가 태어났다.

아테나는 도시 아테네의 수호신이 되었는데, 바다의 신 포세이돈도 아테네를 자신의 영역으로 삼고 싶어 했다. 두 신은 아테네 사람들에게 투표로 선택하게 했다. 포세이돈은 우물을 선물로 주겠다고 말했고, 아테나는 올리브 나무를 약속했다. 아테네인은 아테나를 수호신으로 선택했다.

신들의 전령이고, 도둑의 신, 상인의 신인 헤르메스는 제우스의 아들이다. 제우스는 헤라가 잠들기만 하면 바람을 피우러 나갔고, 그러던 중 아틀라스의 딸인 마이아를 사랑하게 되었다. 둘 가운데서 헤르메스가 태어났다. 헤르메스는 꾀가 많은 신이었다. 헤르메스는 헤라를 무서워했는데, 그녀의 사랑을 받고 싶었다. 헤르메스는 헤라에게 가서 몸을 잔뜩 웅크리고 이렇게 말했다. "저 아레스예요, 당신의 아들." 헤라가 그를 안고 젖을 물리면서 애정을 느끼는 순간, 헤르메스가 정체를 드러냈다. 헤라는 자식처럼 느꼈던 헤르메스를 미워할 수 없었다.

아폴론과 아르테미스는 제우스의 쌍둥이 자식들이다. 그들은 제우스와 티탄 신족인 레토 사이에서 태어났다. 레토는 제우스의 자식을 임신하자 출산할 곳을 찾아다녔는데, 헤라의 질투가 두려워서 아무도 그녀를 받아주려고 하지 않았다. 육지와 연결되지 않은 섬인 델로스가 그녀를 받아들였고, 레토가 거기서 쌍둥이인 아폴론과 아르테미스를 낳았다. 예언의 능력을 가지고 있던 아폴론은 자라서 델포이로 이주해 그곳에 신탁소를 세웠다. 이후 델포이는 그리스에서 가장 중요한 신탁소가 되었다. 그리스인뿐만 아니라 외국인들도 신탁을 듣기 위해 델포이를 방문했다. 아폴론은 예언의 신이었을 뿐 아니라 의술의 신, 가축의 신이자 태양의 신이기도 했다.

아르테미스는 수렵과 궁술의 신이었다. 그녀는 요정들을 거느리고 숲과 산을 뛰어다니는 것을 좋아했으며, 자신의 즐거움을 방해하는 자들에게는 가혹하게 대했다. 여러 문헌에서 아르테미스는 처녀성과 순결을 지키는 여신으로 나온다. 아르테미스가 순결과 관련이 있다는 것은 칼리스토에 관한 이야기에서도 알 수 있다. 그녀가 거느리던 요정 칼리스토가 순결의 맹세를 깨고 제우스와 관계를 맺어 임신하자, 아르테미스는 칼리스토를 곰으로 만들어 추방했다.

지금까지 11신을 설명했는데, 마지막 신이 누구인가에 대해서는 학자마다 의견이 다르다. 어떤 사람은 헤라의 아들이자 전쟁의 신인 아레스를 12신에 넣는다. 아레스는 사나운 전사로 많이 등장하고, 아프로디테와 연애한 것으로도 유명하다. 두 신의 불륜을 눈치 챈 헤파이스토스가 아레스와 아프로디테가 잠자리에 들었을 때 큰 그물로 두 신을 잡아서 신들의 구경거리로 만들었다고 한다.

반면에 어떤 사람들은 디오니소스를 12신에 포함시킨다. 디오니소스는 제우스와 테베 사람 세멜레 사이에서 태어났다. 세멜레가 제우스의 아이를 임신했다는 사실을 안 헤라가 그녀에게 가서 아이의 아버지가 누구냐고 물었다. 세멜레는 제우스라고 했지만, 헤라는 제우스의 진짜 모습을 본 적이 없다면 그 말을 믿을 수 없다고 했다. 헤라의 말에 속은 세멜레는 제우스에게 진짜 모습을 보여달라고 졸랐고, 제우스가 진짜 모습을 드러내자 제우스의 몸에서 나오는 빛이 세멜레를 불태워버렸다. 그때 제우스는 세멜레의 몸속에서 자라나던 아이를 꺼내 자신의 허벅지에 집어넣었고, 디오니소스가 자라자 끄집어냈다. 디오니소스의 탄생과 일생에 대해 많은 이야기가 전하지만, 그리스인에게 그는 포도주와 축제의 신이었다. 그를 기념하는 축제는 그리스인에게 중요한 축제였고, 아테네의 연극들도 이 축제 때 상연되었다.

호메로스와 《일리아스》

헤라가 던져버린 헤파이스토스를 길러주었던 테티스에게는 이상한 예언이 있었다. 테티스가 아들을 낳으면 아버지보다 위대한 자가 되리라는 예언이었다. 제우스와 포세이돈은 매혹적인 이 여인을 사랑했지만 예언 때문에 포기했다. 그 대신 제우스와 포세이돈은 테티스에게 훌륭한 신랑감을 찾아주기로 결심했다. 그렇게 해서 찾아낸 사람이 강직한 펠레우스였다. 펠레우스와 테티스의 결혼식이 열리게 되자, 누구보다도 헤라가 기뻐했다. 남편인 제우스가 다른 여자를 포기하는 것만큼 좋은 일이 어디 있겠는가? 너무나 기뻐하며 헤라는 성대한 결혼식을 열어주었다.

제우스와 포세이돈, 헤라가 축복하는 성대한 결혼식이 열렸다. 그런데 날이 날인지라 신들은 불화의 여신 에리스를 초대하지 않았다. 초대받지 못해 분노한 에리스는 복수를 꿈꾸었다. 축제가 끝나갈 무렵 에리스가 연회장에 나타났다. 에리스는 결혼식이라 좋은 선물을 가져왔다고 하면서 황금 사과를 아테나, 헤라, 아프로디테가 있는 쪽으로 굴렸다. 펠레우스가 사과를 들어보니 "세상에서 가장 아름다운 여인에게"라고 쓰여 있었다. 세상에서 가장 아름다운 여자가 누구인가? 헤라, 아프로디테, 아테나는 서로 자신이 가장 예쁘다며 싸웠다. 심판이 필요했지만 아무도 나서지 않았다. 괜히 심판을 보았다가 다른 여신들의 미움을 살 것이 뻔했기 때문이다. 할 수 없이 제우스가 들판에서 양을 치고 있던 파리스를 심판관으로 정했다. 심판관이 정해지자 세 여신은 파리스에게 잘 보이려고 안달이었다. 헤라는 아시아 제국 전체를 주겠다고 했고, 아테나는 지혜와 강인한 힘을 주겠다고 말했으며, 아프로디테는 가장 아름다운 여자를 주겠다고 했다. 파리스는 아프로디테를 선택했다.

그런데 파리스는 트로이의 왕자였고, 세상에서 가장 아름다운 여자는 스파르타 왕 메넬라오스의 부인 헬레네였다. 아프로디테는 약속을 지켜, 파리스가 헬레네를 데려갈 수 있도록 해주었다. 스파르타가 왕비를 빼앗기자 그리스인은 분노했고, 트로이를 응징하기로 했다.

이렇게 해서 트로이 전쟁이 시작되었다. 트로이 전쟁을 노래한 것이 호메로스의 《일리아스》이다. 일리아스는 '일리온에 관한 노래'라는 뜻이고 일리온은 트로이인이 살던 도시 이름이다.

스파르타의 왕 메넬라오스의 형 아가멤논이 그리스군을 지휘했다.[*] 그리스의 장수로 가장 유명한 사람은 아킬레우스였다. 그의 어머니는 테티스였다. 그러니까 그는 아버지보다 더 위대해질 것이라는 예언을 받고 태어났다. 아킬레우스가 태어나자 어머니 테티스는 그를 강하게 해주기 위해, 불 속에 집어넣고 말했다. "네 안에 있는 나약한 것을 다 태워버려라." 물론 테티스가 아들을 태워 죽이려고 했던 것은 아니다.

---

[*] 메넬라오스가 통치하던 스파르타와 기원전 8세기 이후 수립된 스파르타는 다른 나라이다. 메넬라오스의 스파르타는 미케네 계통의 사람들이 세운 나라이다. 메넬라오스의 왕궁은 스파르타에서 북쪽으로 15킬로미터 정도 떨어진 곳에 있었던 것으로 추측된다. 폴 카트리지, 이은숙 옮김, 《스파르타 이야기》, 어크로스, 2011, 40~42쪽 참조.

신들만이 알고 있는 비법으로 아기를 강하게 하려는 것이었다. 이때 테티스가 잡고 있던 아킬레우스의 발뒤꿈치는 불로 단련되지 않았다. 그래서 아킬레우스는 육체의 다른 모든 곳은 철갑처럼 단단했지만, 발뒤꿈치만은 여느 인간과 같았다.

아킬레우스 외에도 크레타에서 이도메네우스, 아르고스에서 디오메데스, 필로스에서는 네스토르, 이타케에서는 오디세우스가 왔다. 그리스의 영웅들이 다 모였으니 전쟁은 쉽게 끝날 것 같았다. 그러나 아프로디테의 후원을 받은 트로이도 만만찮은 상대였다. 전쟁은 10년 동안이나 계속되었다.

전쟁이 10년째 되던 해 그리스군의 총지휘관 아가멤논은 트로이 제사장 크리세스의 딸 크리세이스를 애첩으로 삼기 위해 납치해 왔다. 딸을 잃은 아버지 크리세스는 아폴론에게 그리스군에게 역병을 퍼뜨려달라고 간청했다. 아폴론은 자기를 섬기는 제사장 크리세스를 위해 그리스군에게 역병을 퍼뜨렸다. 아가멤논은 아폴론 신의 분노를 달래기 위해 어쩔 수 없이 크리세스의 딸을 돌려보냈다. 아가멤논의 체면은 그리스의 장군과 병사들 앞에서 여지없이 구겨져버렸다. 아가멤논은 체면을 살리기 위해 아킬레우스가 잡아와 애첩으로 데리고 있던 여자를 첩으로 삼겠다고 말했다. 아끼던 첩을 빼앗긴 아킬레우스는 전투에 참가하기를 거부했다. 바로 이 대목에서 호메로스의 《일리아스》가 시작된다.*

---

* 따라서 엄밀하게 이야기하면 《일리아스》의 주제는 트로이 전쟁이 아니라 아킬레우스의 분노이다. 그러나 《일리아스》 전체에 트로이 전쟁 이야기가 배경으로 깔려 있으므로 그 주제가 트로이 전쟁이라고 해도 틀린 말은 아니다. 이에 대해서는 강대진, 《고전은 서사시다》, 안티쿠스, 2007, 22~23쪽 참조.

아킬레우스가 화살에 맞은 친구 파트로클로스에게 붕대를 감아주는 모습. 고대 그리스 그릇에 묘사된 그림이다.

아킬레우스가 전투에서 빠지자 그리스군은 형편없이 밀리기 시작했다. 다급해진 그리스 장군들이 아킬레우스에게 달려가 전투에 참가해 주기를 청했지만, 아킬레우스는 거부했다. 장군들이 거듭 간절히 청하자, 아킬레우스는 둘도 없는 친구 파트로클로스에게 자기의 갑옷을 넘겨주며 대신 나가서 싸우게 했다. 아킬레우스의 갑옷을 입었지만, 파트로클로스는 트로이의 영웅 헥토르에게 죽고 만다.

사랑하는 친구를 잃은 아킬레우스는 분노했다. 아킬레우스는 친구를 잃은 분노를 삭일 수 없어 헥토르를 죽인 후 시체를 질질 끌고 다니며 모욕했다. 이 장면을 바라보고 눈물을 흘리는 이가 있었다. 헥토르의 아버지 프리아모스였다. 그리스인은 죽은 자의 시체를 묻어주지 않는 것을 큰 죄로 생각했다. 죽은 자는 무덤 속에서 영원히 산다. 산 자는 죽은 자를 위해 제사를 지내고 음식을 가져다주어야 한다. 만약 그러지 않으면 죽은 자의 영혼이 소멸되거나 구천을 떠돌게 된다. 프리아모스는 아들의 비참한 운명을 두고 볼 수 없었다. 그래서 다른 사람들의 비웃음을 뒤로 한 채, 신발도 신지 않고 아킬레우스 앞에 가서 무릎을 꿇었다. 아버지의 눈물을 본 아킬레우스는 헥토르의 시체를 넘겨주었다. 이 대목에서 호메로스의 《일리아스》는 끝난다.

이후의 이야기는 호메로스의 《오디세이아》와 베르길리우스의 《아이네이스》 같은 다른 작품을 통해 알 수 있다. 영웅 아킬레우스는 파리스에 의해 죽었다. 파리스가 쏜 화살이 아킬레우스의 약점인 아킬레스건을 맞추었기 때문이다.

10년 동안이나 지속되던 전쟁은 그리스군의 간계에 의해 끝난다. 그리스군은 나무로 거대한 말을 만들어 안에 병사들을 숨겨놓고는 후퇴해버렸다. 트로이 사람들은 전쟁이 끝났다는 기쁨에 들떠, 예언자 카산드라의 말을 무시하고 목마를 성안으로 가져왔다. 트로이인이 축제를 열고 술에 거나하게 취했을 때 목마 안에서 그리스 병사들이 나와서 전쟁을 끝냈다.

호메로스의 서사시는 그리스인에게 성경과도 같았다. 4년에 한 번 아테네인이 판아테나이아 축제를 열 때, 음유시인이나 낭송자들이 《일리아스》나 《오디세이아》를 낭독하면 관중은 마치 자신들의 눈앞에서 광경이 펼쳐지는 듯 흠뻑 빠져들어 이야기를 경청했다. 소년 소녀들은 누구나 어릴 때부터 호메로스의 훌륭한 시 한 구절을 암기하고 있어서 필요할 때면 언제든 적절히 인용할 수 있었다. 문자를 통해 문학을 접하는 계층은 극소수였기에 고대 그리스인은 입과 귀를 통해 옛 전설을 공유하면서 동족으로서 친밀감을 느꼈다.

트로이의 전쟁을 노래한 호메로스는 누구일까? 호메로스에 대해서는 알려진 사실이 거의 없다. 그의 작품 어디에도 자기에 대한 소개는 한마디도 없다. 그는 아마 기원전 8세기 이오니아 지역에서 활동했던 것 같다. 호메로스가 트로이 전쟁을 전후한 시기의 인물이 아니라는 것은 확실하다. 호메로스의 작품에서 기원전 8세기의 상황을 묘사하는 장면들이 제법 있기 때문이다. 가령 아폴론 신전의 부유함, 아가멤논의 방패에 그려진 고르곤, 헤파이스토스의 바퀴 달린 삼각대, 전투에서 밀집 보병의 전진 배치 등이 그렇다. 또한 호메로스의 작품에는 시체를 화장했다는 대목이 있지만, 트로이 전쟁 당시에는 시체를 매장했다. 그리스인은 호메로스가 《일리아스》를 지었다고 확신했지만, 볼프F. A. Wolf가 《호메로스 입문》(1795)을 발표한 이래 그 진위가 계속해서 논의되고 있다. 선대로부터 내려오던 낭송시들을 호메로스가 정리했다는 의견이 우세하다.

7장

그리스의 철학과 소크라테스

세계의 본질을 탐구한 이오니아학파

기원전 6세기 무렵 오늘날의 소아시아에 해당하는 이오니아에서 철학이 발달했다. 이오니아 철학의 발전에는 무엇보다도 지리적 이점이 중요했다. 이오니아인은 메소포타미아·이집트와 활발하게 교류하면서 세계의 문화적 흐름을 익히 알고 있었다. 그들은 메소포타미아와 이집트로부터 천문·수학·지리·종교에 대한 선진 지식을 받아들였고, 지중해의 해상 활동을 통해 여러 지역과 주민들에 대한 정보를 수집했다.

이오니아 철학의 핵심 주제는 아르케arche를 찾는 것이었다. 아르케는 현상세계를 구성하는 근원적인 원리와 모든 것의 근본 요소를 포괄하는 개념이다. 이는 우리가 감각하는 현상세계가 진짜 세계의 피상적인 모습이라는 인식을 전제하고 있다. 따라서 아르케를 찾으려는 노력은 끊임없이 변화하는 현상세계를 넘어 그 자체로 변화하지 않으면서 자연의 근본 원리와 요소가 되는 것을 찾으려는 시도이다.[1]

이 질문에 가장 먼저 답을 제시한 사람은 밀레토스 출신의 탈레스였다. 탈레스는 상인으로 이집트를 자주 방문했고 그곳에서 수학과 천문학을 배웠다. 그는 이집트의 선진 지식을 습득한 후 물질세계의 아르케가 무엇인지 답변하고자 시도했다. 그는 근본 요소가 물이라고 했고, 물에서 모든 것이 발전해 나온다고 주장했다. 탈레스의 주장이 무엇을 의미하는지는 자료가 없어서 명확하지 않다. 다만 탈레스가 일식을 예측했으며 수학에도 뛰어났음은, 그가 탐구하여 얻은 원리로 세계를 설명하려고 했음을 보여준다. 탈레스가 지적인 호기심으로 아르케를 탐구하고 천문학을 공부하자 사람들은 그가 쓸데없는 일에 몰두한다고 비난했다. 탈레스는 천문 연구를 통해 그해 올리브 풍년을 예측하고 그가 살던 도시의 모든 올리브 압착기 사용권을 사버렸다. 가을에 올리브 풍년이 들어 압착기가 부족해지자 그제야 사람들은 지식을 탐구하는 것이 쓸모없는 일이 아님을 깨달았다.[2]

탈레스의 제자 아낙시만드로스는 '경계 혹은 한도가 없는 무한함(아페이론)'이 아르케라고 주장했다. 아낙시만드로스는 아르케에서 만물이 생겨나는 과정을 최초로 설명했다. 그에 따르면 아페이론으로부터 영원한 운동에 의해 원초적인 대립자들이 생겨나고, 대립자들이 만물로 발전하며, 만물은 서로 반대되는 힘에 의해 아페이론으로 돌아간다. 또한 아낙시만드로스는 스승인 탈레스가 이집트에서 배워 발전시켰던 기하학 지식과 기구를 이용하여 우주를 재구성하고, 세계지도를 만들었다. 그는 지구가 우주의 중심에 있고, 중심이기 때문에 정지해 있다고 생각했다.

탈레스의 철학을 한 단계 발전시킨 사람이 피타고라스(기원전 약 582~507)이다. 피타고라스는 이오니아 지방의 사모스에서 성장했고, 남부 이탈리아로 이주해 기원전 530년 크로톤섬에 종교 공동체를 건설했다. 피타고라스는 자신을 앎 혹은 지혜sophia를 사랑하는 사람 philo-이라고 불렀고, 여기서 철학이라는 단어가 만들어졌다. 따라서 철학이라는 단어를 최초로 사용한 사람은 피타고라스였다.[3] 그는 육체의 욕구를 철저히 극복하고, 물질에 대한 욕심을 버리고, 숙고하는 삶을 살면서 진리를 찾고자 노력했다. 그는 육체를 극복하기 위해 신비한 수련을 했으며 진리의 의미, 사물의 구조 안에서 신의 위치 등과 같은 난해한 문제들을 탐구했다. 그는 우주 본질은 추상적 원리이며, 우주는 숫자와 기하학적인 비율로 설명할 수 있다고 생각했다. 그의 제자들은 수학을 연구하여 우주의 원리를 설명하려고 했고, 피타고라스의 정리, 루트 2의 개념 등을 밝혀냈다.[4]

피타고라스학파의 영향으로 우주의 본질에 대한 논쟁이 격화되었다. 엘레아(남이탈리아의 소도시)의 파르메니데스는 생성과 변화의 현상 세계와 영원하고 완전한 존재의 진실 된 형태를 엄격히 구분했다. 그는 부동성 내지는 불변이 사물의 진정한 본질이며, 다양성과 변화는 단지 감각에 따라 달라지는 환영일 따름이라고 주장했다. 에페소스의 헤라클레이토스는 이에 반대하면서 불변이야말로 환상이며 변화만이 실재하는 것이라고 주장했다. 우주는 끊임없는 흐름의 상태에 있으므로 '같은 강물에 두 번 발을 담글 수 없다'는 것이다. 이러한 변화 속에서 창조와 파괴, 삶과 죽음 등은 동전의 양면에 불과하다.

우주의 근본 물질, 현상세계의 변화와 불변에 대한 고민은 엠페도클레스로 이어졌다. 엠페도클레스는 우주는 흙, 물, 공기, 불의 4원소로 구성되어 있고, 4원소의 결합과 분리로 인해 만물이 생성되었다가 소멸한다고 주장했다. 엠페도클레스의 주장은 근대 초까지 우주를 설명하는 유력한 이론이었다.

우주의 근본에 대한 고민의 최종안은 원자론이었다. 기원전 5세기 후반에 트라키아 해안의 압데라에 살았던 데모크리토스(기원전 약 460~362)가 원자론을 제시했다. 데모크리토스에 따르면 우주의 궁극적인 구성 요소는 원자로서, 원자는 무수히 많으며, 파괴할 수 없고, 분리할 수 없다. 원자들은 각각 크기와 모양은 다르지만 구성은 똑같다. 원자 고유의 운동으로 인해 원자들은 영속적으로 결합하고, 분리하고, 상이한 배열로 재결합한다. 우주의 모든 개체 또는 유기체는 원자들의 집합과 흐트러짐의 산물이다. 예를 들면 인간과 나무의 유일한 차이는 원자의 수와 배열이 다른 것이다. 이러한 철학은 초기 그리스 사상의 물질주의적 경향의 최종적 결실을 보여준다. 데모크리토스는 어떠한 영적 세계의 존재도 부정했으며, 결벽에 가까울 정도의 도덕적 이상주의자였다.

초기 철학자들은 일상사에 관심을 두지 않았지만 그들의 사고체계는 그리스인의 정치와 생활에 큰 영향을 끼쳤다. 아낙시만드로스와 헤라클레이토스가 추상적인 사고 과정을 설명하면서 사용한 은유들은 당시 사회에 갈등과 분쟁이 폭넓게 존재했음을 보여준다. 그리고 철학자들은 그들의 정통한 지식과 독특한 생활방식으로 명성을 얻었다. 여러 도시의 원로회는 어려운 문제에 직면할 때면 철학자들에게 자문하곤 했다. 철학자들이 별도의 생활 공동체를 만들기도 했는데, 피타고라스의 추종자들이 크로톤에 만든 공동체가 대표적이다.

왜 이오니아학파를 최초의 철학자들이라고 할까? 근대 과학이 발달하기 이전 사람들은 세계를 주술적인 시각에서 바라보았다. 그들은 신들이 자연세계와 인간세계의 모든 것을 주재한다고 믿었으며, 모든 일에 대해 신의 의사를 물어야 한다고 생각했다. 약 먹는 시간과 같은 사소한 일부터 결혼이나 사업과 같은 개인적인 중대사, 그리고 국가의 일에 대해서도 신의 의사를 물어야 한다고 생각했다. 따라서 사람들은 자연의 이치를 이성으로 이해하거나, 인간사의 모든 것을 합리적으로 판단하려고 노력하지 않았다. 그런데 이오니아학파가 최초로 인간의 이성을 이용해서 자연의 구성과 작동 원리를 설명해보려고 시도했다. 이 점에서 이오니아학파는 최초의 '지혜를 사랑하는 사람들(철학자)'이었다.

이렇게 질문하고 답하면서 이성을 통해 자연과 세계를 설명하려는 것이 그리스 철학의 기본 태도였다. 그러한 사실은 피타고라스 철학에서 명확히 확인된다. 피타고라스는 자연의 원리를 숫자로써 설명할 수 있다고 생각했다. 여기서 숫자는 과학적인 법칙을 말한다. 법칙으로 자연세계를 설명할 수 있으려면 자연세계가 법칙에 맞게, 즉 합법칙적으로 작동해야 한다. 자연세계가 아무런 원리도 없이 제멋대로 작동한다면 거기서 법칙을 찾아낼 수 없다. 따라서 피타고라스는 자연세계가 법칙에 따라 움직인다고 생각하고, 인간은 이성으로써 그 법칙을 이해할 수 있다고 믿었다. 피타고라스의 생각은 과학을 발전시키는 밑거름이 되었다. 자연에 법칙이 있으며 그 법칙을 부지런히 찾아내는 것이 철학자의 임무이기 때문이다. 자연의 법칙을 수학적으로 탐구하려는 노력은 이후 서구 지성사에서 주요한 흐름이 되었다. 이런 생각에서 코페르니쿠스, 갈릴레이, 데카르트, 뉴턴과 같은 근대 과학자들이 자연의 원리를 탐구했다.[5]

아테네의 황금기에 나타난 소피스트

탈레스에서 데모크리토스에 이르기까지 자연철학의 발전을 주도한 소아시아 지역은 페르시아에 정복된 후 그리스적인 활기를 잃었다. 반면 페르시아 전쟁 후 델로스 동맹을 통해 그리스의 맹주로 등장한 아테네가 그리스의 정치·경제·문화의 중심지로 떠올랐다. 그리스 여러 지역의 지식인들이 아테네로 이주해 능력을 인정받고, 추종하는 사람들을 모으려고 노력했다. 이렇게 해서 아테네는 '그리스의 학교'가 되었다. 기원전 5세기 중반 아테네가 황금기를 누리고 있을 때 새로운 지식인들이 나타났다. 이들은 민주주의의 발전에 따른 사회 변화에 부응하여 나타난 일군의 지식인들이었다.

소피스트라는 말은 원래 지혜로운 자들이라는 뜻이다. 그러나 플라톤이 소피스트를 궤변론자라고 비웃은 후 소피스트라는 단어는 공허한 추론을 일삼는 사람들이라는 경멸적인 의미로 사용되고 있다. 소피스트들은 대부분 아테네 출신이 아니라 외지인으로 여러 도시를 돌아다니며 가르치는 것으로 돈벌이를 하다가 아테네에 정착했다. 그들은 지역마다 법, 관습, 도덕이 다른데, 그 지역 사람들은 자신들의 법, 관습, 도덕이 절대적으로 옳고 정의롭다고 생각하는 것을 발견했다. 소피스트들은 이 문제를 심각하게 고민하면서 그런 생각이 편견임을 지적했다.[6] 따라서 소피스트들은 도덕, 지식, 법, 종교 등이 모두 상대적인 것이라고 주장했다. 학생들이 민회와 재판정에서 말솜씨를 발휘하여 출세하거나 돈을 벌기 위해 이들을 찾아왔다. 소피스트들은 상대주의에 입각한 논리와 윤리를 학생들에게 가르쳤다. 시간이 흐르면서 소피스트 가운데는 말장난에 가까운 논리로 "나쁜 것을 좋게 보이도록 하는 일"을 일삼는 자들이 생겨났다. 그러면서 소피스트에 대한 인식이 점점 나빠졌다.

대표적인 소피스트인 프로타고라스(기원전 약 490~420)는 압데라 출신으로 대부분 아테네에서 활동했다. 그가 남긴 '인간은 만물의 척도이다'라는 유명한 말은 소피스트 철학의 정수를 나타낸다. 이 말은 선, 진리, 정의, 아름다움 등이 개별 인간의 판단과 필요에 따라 달라질 수 있음을 의미한다. 절대적인 진리 또는 정의의 영원한 기준은 존재하지 않는다. 감각적인 인식이 지식의 유일한 원천인데 감각은 사람, 장소, 시간에 따라 달라질 수 있다. 따라서 모든 상황에서 유효한 진리는 있을 수 없다. 도덕도 마찬가지로 모든 경우에 꼭 맞도록 하늘이 영원토록 정해놓은 절대적 규범이란 없다.

아테네의 황금기에 소피스트들이 최고의 지식인으로 활동하면서 철학은 극단적인 상대주의로 나아갔다. 가령 트라시마코스는 모든 법과 관습은 가장 강한 자와 가장 교활한 자의 이기적인 의지를 표현한 것일 뿐이라고 주장했다. 소피스트들은 궤변에 가까운 논리로 사람들을 현혹한다는 비난을 받았지만, 현대적인 관점에서 보면 상당히 진보적인 시각을 피력하기도 했다. 여러 소피스트가 노예제와 그리스인의 종족적 배타성을 비난했다. 그들은 전쟁을 어리석은 행동으로 규정했고, 아테네 시민들의 맹목적 애국심을 조롱했다.

이렇듯 기원전 5세기에 비판적 지식을 추구했던 소피스트는 물리학과 형이상학 외에 윤리학과 정치학을 철학의 주요 주제로 삼아 철학의 범위를 넓혔다. 로마의 철학자이자 정치가였던 키케로가 소피스트의 이러한 업적을 기려, '철학을 하늘에서 끌어내려 인간의 세계로 가져다주었다'라고 했다는 말이 널리 알려져 있다. 그러나 이는 키케로가

소피스트가 아니라 소크라테스의 업적을 기려서 한 말이다.[7]

'세상에서 가장 지혜로운 자' 소크라테스

소피스트의 상대주의, 회의주의, 개인주의는 시대의 산물이었다. 아테네가 펠로폰네소스 전쟁을 전후하여 혼란을 겪으면서 새로운 생각이 필요하다고 생각하는 사람들이 생겨났다. '세상에서 가장 지혜로운 자'*라고 불렸던 소크라테스가 이런 생각을 대변했다.

소크라테스는 기원전 469년경 아테네에서 태어났다. 그의 아버지는 조각가요, 어머니는 산파였다는 설이 있지만, 그에 관해 확실한 것은 거의 없다. 동시대인이었던 희극 작가 아리스토파네스는 소크라테스를 돈을 받고 지식을 파는 소피스트로 묘사했지만, 소크라테스는 분명 소피스트의 핵심 사상을 부정했다. 그는 주로 아테네 시민들의 도덕적 타락을 경고하고 윤리에 관한 사상을 전파한 것으로 알려져 있다. 그는 보편타당한 지식에 대한 믿음을 가지고 있었다. 소크라테스에 따르면 먼저 자신이 얼마나 무지한가를 인정해야만 한다. 그리고 대화법 내지 산파술이라고 알려진 방법을 통해 진리를 스스로 깨달아야 한다. 교사는 이 과정에서 잠정적 정의를 수립하게 해주고, 대화를 통해 이를 검증하는 과정을 이어간다. 이 과정이 반복되면서 잠정적 정의로부터 모든 사람이 인식할 수 있는 진리가 확인된다. 이러한 이성적인 활동이야말로 미덕이었으며, 행복해지는 방법이었다. 그의 사상을 계승

---

* 소크라테스의 친구 카이레폰이 델포이의 여사제에게 들은 말이다.

한 플라톤과 아리스토텔레스는 그리스 철학의 최고봉이자 서양 철학의 정수가 되었다.

어떻게 사느냐보다 어떻게 죽느냐가 중요하다는 말이 있다. 소크라테스의 죽음은 그의 지조 있는 삶과 사상의 일면을 보여준다. 소크라테스는 기원전 400년경에 고발을 당해 아테네 법정에 서게 되었다. 그를 고발한 사람은 멜레토스 등 평범한 시민이었고, 죄목은 "젊은이들을 타락하게 했고, 나라가 믿는 신들을 믿지 않고 새로운 영적인 존재들을 믿었다"였다. 청년들을 타락시킨다는 것이 무슨 말일까? 그리스에 철학자들이 등장했을 때 그들을 못마땅하게 여긴 사람들은 일상생활에 아무런 필요도 없는 말장난을 하면서 빈둥거리는 사람들이라고 비판하곤 했다. 아마 젊은이들을 타락시킨다는 말은 젊은이들을 빈둥거리면서 말장난이나 하는 사람으로 만들고 있다는 의미일 것이다. 아니면 소크라테스가 청년들에게 무언가 새로운 가치관을 제시했고, 전통 사회가 그것을 받아들이지 못했을 수도 있다.

나라가 믿는 신을 믿지 않고 새로운 영적인 존재를 끌어들인다는 이야기도 같은 맥락에서 볼 수 있다. 소크라테스는 이 세상을 불완전한 것으로 보았고, 물질을 부정한 것으로 보았다. 이는 그가 임종 직전에 친구 크리톤에게 한 말에서 드러난다. 그는 "아스클레피오스에게 닭 한 마리를 빚졌네. 잊지 말고 갚아주게"라고 말했다. 아스클레피오스는 의술의 신으로 당시 그리스 사람들은 병이 들면 그에게 기도했고, 병이 나으면 제물을 바치곤 했다. 소크라테스가 죽음을 앞두고 아스클레피오스 신에게 제물을 바치라고 했던 것은 자신의 죽음이 육체라는 물질세계를 벗어나 완벽한 정신세계로 나아가는 일종의 '치료'라고 생각했기 때문이다. 당시 그리스인은 사람이 죽으면 어두운 지하 세계에

프랑스 화가 자크 루이 다비드가 18세기에 그린 〈소크라테스의 죽음〉. 제자들과 친구들이 슬픔에 잠긴 가운데 소크라테스가 마지막까지 자신의 생각을 펼쳐 보이는 모습으로 그려졌다.

가서 희미한 존재로 산다고 생각했다. 따라서 자신이 죽으면 자신의 영혼이 육체를 벗어나 행복한 세상으로 갈 것이라는 소크라테스의 사상은 새로운 것이었고, 수용하기 힘든 것이었다.[8]

당시 아테네의 재판정은 유무죄를 결정하는 1심과 형량을 결정하는 2심으로 나누어져 있었다. 재판관은 재판 진행만을 담당하고 배심원들이 투표로써 먼저 유무죄를 결정했다. 소크라테스 재판의 경우 1심에서는 280 대 221로 유죄 판결이 났다. 배심원들은 1심 판결을 내리기 전 소크라테스에게 '철학 활동과 남들을 비판하는 일'을 중단한다고 약속하면 무죄 판결을 내리겠다고 제안했다. 하지만 소크라테스는 그의 신념을 버릴 수 없다며 끝까지 무죄를 주장했다. 1심 판결에서 유죄 판결이 나면 피고와 원고는 각각 형량을 제시하고, 배심원들은 투표로 그 가운데 하나를 선택했다. 원고는 소크라테스의 사형을 요구했다. 피고인 소크라테스는 유죄 판결이 났으므로 적당한 형량을 제시해야 했다. 그런데 웬일인가? 소크라테스는 자신의 형량을 제시하기는커녕, 배심원들에게 일장 훈시를 했다. 그는 자신은 죄가 없으며 아테네 사람들은 자기에게 오히려 상을 주어야 한다고 했다. 그러자 플라톤을 비롯한 제자들이 설득하여 30므나의 벌금형을 제시했지만, 배심원들은 소크라테스의 고압적인 태도를 마뜩잖게 여겨 원고가 제시한 사형을 선택했다.

유죄 판결을 받은 소크라테스는 감옥에 갇혔다. 그런데 아테네만 벗어나면 소크라테스를 받아줄 나라는 많았다. 설령 받아줄 나라가 없더라도 스스로 망명길에 오르면 그만이었다. 당시에는 국제 경찰이 있지도 않았으니 나라 밖으로 도망간 죄인을 잡아 올 방법은 거의 없었다. 소크라테스를 추종하는 무리가 탈옥 준비를 다 해놓고, 다른 나라로 가시라고 권했다. 그러나 소크라테스는 도망가지 않고, 독배를 마시고 죽었다. 이때 소크라테스가 악법도 법이라고 말했다고 이야기되지만, 당시 기록에는 이런 말이 없다.

도대체 소크라테스는 왜 형량을 제시하지도 않았고, 해외로 망명 가지도 않았을까? 이미 나이 70에 이르렀으니 더 살고 싶지 않았던 것일까? 아마 철학자로서 자신의 신념을 굽힐 수 없었던 모양이다. 비굴하게 사느니 명예롭게 죽는 것이 훨씬 낫다고 생각했던 것이다.

그리스 철학의 최고봉, 플라톤과 아리스토텔레스

소크라테스의 가장 뛰어난 제자였던 플라톤은 기원전 429년 아테네 귀족의 아들로 태어났다. 플라톤은 20세에 소크라테스의 문하에 들어가 스승의 죽음을 지켜봤을 뿐 아니라 스승의 사상을 글로 써서 후대인들에게 소크라테스의 위대함을 알렸다. 가장 주목받는 그의 저작으로는 《변명》, 《파이돈》, 《향연》, 《국가》 등이 있다. 그는 죽기 직전까지도 《법률》의 저술에 전념했다.

플라톤은 자연과 인간 세계에 대한 종합적인 사유 체계라고 할 수 있는 '철학 체계'를 최초로 이룩했다. 그의 사상 체계는 대체로 소크라테스의 가르침을 체계적으로 정리한 것이다. 그는 우주의 실재가 변화하는 것이 아니라고 생각했으며 우주의 본질을 이데아라고 불렀다. 그에 따르면 이데아는 감각세계 밖 '이데아계'에 존재하며 이성을 통해 인식할 수 있다. 지상의 사물들은 각각의 이데아를 가지고 있다. 인간, 나무와 같은 구체적인 물질뿐 아니라 모양, 색, 균형, 미, 정의와 같은 추상적인 개념의 이데아가 실재한다. 최고의 이데아는 선의 이데아인데, 그것은 우주의 적극적 원인이며 우주를 인도하는 목적이다. 이 세상이 이데아의 그림자에 불과하기 때문에 인간은 허상에 불과한 물질세계보다는 고차원의 정신세계를 이해하는 데 힘써야 한다. 물질적인 것이 열등한 위치에 놓여 플라톤의 윤리학에는 금욕적 색채가 강했다. 그는 육체를 정신에 대한 장애물로 간주하고 인간 본성의 이성적 부분만이 고상하며 선하다고 가르쳤다. 그에 따르면 인간의 영혼은 육체와 분리되어 존재하며 육체에 앞서 존재한다.

플라톤의 정치학 또한 이상주의적이었다. 플라톤에 따르면 인간의 영혼은 이성적인 부분, 기개적인 부분, 욕구적인 부분으로 구성되어 있다. 이 부분들은 신체의 특정 장소에 있는데, 이성적인 부분은 머리에, 기개적인 부분은 가슴에, 욕구적인 부분은 배에 있다. 인간의 영혼과 육체가 각각의 지위와 역할을 갖는 부분들로 이루어져 있듯이, 국가도 세 개의 계층으로 구성되어 있다. 첫 번째 계층은 물질적 욕구 충족을 위해 재화를 생산하는 생산자 계층, 두 번째 계층은 국가의 방위를 책임지는 수호자 계층, 세 번째 계층은 국가의 안녕을 위해 사회적 욕구 전반을 조정하는 통치자 계층이다.[9] 영혼의 각 부분이 자신의 고유한 기능을 충실히 수행할 때 완전한 인간이 되듯이, 정의롭고 이상적인 국가는 국가를 구성하는 세 계층이 그들에게 부여된 고유한 기능을 수행하면서 다른 계층과 조화를 이룰 때 이루어진다. 국가의 운영에 특히 통치자 계층이 중요한데, 통치자 계층이 훌륭하지 못하면 다른 계층도 그들의 역할을 제대로 수행할 수 없기 때문이다. 통치자 계층에게 가장 필요한 덕목은 이성이므로, 일정한 교육과정을 수료한 지식인들 가운데 철학에 대한 특별한 자질을 인정받은 사람이 통치자가 되어야 한다. 이들 중 최고의 덕과 지적 능력을 가진 자가 철인왕哲人王으로서 최고 통치자가 된다.

플라톤의 국가관은 얼핏 보면 귀족의 지배를 정당화하는 것 같다. 그러나 플라톤이 세 계층을 서열화해서 생산자 계층을 천한 자들로 규정하지는 않았다. 세 계층은 세습되지 않을 뿐만 아니라 통치자 계층이 사유재산을 가질 수도 없다. 또한 혈통이나 재산이 아닌 지적 능력을 기준으로 계층을 구분했다는 점에서도 진보적이었다.* 플라톤은 펠로폰네소스 전쟁의 패배로 혼란이 거듭되는 가운데 안정적인 사회 구조를 모색했다. 플라톤의 국가관은 그 과정의 산물로 볼 수 있다. 플

---

* 강철웅 외, 《서양고대철학 1》, 길, 2013, 437쪽. 플라톤의 이 주장은 과거제와 같이 시험을 통해 국가 통치자를 선발하자는 제안이라고 볼 수도 있다.

라톤은 자신이 생각한 이상적인 국가를 스파르타에서 발견하고 스파르타에 관심을 보이기도 했다.

이데아론을 발달시킨 플라톤은 교육에도 힘썼다. 그는 아테네에 아카데미아라는 학교를 열었고, 그곳에서 아리스토텔레스를 비롯한 많은 제자를 배출했다. 아카데미아라는 명칭은 아티카의 영웅 아카데모스의 사당이 근처에 있는 데서 유래했다. 이 단어에서 '학문적인'이라는 뜻의 '아카데믹'이라는 말이 유래했다.

소크라테스의 전통을 이어받은 최후의 위대한 철학자는 아리스토텔레스였다. 그는 기원전 384년 마케도니아의 스타게이라에서 태어났고, 18세에 플라톤의 아카데미아에 들어가 그곳에서 20년 동안 공부했다. 플라톤 사후 아카데미아의 원장이 되지 못하자 아리스토텔레스는 아테네를 떠났다. 기원전 343년에는 마케도니아의 필리포스 2세(기원전 359~336)가 소아시아에서 활동하고 있던 아리스토텔레스를 초빙해 알렉산드로스의 가정교사로 삼았다. 아리스토텔레스는 알렉산드로스를 가르친 지 7년 뒤 마케도니아 왕실을 떠나 아테네로 돌아갔다. 그는 리케이온이라는 학교를 세우고 기원전 322년 사망할 때까지 강의했다. 그가 리케이온의 산책길을 제자들과 함께 걸으면서 강의했기 때문에 그의 학파는 '소요학파'라고 불리기도 한다.

아리스토텔레스는 정치학, 윤리학은 물론 생물학, 물리학, 천문학, 논리학, 수사학, 문학 비평에 이르기까지 다양한 분야에 관심을 보이면서 천재적인 재능을 발휘했다. 아리스토텔레스는 플라톤에게 배웠지만 중요한 문제들에 대해 다른 결론을 끌어냈다. 아리스토텔레스의 아버지는 필리포스 2세의 궁정 의사였다. 덕분에 아리스토텔레스는 구체적인 사실, 실험, 개별적인 자연현상에 관심을 가질 수 있었다. 플라톤이 엘레아학파나 피타고라스학파의 영향을 받은 철학자라면, 아리스토텔레스는 이오니아 자연철학의 전통을 계승했다. 아리스토텔레스는 절대적 지식과 영원한 기준을 부인하지는 않았지만, 지식의 종류에 대한 생각은 달랐다.

아리스토텔레스는 추상적인 아름다움을 추구했던 플라톤에도, 돌이나 나무로부터는 아무것도 배울 수가 없다고 선언한 소크라테스에도 반대했다. 그는 사물은 질료matter와 형상form으로 구성되어 있다고 생각했다. 형상은 사물의 추상적 본질이고 질료는 사물을 구성하는 기본 재료이다. 사람을 예로 들면 사람을 구성하는 뼈, 살, 피는 질료이고, 하나의 종으로서 다른 종과 구별되는 특징이 형상이다. 따라서 세상의 모든 물체는 질료인 동시에 형상이다. 이 세상에서 형상과 질료는 분리될 수 없다. 아리스토텔레스는 오직 형상만을 가진 존재를 인정했는데, 그것이 바로 신이다. 신은 태초에 세상을 움직인 제1 동인이었다.

아리스토텔레스와 플라톤의 형상과 이데아에 대한 논의는 이후 세계를 이해하는 데 큰 영향을 끼쳤다. 아리스토텔레스는 형상이 지상에 존재하는 개체 안에 존재한다고 생각했다. 그렇다면 세상의 원리를 이해하려면 이 세상에 존재하는 것들을 연구해야 한다. 반면 플라톤은 이데아가 이 세상 밖 은하수 너머의 우주에 있다고 보았다. 따라서 인간이 세상의 참 원리를 이해하려면 이 세상의 물체들을 연구하는 것으로는 부족하고, 추상적인 사고를 통해 이 세상 밖에 존재하는 이데아를 인식해야 한다.

아리스토텔레스는 윤리학 측면에서 인간이 추구하는 최고의 목적은 행복이고, 인간은 자신의 특유한 본성을 실행할 때 가장 행복하다고 가르쳤다.[10] 인간이 자기의 본성을 실행하는 것은 자아실현이라고 말할 수 있다. 가령 운동을 잘하고 운동을 하고 싶은 사람은 돈이나 명예가 없어도 운동을 할 때 행복하다. 자아실현은 육체의 건강을 유지하고, 감정을 적절히 통제하면서, 지나친 방종과 금욕 사이에 균형을 이루어야 가능하다. 이렇게 욕구와 절제 사이에 균형을 이루는 것이 중용golden mean이다.

중용은 그의 정치학 이론에도 적용되었다. 그의 정치 이론을 보여주는 《정치학》에서 아리스토텔레스는 국가가 인위적인 산물이 아니라 인간의 본성에 의한 조직으로 국가 밖에서는 문명 생활이 불가능하다고 보았다. 그는 기존에 있었던 군주정, 귀족정, 민주정은 어느 것도 최선의 국가가 아니며, 귀족정과 민주정을 혼합한 중간적인 정체를 최선이라고 생각했다. 또한 최선의 국가는 중간 신분이 지배해야 하는데 이들은 수적으로도 많아야 하고 재산도 어느 정도 소유하고 있어야 했다. 그는 사유재산제도는 인정했지만, 지적인 생활에 필요한 정도 이상으로 부를 축적하는 데는 반대했다. 그리고 정부에는 빈민들에게 작은 농장을 구입할 돈을 주어 그들이 번영을 누리고 자존심을 고양할 수 있도록 하라고 권했다.

플라톤과 아리스토텔레스는 서양 문화의 역사에 가장 큰 발자취를 남겼다. 아리스토텔레스는 플라톤이 넓혀놓은 앎의 폭을 더욱 확대했다. 두 사람이 제시한 답은 크게 달랐지만, 그들이 고민했던 기본적인 문제는 비슷했다. 그들은 사회와 국가가 어떻게 구성되고 운영되어야 하는가, 정의로운 법의 기초는 무엇인가, 민주주의에서 공공의 선은 어떻게 정의할 수 있는가, 개인의 권리와 공동체의 이익을 구분하는 기준은 어디에 있는가, 윤리적인 삶은 무엇이고 어떻게 이룰 수 있는

이탈리아 화가 라파엘로가 16세기에 그린 〈아테네 학당〉. 그리스 철학자들과 현인들이 한자리에 모인 모습으로 플라톤과 아리스토텔레스는 중앙에 그려져 있다.

가, 우주는 어떻게 구성되었는가 하는 문제 등에 대해 수준 높은 논리와 답을 제시했다.

플라톤은 초기 기독교 교회의 신학 체계가 형성되는 동안 모범이 되었다. 아우구스티누스의 《신국론》은 플라톤의 이데아론을 기독교적으로 재해석한 것이다. 플라톤주의는 이탈리아의 르네상스 시대에도, 계몽주의 시대에도, 그리고 20세기에도 되살아났다. 그는 서양 문명이 낳은 가장 위대된 저술가로 평가되기도 한다. 플라톤의 제자이면서도 다른 노선의 사상을 발전시킨 아리스토텔레스는 이후 2000년 동안 그를 능가하는 철학자가 없었다고 할 만큼 철학의 거인으로 평가된다. 유럽에서는 12세기에 아리스토텔레스 저작이 재도입된 뒤에야 사상다운 사상이 발전했고, 중세의 스콜라철학도 아리스토텔레스가 없었다면 발전하지 못했을 것이다.

페리클레스 시대 이후 몇 세기 동안 그리스인은 주로 사변적이고 예술적인 것에 관심을 두었다. 그 결과 수학, 생물학, 의학 분야에서의 중요한 몇 가지 발견을 제외하면 과학적 진보는 미약했다. 하지만 수를 우주의 원리라고 생각했던 피타고라스는 피타고라스의 원리를 발견했다. 대철학자 아리스토텔레스도 생물학의 아버지라고도 말할 수 있을 정도로 체계적인 방법론과 함께 경이로울 정도의 연구 업적을 남겼다. 그러나 그의 생물학은 지금의 시각에서 보면 오류가 많기도 하다. 예를 들면 그는 식물에도 성性이 있다는 사실을 믿지 않았고, 벌레와 곤충 일부가 우연히 발생한다고 믿었다.

그리스에서 발전한 다른 학문으로는 의학을 들 수 있다. 의사의 윤리 강령을 만든 것으로 유명한 코스 출신의 히포크라테스(기원전 460~377)는 의학의 아버지로 불린다. 그는 세심한 연구 방법과 증상에 대한 비교 방법으로 임상의학의 기초를 다졌으며, 외과 의술을 발전시켰다. 그는 약에 관해 광범위한 지식을 가지고 있었지만, 그가 주로 의존한 처방은 식사와 휴식이었다. 그는 사체액설로 병의 원인을 설명했다. 즉, 질병은 신체 속에 황담즙, 흑담즙, 혈액, 점액이 균형을 잃으면서 비롯된다는 것이다. 이 학설은 근대 초까지 질병 치료의 기본 원리였다. 근대 초의 의사들도 환자의 몸에서 과다한 액체를 일부러 빼내는 사혈법을 중요한 치료법으로 여겼다.

'인간 중심적인 문화'의 탄생

한마디로, 그리스 철학은 스스로 생각하는 능력을 크게 키운 데 의미가 있다고 말할 수 있다. 철학이 탄생하기 전 거의 모든 그리스인은 신-종교 중심적인 세계관을 갖고 있었다. 그들은 신이 인간보다 절대적으로 우월하다고 생각했으며, 인간의 역사와 삶은 전적으로 신들의 결정에 좌우된다고 믿었다.

신에 대한 그리스인들의 생각이 모두 같지는 않았다. 그리스 신화를 보면 인간이 신과 동등하거나 심지어 우월해 보이는 장면들이 있다. 가령 트로이 전쟁의 원인으로 이야기되는 '파리스의 심판'이 그렇다. 테티스의 결혼식에서 헤라, 아프로디테, 아테나가 경합을 벌이는 가운데 파리스가 심판을 맡았다. 신들이 그들의 운명을 인간에게 맡기는 것이야말로 인간이 신보다 우월함을 입증하는 증거이다. 또한 신보다 행복하다고 말하는 인간들도 있었다. 가령 테베의 왕비이자 탄탈로스의 딸인 니오베는 아들 일곱 명과 딸 일곱 명, 도합 열네 명의 자식을 두었는데, 자식들이 모두 뛰어났다. 그녀는 두 명의 자식(아폴론과 아르테미스)밖에 없는 레토 여신보다 자신이 더 행복하다고 자랑했다. 호메로스의 《오디세이아》에도 유사한 장면이 나온다. 오디세우스는 트로이 전쟁이 끝난 후 고향으로 돌아가는 여행을 하다가, 전설의 섬 오귀기아에서 칼립소Calyps라는 여신을 만난다. 칼립소는 오디세우스를 사랑하게 되어, 오디세우스에게 '늙지도 죽지도' 않게 해줄 테니 자기와 영원히 행복하게 살자고 제안한다. 여느 남자라면 두말없이 수락했겠지만, 오디세우스는 그녀의 제안을 거부하고 인간으로 살다가 죽기를 선택했다. 이는 오디세우스가 신보다 인간으로 사는 것이 더 좋다고 생각했음을 암시한다.[11]

이렇게 그리스 신화에는 인간이 신 못지않게 뛰어나거나 행복하다고 말하는 몇몇 사례가 있다. 이런 생각은 신에 대한 그리스인의 사고관 때문에 가능했다. 당시 다른 지역의 주요 종교였던 조로아스터교나 유대교에서는 신이 초월적이고 절대적인 존재이다. 그는 완전히 선하기에 나쁜 일을 할 수 없으며, 인간과는 비교할 수 없는 초월적인 능력을 가지고 세계 역사를 주관한다. 이에 반해 그리스인은 신이 인간보다 능력이 뛰어나고 영원히 살기는 하지만, 인간처럼 희로애락을 느끼고, 원하는 바를 얻고자 온갖 잡스럽고 비윤리적인 행동도 서슴지 않으며, 능력에도 한계가 있는 존재라고 생각했다. 가령 신들의 왕인 제우스조차도 전지전능한 존재가 아니었다. 그는 끊임없이 바람을 피우고 다니다가 아내인 헤라에게 온갖 구박을 받으며 사는 난봉꾼이고, 하데스가 다스리는 저승 세계에는 영향력을 행사할 수 없다. 그리스인에게 신은 이렇게 불완전한 존재였기에 인간도 탁월한 힘과 덕을 성취한다면 신과 버금가는 존재가 될 수 있었다.[12] 따라서 때때로 영웅들은 신적인 존재로 이야기되었다. 가령 트로이의 왕자 헥토르가 죽었을 때 그의 아버지인 프리아모스는 '인간 가운데 있으면서도 신과 같았고, 필멸 자인 인간의 아들이 아니라 신의 아들로 여겨졌다'라고 말했다.[13]

이렇게 신이 인간의 모습과 성품을 갖고 있다고 생각하는 것을 신인동형론이라고 한다. 신인동형론은 그리스뿐 아니라 메소포타미아와 이집트 신화에서도 일반적으로 관찰된다.[14] 메소포타미아와 이집트 신화에서도 뛰어난 인간이나 통치자가 신적인 존재가 될 수 있다는 생각이 보인다. 가령 《길가메쉬 서사시》에서 주인공 길가메쉬는 신들에게 도전했으며, 우트나피슈팀은 신들처럼 영생을 누렸다. 따라서 신인동형론을 그리스의 고유한 사고의 주요 요인으로 생각하는 것은 잘못이다.

신과 인간에 대한 그리스인의 고민에서 가장 중요한 특징은 기원전

5세기 철학과 문학이 발전하면서 전개된 인간의 능력과 업적에 대한 자부심이다. 가령 그리스 최고의 비극 작가 소포클레스는 인간 자체가 너무나 뛰어난 업적을 이룩했기에 경이로운 존재가 되었음을 이렇게 노래했다.

사람보다 경이로운 것은 없다!

세상에 경이로운 것이 많다 하여도 / 사람보다 더 경이로운 것은 없다네. 사람은 사나운 겨울 남풍 속에서도 / 잿빛 바다를 건너며 내리 덮치는 파도 아래로 길을 연다네. 그리고 신들 가운데 가장 신성하고 / 무진장하며 지칠 줄 모르는 대지를 / 사람은 노새로 / 갈아엎으며 해마다, 앞으로 갔다가 / 뒤로 돌아서는 쟁기로 못살게 군다네. 그리고 마음이 가벼운 새의 / 부족들과 야수의 종족들과 / 심해 속의 바다 족속들을 / 촘촘한 그물코 안으로 유인하여 / 잡아간다네, 총명한 사람은. / 또 산속을 헤매는 들짐승들을 / 책략으로 제압하고, / 갈기가 텁수룩한 말을 길들여 / 그 목에 멍에를 얹는가 하면, / 지칠 줄 모르는 산山 소를 길들인다네. / 또한 언어와 바람처럼 날랜 생각과 / 도시에 질서를 부여하는 심성을 사람은 독학으로 / 배웠다네. 그리고 맑은 하늘 아래서 노숙하기가 / 싫어지자 서리와 폭우의 화살을 피하는 법도. / 사람이 대비할 수 없는 것은 아무것도 없으며, / 아무 대비 없이 사람이 미래사를 맞이하는 일은 / 결코 없다네. 다만 죽음 앞에서 도망치는 / 수단을 손에 넣지 못했을 뿐이라네.[15]

이 노래에서 소포클레스는 인간이 성취한 업적이 대단하고 앞으로 이룰 수 있는 일도 무한하기에 인간은 경이로운 존재라고 말하고 있다. 인간에 대한 이런 긍정적인 세계관을 '인간 중심 문화'라고 한다.

　기원전 5세기 몇몇 철학자들도 소포클레스의 의견에 동조했다. 가령 그리스 최고의 소피스트였던 프로타고라스는 '인간은 만물의 척도이다'라고 말했다. 이 말은 인간 개개인이 각기 다른 진리의 기준을 가지고 있다는 의미로 해석되지만, 집단으로서 시민이 다수의 의결을 통해 진리를 결정한다는 의미도 지니고 있다. 따라서 기원전 5세기 아테네에서 인간이 모든 것의 주체라는 인식이 성립했다고 말할 수 있다.[16] 여기서 '인간 중심적'이라는 단어는 '인간의 성취와 덕, 개인의 뛰어남, 인간의 자율적 선택, 자연을 움직이는 법칙에 대한 사랑을 강조하는 것'을 의미한다.[17] 즉, 인간이 신에게 종속되지 않은 자율적 존재이며, 자율성을 이용해서 뛰어난 업적을 이룰 수 있는 존재라는 뜻이다.

　여기서 혼동해서는 안 되는 것이 두 가지 있다. 첫째, 인간이 자율적이라는 생각이 무신론을 의미하지는 않는다. 후대 종교개혁기에 마르틴 루터는 인간의 모든 의지가 완전히 신에게 종속되어 있다는 생각에서 《노예의지론》을 저술했고, 그에 반대했던 에라스뮈스는 인간이 자유의지를 갖고 있다는 생각에서 《자유의지론》을 썼다. 그런데 에라스뮈스가 무신론을 전개했던 것은 아니다. 에라스뮈스는 철저한 기독교 신자였으며, 하느님이 우주와 세상을 주관한다고 믿었다. 다만 인간에게 자유의지가 있어서 인간이 스스로 선과 악을 선택할 수 있고, 그 선택을 통해 자기 운명을 결정할 수 있다고 믿었을 뿐이다. 인간의 자율을 믿었던 그리스 지식인들도 마찬가지였다.

　둘째, 그리스에서 인간이 신 못지않게 뛰어난 존재라거나, 인간이 스스로 자기 운명을 개척하는 존재라거나, 인간이 스스로 법과 규칙을 만들어 사회를 운영해야 한다는 인식은 소수의 지식인들만 가지고 있었다. 그런 생각은 넓은 우주에 잠시 빛나는 '섬광' 같은 것으로, 대다수 그리스인이 공유했던 생각은 결코 아니었다. 대다수 그리스인은 여전히 신이 세상의 모든 것을 주관하며, 인간은 신의 의지를 살피고 신의 뜻에 따라 살아야 한다고 믿었다. 고대 그리스인은 출생, 성장, 결혼, 질병과 죽음에 이르는 삶의 모든 과정을 종교적 관점에서 바라보았고, 국가의 운영과 중대사의 결정도 종교적 의례를 통해 결정했다.[18] 그리고 누군가 신들을 모욕하거나 종교 의례를 소홀히 하면 불경죄로 처벌하곤 했다. 가령 프로타고라스는 신들의 신성함을 부정했다는 이유로 추방당했으며, 그의 책은 공개적으로 불태워졌다.[19] 소크라테스도 '신들을 모욕한다'라는 죄목으로 사형 판결을 받았다.* 따라서 그리스 문명 전체가 인간 중심적이라고 파악하는 것은 그리스 문명의 본질을 왜곡하는 것이다.

고대 그리스가 다신교 사회로 근본적으로 종교 중심주의 사회였다는 것과 함께 생각해봐야 할 명제가 있다. 흔히 서양 문명의 두 뿌리를 신 중심의 헤브라이즘과 인간 중심의 헬레니즘이라고 말한다. 이 표현을 무척 좋아하는 역사가들이 많지만, 이는 19세기 중반 서구의 몇몇 사상가들이 가능성을 주장한 것이다.[20] 서양의 주요 개론서에는 이 말이 잘 나오지 않는데 일본의 세계사 교과서, 한국의 세계사 교과서나 서양사 개론서에 빈번하게 나온다.

---

* 아낙사고라스, 디아고라스도 불경죄로 재판을 받았다. 기원전 5~4세기 아테네 소수 지식인들은 '무신론'을 믿었다. 크리티아스는 신은 누군가 인간의 사악한 행동을 막기 위해 만들어낸 존재라고 생각했다. 크세노파노스는 "소, 말, 그리고 사자가 손을 갖는다면, 또한 손으로 그림을 그리고 사람이 만드는 것과 같은 작품을 만들어낼 수 있다면, 말은 말과, 소는 소와 유사한 신의 모습을 그릴 것이고, 각기 자신이 가지고 있는 것과 같은 형체를 만들 것이다(크세노파네스, 단편 B15)"라고 말했다.

19세기까지 서양 문명의 뿌리는 로마와 기독교였다. 그리스는 오랫동안 오스만 제국의 지배를 받고 있었고, 기독교를 신봉했던 대다수 서양인에게 다신교 사회였던 그리스는 이질적으로 느껴졌다. 따라서 소수의 지식인을 제외한다면 18세기까지 서양의 교육, 사회 운영, 문학에서 중심은 그리스보다 로마에 있었다. 가령 미국 건국 때 조지 워싱턴을 비롯한 이른바 '건국의 아버지'들이 모델로 삼았던 체제는 로마 공화정이었다. 프랑스 혁명 때 사료들을 계속 읽다 보면 혁명의 주요 지도자들이 빈번하게 로마의 영웅들과 사건들을 예시로 들면서 주장을 펼쳤음을 확인할 수 있다. 문학에서도 키케로, 플루타르코스를 비롯한 로마 시대 작가들의 영향력이 매우 컸다. 따라서 로마의 유산, 기독교, 게르만족의 유산을 서양 문명의 3대 기둥으로 보는 견해도 강하다. 19세기 서양인이 현재와 유사한 민주주의를 지향하게 되었고, 그리스가 독립하여 서양 세계의 일원이 되자 비로소 서양인도 그리스를 그들 문명의 뿌리로 인식하기 시작했다.[21]

8장

희극과 비극, 역사 서술

희극과 비극의 탄생

고대 그리스인은 신들에게 제사를 지내는 종교 의례를 행한 후 스포 츠 경기와 각종 축하 행사를 결합해 제전을 열었다. 축하 행사 가운데 하나가 노래 부르는 것이었는데, 이 노래가 점차 비극으로 발전했다. 아테네의 비극은 디오니소스 신에게 염소를 바치면서 부르던 노래에 서 비롯되었다. 사티로스(반인반수로 디오니소스 신의 시종)로 분장한 남 성 합창단이 제단 주위에서 춤추며 노래했다. 사티로스가 반은 사람 이고 반은 염소여서* 이렇게 분장하고 부르는 노래를 '염소의 노래'라 고 불렀다. 희랍어로 염소가 tragos이고 노래가 aoidia여서 두 단어를

---

* 사티로스는 초기에는 염소가 아니라 말의 모양을 하고 있었다. 이에 대해서는 토머스 H. 카펜 터, 김숙 옮김,《고대 그리스의 미술과 신화》, 시공사, 1998, 16~17쪽 참조.

합성해 '비극tragedy'이라는 단어가 생겨났다.* 따라서 '비극'이 반드시 '슬픈 극'은 아니다. 에우리피데스의 비극 〈헬레네〉와 〈이온〉 등은 행복한 결말로 끝난다.

처음에 디오니소스 제전은 아테네에서 지역별로 행해졌고, 제전에서 부르는 노래는 합창으로만 구성되어 있었다. 기원전 534년 참주 페이시스트라토스가 지역별 축제를 통합해 디오니소스 축제를 아테네 전체의 행사로 승격시켰다.[1] 페이시스트라토스는 이때 각 지역에서 행해지던 합창대의 노래 경연을 축제의 주요 행사로 삼았다. 여러 지역에서 참가한 합창대는 노래만 불렀는데, 아테네 교외 아카리아 출신인 테스피스가 합창대 외에 한 사람의 배우를 만들었다. 배우가 생기자 비극의 구성이 더 정교해졌고 연극의 재미도 커졌다. 그 후 아이스킬로스는 배우를 두 명으로, 소포클레스는 세 명으로, 에우리피데스는 여러 명으로 늘렸다. 배우를 점점 더 늘린 것은 극의 구성을 복잡하게 만들어 관중의 긴장감을 끌어내기 위해서였다.

원형 극장은 페리클레스 시대에 만들어졌다. 많은 군중이 앉아서 볼 수 있을 만한 언덕에 자연 경사를 이용한 좌석이 배치되었다. 적당히 경사진 언덕은 배우들의 소리가 위로 올라가서 연극을 감상하는 최적의 장소가 되었다. 언덕 기슭에서 배우와 합창대가 노래나 대사를 외울 때 군중은 그들을 둘러싸고 반원형으로 앉아 있었다. 관중석과 배

---

* 다른 설명에 따르면 비극은 본래 디오니소스의 화신으로 간주되었던 염소(그리스 말로 트라고스tragos)의 시체를 위해 옮겨진 애가였다. 그리스인에게 디오니소스는 어떤 면에서는 제우스보다도 중요하고 오래 사랑받는 신이었다. 그는 인생을 즐기는 그리스인의 인생관을 보여주는 신이기도 했다. 이 신의 화신이라고 생각한 염소를 죽여 먹은 뒤 신앙심이 가장 두터운 사람이 그 덕을 찬양하는 애가를 부르고 나머지 사람들은 둥글게 모여 합창대가 되었다. 이때 응답자가 가담하여 염소 신의 덕을 찬양하는 자와 대화를 나누는 식으로 애가가 구성되었다.

그리스에 남아 있는 에피다우로스 원형 극장. 많은 관중이 연극의 대사를 또렷이 들을 수 있도록 설계되었다.

우들이 연기하는 무대 사이에 오케스트라가 있었다. 오케스트라는 평평한 원형의 공간을 말하며, 그곳에서 합창대가 노래를 불렀다. 연극이 좀 더 복잡해지자 배우가 연기하는 무대 바로 뒤에 천막이 세워졌다. 스케네라고 하는 이 천막은 배우와 합창대가 가면을 바꾸는 분장실로 사용되었다. 야외극장에서는 배우들의 표정을 제대로 볼 수 없어서 가면으로 감정을 나타냈다.

연극 공연은 해가 뜨면 시작해서 때로는 밤늦게까지 계속되었다. 연극 하나가 끝나면 바로 다음 연극이 시작되었다. 관중은 식사를 위해 잠시 휴식하고 나서 제3, 제4의 연극을 보러 돌아왔다. 연극이 시민들의 사랑을 받으면서 극작가들의 기법도 발전했다. 소포클레스(기원전 496~406)는 오케스트라 주위에 집과 나무 등을 만들라고 지시했다. 에우리피데스(기원전 480년경~406년경)는 배우를 공중에서 등장시키는 것과 같은 여러 가지 기계 장치를 이용해 연극을 더 극적으로 만들었다.

연극 공연이 형식을 갖춰가던 기원전 5세기에 디오니소스 축제는 아테네의 중요한 축제로 해마다 3월 말에 열렸다. 국가가 개최 비용을 전적으로 부담하고 축제의 주요 행사를 주도했다. 축제가 시작되면 디오니소스 신을 기리는 행사가 먼저 이루어졌다. 열 명의 장군이 술과 제물을 디오니소스에게 바쳤고, 뒤이어 동맹국들이 보내온 공물이 진열되었으며, 국가에 기여한 사람과 제전을 위해 기부한 사람에게 화관을 수여하는 의식이 치러졌다. 마지막으로 국가의 도움을 받아 훌륭한 시민으로 성장한 전쟁고아들이 중무장하고 무대 위에서 행진했다. 이런 행사가 끝나고 나서야 연극이 공연되었다.* 이 시기 연극은 종교적 성격이 엷어지고 정치적 선전 도구로 이용되었다. 당시의 소규모 사회에서는 간단한 비유나 언급만으로도 누구를 의미하는지, 무슨 일을 말하는지 단번에 알아차릴 수 있었다. 예민한 문제가 언급되면 관중은 서로 야유하거나 환호했다. 따라서 연극이 공연되는 곳은 시사 문제의

---

* 임철규,《그리스 비극》, 한길사, 2007, 20~21쪽. 아테네의 2대 제전은 디오니소스 제전과 판아테나이아 제전이었다. 디오니소스 제전은 원래 농촌 지역에서 열리던 겨울 축제였다. 가을 수확을 마치고 12월 말에 마을마다 자율적으로 열렸다. 포도 재배가 확대되면서 이 축제에 디오니소스 숭배가 결합된 것 같다. 기원전 534년 아테네의 참주 페이시스트라토스가 도시 정부가 주관하는 축제를 열었고, 이것을 대디오니소스 제전이라고 불렀다. 대디오니소스 제전이 3월 말에 열리면서 이 축제는 봄 축제로 성격이 바뀌었다. 축제의 중요한 행사는 행진과 연극 공연이었다. 판아테나이아 제전은 아테나 여신을 위한 제전으로 여름 축제였다. 7월 말에 아테나 여신을 위한 제사를 지낸 후 행진, 운동 시합 등이 이루어졌다. 기원전 566년 페이시스트라토스가 4년마다 기존 행사에 호메로스 시 낭송 경연, 음악 경연, 대규모 운동 경기 등을 추가했다. 이것을 대판아테나이아라고 부른다. 페이시스트라토스가 판아테나이아를 조직했던 것은 올림피아 경기에 버금가는 행사를 열어 아테네인의 자긍심을 높이고, 참주 정치를 뒷받침하기 위한 것이었다.

토론장이자 공회당 역할을 하기도 했다.

3대 비극 작가로 페르시아 전쟁에 참가했던 아이스킬로스, 페리클레스와 함께 아테네의 황금기를 살았던 소포클레스, 펠로폰네소스 전쟁기에 살았던 에우리피데스를 꼽는다. 전승에 따르면 살라미스 해전이 있었던 기원전 480년에 아이스킬로스는 전투에 참가했고, 소포클레스는 소년 합창대원으로 전송가를 불렀으며, 에우리피데스는 세상에 태어났다. 이들은 아테네가 치른 전쟁에 직접 참여했으며, 시민들의 정치 활동에 관심이 많았고, 시민으로서 의무를 다하고자 노력했다. 제일 먼저 활동을 시작한 사람은 아이스킬로스였다. 그는 문필로 이름을 날린 위대한 작가였지만 그의 무덤 비석에는 본인의 요구에 따라 마라톤 전투에서 싸운 병사로만 소개되어 있다. 그 비문을 잠시 살펴보자.

아이스킬로스, 에우포리온의 아들이며 아테네 사람인 그는 풍성한 밀이 자라는 겔라스 땅에서 죽어 이곳 무덤에 잠들다. 마라톤의 숲은 그의 유명한 용맹함을 말해줄 것이며, 머리를 길게 기른 페르시아인도 그것을 잘 알고 있을 것이다.[2]

이 비문은 아이스킬로스가 극작가로서의 명성보다 조국을 위한 참전에 더 큰 자부심을 느꼈음을 보여준다. 아이스킬로스는 애국심을 고취하는 연극도 만들었는데, 대표적인 작품은 472년에 상연한 〈페르시아인들〉이다. 한 구절을 살펴보자.

오 헬라스(그리스)의 아들들이여, 가라! 조국에 자유를 안겨주어라, 아이들에게, 여인들에게 자유를 안겨주어라. 그리고 우리 선조들이 섬긴 신들의 성전에, 조상들의 무덤에! 그대들은 지금 이 모두의 자유를 위해 싸우고 있다.[3]

이 구절에서 아이스킬로스는 그리스인이 자유를 위해 싸운 덕분에 승리했다고 밝히고 있다. 아이스킬로스 본인은 이렇게 애국심을 최고의 가치로 여겼지만, 후대인은 그의 문학적 자질을 더 높이 평가한다. 귀족 집안에서 태어난 아이스킬로스는 전통과 급진적 사상을 종합했다. 그는 작품에 윤리적 설교가 많다는 지적도 받았지만, 극작가로서 타고난 재능을 가지고 있었다. 그는 90편의 작품을 썼다고 알려져 있으나 남아 있는 작품은 일곱 편이다.

아이스킬로스의 대표적인 작품으로 '오레스테이아' 3부작을 들 수 있다. 〈아가멤논〉, 〈제주祭酒를 바치는 여인들〉, 〈자비로운 여신들〉로 이루어진 이 작품은 트로이 전쟁을 승리로 이끈 아가멤논이 미케네로 돌아온 뒤 벌어진 일을 다루고 있다.

아가멤논이 10년간의 전쟁을 끝내고 개선장군으로서 귀국하는 날, 그의 처 클리템네스트라와 그녀의 정부 아이기스토스가 그를 살해한다. 아들 오레스테스가 누이 엘렉트라와 협력해 아버지의 원수를 갚는다. 이는 정당한 복수였지만 어머니를 살해한 죄를 면할 길이 없어 오레스테스는 아테네의 아레오파고스의 법정에서 재판을 받는다. 재판 결과 오레스테스는 무죄가 된다.

이 작품에서 아가멤논 일가는 복수와 살인을 저질러 신들의 심판을 받지만, 인간에 연민을 가진 신의 중재와 용서를 통해 안정을 되찾는다. 이 작품은 사람들이 남의 자유를 훼손하지 않도록 자유의 상한선을 정해야 한다는 윤리적 교훈을 준다. 그리고 그러한 제한을 넘어 죄를 지으면 증거를 기반으로 한 법적 심판과 함께 신의 무서운 심판이 따를 것이라는 점을 깨우쳐준다. 개인의 자유를 존중하되 다른 사람도 마찬가지로 존중해야 한다고 주장했던 아이스킬로스는 이상주의와 아테네의 번영을 진심으로 갈구하는 사람이었다.

페리클레스와 같은 시대를 살았던 소포클레스는 델로스 동맹의 금고를 관리하는 재무관을 역임했고, 장군으로서 직접 펠로폰네소스 전쟁에 참가했다. 아테네 역사상 가장 유명한 극작가인 그는 123편의 작품을 썼고, 경연대회에서 24회나 우승했다. 2등 밑으로는 내려간 적이 없었다고 한다. 그러나 그의 작품 중 전해지는 작품은 일곱 편뿐인데 〈오이디푸스 왕〉, 〈안티고네〉가 대표작이다.[4]

〈오이디푸스 왕〉은 아리스토텔레스가 그의 〈시학〉에서 비극의 표본으로 다루면서 그리스 비극 중 가장 유명한 작품이 되었다. 이 작품은 비극을 구성하는 고전적 요소를 빠짐없이 갖추고 있다. 치명적인 결함 때문에 나락으로 굴러떨어지는 고귀한 신분의 인물, 시간과 공간의 일치, 관객에게 불러일으키는 연민의 감정, 최후의 카타르시스까지 모두 갖추고 있다. 하나의 행동이 필연적인 결론에 이르렀을 때 느껴지는 고조된 감정으로서 카타르시스를 느낀 관객들은 연민과 공포를 해소하고 평화를 느낀다. 무엇 하나 빼거나 더할 것이 없는 그의 비극은 절제의 이상을 잘 표현한 것으로 평가된다. 그의 작품은 조화와 평화에 대한 사랑, 민주주의에 대한 존중, 인간의 연약함에 대한 깊은 동정 등으로 특징지어진다.

위대한 비극 작가 가운데 마지막 인물인 에우리피데스의 작품은 이전 작가들과는 다른 정신을 보여준다. 그는 고대 신화와 당시의 금기를 즐겨 사용한 회의주의자이자 개인주의자였다. 그는 펠로폰네소스 전쟁기에 살면서 전쟁의 참화를 겪었고, 전쟁을 주도한 아테네 민중의 모습에 환멸을 느꼈다. 그는 전쟁과 아테네의 급진 민주정에 반대하면서 정치적으로는 보수적인 색채를 보였다. 그러나 그는 지배 귀족의 시각만 대변하지는 않았다. 그는 노예를 동정했고, 여성의 소외된 모습에 항의했다.* 이러한 그의 휴머니즘과 사람들의 모습을 사실적으로 표현하는 경향, 그리고 연극에 사랑이라는 주제를 도입한 점으로 인해 에우리피데스는 모더니스트로 간주될 정도로 발전된 극작가로 평가되기도 한다. 그의 유명한 작품으로 〈알케스티스〉, 〈메데이아〉, 〈트로이의 여인〉 등이 있다.

역사가 투키디데스는 에우리피데스를 추모하며 다음과 같은 글을 남겼다.

비록 그의 무덤은 말년의 은둔지 마케도니아에 있으나
그리스의 온 땅이 그를 기념한다.
그의 조국은 헬라스 중의 헬라스라고 불리는 아테네였다.
그는 시로 그토록 많은 즐거움을 주었기에,
대단히 많은 사람으로부터 칭송을 받았다.[5]

이 비문에서 알 수 있듯이 에우리피데스는 아테네에서 쫓겨나 방랑하다가 마케도니아에서 죽었다. 그가 〈트로이의 여인〉을 비롯한 작품을 통해 아테네가 전쟁하는 것을 비판하자, 전쟁에 몰두하고 있던 호

---

* 그러나 에우리피데스는 펠로폰네소스 전쟁 초기에 두 편의 애국적인 선전극을 썼다.

전적인 아테네인이 그를 용서하지 않았던 것이다.

기원전 5세기 초 기존 비극과 다른 형태의 연극인 희극이 등장했다. 희극이라는 말은 희랍어로 '잔치의 노래', 혹은 '마을의 노래'를 의미하는 'komodia'에서 유래했다. 희극은 난잡한 소동으로 본래 매우 음란하고 천한 익살과 웃음거리를 주로 하여 관중을 웃기는 연극이며, 결말은 야단법석으로 끝났다. 시간이 흐르면서 점차 야비하게 희롱하는 대목은 사라졌다. 희극 작가로서 돋보이는 사람은 소크라테스와 같은 시기에 아테네인의 생활과 가치관을 풍자한 아리스토파네스였다. 소크라테스는 시장에서 자신의 뜻을 전해 꼬투리가 잡히기 쉬웠지만, 아리스토파네스는 무대라는 안전한 공간을 이용해 마음 놓고 자신의 생각을 드러냈다. 그는 희극을 통해 대중의 인기에 연연하는 보수적 귀족 정치인들을 풍자하면서 인간의 약점, 특히 아테네인의 약점을 비꼬았다.

기원전 486년 디오니소스 축제 때 처음 선보인 희극은 연극 경연대회에서 없어서는 안 될 부분이 되었다. 희극은 비극과 동일한 기법(가면과 합창단)을 썼지만, 배우들이 남근의 상징물을 노골적으로 드러내고 합창단이 관객에게 불쑥불쑥 말을 던졌다는 차이점이 있다. 남근은 다산을 기원하는 디오니소스 축제에서 비롯되었지만, 합창단이 연기를 하다가 말고 관객에게 말하는 전통은 어디서 왔는지 분명하지 않다. 미묘한 암시를 선호했던 비극 작가와는 달리 희극 작가들은 대화를 통해, 특히 합창단으로부터 튀어나오는 가시 돋친 신랄한 논평을 통해 관객의 머리에 자신의 생각을 심어놓으려고 애썼다.

아리스토파네스는 작품에서 동시대인들을 공격하기도 했다. 〈구름〉에서는 소크라테스를 돈을 받고 논리를 가르치는 소피스트로 묘사했고, 〈벌 떼〉에서는 타락한 재판관들을 비판했다. 〈개구리〉에서는 아이스킬로스와 에우리피데스를 풍자했고, 〈기사들〉에서는 대중 정치가들을 비판했다. 이 작품들은 자신의 생각을 너무 직설적으로 드러냈다는 비판을 받기도 하지만, 당시의 시대정신을 반영했다는 평가도 받는다.

특히 그는 〈뤼시스트라타〉에서 재치 있는 여인을 통해 반전 메시지를 표현했다. 이 작품의 배경은 아테네 번영에 종지부를 찍은 펠로폰네소스 전쟁이다. 주인공 뤼시스트라타는 또다시 영웅을 꿈꾸며 전쟁에 미쳐 파괴와 살상만을 생각하는 남자들의 행동에 환멸을 느꼈다. 그녀는 남자들이 전쟁에 나갈 수 없도록 만드는 방법을 생각해냈다. 아테네의 모든 여인을 설득해 남편과의 잠자리를 거부하자고 결의한 것이다. 실제로 이 방법은 작가의 상상 속에서나 가능했다. 어쨌든 그녀의 감동 어린 설득에 힘입어 이 방법이 효력을 발휘한 결과 남자들은 사랑과 평화의 길을 따르게 된다. 아리스토파네스의 풍자극은 '인간의 어리석음은 결코 사라지지 않는다'는 주제를 참신하게 다루어 당시에도 어마어마한 인기를 누렸고, 아직도 그의 재치는 빛을 잃지 않고 있다.

연극은 실로 그리스 문화의 정수라고 할 수 있다. 인간과 신, 사회와 개인에 대한 그들의 고민이 그리스 연극에 농축되어 있다. 그런데 그리스의 연극은 현대의 연극과 어떻게 다를까. 그리스 연극에서 배우는 고작해야 3~5명밖에 되지 않았고, 그들은 페르소나persona라는 가면을 쓰고 1인 다역을 했다. 그리고 15~20명으로 구성된 합창대가 있었다. 그리스 연극에서는 합창대의 역할이 중요했다. 합창대는 운율에 맞추어 노래를 부르며, 연극의 줄거리를 주도적으로 풀어나갔다. 주제 면에서도 그리스의 연극은 주인공들의 개성보다는 인간과 신의 관계,

개인과 사회의 관계, 주변 국가와의 관계, 국내 정치 상황을 주로 다루었다.[6] 이 점에서 그리스 연극은 개성이 강한 주인공들 사이의 갈등을 다루는 현대의 연극과 다르다.

역사의 아버지, 헤로도토스

문학은 꾸민 이야기나 주관적인 감정을 표현하는 방식이다. 역사는 실제로 일어났다고 믿는 내용을 기록한 것이라는 점에서 문학과 분명히 다르다. 그러나 19세기 근대 역사학이 탄생하면서 역사가가 이른바 과학적 방법을 통해 '실제로 일어난 사실'을 객관적으로 기록하고자 애쓰기 전까지는 역사와 문학의 차이가 크지 않았다. 물론 지금도 역사는 어떤 법칙보다는 인간에 관한 폭넓은 교양을 다룬다는 점에서 문학을 닮았다. 고대 그리스는 철학뿐만 아니라 역사학에서도 학문의 기본 틀을 마련했다.

아낙시만드로스의 제자인 밀레토스의 헤카타이오스는 그가 알고 있는 나라들과 종족들에 대한 정보를 이용하여 기하학적인 세계지도를 만들었다. 또한 그는 시간, 특히 과거의 시간을 측정하려고 했다. 이를 위해 그는 세대를 측정 단위로 삼았고, 이렇게 해서 만들어진 연대들을 이집트의 연대기와 맞추려고 했다. 당시 사람들은 이집트의 연대기에 경탄하고 있었다. 여기서 지리학, 민속학, 역사 연구가 시작되었다. 그러나 헤카타이오스의 작품은 단편으로만 전한다.[7]

후대에 전하는 그리스 역사책 가운데 가장 오래된 책은 헤로도토스의 《역사》이다. '역사의 아버지'라고 불리는 헤로도토스(기원전 약

484~420)는 '역사'를 하나의 학문 분야로 출범시켰다. 그는 소아시아의 할리카르나소스 출신이었다. 그는 고향에서 반란에 가담했다가 추방당했고, 40세 때 아테네로 이주했으나 얼마 후 이탈리아의 투리 지방으로 이주했다. 불행하게도 고향으로 돌아가지 못하고 그곳에서 일생을 마감한 것 같다.

그가 《역사》를 쓴 시기는 기원전 456~445년 사이로 추정된다. 《역사》의 주제는 책의 서문에 밝혀놓았듯이 페르시아 전쟁이다. 그는 "헬라스(그리스)인들과 이방인들의 위대한 행위와 업적이 덧없이 잊히지 않게 하기 위해" 역사를 썼다. 그가 책 제목을 '역사(희랍어로는 historia)'라고 했던 것은 희랍어로 '히스토리아'가 '탐구한 것' 혹은 '조사한 것'이라는 의미를 갖고 있기 때문이다. 헤로도토스는 자신이 조사한 것을 기록한다는 의미로 자신의 책에 '히스토리아'라는 제목을 붙였고, 이후 '히스토리아'는 조사한 것이라는 일반명사가 아니라 '역사'라는 고유명사로 통용되었다.[8]

헤로도토스는 페르시아 전쟁을 단순히 두 나라가 이익을 많이 차지하기 위해 싸운 것이 아니라, 서로 성격이 다른 두 문명이 충돌한 것으로 해석했다. 그의 설명에 따르면 그리스인이 자유롭고 민주적이며 능동적인 반면, 페르시아인은 전제적이고 수동적이다. 헤로도토스의 이러한 설명은 당대 그리스인의 정체성과 자신감을 반영하고 있다. 대제국 페르시아와 싸워 이긴 그리스인은 자신들의 문명이 세계에서 가장 자유롭고 우수하다고 생각했다. 헤로도토스뿐만 아니라 플라톤, 아리스토텔레스를 비롯한 당대 그리스 지식인 대부분이 다른 민족보다 그리스인이 우월하다고 주장했다.[9]

그리스인의 이런 사유는 자기중심으로 다른 문명을 재단하는 오리엔탈리즘의 선구라고 볼 수 있다. 실제 그리스인의 생각은 편파적이었다. 가령 그리스인은 자신들이 우수하고 자유로운 것은 왕이나 독재자가 자의적으로 통치하지 않고 법에 따라 생명과 재산을 보호하기 때문이라고 주장했다. 그러나 당시 그리스인은 고대 수메르, 바빌로니아, 히타이트가 법치를 했다는 사실을 제대로 알지 못했고, 동방의 법은 왕들이 자의적으로 제정한 저급한 것이라고 생각했다.[10]

헤로도토스는 그리스인이 자유로운 문명을 추구하므로 동방인보다 우월하다는 당대 그리스 지식인들의 생각을 공유했지만, 거기에 매몰되지는 않았다. 그는 역사가는 공정성을 유지하기 위해 노력해야 한다고 생각했기 때문에 "나는 모든 당파로부터 들었던 바를 모두 서술하고자 한다"라고 말했다. 헤로도토스가 최대한 객관성을 유지하려고 노력하자, 그리스인들은 헤로도토스를 친페르시아적인 인물이라고 비난했다.

역사가로서 헤로도토스의 가치는 두 가지 점에서 빛난다. 첫째, 그는 많은 자료를 수집해 재구성하는 능력을 가지고 있었다. 그는 페르시아 제국, 이집트, 그리스·이탈리아 등지를 널리 여행하면서 여러 민족에 대한 흥미로운 자료들을 풍부하게 수집했다. 그리스 주변 지역의 풍속을 풍부하고도 흥미롭게 엮어놓은 그의 솜씨는 이야기꾼으로서의 면모를 유감없이 보여준다. 역사가는 수많은 사실을 무의미하게 나열하는 사람이 결코 아니다. 중요한 사실들을 추려내고 다시 꿰어 보배로 만드는 것이 역사가의 일이다. 헤로도토스는 이 점에서 뛰어난 재주를 가지고 있었다.

둘째, 헤로도토스는 최초의 문화사가였다. 오랫동안 역사학에서 중요한 주제는 정치와 영웅이었다. 헤로도토스도 페르시아 전쟁이라는 정치적인 사건을 주제로 삼았다. 그러나 그는 전쟁 묘사에 매몰되지 않고 이집트·페르시아·스키타이를 비롯한 동방 종족들의 풍습과 지리, 전통을 조사해 자세하게 기술했다. 그가 쓴 《역사》에는 그리스에 관한 서술보다 동방 종족들에 대한 서술이 더 많다. 그는 문화란 상대적이며, 여러 민족의 문화가 그 자체로 가치 있고 존중받아야 한다는 인식을 갖고 있었다. 이 점에서 헤로도토스는 선구적인 다문화주의자였다.[11]

그러나 당대에는 물론 19세기까지도 헤로도토스는 거짓말쟁이라고 불리곤 했다. 헤로도토스는 많은 지역을 여행하면서 수없이 많은 이야기를 모았는데, 그 이야기들이 사실인지 판단하기 힘든 경우에 스스로 판단하지 않고 독자들에게 가능한 한 많은 정보를 제공하려고 했다.[12] 이 때문에 헤로도토스의 《역사》에는 신화나 전설적인 이야기가 많이 포함되었다. 가령 그는 인도 사람들이 금을 많이 얻게 된 경위에 대해 이렇게 말했다.

또 다른 인도인이 카스파티로스 시 및 팍티이케 지방에 인접해 사는데, 그들은 여타 인도인들보다 북쪽에 거주한다. 이들은 박트리에인과 매우 유사한 방식으로 살아간다. 이들은 인도인 중에서 가장 호전적이며, 금을 찾아다니는 자들이 바로 이들이다. 이 지역에 걸쳐 모래로 된 사막이 있기 때문이다. 이 사막의 모래 속에는 크기가 개보다는 작지만, 여우보다 큰 개미들이 있다. 페르시스 왕도 이것들을 몇 마리 가지고 있는데, 다 여기서 잡은 것들이다. 이 개미들은 땅속에 집을 지을 때 그리스의 개미들과 똑같은 방식으로 모래를 퍼 올린다. 그것들은 그리스의 개미들과 모양도 아주 똑같다. 그런데 그것들이 퍼 올린 모래에는 금이 함유되어 있다.

··· 인도인은 이 모래를 모아서 금을 채취한다.[13]

사막에서 개미가 금을 건져 올린다는 이 이야기를 어떻게 믿을 수 있겠는가? 그런데 1984년 프랑스의 작가이자 탐험가인 미셸 페이셀이 히말라야에서 여우만 한 크기의 마멋marmot이 땅을 팔 때 금가루가 따라 올라오곤 한다는 사실을 발견했다. 실제 그 지역 주민들은 마멋이 파는 모래를 모아서 금을 채취했다. 페이셀은 그 지역 주민들의 언어에서 거대한 개미와 마멋의 발음이 비슷하다는 사실도 알아냈다. 페이셀의 이러한 발견으로 헤로도토스가 없는 이야기를 마음대로 창작해내지 않았음이 밝혀졌다. 19세기 후반 이후 진행된 고고학 발굴도 헤로도토스 진술의 신빙성을 입증했다. 가령 헤로도토스가 스키티아 지방에 있다고 묘사한 겔로누스Gelonus라는 도시가 1975년 발굴을 통해 입증되었다.[14] 따라서 최근에는 헤로도토스를 거짓말쟁이라고 부르는 사람이 거의 없다. 그러나 헤로도토스를 실증적인 역사가라고 하기는 힘들다. 그가 전설이나 신화적인 이야기를 엄밀하게 검증하지 않았고, 들은 이야기들을 과장을 섞어 이야기한 부분이 많기 때문이다.

헤로도토스보다 조금 어리지만, 동시대에 살았던 투키디데스(기원전 약 460~400)는 헤로도토스보다 좀 더 엄격하게 '실증적인' 역사를 추구했다. 투키디데스는 아테네 귀족이었고, 펠로폰네소스 전쟁에 지휘관으로 참전했다. 그는 전투에서 패배해 추방당했고, 20년 동안이나 망명 생활을 했다. 투키디데스는 이 시기에 스파르타와 그 동맹국들을 방문하여 퇴역병들로부터 전쟁에 관한 이야기를 직접 들었다. 투키디데스는 이렇게 양측 모두의 이야기를 들어 균형 잡힌 시각을 유지하려고 노력했다. 또한 투키디데스는 전설과 소문을 거부하고 조사에 입각해 사실이라고 입증된 내용을 서술하려고 노력했다. 그는 펠로폰네소스 전쟁에 대한 협정서, 묘비 기록 등 여러 자료를 수집하고, 직접 들은 증언들을 세밀하게 검토했다. 그는 자신의 서술 방침에 대해 "나는 내가 직접 겪은 것, 다른 사람들로부터 들은 것만을 서술한다"라고 말했다. 이 점에서 투키디데스는 과학적인 역사 연구를 시작한 사람이라고 말할 수 있다.[15]

9장
아테네의 역사와 민주주의

아테네의 출현과 정비

기원전 1100년경 미케네 문명이 파괴되고 도리스인이 펠로폰네소스반도를 중심으로 자리를 잡는 동안 아티카반도에서는 펠라스고스인, 이오니아인, 아카이아인이 섞여 살면서 아테네를 발전시켰다.[1] 미노타우로스라는 괴물을 물리친 테세우스가 권력을 장악한 후 들판에 흩어져 살던 사람들을 도시 아테네로 불러 모아 새로운 왕국을 건설했다고 전해진다. 물론 이 이야기는 어디까지나 전설이다. 미노스 문명은 기원전 1400년경에 멸망했지만, 실제로 아테네는 기원전 700년에서 500년 사이에 아티카 지방을 통합하고 패권을 장악했다.[2]

아테네 역사 초기에는 바실레우스라고 불리는 왕이 군사와 행정을 책임졌는데, 왕권은 동방의 군주들보다 훨씬 약했다. 귀족들의 세력이 강해서 바실레우스는 때때로 상징적인 존재일 뿐이었다. 토지를 겸병

한 토지 귀족들이 세력을 키워 정치권력을 장악했다. 올리브·포도 재배로 대토지 경영이 우세해지면서 몰락한 자영농들은 아테네를 떠나거나 토지 귀족의 노동력으로 종속되었다. 귀족들은 혈통과 부를 내세워 관직을 독점했다. 최고의 관리는 아르콘이었다. 아르콘은 아홉 명이었고, 민회에서 선출되었으며, 임기는 1년이었다.* 아르콘들은 행정, 군대 통수, 재판 등 각각의 업무가 있었다. 최고 의결기관이었던 아레오파고스 회의는 전직 아르콘들로 구성되었다. 아레오파고스 회의는 법률을 감시하는 기능을 가졌으며, 모든 무질서 행위를 징계하고 징벌하는 권한이 있었고, 국정 운영의 주요 내용을 논의했다. 민회의 개최 여부와 시기도 아레오파고스 회의에서 결정되었다. 아레오파고스 회의는 아테네 과두정의 상징이었다.

민회는 시민들의 총회였다. 18세 이상의 남자 성인이라면 누구나 민회에 참석할 수 있었다. 민회는 토론과 투표를 통해 국가의 중대사를 결정하고, 관리를 선출하고, 재판을 하였다. 아테네 민회는 1년에 40여 회가 열렸고, 정족수는 6000명이었다. 그러나 아테네 건설 초기에 민회는 아레오파고스 회의의 통제를 받았기 때문에, 언제 모이고 무엇을 의결할지를 스스로 결정하지 못했다. 이 민회가 아레오파고스 회의의 통제를 벗어나 독자성을 확보해가는 과정이 바로 아테네 민주화의 과정이다.

---

* 솔론 이전에는 아레오파고스 회의에서 선출되었다. 솔론은 각 부족에서 열 명씩 선정한 후보 가운데 추첨으로 아홉 명을 뽑게 했다. 허승일 외, 《인물로 보는 서양고대사》, 길, 2006, 100쪽 참조. 그러나 이후 아르콘직 선출 방식이 계속 바뀌었다. 기원전 487년 아르콘을 선거제에서 추첨제로 변경하는 개혁이 실시된 것으로 보아 솔론 방식은 곧 폐기되었던 것 같다.

'귀족과 평민의 조정자' 솔론의 개혁

기원전 8~5세기 그리스인이 활발하게 해외로 진출할 때 아테네도 지중해 해안 여러 곳에 식민도시를 건설했다. 에페소스를 비롯한 이오니아 지방의 여러 도시, 트라키아 북쪽의 암피폴리스, 이탈리아 남부의 투리이 등이 아테네의 대표적인 식민도시였다.[3] 이로 인해 해외 교역이 활발해지면서 해외에 내다 팔 상품을 만드는 수공업도 발달했다. 많은 평민들이 상업과 수공업을 통해 부자가 되자, 자신들의 부와 지위에 걸맞은 정치적 권리를 요구했다. 그들은 법적으로 평민인데도 노예 상태로 전락한 농민들을 자신들의 편으로 끌어들였다.

당시 농민들의 상황은 절박했다. 척박한 토지에서 가족을 겨우 먹여 살릴 만한 땅을 경작하던 농부의 생활은 점점 더 빈곤해졌다. 아들들에게 똑같은 땅을 물려주고 딸들에게는 지참금을 주어야 했으므로 넉넉지 못한 토지를 팔거나 더 작은 규모로 쪼개야 했다. 토지를 잃은 농민들은 일용노동자로 일했다. 귀족들은 이런 사람들을 하인으로 부리거나 부채 노예로 삼았고, 농민들은 용병이 되어 떠돌거나 자식들을 노예로 팔기도 했다. 노동력이 없는 여자아이들은 버려졌다.

사회 변화와 함께 전투 방식에도 중요한 변화가 일어났다. 고대 세계의 주요 군대는 기병이었지만, 말은 매우 비싸서 대단한 부자가 아니면 기병 장비를 갖출 수 없었다. 따라서 부자들은 기병으로서 군대의 핵심을 이루고 있는 자신들이 국가를 주도하는 것이 당연하다고 주장했다. 이런 상황에서 기원전 8세기 말에 팔랑크스 전법(중장보병 밀집대)이 도입되었다. 이 전법은 완전무장을 한 중무장병과 경무장을 한 다양한 등급의 보병이 직사각형의 밀집대형을 이루어 전투를 수행

도자기에 그려진 중장보병의 모습.

하는 방법이었다. 중장보병 밀집대의 도입으로 전투의 주력이 기병에서 보병으로 바뀌었다. 그리고 부유한 평민들이 중무장병의 중추를 이루었다.[4]

그 결과 국가를 지키는 자로서 특권을 누리는 것이 정당하다고 주장해왔던 귀족들의 명분이 사라졌다. 부유한 보병들은 자신들이 애써 지킨 국가의 운영에 대한 권리를 요구하기 시작했다. 그들은 이제 소수의 귀족 세력이 국정을 좌우하는 것을 좌시할 수 없었다. 결국, 기원전 6세기 초 평민들이 정치권력의 재조직과 토지의 재분배를 강력하게 요구했다. 귀족들이 그들의 요구를 수용하지 않자, 나라가 큰 혼란에 빠졌다. 이러한 위기 상황에서 기원전 594년 귀족과 평민은 솔론을 조정자로서 아르콘에 임명하는 데 동의했다. 솔론은 귀족 출신이지만 상인으로서 성공한 사람이었다. 귀족은 그가 귀족이라는 사실이 마음에 들었고, 평민은 그가 고생하며 장사를 해봐서 평민의 상황을 잘 안

다는 점이 마음에 들었다.[5]

솔론은 먼저 긴박한 문제였던 농민들의 부채를 말소하거나 탕감하는 조치를 취했다. 그리고 부채를 핑계로 아테네 시민을 노예로 삼는 일을 금지했으며, 부채 때문에 해외로 팔려 나간 사람들도 돌아오게 했다. 뒤이어 재산 평가에 따라 모든 시민을 4등급으로 분류하고, 등급마다 오를 수 있는 관직을 정했다. 펜타코시오메딤노이라고 불리는 1등급은 1년에 수확량이 500메딤노이 이상인 부자들이었고, 이들만이 국고를 관리하는 재무관이나 최고 관직인 아르콘에 오를 수 있었다.* 테테스thetes라고 불린 4등급 빈민층에게는 단지 민회와 법정에 참석할 권한만을 주었다. 또한 솔론은 각 부족에서 100명씩을 뽑아 400인 협의회를 창설하고 아레오파고스 회의에는 법의 수호 기능을 맡겼다. 그러나 400인 협의회가 실제로 어떻게 구성되어 어떤 활동을 했는지를 보여주는 기록은 아리스토텔레스의 《아테네인의 국제》에 나오는 내용밖에 없다.

솔론은 평민들의 권리를 향상하기 위해 사법 제도도 개혁했다. 솔론은 행정관들의 판정에 불복하는 민중을 위해 항소 법정을 만들었다. 항소 법정은 처음에는 민회 자체였으나, 나중에는 민회에 참석한 사람들 가운데 배심원을 선출하여 구성되었다. 이 조치로 인해 아테네 시민은 신분이나 경제력이 월등한 사람이 아니라 동료 시민으로부터 재판을 받을 수 있게 되었다. 그러나 이는 오직 항소 법정에만 해당했다. 기원전 461년 에피알테스가 아레오파고스가 가지고 있던 재판권을

---

* 사료가 정확하지 않아서 2등급이 아르콘에 오를 수 있었다는 주장도 있다. 김진경, 《고대 그리스의 영광과 몰락》, 안티쿠스, 2009, 109쪽 참조. 시민을 4등급으로 나누는 제도는 솔론 이전 드라콘 때부터 있었다.

민회로 이전한 후에야, 거의 모든 재판에서 시민을 배심원으로 뽑아서 판결하게 하는 재판 제도가 완성되었다.[6] 그리고 솔론은 아테네 시민이라면 누구나 범죄자를 법정에 고소할 수 있게 했다. 이는 시민 개개인의 분별력과 권위를 존중하는 조처였다.

그러나 솔론이 일방적으로 평민의 편을 든 것은 아니다. 솔론은 아레오파고스 회의가 정치·사법 분야에서 가지고 있던 권한을 거의 그대로 유지시켰다. 아레오파고스 회의는 법률을 수호할 의무를 졌고, 정치의 여러 과정에서 감독권을 행사했으며, 범법자들에게 벌금이나 다른 처벌을 내릴 수 있는 막강한 권한을 가지고 있었다.[7] 솔론은 또한 국가와 시민 생활 전반에 영향을 끼치는 여러 법을 만들었다. 가령 그는 직업 교육을 장려하는 법, 수공업을 하기 위해 전 가족이 아테네로 이민한 외국인에게 시민권을 주는 법, 농작물 중에서 올리브를 제외한 물품의 수출을 금지하는 법을 만들었다. 솔론은 그의 법을 제정하고 난 뒤 10년 동안 외국에 나가 있었다. 여러 시민이 자신이 만든 법에 대해 불평불만을 늘어놓자 입법자가 떠나면 불평할 데가 없어져 법을 유지하는 데 도움이 될 것으로 판단했기 때문이다.

솔론은 어느 쪽에도 치우치지 않는 입장을 견지하고자 애썼다. 그의 여러 입법은 초기에는 어느 정도 성과를 거두었지만, 결과적으로 어느 쪽의 지지도 얻지 못했다. 평민은 완전한 정치 참여를 바라고 있었고 귀족은 너무 많은 권력을 평민에게 주었다고 불평했다. 결국 귀족과 평민의 대립은 계속되었고 그로 인한 정치적 혼란도 그치지 않았다. 혼란이 지속되면서 아르콘을 뽑지 못한 해도 있었는데, 여기서 무정부 상태anarchy라는 단어가 유래했다.

참주정의 출현과 그 이면

희랍어로 참주란 합법적인 절차를 밟지 않고 권력을 장악한 사람을 의미했다. 기원전 7~5세기에 코린토스 해협 근처의 폴리스들, 소아시아 지역 폴리스들, 아테네 등에서 참주가 나타났다. 참주는 경제 발전으로 발생한 신분 투쟁 과정에서 인민들의 지지를 받고 권력을 장악했다. 일반적인 생각과 달리 그들은 폭군이 아니었다. 그들은 빈민들을 돌보았고, 기간시설을 개선했으며, 신전과 예배당을 화려하게 장식하고 성대한 의식을 거행해 공동체 의식을 강화했다. 참주는 대외 팽창을 통해 인기를 얻기도 했다. 그러나 참주의 통치에서는 정상적인 법 절차가 아니라 참주 개인의 의지와 능력이 중요했다. 따라서 참주정은 불안한 요소를 갖고 있었고 참주가 폭군으로 변할 수도 있었다.

아테네는 참주의 출현과 의미를 잘 보여준다. 기원전 632년 올림피아 제전에서 우승해 대중에게 인기를 얻은 퀴론Kylon이 정변을 일으켰을 때만 해도 아테네 사람들에게 참주는 용납할 수 없는 존재였다. 그러나 솔론의 개혁이 성과를 거두지 못한 후 신분 투쟁이 격렬해지면서 사회 혼란이 가중되자 상황이 바뀌었다. 기원전 560년경 메가라 전투에서 공을 세운 페이시스트라토스는 민중의 인기를 등에 업고 폭력적인 방법으로 정권을 장악하려 했다. 그는 스스로 자기 몸에 상처를 입혔다. 그러고는 아고라로 들어와 정적들이 시골로 가려는 자신을 습격해 죽이려 했는데 겨우 도망쳐 왔다고 말하면서 자신에게 호위대를 붙여달라고 호소했다. 아테네 시민들은 그의 요청을 받아들여 호위대의 결성을 허락했다. 그의 호위대는 곤봉으로 무장하고 아크로폴리스로 몰려가 그곳에 모여 있던 귀족들을 몰아냈다. 페이시스트라토스는

6년간 통치했지만, 귀족들이 반격에 나섰다.

유력한 귀족이었던 메가클레스와 뤼쿠르고스가 힘을 합쳐 페이시스트라토스를 몰아냈다. 그렇지만 그들이 서로 정권을 장악하려고 싸우면서 귀족들의 내분이 격렬해졌다. 이에 메가클레스는 자신의 딸과 결혼하는 조건으로 페이시스트라토스에게 참주권을 돌려주기로 밀약했다. 메가클레스는 페이시스트라토스를 데려오기 위한 명분을 만들기 위해 연극을 꾸몄다. 키가 172센티미터나 되고 얼굴이 아름다운 퓌아라라는 여자가 있었다. 메가클레스 일파는 이 여자를 완전 무장시켜 마차에 태우고 그럴듯한 자세를 취하게 한 다음 도시로 들어가게 했다. 그리고 사람을 보내 다음과 같이 말하도록 했다. "아테네 시민 여러분, 페이시스트라토스의 귀환을 환영하시오. 놀랍게도 아테나 여신께서 세상 누구보다도 그를 소중하게 생각하시어 직접 당신께서 아테네로 데려오고 계십니다."[8] 사자使者들이 이렇게 말하며 거리를 돌아다니자 아테나 여신이 페이시스트라토스를 데리고 오고 있다는 소문이 금세 시골까지 퍼졌다. 시민들은 그 여자를 진짜 여신으로 믿고 그녀에게 기도를 올리고 페이시스트라토스를 환영했다. 이렇게 해서 페이시스트라토스가 다시 정권을 잡았다. 그러나 페이시스트라토스가 메가클레스의 딸을 무시하자, 메가클레스가 다시 그를 쫓아내버렸다.

해외로 쫓겨났던 페이시스트라토스는 11년 후 용병을 모으고 지지 세력을 규합해 다시 아테네로 쳐들어왔다. 페이시스트라토스는 확고하게 권력을 장악한 후 정적들을 추방하고 참주가 되었다.[9] 아테네의 정치권력을 장악한 페이시스트라토스는 전형적인 참주로서 정책을 펼쳤다. 그는 가난한 사람들에게 자금을 융자해주어 농사를 짓고 살 수 있게 해주었다. 조세 또한 생산량의 10분의 1만을 거두어 농민들의 생활이 안정되었고, 국가 수입도 늘었다. 그리고 페이시스트라토스는 자주 시찰을 나가 농민들의 현실을 살피곤 했다. 어느 날 그는 시찰을 나가 아테네의 남동쪽 히메토스산을 지나던 길에 자갈밭을 열심히 갈고 있는 농부를 보았다. 의아하게 여긴 그는 농부에게 그 땅에서 무엇이 수확되느냐고 물었다. 그가 누구인지 몰랐던 농부는 이렇게 대답했다. "고통과 신음 말고는 열리는 게 없습니다. 아마 페이시스트라토스는 이 고통과 신음도 한몫 거두어 가야 할 것입니다." 농부의 정직함과 열정에 감동한 페이시스트라토스는 모든 세금을 면제해주었다. 페이시스트라토스는 평화를 유지하고 시민들의 안정된 생활을 보장하기 위한 노력도 기울였다. 그래서 사람들은 페이시스트라토스의 시대를 전설의 황금시대와 비교하곤 했다. 그는 모든 것을 법에 따라 다스렸고 자신은 아무런 특권도 누리지 않았다. 페이시스토라토스가 죽은 후에도 아테네의 평민들은 그의 선정을 그리워했다.

그러나 귀족들은 그의 지배하에서 편안하지 못했다. 페이시스트라토스가 여러 귀족의 재산을 몰수하고 추방했으며 계속 평민들의 이익을 옹호하는 정책을 폈기 때문이다. 페이시스트라토스가 귀족 세력을 약화시키기 위해 시행했던 대표적인 개혁으로는 순회재판관의 임명을 들 수 있다. 당시 아테네에서 대귀족들은 지방에서 실질적인 재판권을 세습하고 있었다. 페이시스트라토스는 순회재판관이 각 지역을 돌면서 재판하도록 하여 귀족들의 세습 재판권을 부정하고, 귀족들이 지역에서 누려오던 특권을 축소하려고 노력했다.[10]

현명한 참주였던 페이시스트라토스는 기원전 528년에 자연사했다. 페이시스트라토스가 죽자 그의 아들 히피아스와 히파르코스가 실권을 장악했다. 귀족들은 어떻게든 페이시스트라토스의 아들들을 몰아내고 권력을 되찾으려고 노력했다. 그런 와중에 '연애 사건'이 발생했다. 하르모디오스라는 잘생긴 청년이 있었다. 그의 애인은 아리스토게이톤이라는 사내였다. 그런데 페이시스트라토스의 아들 히파르코스가 하르모디오스를 사모했다. 히파르코스는 정열적으로 그에게 사랑을 고백했지만, 하르모디오스는 히파르코스의 사랑을 거부하고 자신의 애인 아리스토게이톤에게 그 사실을 일러주었다. 아리스토게이톤은 히파르코스가 힘으로 하르모디오스를 빼앗을까 봐 귀족 친구들을 모아 히파르코스를 죽여버렸다. 이 연애 사건에 등장하는 사람은 모두 남자이다.

동생이 죽자 형 히피아스는 강압적인 조처를 취하면서 3년을 더 지배했다. 그러나 히피아스는 귀족들의 끈질긴 저항 앞에 무너졌고, 기원전 510년 추방되었다. 그는 동방으로 망명하여 페르시아의 다리우스 왕에게 갔고 20년 뒤에 페르시아군과 함께 마라톤 전투에서 그 모습을 나타냈다.

페이시스트라토스가 선정을 펼쳤고 평민들이 페이시스트라토스의 시대를 '황금시대'라고 칭송했지만, 그에 대한 후대의 평가는 좋지 않다. 그가 무력으로 권력을 장악해 관행을 무시하고 정치를 했기 때문일까? 아마 평민들이 역사를 기록했다면, 페이시스트라토스는 성인으로 묘사되었을 것이다. 지금 남아 있는 기록은 모두 귀족들이 기록한 것이다. 귀족들은 자신들의 권위와 전통을 무시한 페이시스트라토스를 미워했고, 그가 잘못한 일이 있으면 과장해서 서술했다. 따라서 참주는 결코 포악한 지배자가 아니라, 귀족의 이익에 반해 평민을 위해 통치한 지배자였다.

클레이스테네스의 개혁

페이시스트라토스 가문을 몰아내고 참주정을 붕괴시킨 후, 아테네에서는 두 명의 정치 지도자가 권력을 차지하기 위해 다투었다. 한 사람은 알크마이온 가문의 클레이스테네스였고, 또 한 사람은 테이산드로스의 아들 이사고라스로 그 역시 명문 가문 출신이었다. 가문과 출신 지역으로만 보면 클레이스테네스는 전통 귀족의 선두 주자였다. 이에 반해 이사고라스는 동부 해안 지역 출신으로 참주파였다.

처음에 두 파의 정치 투쟁은 해안파인 이사고라스에게 유리하게 진행되었다. 세력의 불리함을 느낀 클레이스테네스는 데모스의 인민들에게 민주화를 약속하고 그들을 자기편으로 끌어들였다. 궁지에 몰린 이사고라스는 당시 아테네에 머물고 있던 스파르타의 왕 클레오메네스에게 구원을 요청했다. 클레오메네스는 스파르타 군대를 동원해 클레이스테네스의 지지자 700가족을 아테네에서 추방했다. 그러고는 아테네의 아크로폴리스를 점령해 이사고라스에게 정권을 맡기려고 했다. 이에 아테네인이 단결하여 스파르타 군대에 대항했다. 포위당한 스파르타의 왕 클레오메네스는 휴전 협정을 맺고 철수했다. 스파르타인이 물러나자 아테네인은 클레이스테네스를 다시 복귀시켰다.

아테네로 돌아온 클레이스테네스는 기원전 508년 아테네 민주주의를 진전시키는 개혁을 단행했다. 클레이스테네스는 먼저 부족 제도를 개편했다. 클레이스테네스의 개혁 이전에 아테네 사회는 혈연 단위로 편성되어 있었다. 형제단(프라트리아)이라는 혈연 집단에 이름이 올라 있어야 시민으로서 인정받았다. 족보에 이름이 올라가 있어야 양반으로 인정받은 것과 비슷하다. 족보가 중요할 경우, 족보를 관장하는 문중 사람들이 권력을 가진다. 아테네에서도 혈연 집단이 사회의 기본 단위였을 때는 혈연 집단을 주도하는 귀족들이 권력을 가졌다. 클레이스테네스는 이 병폐를 없애기 위해 자연 촌락인 데모스에 이름을 등재하면 시민이 될 수 있도록 했다. 데모스demos는 아테네의 자연 촌락으로서 민중의 거주지였다.* 이 단어에서 민주주의democracy라는 말이 나왔다. 희랍어로 민주주의는 민중demos과 지배cratia가 결합된 말이다.

그리고 클레이스테네스는 데모스를 기본 단위로 해서 더 큰 행정 구역을 만들었다. 아테네에는 약 140개의 데모스가 있었는데, 데모스 3~5개를 묶어서 트리테스를 만들고, 다시 트리테스 세 개를 묶어 열 개의 행정 부족을 만들었다. 이런 행정 구역 개편에 근거해 클레이스테네스는 500인 협의회를 창설했다. 500인 협의회는 열 개의 행정 부족에서 50명씩 선출하여 구성된다. 500인 협의회의 주요 임무는 민회의 의사일정을 마련하고, 민회가 통과시킨 정책을 집행하는 것이다. 바로 이 점에서 500인 협의회의 창설은 민주화의 중요한 진전이었다. 500인 협의회 창설 이전 민회는 사실상 귀족들의 회의인 아레오파고스의 통제를 받았기 때문이다.

아테네를 민주화한 클레이스테네스는 도편추방법을 도입해 독재자의 출현을 막고자 했다. 아테네 시민들은 1년에 한 번 너무 인기가 높아 독재자가 될 위험이 있는 인물이 있는지 투표를 했다. 6000명 이상이 투표하여 최고로 많은 표를 얻은 인물은 아테네에서 추방되었다.**

---

* 초기에 데모스는 자연적인 촌락을 가리키기보다는 귀족과 대비되는 존재, 즉 평민을 가리키는 말이었다. 윌리엄 포레스트, 김봉철 옮김, 《그리스 민주정의 탄생과 발전》, 한울아카데미, 2001, 84~85쪽 참조.
** 투표자가 6000명인지, 특정 인물이 6000표를 얻어야 하는지에 대해서는 여러 견해가 있다.

그러나 추방된 인물이 시민권이나 재산을 잃지는 않았다. 민회에서 그를 사면하거나, 그러지 않더라도 추방된 지 10년이 지나면 다시 돌아올 수 있었다.

동방의 대제국 페르시아와의 전쟁

클레이스테네스의 개혁으로 아테네가 민주화의 길을 걷고 있을 때 아테네의 운명을 결정적으로 바꾼 중요한 사건이 일어났다. 그것은 동방의 대제국 페르시아와의 전쟁이었다. 먼저 전쟁의 경과를 살펴보자.

이집트를 포함하여 동방에 통일제국을 건설한 페르시아는 소아시아의 그리스 식민도시들을 점령했다. 페르시아 제국은 사르디스에 총독을 파견해 소아시아 지역의 그리스인을 다스렸다. 페르시아의 통치가 가혹하지는 않았지만 '자유'를 상실한 그리스인은 페르시아의 지배에 반감을 느꼈다. 그런 상황에서 기원전 499년 밀레토스의 참주 아리스타고라스는 페르시아에 잘 보이기 위해 낙소스섬을 점령해 페르시아 영토에 편입시키려다가 실패했다. 그리스인인 아리스타고라스가 다른 그리스 도시를 정복해 출세하려고 했던 것이다. 낙소스 원정에 실패한 아리스타고라스는 참주직을 잃을까 걱정하다가, 태도를 바꾸어 소아시아의 그리스인에게 '민주주의를 실현하고 있는 뛰어난 종족인 그리스인이 야만족인 페르시아의 지배를 받아서는 안 된다'라고 주장하면서 이오니아의 그리스인을 선동했다. 그의 연설에 감명받은 많은 그리스인이 반란에 가담했는데, 심지어 본토의 그리스인도 이 반란에 동참했다. 특히 아테네가 전함 20여 척을 보내어 아리스타고라스를 도왔다. 그렇게 힘을 모은 그리스인은 '왕의 길'의 종착점이자, 페르시아의 주요 도시였던 사르디스까지 진격했다. 그리스인이 사르디스를 약탈하자 페르시아군이 반격했고, 얼마 되지 않아서 반란은 허무하게 진압되었다. 밀레토스의 남자들은 대부분 살해되었고, 처자식들은 노예로 팔려 갔다. 이오니아인의 반란은 실패로 끝났다.

서쪽으로 팽창하려던 다리우스는 이 기회를 놓치지 않았다. 기원전 492년, 밀레토스가 함락된 지 2년 후 다리우스가 그리스를 공격했다. 그러나 페르시아의 함대가 아토스산 앞바다에서 폭풍우를 만나 원정은 실패로 돌아갔다. 2년 뒤 다시 원정이 시작되었다. 아티카로 가는 도중에 에게해의 섬들을 점령하면서 페르시아 군대를 실은 배가 그리스로 진격했다. 페르시아에 망명하고 있던 아테네인 히피아스의 인도를 받은 페르시아 군대가 아테네의 마라톤을 향해 몰려오고 있었다. 아테네는 그리스 최강의 군대를 자랑하던 스파르타에 지원을 요청했다. 스파르타는 지원을 약속했지만 중요한 종교 행사가 있었기 때문에 군대를 늦게 파견했다. 스파르타군은 마라톤 전투가 끝난 후에 도착했다.*
다른 폴리스들은 페르시아와의 대립을 원하지 않았다. 보이오티아 지방의 폴리스인 플라타이아만이 소수의 군대를 보내주었다. 아테네의 중장보병 밀집대는 밀티아데스 장군의 지휘하에 마라톤 평원에서 페르시아의 대군과 맞닥뜨렸다. 당시의 상황을 헤로도토스는 이렇게 적고 있다.

---

* 스파르타는 카르네이아 제전을 여느라 늦게 출정했다. 헤로도토스, 김봉철 옮김, 《역사》, 길, 2016, 642쪽, 650쪽 참조.

페르시아인은 아테네인이 구보로 전진해 오는 것을 보자 맞아 싸울 준비를 했다. 페르시아인은 아테네인이 기병이나 궁수도 없이 적은 인원으로 자신들에게 달려오는 것을 보고 멸망을 자초하는 미친 행위라고 생각했다. … 실제 우리가 아는 한 구보로 공격을 시도한 것은 아테네인이 그 효시였고, 또한 페르시아풍의 복장과 그 복장을 한 인간을 보고 조금도 두려워하지 않은 것은 아테네인이 처음이었다. 왜냐하면, 이제까지 그리스인은 페르시아라는 말만 들어도 공포에 사로잡혔기 때문이었다.[11]

이 전투에서 수적으로 매우 열세한 그리스군이 예상을 깨고 페르시아군을 물리쳤다. 페르시아군은 6400명의 전사자를 내고 물러났다. 아테네는 고작 192명이 전사했다. 기적 같은 이 사실이 아테네에 전해졌을 때 사람들은 신들과 영웅들이 도왔다고 생각할 수밖에 없었다. 전하는 바에 따르면 이때 전령이 아테네까지 약 42킬로미터를 뛰어가 승리의 소식을 전하고 죽었다. 그러나 이는 당대의 기록에는 나오지 않으며, 600년이 지난 후에 최초로 기록에 등장한다.[12]

페르시아는 마라톤의 패배에도 불구하고 포기하지 않았다. 다리우스의 후계자 크세르크세스는 이집트에서 일어난 반란을 진압한 후 전 제국의 군대를 징집하고 육로로 군대 이동 경로를 확보해 직접 군대를 이끌고 침입했다. 기원전 480년 봄의 일이다. 1차 침입 후 페르시아의 재침입에 대비하고 있던 그리스는 아테네를 중심으로 체계적으로 대비할 수 있었다.

아테네는 테미스토클레스의 제안에 따라 삼단노선을 만들어 해군력을 강화했다. 테미스토클레스는 기원전 483년 아테네 남동쪽 라우레이온에서 발견된 은광에서 얻은 수익으로 삼단노선을 건조했다. 아테네는 그리스 전역의 폴리스들에도 협력을 촉구했다. 스파르타를 비롯한 많은 폴리스가 아테네의 요청에 호응하여, 기원전 481년 코린토스의 이스트모스에서 장엄한 동맹식이 거행되었다. 그리스를 사랑하는 사람들은 모두 자신을 바치기로 결의했다. 폴리스들 사이의 반목은 사라졌고, 페르시아에 협력하는 자는 처벌될 것이라고 선언되었다. 그러나 폴리스 간의 오래된 경쟁심이 완전히 사라지지는 않았고, 몇 개의 폴리스는 스파르타와의 적대 관계 때문에 혹은 페르시아를 두려워하여 동맹에 참가하지 않았다.

양측의 병력을 비교해보자. 페르시아군은 아시아에서 온 페르시아의 해군이 51만 7000여 명이고, 보병이 170만 명, 기병이 8만 명이었다. 페르시아는 또한 트라키아를 비롯한 유럽에 있는 동맹국들의 지원을 받고 있었다. 그들의 병력은 약 30만 명이었다. 이렇게 하여 페르시아군은 전투 병력이 약 260만 명, 전투보조원이 약 260만 명에 달했으므로 총 병력은 520만 명이나 되었다. 이러한 페르시아군의 병력 숫자는 역사가 헤로도토스가 제시한 것인데, 상당한 과장이 있었다고 해도 페르시아군이 역사적인 대병이었음은 틀림없다.

그리스 연합군은 얼마나 되었을까? 정확한 숫자는 알 수 없지만, 아르테미시온 해전이 끝나고, 살라미스에 집결했던 그리스 해군은 400여 척의 배를 가지고 있었다. 살라미스가 최후의 일전을 벌인 곳이기 때문에 그리스의 전함들이 모두 모였다. 약 400척이니, 한 척당 200명씩 승선한다고 하면 해군은 약 8만 명이었다. 그리고 테르모필라이에서 페르시아 육군의 공격을 막기 위해 모인 육군은 7000명이었다. 기타 예비병과 보조병을 합한다면 육군도 몇만 명은 되었을 것이었다. 따라서 그리스 연합군의 병력은 20만 명가량이었다.

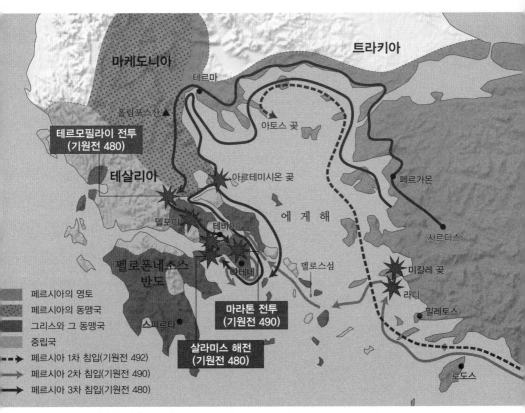

마케도니아

트라키아

테르마

올림포스산 ▲

테르모필라이 전투
(기원전 480)

아토스 곶

테살리아

아르테미시온 곶

페르가몬

에게해

델포이

테바이

샤르디스

펠로폰네소스
반도

아테네

델로스섬

미칼레 곶

페르시아의 영토

페르시아의 동맹국

그리스와 그 동맹국

중립국

스파르타

마라톤 전투
(기원전 490)

라디

밀레토스

페르시아 1차 침입(기원전 492)

페르시아 2차 침입(기원전 490)

페르시아 3차 침입(기원전 480)

살라미스 해전
(기원전 480)

로도스

그리스와 페르시아의 전쟁.

병력으로 보면 그리스 연합군의 주력부대는 해군이었다. 해군이 그리스 연합군의 주력부대가 되었던 데에는 사연이 있다. 고대인들은 개인이든, 국가든 중대사가 있으면 반드시 신탁을 물었다. 페르시아의 전쟁 준비 소식이 알려지자 아테네인은 전통에 따라 델포이의 아폴론 신전에 신탁 사절을 보냈다. 여사제는 다음과 같은 신탁을 내렸다.

팔라스(아테나 여신의 별명 중 하나)가 아무리 많은 말을 하고 교묘한 재치로

애원한다 해도 올림포스의 주신 제우스의 마음을 누그러뜨리지 못하리라. 그래서 나는 재차 그대에게 강철처럼 단단한 말을 하리라. 케크롭스 언덕 (아크로폴리스)과 신성한 키타이론 산골짜기 사이에 있는 모든 것이 적의 수중에 들어가게 되리라. 하지만 트리토게네이아(아테나 여신의 별명 중 하나)여, 멀리 보시는 제우스께서는 그대에게 나무 성벽을 주실 것인즉, 이 나무 성벽만이 파괴되지 않고 그대와 그대의 자식들을 도와주게 되리라.[13]

신탁을 받자 아테네인은 격렬한 논쟁을 벌였다. 과연 나무 성벽은 무엇인가? 아테네의 원로들은 그 옛날 아크로폴리스는 가시나무로 둘러쳐 있었다고 말하면서, 나무 성채는 아크로폴리스를 말한다고 주장했다. 이에 반해 테미스토클레스를 중심으로 한 다른 파는 나무 성채는 배를 말한다고 주장했다. 테미스토클레스는 이 논쟁에서 화려한 말솜씨를 발휘해 승리했다. 그리하여 아테네는 해전에 집중하기로 결정했고, 해군을 그리스 연합군의 주력으로 삼았다.

신탁 이야기가 나왔으니 한 가지만 더 살펴보자. 나무 성벽이 아크로폴리스라고 믿었던 노인네들은 끝까지 의견을 굽히지 않았다. 나중에 페르시아 군대가 아테네 성벽을 포위하자 사람들은 대부분 탈출했지만, 신탁을 믿고 끝까지 성벽 안에 남아 있던 그들은 페르시아의 공격을 받아 모두 죽었다.

병력이 몇십 배나 되는 적을 어떻게 격파할 것인가? 그리스 장군들은 회의를 거듭한 끝에, 가능한 한 좁은 곳으로 페르시아군을 유인해 싸우기로 했다. 육군은 테르모필라이 골짜기를, 해군은 아르테미시온 곶을 결전의 장소로 정했다. 테르모필라이는 해안을 따라 펼쳐져 있는 골짜기로 골짜기의 동쪽은 바다이고, 서쪽에는 전차 한 대가 겨우 지날 수 있는 좁은 길이 3킬로미터 이상 계속되었다. 그렇지만 페르시아군이 아테네로 들어가려면 반드시 통과해야 하는 요충지였다. 테르모필라이 전투에서 사령관은 스파르타의 레오니다스 왕이었다. 레오니다스는 스파르타인 300명을 포함한 7000명의 병력으로 페르시아의 대군과 맞섰다. 7000명으로 300만 대군과 맞선 것이다.

페르시아군이 이곳에 도착하자 드디어 전투가 시작되었다. 그리스 연합군의 군세가 얼마 되지 않아서 페르시아군은 금방 승리할 수 있을 것으로 생각했다. 그러나 불리한 지형 때문에 그리스군을 쉽게 격파할 수 없었다. 전투 7일째 그리스 쪽에서 배반자가 생겼다. 에피알테스라는 주민이 페르시아 왕이 내건 상금을 탐내어 그리스군 뒤쪽으로 갈 수 있는 산길을 일러주었다. 페르시아는 즉각 산길로 병력을 보내 그리스군을 포위했다. 그리스군은 날이 밝자 자기들이 포위당했다는 것을 알게 되었다. 이에 그리스인은 운명을 건 토론을 벌였다. 한쪽은 전선을 떠나서는 안 된다고 주장했고, 다른 한쪽은 철수하자고 주장했다. 결국, 철수를 주장한 동맹국들은 병력을 이끌고 철수했다. 6000명이 철수해버렸고, 스파르타군을 주력으로 해서 천여 명의 군사가 남았다.

마침내 본격적인 전투가 시작되었다. 남아 있는 병사들은 모두 자신들이 죽을 것을 알고 있었다. 그들은 모두 창과 칼이 부러지고, 몸을 움직일 수 없을 때까지 싸웠다. 스파르타인의 용맹은 지상 최고였다. 당시 스파르타군에는 디에네케스라는 용맹스러운 병사가 있었는데 다음과 같은 일화를 남겼다. 전투가 시작되기 전 한 트라키스인이 페르시아군이 화살을 쏘면 그 수가 하도 많아서 태양이 가려진다고 말했다. 그러자 디에네케스는 이렇게 대답했다. "트라키스에서 온 객이여, 그대는 우리에게 즐거운 소식을 전해주었소. 페르시아의 연합군이 태양을 가려준다면 우리는 그늘에서 싸울 수 있지 않겠소." 그렇게 천여 명의 그리스 병사들은 장렬하게 죽었다. 나중에 그리스인은 이때 죽은 병사들의 무용을 기리기 위해 비석을 세워주었다.

테르모필라이가 뚫리자 페르시아군은 물밀듯이 그리스 내지로 진격해 들어갔다. 이제 마지막 희망은 아테네가 이끄는 해군이었다. 테미스토클레스는 아테네군을 주력으로 한 그리스 해군을 살라미스 해협으로 집결시켰다. 페르시아군은 승리를 장담하며 그리스 해군에게 다가갔다. 크세르크세스는 살라미스와 아티카 사이의 좁은 해협으로 자신의 함대를 보내 그리스군을 압살하려고 했다.

그러나 승리의 여신은 그리스 편을 들었다. 좁은 해협에서 페르시아의 거대한 함대는 힘을 쓰지 못했고, 삼단노로 재빠르게 움직이는 그리스의 함대가 빠른 기동력으로 페르시아 함대를 제압했다. 살라미스에서 패배하자 크세르크세스는 자신의 왕국으로 물러나버렸다. 그리스 본토에 남아 있던 육군은 다음 해 플라타이아에서 그리스군에 대패했다. 이렇게 해서 그리스인은 마치 신화 속의 영웅들처럼 싸워 승리를 거뒀다.

과연 그리스인은 어떻게 페르시아의 대군을 격파할 수 있었을까? 페르시아 전쟁 후 그리스인은 이 문제를 화두로 삼았다. 헤로도토스나 히포크라테스를 비롯한 지식인들은 그리스의 체제가 페르시아보다 우월한 덕분에 이겼다고 평가했다. 그리스인은 모든 시민이 자유인이고, 자유롭게 자신의 의사를 표현하며 투표로써 국가의 중대사를 결정하는 민주주의 체제를 가지고 있다. 그들은 모두가 뜨거운 애국심과 철저한 주인 의식을 가지고 있다. 따라서 조국이 위기에 처하면 목숨을 걸고 싸운다. 반면에 페르시아는 왕 혼자만이 자유로운 전제군주제를 취하고 있다. 왕을 제외한 다른 사람들은 모두 왕의 신민으로서 왕의 명령에 따르는 노예와 같은 존재들이다. 그들은 수동적이며, 조국에 대한 애국심도 없다. 따라서 전리품을 취하는 전쟁이 아니라면, 목숨을 걸고 싸우려고 하지 않는다.

후대 서양인들은 그리스인이 내린 평가를 그대로 답습했다. 많은 서양인이 서양 문명과 동양 문명을 근본적으로 다른 것으로 보았고, 서양이 우월한 정치체제와 윤리를 가지고 있다고 생각했다. 서양인들은 민주적이고 능동적이며 자율적인 반면 동양인들은 전제적이고 수동적이며 타율적이라고 주장했다. 이렇게 생각하는 서양인들에게 페르시아 전쟁은 아시아를 물리치고 유럽을 구한 대사건으로 평가되었다. 가령 철학자이자 역사가인 존 스튜어트 밀은 "영국 역사에서 헤이스팅스 전투보다 마라톤 전투가 훨씬 중요하다"라고 했다.[14]

아테네 민주주의를 뒷받침한 제국주의

플라타이아 전투의 패배 후 페르시아군은 더는 힘을 쓰지 못했다. 그러나 페르시아의 그림자는 여전히 남아 있었다. 페르시아는 전쟁에서 패하고도 그리스를 정벌하려는 욕심을 버리지 않았다. 그런 상황에서 그리스군 사령관이었던 스파르타의 파우사니아스가 그리스를 지배하기 위해 페르시아의 지원을 받을 것이라는 소문이 돌았다. 스파르타는 파우사니아스의 야욕을 비판하면서 그를 본국으로 소환했다. 이후 아테네가 남아 있는 그리스 동맹군의 지휘권을 차지했다. 아테네는 에게해와 소아시아의 폴리스들을 규합해 새로운 동맹을 결성했다. 기원전 478년의 일이었고, 델로스 동맹이라는 이름이 지어졌다. 아폴론의 탄생지로 알려진 델로스섬에서 동맹 회의가 열렸고 동맹국들에서 거둔 기금을 관리하는 금고가 아폴론 신전에 설치되었다. 델로스 동맹은 아테네가 주도하는 해상 동맹이었지만, 명목상으로는 모든 그리스인이 참가한 것으로 되어 있었다.

이후 아테네의 키몬이 지휘하는 새로운 동맹군이 페르시아군을 완전히 유럽에서 몰아냈다. 소아시아 지방에서도 페르시아 세력은 날로 약화되었다. 그 결과 델로스 동맹이 결성되고 10여 년이 지나면서 동맹의 원래 목적이 거의 달성되었다. 에게해와 소아시아에 있던 페르시아군은 모두 격퇴되었고, 이제 페르시아의 위협은 없었다. 전쟁의 위협이 사라지자 델로스 동맹국들은 동맹을 유지할 필요성을 느낄 수 없었다. 더군다나 많은 폴리스가 아테네의 힘이 비정상적으로 강해진 사태를 염려했다. 그리하여 기원전 465년 타소스라는 폴리스가 동맹의 탈퇴를 공식적으로 천명했고 이후 낙소스, 사모스, 칼키스 등이 탈퇴를 시도했다.

민주주의와 자유를 신념으로 삼았던 아테네인이 이런 상황에 어떻게 대응했겠는가? 아테네는 즉각 군대를 파견했고 3년의 공격 끝에 타소스를 함락했다. 이후에도 탈퇴를 시도한 도시국가들은 같은 운명을 맞아야 했다. 아테네를 견제할 세력이 없어지자, 아테네는 기원전 454년 델로스섬에 있던 동맹의 금고를 아테네의 아크로폴리스로 옮겼고, 동맹국들을 일종의 식민지로 만들어버렸다. 식민지가 된 동맹국들은 계속 아테네의 해군을 유지하기 위한 공납금을 내야 했다. 동맹국들에 대한 아테네의 지배는 갈수록 심해졌다. 아테네는 법과 도량형을 강요했으며, 아테네의 관리를 파견하기도 했다. 민주주의의 나라

아테네가 제국주의의 나라가 된 것이다.

기원전 416년에 있었던 '멜로스 사건'은 아테네인의 세계 지배에 대한 생각을 알려준다. 아테네인은 스파르타 편을 든 멜로스를 포위 공격했다. 최후의 공격을 하기 전에 아테네는 사절을 보내어 다음과 같이 항복을 권유했다.

인간관계에서 정의란 힘이 대등할 때나 통하는 것이지, 실제로는 강자는 할 수 있는 것을 관철하고, 약자는 거기에 순응해야 한다는 것쯤은 여러분도 우리 못지않게 아실 텐데요.[15]

아테네는 이렇게 폭력으로 주변 폴리스들을 지배하고 많은 액수의 공납금을 거둬들였다. 그 돈으로 아테네는 해군을 유지하고 거대한 건축 사업을 벌였다. 유명한 파르테논 신전도 이때 지어졌다. 그 아름다운 파르테논 신전에는 아테네 동맹국들의 피와 눈물이 흐르고 있다.

아테네 제국주의를 이야기할 때 하나 더 생각해보아야 할 문제가 있다. 과연 아테네 제국주의는 누가 추진했을까? 페르시아 전쟁을 계기로 아테네에서 정치적 실권은 민중과 그들을 대표하는 지도자들에게 넘어갔다. 그 지도자들은 에피알테스와 페리클레스였다. 바로 이들이 아테네 제국주의를 추진했다. 키몬으로 대표되는 보수주의자들은 현상을 유지하면서 살고 싶어 했고, 다른 나라와의 계속된 전쟁도 혐오했다. 따라서 그들은 아테네가 다른 폴리스들과 대립하는 데 반대했다. 반면에 민중은 전쟁과 제국주의 지배를 적극적으로 찬성했다. 기원전 8세기 이래 민중의 생활은 빈곤해졌고, 빈부 격차와 부채 문제가 심각한 사회문제로 대두되었다. 솔론이 슬기롭게 그 문제를 해결해보려고 했지만 실패했다. 그런데 페르시아 전쟁은 빈곤의 문제를 해결해 주었다. 그때까지 전쟁에 나가지 않았던 민중은 페르시아 전쟁을 통해 노를 젓는 수병으로 해군에 복무하게 되었고, 그 대가로 일당을 받았다. 전쟁이 대규모의 고용 창출을 가져왔던 것이다. 전쟁이 계속되고 아테네가 힘을 유지하고 있는 한 더는 일자리를 찾아 헤매고 다닐 필요가 없었다. 전쟁이 끝난 후에도 동맹국들이 낸 돈으로 군대가 유지되어 민중의 생활이 넉넉했다. 그런데 동맹국들이 탈퇴하면 이제 민중은 본래의 가난한 삶으로 돌아가야 했다. 아테네 민중은 그런 상황을 받아들일 수 없었고, 민회를 장악해 포악한 제국주의 지배 정책을 선택했다. 다른 사람들을 무력으로 지배하고 짓밟으면서, 자신들은 자유와 평등을 논하고 민주주의를 이야기했던 사람들이 바로 아테네인이었다. 이렇게 아테네 민주주의는 동맹국들의 피를 먹고 자랐다.

아테네 민주주의의 완성

아테네의 패권주의는 국내 정치 상황의 변화와 관련이 있었다. 페르시아 전쟁에서의 기적 같은 승리는 목숨을 걸고 조국을 지킨 시민들 덕분이었다. 특히 결정적인 전투였던 살라미스 전투에서 삼단노선의 노를 저은 수병들의 공이 컸다. 수병들은 주로 최하층민인 테테스였고, 이들은 완전한 정치적인 권리를 누리지 못했다. 그들은 관직에 오를 수 없었고, 여전히 귀족들의 회의체인 아레오파고스가 정치를 주도하고 있었다.

기원전 462년 민중의 지도자 에피알테스가 대대적인 개혁을 단행했다. 에피알테스는 먼저 아레오파고스 회의를 무력화했다. 에피알테스는 아레오파고스가 가지고 있던 법률 수호에 대한 감시권, 국가를 전복하려는 자에 대한 재판권을 민회로 옮겼다. 이제 아레오파고스는 살인범과 종교적 성격의 범죄에 대한 재판권만을 가진 명목적인 기관이 되어버렸다. 민회는 시민들이 배심원으로 활동하는 여러 재판정을 구성해 재판을 진행했다. 가령 솔론이 만들었던 항소법정Heliaia의 구성과 기능이 크게 확대되었다. 추첨을 통해 6000명의 배심원단이 구성되었고, 재판이 열리면 재판의 경중에 따라 배심원단 가운데 재판정이 구성되었다. 또한 아테네에서는 주요 관리가 직무를 시작할 때와 마칠 때 아레오파고스 회의의 감독을 받았는데, 이 절차가 시민들로 구성된 위원회의 주관으로 넘어갔다. 현대인은 민주주의의 핵심을 선거와 투표라고 생각하기에 재판권을 시민들이 장악하게 된 것을 중요하게 생각하지 않을 수 있다. 그러나 당시 아테네인은 선거와 투표는 어차피 부자들이 주도하기 때문에, 시민들이 재판권을 차지하는 것이 민주 국가 운영에 가장 중요하다고 생각했다. 이 측면에서 아테네의 진정한 민주주의는 에피알테스의 개혁에 의해 이루어졌다고 할 수 있다.[16]

에피알테스는 민회의 운영과 권한을 제약하는 여러 요소를 제거했다. 가령 솔론의 개혁 이래 민회는 형식적으로는 국정의 최고 기관이었지만, 1년에 10회만 열렸다. 이 때문에 국정의 주요 일들이 민회가 아니라 귀족들이 주도하는 아레오파고스 회의에서 결정되곤 했다. 에피알테스는 민회의 개최 일을 1년 40회로 늘리고, 민회에서 18세 이상의 모든 시민이 평등하고 자유롭게 발표할 수 있도록 했다.* 이렇

---

* Terry Buckley, *Aspects of Greek History: A Source-Based Approach*, Routledge, 2010, p. 248.

게 해서 아레오파고스 회의가 아니라 민회가 실질적인 국정의 최고 기관이 되었다. 그러나 에피알테스가 실질적으로 개혁을 추진한 기간은 1년밖에 안 되고, 그의 개혁에 대한 자료가 명확하지 않다. 따라서 그가 추진한 다른 개혁들의 실체를 밝히기는 어렵다. 에피알테스가 급진적인 개혁을 펼치자 기원전 461년 보수적인 귀족들이 그를 암살해버렸다.

에피알테스가 죽고 나자 페리클레스가 민주파의 대변인으로 떠올랐다. 페리클레스는 에피알테스가 도입한 제도들을 꾸준히 실천하고, 민중의 정치·사회 참여를 대폭 확대했다. 페리클레스는 모든 시민이 관직에 오를 수 있게 하기 위해 솔론이 만들었던 관직 진출 자격 제한을 철폐했다. 이제 최하층민인 테테스도 관직에 오를 수 있게 되었다. 페리클레스는 가난한 사람에게 관직 진출 자격을 주는 것만으로는 충분하지 않다고 생각했다.* 대부분의 민중은 관직에 나갈 꿈도 꾸지 못했다. 관리에게 봉급이 지급되지 않기 때문이었다. 이 문제를 해결하고자 페리클레스는 관직 수당, 즉 봉급을 신설했다. 민중이 관직에 오를

아테네 시민은 18세에 데모스에 등재하여 시민이 되고, 민회에 참석할 수 있었다. 그러나 펠로폰네소스 전쟁 이후에는 18세에 군사 훈련을 받고 19세에 수비 임무를 맡았기 때문에 20세가 되어야 민회에 참석했다. 김창성, 《사료로 읽는 서양사 1》, 책과함께, 2014, 109쪽, 이상덕, 〈펠로폰네소스 전후 데켈레이아의 시민권 문제: 데켈레이아 법령〉, 《서양사론》 132, 2017, 28쪽 참조. 그러나 기원전 5세기 이후에 18세에서 20세의 사람들이 민회에 참석할 수 있었는지에 대해서는 사료에 따라 논란이 있다. 아리스토텔레스는 《아테네인의 국제》 42, 1에서 참여할 수 없었다고 전하지만 참여할 수 있었다고 전하는 사료도 있다. 이에 대해서는 John L. Friend, *The Athenian Ephebeia in the Fourth Century BCE*, Brill, 2019, pp. 32~33 참조.

* 기원전 457년부터 세 번째 계급인 제우기타이에게 아르콘직이 개방되었고, 테테스 층은 명확히 규정되지 않았지만 사실상 아르콘직에 오를 수 있었다. 김정수, 〈페리클레스 민주정하의 장군직에 대하여〉, 《인문과학》 60, 1988, 170쪽 참조.

수 있고 봉급을 받는다고 해도 그들이 실제로 관리가 될 가능성은 낮았다. 관리를 선거로 뽑을 경우 유력자들이 당선될 가능성이 높았기 때문이다. 페리클레스는 기존에 실시되고 있던 추첨제를 확대함으로써 이 문제를 해결했다.* 마라톤 전투 직후인 기원전 487년부터 아테네는 아르콘을 추첨으로 선출했다. 이는 클레이스테네스의 개혁 이후 민중의 권력이 신장된 결과였다. 페

페리클레스의 흉상.

리클레스는 장군과 같은 전문적인 몇 개의 직책을 빼고 아르콘을 포함한 대부분의 관리를 추첨을 통해 선발하도록 했다.** 이렇게 해서 아테네 시민이라면 누구나 관직에 오를 수 있는 길이 확실하게 열렸다.

페리클레스는 무엇보다도 민중의 정치 활동과 참여를 확대하는 데 신경을 썼다. 그는 이를 위해 법정에 배심원으로 참여하는 시민에게 주는 배심원 수당을 만들었고, 나아가 관극 수당을 만들었다. 아테네는 정기적으로 관극을 열었다. 관극은 일종의 국가적인 축제요, 연극

---

* 관리의 추첨제는 이미 솔론의 개혁에 있었다. 차영길 편역, 《사료로 보는 서양고대사》, 경상대학교출판부, 2018, 78쪽 참조.
** 기원전 403년의 경우 아테네 관리 700명 가운데 600명이 추첨으로 뽑혔다. 이에 대해서는 정주환, 〈그리스 민주정치와 선거제도: 아테네 민주주의의 형성과 추첨제를 중심으로〉, 《법학논총》 40-1, 2016, 175쪽 참조.

상연이었다. 페리클레스는 관극을 보러 오는 시민들에게 일당을 지급하도록 했다.* 아무리 돈이 없는 사람이라도 관극을 보고, 아테네 시민으로서 일체감과 자긍심을 갖도록 하기 위함이었다. 페리클레스가 죽은 후 아테네는 그의 정책을 더욱 발전시켜 기원전 400년경에 민회에 참석하는 시민들에게 참석 수당을 주는 법을 만들었다.**

아테네 민회의 정족수는 6000명이었는데, 시민이 4만 명쯤 되니 정족수를 채우기가 쉽지는 않았다. 아테네는 큰 도시였고, 멀리 농촌 지역에 사는 시민들은 하루 만에 민회에 참석하고 집으로 돌아가기가 힘들었다. 그러니 아무리 정치의식이 높은 아테네 시민들이라고 해도, 민회만을 위해 그렇게 자주 모일 수는 없었다. 상황이 이러하니 아테네 시민들이 민회에 참석할 권한을 가지고 있다고 해도 유복한 사람들과 도시에 거주하는 사람들이 민회를 주도하기 쉬웠다. 이 문제를 해결하기 위해 민회 참석 수당이 만들어진 것이다.*** 이렇게 해서 아테네 시민들은 정치적 평등을 완벽하게 실현했다. 페리클레스의 시대에는

---

* David Kawalko Roselli, *Theater of the People: Spectators and Society in Ancient Athens*, University of Texas Press, 2011, p. 226. 관극 수당은 theorikon이라고 불렸다. 플루타르코스는 페리클레스가 관극 수당을 도입했다고 전하지만, 아리스토텔레스는《아테네인의 국제》에서 이에 대해 언급하지 않았다. 기원전 350년에 입장료를 보존해주기 위해 관극 수당을 도입했다는 주장도 있다. 이에 대해서는 David M. Pritchard, *Sport, Democracy and War in Classical Athens*, Cambridge University Press. 2013, p. 15 참조.

** 참석 수당은 처음에는 1오볼로스였지만, 곧 3오볼로스로 인상되었다. 이에 대해서는 Konrad H. Kinzl ed., *A Companion to the Classical Greek World*, John Wiley & Sons, 2010, p. 371 참조.

*** 민회는 원래 아고라에서 열렸는데, 기원전 507년 클레이스테네스 개혁 이후 프닉스 언덕에서 열렸다. 클레이스테네스가 민회의 정족수를 6000명으로 정하면서 넓은 장소가 필요해서 개최지가 변경되었다. 에피알테스가 민회의 개최 횟수를 40회로 늘리면서 가난한 사람과 농촌에 사는 사람이 매번 민회에 참석하는 것이 힘들었다. 민회 참석 수당은 이 문제를 해결하기 위한 것이었다.

민중이 민회를 장악하고 아테네의 정치를 주도했다. 아테네인이 완벽하게 실현했던 민주주의에 대해 페리클레스는 이렇게 부르짖었다.

우리의 정체는 이웃 나라의 제도를 모방한 것이 아닙니다. 우리는 남을 모방하기보다는 남에게 본보기가 되고 있습니다. 소수자가 아니라 다수자의 이익을 위해 나라가 통치되기에 우리 정체를 민주정치라고 부릅니다. 시민들 사이의 사적인 분쟁을 해결할 때는 법 앞에 만인이 평등합니다. 그러나 주요 공직 취임에는 개인의 탁월성이 우선시되며, 추첨이 아니라 개인적인 능력이 중요합니다. 마찬가지로 누가 가난이라는 불리한 조건에도 불구하고 나라를 위해서 좋은 일을 할 능력이 있다면 가난 때문에 공직에서 배제되는 일도 없습니다. 우리는 정치 생활에서 자유롭고 개방적인데 일상생활에서도 그 점은 마찬가지입니다. … 우리는 고상한 것을 사랑하면서도 비용을 많이 들이지 않으며, 지혜를 사랑하면서도 문약하지 않습니다. 우리에게 재산은 행동을 위한 수단이지 자랑거리가 아닙니다. 가난을 시인하는 것이 부끄러운 일이 아니라 가난을 극복하기 위해 실천하지 않는 것이 진정으로 부끄러운 일입니다.[17]

아테네 민주주의의 영광은 너무도 빛났다. 이 영광의 중심에는 단연 페리클레스(기원전 495~429)가 있었다. 그는 기원전 461년 처음으로 장군으로 선출된 이래 펠로폰네소스 전쟁이 시작된 후 얼마 되지 않은 429년에 전염병에 걸려 죽을 때까지 아테네를 실질적으로 통치했다. 그의 통치 시기는 아테네의 황금기였고, 그의 죽음은 한 시대의 종말을 예고했다. 페리클레스가 이끌었던 아테네의 위대한 시대를 상징하는 건축이 유네스코 세계 문화유산 1호인 파르테논 신전이다. 유네스

아테나 여신을 모신 파르테논 신전. 페리클레스가 이끈 아테네 전성기의 상징이자, 인류 최고의 문화유산이다.

코는 이 신전을 형상화한 유네스코 로고를 통해 파르테논 신전이 인류 최고의 문화유산임을 널리 알렸다.

파르테논 신전은 아테나 여신을 모신 신전이다. 아테나 여신에게는 여러 별명이 있었는데, 그 가운데 하나가 '처녀'라는 의미의 파르테노스였다. 이 신전은 도리스 양식의 대표적인 건축물로, 예술적 완성미가 매우 높다. 특히 착시 현상으로 인해 균형미가 떨어지지 않도록, 배흘림(엔타시스Entasis, 옆에서 볼 때 중앙부가 부풀어 오르게 만드는 것) 기법을 동원해 기둥이 위쪽으로 갈수록 가늘어지게 만들어졌으며, 기둥들은 신전 안쪽으로 약간 기울게 만들었는데, 모서리 기둥의 축은 6센티미터 안으로 기울어져 있다. 모서리 쪽 기둥은 가늘어 보이지 않도록 3~5센티미터 굵게 만들었으며, 건물의 안정감을 얻기 위해 모서리 부분의 기둥 간격은 좁게 만들었다. 착시 현상을 막기 위한 노력은 기둥에서만이 아니라 수평을 이루는 기단과 엔타블레춰(기둥이 떠받치고 있는 상층부 전체를 일컫는 말)에서도 이루어졌다. 여기에는 아래쪽으로

처져 보이지 않도록 수평선의 중앙부를 약간 위로 불룩하게 하는 라이즈Rise 기법이 이용되었다.[18] 이런 장치를 통해 파르테논 신전은 완벽한 절제미와 균형미가 빛나는 예술품이 되었다.

아테네 민주정의 한계

매우 높은 수준의 아테네 직접 민주정은 어떻게 가능했을까? 무엇보다도 든든한 돈줄이 확보되어 있었다. 아테네는 델로스 동맹의 금고 열쇠를 관리하다가 페리클레스 때 아예 금고를 아테네로 옮겨버렸다. 결국 화려하게 꽃핀 아테네 민주정은 아테네의 제국주의 덕분이었다. 군사력을 앞세워 이웃 국가들을 위협해서 얻은 부를 자신들 내부의 자유를 확대하는 데 사용했던 것이다. 그 결과 기원전 5세기 중엽에서 4세기에 걸쳐 아테네는 그리스의 경제·문화 중심 국가가 되었다.

아테네 민주주의 발달과 문화 발달은 긴밀한 관계가 있다. 소피스트들은 민주주의가 발달하면서 득세했던 사람들이다. 민회가 모든 권한을 장악하자, 민회에서 연설하고 사람들을 설득하는 것이 가장 중요한 출세 수단이 되었다. 그럴듯한 연설로 사람들을 사로잡아 자신을 지지하게 만드는 기술이 정치가의 중요한 자질로 각광을 받았다. 이러한 능력으로 대중적 인기를 누렸던 정치가를 선동가라는 의미의 데마고고스demagogos라고 불렀다. 이들을 훈련한 사람들이 바로 소피스트였다.

아테네 시민들이 누리던 시민권은 지극히 제한된 특권이었다. 주민들 다수는 민주정에 참여할 수 없었다. 여자들은 아무런 정치적 권리를 누리지 못했고, 자신과 가장 가까운 남자 친척들의 통제를 받아야 했다. 그러나 페리클레스가 시민권의 조건으로 어머니도 시민이어야 한다는 조건을 추가하자 여성에 대한 대우가 다소 나아졌다. 여성들은 사제로서 종교적으로 중요한 일을 했고, 수많은 축제에도 참가하고 심지어 여성들만의 축제를 열기도 했다. 그러나 여성은 정치 활동에서 철저히 배제되었고, 경제적으로도 남성에게 종속되어 집에서 노예들을 관리하거나 길쌈하는 일 외에는 이렇다 할 활동을 하지 못했다. 집에서는 아버지나 남자 형제들이 먹다가 남긴 음식을 먹으며 온몸을 감싼 옷을 입고 온종일 앉아 옷감을 짜거나 집안일을 하는 모습이 아테네 여인들의 평범한 일상이었다.

전반적으로 여성은 남성에 비해 열등한 존재로 평가되고 그렇게 대우받았지만, 지역이나 직업에 따라 차이가 있었다. 소아시아 이오니아 지방의 여성은 좀 더 자유로웠고, 여류 문인이나 기생은 적어도 일반 가정에 있는 여성보다는 자유로웠다. 당시 남자들은 여성들이 지적 수준이 낮아 대화를 나눌 수 없다고 생각했다. 그러나 레스보스섬 출신인 사포는 아름다운 서정 시인으로서 명망이 높아, 그리스 전역에서 그녀의 시가 애송되었다.

보수적인 성향이 강했던 아테네에도 남자 못지않은 영향력으로 유명한 여인이 있었다. 그녀는 밀레토스 출신의 아스파시아였다. 그녀는 페리클레스와 아테네의 지성계에 큰 영향을 끼쳤다. 아스파시아는 페리클레스의 저택에서 학술 모임을 만들었다. 그녀는 내로라하는 예술가, 철학자, 정치 지도자 들을 초대했으며, 자신과 처지가 비슷하거나 좀 더 자유롭게 생활하는 여자들도 불러들였다. 모임에 참석한 남자 중에는 부인을 아스파시아의 저녁 만찬에 동반해 남편의 지적인 반려가 될 수 있도록 해야 하며, 교육받은 여성이 좀 더 많이 나와야 한다고 주장하는 사람들도 있었다. 심지어 소크라테스는 자기는 아스파시아에게 매를 맞아가면서 수사학을 배웠으며, 페리클레스의 명연설문을 실제로 작성한 사람도 아스파시아였다고 명확하게 진술했다.

여성뿐만 아니라 외국인도 정치에서 배제되었다. 기원전 5~4세기 아테네에는 거류 외인이 만 명 이상 활동했는데, 그들은 시민법의 보호를 받으며 상업과 수공업에 종사했다. 상업과 수공업이 중시되면서 이들의 경제적인 중요성도 커졌지만, 이들은 정치에 전혀 참여할 수 없었다.

거류 외인은 정치에 참여하지는 못해도 인간으로서 존중받고 시민법의 보호를 받았다. 그런데 고전기 아테네에는 이들보다 수적으로 훨씬 많으면서도 인간적인 대우를 전혀 받지 못하는 사람들이 있었다. 그들은 10만~20만 명에 이르는 노예였다. 기원전 5세기 이래 아테네에서는 정치에 참여하는 사람들이 늘어감에 따라 그들 대신 일할 인력이 많이 필요했다. 아테네의 농부들과 수공업자들은 직접 일했지만 대개 한두 명 이상의 노예를 거느렸다. 개인이 소유한 노예들은 주인의 처지나 인격에 따라 대우가 달랐다. 그러나 대규모의 수공업장이나 라우레이온 은광에서 일하는 노예들은 비참하게 살았다. 페르시아 전쟁 기간에 발견된 라우레이온 은광의 수익금은 테미스토클레스가 함대 건조 계획을 수립한 이래 국가 예산의 큰 몫을 제공하여 아테네의 비약적 발전에 중요한 경제적 기반이었다.

노예는 개인 재산으로서 임대되어 주인에게 높은 수입을 제공했다. 그러나 이런 경우 주인과의 관계가 느슨해질 수 있었고, 노예도 자신의 노동에 대한 임금을 받았다. 노예 중에는 전문가로서 높은 임금을 받는 경우도 있었다. 그러나 이들의 법적 지위는 전혀 없었다. 이들은 평소 온갖 학대를 받았으며, 때때로 채찍질이나 고문을 받았다. 결국, 폴리스 전체 인구의 약 15퍼센트인 18세 이상의 남자 성인만이 민주주의가 제공하는 모든 권리를 누렸다. 이들이 누리는 권리는 30~40퍼센트 정도의 인구를 차지하는 노예들의 노동력이 없이는 불가능한 것이었다. 빛나는 그리스 문화의 바탕은 노예가 받치고 있었다.

아테네 민주주의는 여러 한계가 있었을 뿐만 아니라 또 다른 단점을 갖고 있었다. 아테네 민주주의의 중심 기관은 민회였고, 시민들은 민회에 모여 토론한 후 투표를 통해 정책을 결정했다. 그런데 투표에 참여하는 민중은 이성적이고 합리적인 철학자가 아니라 감성적이고 선동에 이끌리는 대중이었다. 이 때문에 민회는 늘 정치 대결의 무대가 되곤 했다. 아테네를 주도했던 명망가들은 끊임없이 정적을 제거하기 위해 싸웠다. 그들은 현란한 수사를 동원해 정적을 비난했고, 대중은 그들의 말솜씨에 넘어가 주요 지도자를 처벌하거나 추방하곤 했다. 가령 살라미스 해전의 영웅 테미스토클레스, 역사가 투키디데스, 펠로폰네소스 전쟁기의 지도자 알키비아데스 등이 정치 대결에 휘말려 추방당했다.

아테네 민중은 중요한 정책을 결정할 때도 수시로 마음을 바꾸곤 했다. 펠로폰네소스 전쟁 막바지인 기원전 406년 아르기누사이 해전이 끝났을 때의 일이다. 이때 아테네군은 스파르타군과 싸워 어렵게 승리했다. 그런데 민회에서는 심각한 토론이 벌어졌다. 민중의 지도자들이었던 아르케데무스, 테라메네스, 페리클레스* 장군 등이 승리에 너무

---

* 민주주의의 아버지라고 불리는 페리클레스의 아들이다.

집착한 나머지 파선하여 물에 빠진 병사들을 구조하는 데 소홀히 했다는 고발이 제기되었다. 고발자들은 조국을 위해 싸운 병사들을 구조하지 않은 장군들을 처형하고 그들의 재산을 몰수하라고 주장했다. 많은 민중이 이 주장에 동조했고, 널빤지를 타고 떠 있다가 구조된 한 병사가 동료들이 죽어가면서 장군들을 고발하라고 했다고 증언하면서 민중의 흥분은 극에 달했다. 에우리프톨레무스처럼 양식 있는 몇몇 사람들은 이러한 주장은 법을 위반하는 것으로, 장군들은 마땅히 정식 재판을 받아야 한다고 반론을 폈으나, 민중은 장군들을 옹호하는 자들까지 처형해야 한다고 주장했다. 결국, 전투에 참가했던 장군들은 모두 민회에서의 즉결 투표를 통해 유죄 판결을 받았고, 당시 아테네에 있던 여섯 명의 장군들은 사형을 당했다. 하지만 얼마 지나지 않아 민중은 유능한 장군들을 죽인 것을 후회하고, 이번에는 장군들을 고발했던 자들을 재판해서 유죄 판결을 내렸다.[19]

아테네 민주주의는 이런 단점들을 안고 있었다. 그러나 아테네 민주주의가 보인 단점들을 모두 현대의 시각으로 재단할 수만은 없다. 먼저 아테네가 제국주의 정책을 폈다는 주장에 대해 살펴보자. 아테네 제국주의가 폭력적이고 약탈적이었다는 지적이 있다. 그러나 이는 모든 나라의 관계가 자유롭고 평등해야 한다는 현대적인 시각에서 이루어진 비판일 수도 있다. 당시 아테네의 동맹국들 가운데 아테네의 지배를 거부한 나라는 소수였다. 더욱이 그 소수의 나라에서도 아테네의 지배에 반대했던 자들은 대부분 귀족이었다.[20] 사실 아테네가 취했던 제국주의 정책은 그리 혹독하지 않았다. 아테네는 공납금을 받는 대신 해적이나 외적의 위협을 막아주었고, 나중에는 아테네 항구에 들고 나는 상품에 대한 5퍼센트 관세로 공납금을 대체해주었다. 해적들이 횡

행하고, 페르시아의 위협이 남아 있는 상황에서 아테네가 제공하는 안전은 매우 값진 것이었다. 많은 속국이 이렇게 생각하면서 아테네의 지배를 받아들였기 때문에 아테네 제국은 에게해와 그 연안, 소아시아 해안까지 영향력을 행사하며 50년 넘게 유지되었다.

또한 아테네가 300여 개나 되는 도시국가들을 지배한 것은 사실이지만, 잔인하거나 억압적인 행동을 한 경우는 드물었다. 아테네의 지배가 온건했기 때문에, 아테네에 헌신적인 애정을 보이는 속국이 적지 않았다. 가령 기원전 415년 아테네군이 시칠리아를 정복할 때, 아테네 동맹국들은 아테네의 적이었던 쉬라쿠사인들의 제안을 거부하고 아테네를 위해 목숨을 걸고 싸웠다. 아테네에 반기를 들었던 몇몇 폴리스의 경우에도 반란의 주모자들은 귀족들이었고, 정작 민중은 아테네인의 복귀를 원했다. 아테네인이 속국 폴리스들에 전파한 민주주의가 속국 민중의 지지를 받았기 때문이다.

민중이 국정을 수행할 수 있을 만큼 분별력을 갖추고 있었는가 하는 문제도 다시 생각해보아야 한다. 수백 년에 걸친 아테네 민회의 역사를 통틀어 민회가 범한 치명적인 실수는 몇 차례 되지 않는다. 민중이 아니라 소수의 권력자가 통치했다고 해도 아테네 민중이 범한 오류를 범하지 않았으리라고는 장담할 수 없다. 실제로 소수의 지배자가 정책을 마음대로 바꾸어 큰 재앙을 초래한 사례는 세계사에 얼마든지 있다. 2차 세계대전 중에 독일이 패배한 큰 원인 가운데 하나는 히틀러가 참모들의 조언을 무시하고 마음대로 정책을 바꾸었기 때문이다. 그리고 소수가 지배하면 다수가 지배할 때보다 다수의 이익을 정책에 덜 반영하는 것이 사실이다. 마지막으로 한 그리스인의 민주주의 옹호론으로 아테네 민주주의에 대한 평가를 대신하고자 한다.

민주주의는 지혜롭지도 않고, 공평하지도 않으며, 재산가들이 역시 통치에 가장 적합하다는 이야기를 할 수도 있겠지요. 그러나 나는 다음과 같이 말씀드립니다. 첫째, 데모스라는 말은 국가 전체를 포함하지만, 과두주의라는 말은 단지 일부만을 포함합니다. 다음으로, 부자들은 최상의 재산 수호자들이고 현인들은 최상의 조언자들일지 모르지만, 그들 가운데 누구도 다중多衆처럼 잘 경청하고 판단할 수는 없습니다. … 이에 반해서 과두주의는 다중에게 위험 부담을 주면서도 그 자체는 단지 이익의 최대 몫이 아닌 이익의 전부를 다 차지하지요.[21]

10장
그리스의 분열과 헬레니즘의 탄생

아테네의 강력한 라이벌 스파르타

스파르타에 대한 대다수 기록은 아테네인이 남겨놓았다. 경쟁국 아테네는 자신과 대조적인 스파르타에 관심이 많았다. 더욱이 펠로폰네소스 전쟁에서 아테네가 패배하자 플라톤을 비롯한 아테네의 지식인들은 스파르타를 본받아야 할 모델이라고 생각하고 스파르타에 관한 많은 연구를 했다. 그러나 아테네인이 남겨놓은 자료만으로 스파르타의 사회상을 전반적으로 파악하기는 쉽지 않다. 이 때문에 스파르타가 아테네와 함께 그리스를 이끈 쌍두마차였음에도 불구하고, 스파르타의 역사는 간략하게 다루어져왔다. 자신의 역사를 직접 남기지 못한 자들의 비애를 여기서도 느낄 수 있다.

호메로스의 《일리아스》에서 트로이 전쟁의 발단이 되었던 스파르타는 암흑기를 거치면서 도리스인들에게 정복되었다. 따라서 나라 이름은 같지만, 우리가 일반적으로 스파르타라고 부르는 나라는 기원전 1000년경 펠로폰네소스반도로 내려온 도리스인이 세운 나라이다.

스파르타는 여느 폴리스들과 달리 민주정으로 발전하지 못했다. 왕이 두 명 있었는데, 그들은 군사령관과 최고 사제의 역할만을 수행했다. 실제 통치는 유력한 귀족 다섯 명으로 구성된 감독관Ephoros 위원회에 의해 이루어졌다.* 민회에서 선출되는 감독관은 사실상 정부의 역할을 하면서 원로회의 협조를 받아 성인 남자들로 구성된 민회를 주재했다. 감독관들은 교육제도와 토지 분배를 통제했으며** 시민 생활을 감독하고, 민회의 입법에 대한 거부권을 행사했다. 그들은 경찰권을 가지고 범죄자를 체포했는데, 비상시에는 왕도 체포할 수 있었다. 그들은 체포한 범죄자를 재판해 유무죄를 판결했다. 따라서 이들 소수의 귀족 감독관들이 운영하는 스파르타는 사실상 과두정이었다.***

스파르타는 펠로폰네소스반도 남단에 위치한 폴리스였다. 영토는 약 8천 제곱킬로미터로 아테네보다 세 배나 컸다. 스파르타의 영토는 두 지역, 즉 스파르타 시민이 사는 라코니아와 정복당한 헤일로타이 heilotai가 사는 메세니아로 나누어져 있었다. 라코니아는 중심부에 에우로타스강이 흐르는 비옥한 평원이고, 메세니아에도 넓은 평야가 있

---

* 감독관을 언제, 누가 창설했는지는 명확하지 않지만, 뤼쿠르고스 개혁 이후에 만들어진 것 같다. 이에 대해서는 윤진, 《스파르타인, 스파르타 역사》, 신서원, 2002, 42쪽 참조.
** 스파르타 시민이 받은 토지를 클레로스라고 한다. 시민은 아버지가 소유한 클레로스를 상속받곤 했지만, 구체적으로 어떻게 운영되었는지 확인하기 힘들다. 이에 대해서는 John Van Antwerp Fine, *The Ancient Greeks: A Critical History*, Harvard University Press, 1983, p. 157 참조.
*** 앤토니 앤드류스, 김경현 옮김, 《고대 그리스사》, 이론과실천, 1991, 253~255쪽. 스파르타의 재판권은 왕, 원로회, 감독관이 가지고 있었다. 사안에 따라 다르며 시대별로도 다르다.

었다. 덕분에 스파르타는 곡물을 자급할 수 있었고, 일찍부터 그리스에서 최강대국이 될 수 있었다.

스파르타는 동쪽으로는 파르논Parnon산맥, 서쪽으로는 타이게토스산맥으로 둘러싸여 있다. 파르논과 타이게토스의 최고봉은 각각 1935미터와 2407미터나 된다. 따라서 스파르타는 다른 지방과의 교류가 적었다. 더욱이 스파르타의 지배자들은 시민들의 대외 교류를 의도적으로 금지했다. 공적인 업무가 아니라면 스파르타인은 해외여행을 할 수 없었다. 그러나 스파르타인의 폐쇄성이나 고립성을 지나치게 강조해서는 안 된다. 시민들은 삶의 전체를 군사 훈련에 바쳤기 때문에 외부에 나갈 일이 드물었다. 반면 상공업을 담당했던 페리오이코이는 자유롭게 해외를 오갈 수 있었다. 기원전 6세기에 그들이 만든 채색 도기는 그리스 전역으로 수출되었다.[1] 펠로폰네소스인이 기원전 6세기에 만든 청동 항아리가 프랑스 중서 지방인 빅스Vix에서 발견되었는데,[2] 이를 통해 페리오이코이의 활동이 매우 활발했음을 알 수 있다.

스파르타의 강한 군국주의 성향은 메세니아인을 강압적으로 지배해야 했기 때문이다. 노예처럼 살던 메세니아인은 끊임없이 반란을 일으켰고, 그들의 반란은 스파르타의 존립 자체를 위협하기도 했다. 스파르타인은 반항적인 메세니아인을 지배하기 위해 스파르타 시민들을 모두 전사로 키웠다. 뤼쿠르고스 법제로 알려진 스파르타의 법은 군국주의 국가로서의 면모를 잘 보여주고 있다.

스파르타 사회는 법률적 지위가 명확한 세 개의 신분 계층으로 구성되었다. 제일 높은 신분은 스파르타 시민으로 스파르티아타이Spartiatai라고 불렸다. 스파르타 시민들은 자신들이 호모이오이homoioi라고 생각했는데, 이는 '동등한 사람' 또는 '동료'라는 뜻이다. 시민들은 도시에 거주하면서 도시 밖에 있는 농토를 국가로부터 할당받아 경제력을 유지했다. 이 토지는 일 년간 소비할 곡물을 생산하기에 충분할 만큼 면적이 넓었다. 토지는 헤일로타이가 경작했다. 헤일로타이가 식량을 바쳤기 때문에 스파르타 시민들은 일하지 않고 오직 군사 훈련과 전쟁에만 전념했다.

스파르타 시민들은 혈통을 중시하여 순수 혈통을 이어받은 사람들만이 특수교육을 통해 시민권을 가질 수 있다고 생각했다. 스파르타인들은 30세 이후에야 완전한 시민이 되어 참정권을 가질 수 있었다. 완전 시민이 되어야만 민회에 참석하여 국가 정책의 결정에 참여할 수 있었고, 관리 선출 및 피선출권을 가졌다. 스파르타에서는 완전 시민이 되기 전까지는 아고라에 출입이 금지되어 시장에서 물건을 살 수도 없었다.

스파르타 시민들은 '영예의 인생'을 살아야 했다. 소년기에는 아고게agoge의 혹독한 훈련을 이겨내야 했고, 성인이 되어서는 군사조직과 일치하는 피디티온의 일원이 되어 기여금을 내고 거기서 식사를 해야 했으며, 전쟁터에서는 용기 있는 모습을 보여주어야 했다. 만일 '영예의 인생'을 살지 못했을 경우 시민권을 박탈당했다. '시민단에 소속된 자들만의 평등'이라는 고대 그리스 민주정의 특성 면에서 본다면 스파르타가 가장 완벽했다. 그러나 완벽한 혈통을 중시하다 보니 인구 감소가 불가피했고, 그들의 폐쇄성은 의도했던 바와는 다르게 사회를 약화시키는 요인으로 작용했다.

두 번째 신분인 페리오이코이는 시민이 아니었다. 그들은 스파르타 시민 거주 영역 주위에 사는 사람들로 주변인이라고 불렸다. 그렇지만 이들은 자치권을 갖고 있었으며, 전시에는 스파르타 시민과 함께 싸웠다. 또한 페리오이코이는 스파르타 시민과 함께 '라케다이몬 사람 Λακεδαιμόνιοι'이라고 불렸다. 이는 페리오이코이가 원래 스파르타 시민과 혈통이나 지위가 같았다가 후대에 낮아졌을 가능성을 보여준다.

세 번째 신분은 헤일로타이였다. 그들은 정복된 메세니아인으로 대체로 끝까지 스파르타에 저항했던 사람들이었다. 이들은 노예였지만, 여타 나라의 노예와 달리 개인이 아니라 스파르타 국가에 소속되었다. 그리스 사람 스트라본의 글에서 이들의 기원과 특징을 알 수 있다.

나머지 사람들은 모두 복종하였는데, 헤일로타이로 불리던 헬로스섬에 사는 헬레이아인이 계속 반항했다. 이들은 전쟁으로 정복당하여 예속 노동자가 되었는데, 그 조건은 이들을 소유한 사람은 이들을 자유롭게 하거나 나라 경계 바깥으로 팔지 않는다는 것이었다. 그래서 이 전쟁은 대헤일로타이 전쟁이라 불린다. 그러나 아기스와 그 부하들이 이와 같은 헤일로타이 제도를 만들어서 그 후 로마 지배 시기까지 계속되었다고 할 수 있다. 라케다이모니아인은 이들을 일종의 공공 노예로 소유하였고, 그들에게 일정한 거주지와 특수한 의무를 정해주었다.[3]

이 구절에 따르면 헤일로타이는 전쟁에 졌기 때문에 노예가 되었는데, 개별적으로 포로로 끌려가지는 않았다. 그들은 공동체를 유지하면서 스파르타 국가의 노예가 되었다. 따라서 그들은 여타 지역의 노예들처럼 개별화되어 특정 개인의 소유물로 전락하지는 않았다. 이들은 다른 지역의 노예와 달리 공동생활을 지속했으며 자신의 재산을 모을 수도 있었다. 그들은 스파르타 개별 시민에게 할당되어 그들을 위해 봉사했지만, 스파르타 시민은 이들을 사유재산으로 소유한 것이 아니기에 개인적으로 그들을 해방시킬 수 없었다.

스파르타의 헤일로타이에 대한 지배는 매우 가혹했다. 그리스 사람 뮈론Myron에 따르면 스파르타인은 헤일로타이에게 모욕적인 일을 강요했다. 헤일로타이는 개가죽 모자를 쓰고 짧은 가죽조끼를 입어야 했으며 어떤 모욕적 행동도 감수해야 했다. 그들은 자신이 노예라는 사실을 잊지 않도록 매년 규정된 만큼의 매를 맞아야 했다. 어떤 헤일로타이라도 신분에 어울리지 않는 모습을 보인다면 사형에 처해졌으며, 헤일로타이를 책임지고 있는 스파르타 시민은 그들을 제대로 제어하지 못하면 벌금형을 받았다.

이렇게 가축처럼 대접받았지만 헤일로타이는 강인한 사람들이었다. 그들은 기원전 465년 대지진이 일어난 틈에 반란을 일으켜 스파르타를 위협했다. 이 반란을 간신히 진압한 후 스파르타는 더욱더 헤일로타이에게 잔인해졌다. 감독관(에포로스)들이 관직에 오르자마자 헤일로타이에게 전쟁을 선포하는 것이 관례화되었다. 따라서 헤일로타이는 적이 되었고, 그들을 죽여도 죄가 되지 않았다.

스파르타인은 정기적으로 헤일로타이를 대량 학살한 것 같다. 펠로폰네소스 전쟁이 한창이었던 기원전 424년에 그들은 헤일로타이를 상대로 거대한 사기극을 벌였다. 그들은 헤일로타이에게 전쟁에서 용감하게 싸울 수 있는 자를 해방시켜 병사로 모집하겠다고 선포했다. 약 2000명의 헤일로타이가 응모하여 그들의 용맹을 과시했다. 스파르타인은 그들에게 영예의 관을 씌워준 후 성전으로 데려갔지만, 그들은 돌아오지 않았다.[4] 즉, 성전에 들어가 모두 죽임을 당했다. 참으로 극악무도한 기만행위였다. 스파르타인은 또한 비밀 결사를 만들어 헤일로타이를 암살했다. 이렇게 헤일로타이들에게 스파르타인은 용서할 수 없는 적이자 원수였다. 스파르타인은 자신들의 지위가 위협받을수록 점점 움츠러들면서 포악해지는 성숙하지 못한 면을 보여주었다.

전사 양성을 목표로 한 스파르타 교육

스파르타는 외부와의 소통을 제한하고 자신들의 정체성을 유지하는 방법으로 독특한 교육 방법을 고안해냈다. 교육의 목표는 모든 시민을 뛰어난 전사로 만드는 것이었다. 시민보다 훨씬 많은 헤일로타이를 거느린 스파르타는 살아남기 위해 모든 시민을 전사로 키웠다. 스파르타 시민은 태어나는 순간부터 국가의 감독하에 관리되었고, 특히 14세에서 20세까지는 장차 중무장 보병이 되기 위한 엄격한 교육과 군사 훈련을 받았다. 이러한 교육의 결과 기원전 371년 레욱트라에서 테바이 군에게 대패하기 전까지 스파르타는 그리스 최고의 육군을 보유했다. 스파르타인은 뤼쿠르고스가 만들었다고 알려진 정교한 교육체계를 아고게라고 불렀다. 아고게에 따라 스파르타 시민의 일생은 다음과 같이 진행되었다.

스파르타에서 아기가 태어나면 아버지가 키울지 말지를 먼저 결정했다. 아버지는 자식을 포도주 통에 넣어보고, 아기가 움츠러들면 병이 있다고 생각하여 버렸다. 여자아이는 좀 더 쉽게 버려졌고, 남자아이는 기형아로 태어났거나 부모가 부양 능력이 없으면 버려졌다. 포도주 통 안에서 자식이 튼튼하게 보이면, 한 달에 한 번씩 열리는 원로회의 검사를 받았다. 아기가 정상적이고 튼튼하면 원로들은 아버지에게 양육을 명령했다. 아기가 건강하지 못하거나 비정상적이라면 험준한

타이게토스산 근처에 버려 늑대 먹이가 되게 했다.

신생아 검사에 통과하면 아이들은 7세가 될 때까지 집에서 부모나 유모가 양육했다. 유모에게 아이를 맡긴 경우에는 부모가 감시하여 음식을 달라는 대로 주지 못하게 하고, 새 옷을 자주 갈아입히지 못하게 해서 아이가 마음 놓고 놀 수 있도록 했다. 또 아이가 어둠을 무서워하지 않고 혼자 내버려둬도 겁내지 않으며, 울고 보채지 않도록 기르게 했다. 그렇게 키우니 아이가 튼튼해지지 않을 수 없었을 것이다. 이는 다른 나라의 유아교육과 반대였다.

가정에서 부모와 함께 살던 남자아이들은 7세가 되면 아고게에 들어가 본격적으로 공교육을 받았다. 왕의 후계자는 예외였다. 장차 국왕이 될 사람을 일반 시민과 구분해 위엄을 유지하기 위함이었다. 아고게의 교사는 단 한 사람이었다. 고위 관직을 차지했던 사람 중에서 가장 현명하고 용감한 사람이 교사로 선발되었다. 교사는 소년들에 대해 절대적인 권한을 가지고 있었다. 그러나 직접 교육을 다 할 수는 없었으므로 20세의 학생 중에서 조교 겸 구대장으로 임명된 청년들이 채찍을 들고 다니며 학생들을 교육했다. 그들은 학생들 사이에 있으면서 학생들의 일거수일투족을 감독했다. 그러나 이 조교들은 30세 이상 시민들의 감시를 받았다. 소년들의 교육이 전적으로 이들 교육 관계자들에 의해서만 이루어진 것은 아니었다. 스파르타의 아이들은 시민 전체의 자식이었으므로 어떤 스파르타의 시민이라도 소년들을 가르치고 훈계할 수 있었다.

7세부터 12세까지 소년들은 야수처럼 기르는 훈련 계획에 따라 성장했다. 선생님은 학생 중에 반장을 뽑아 다른 소년들이 그의 명령에 절대복종하도록 가르쳤다. 복종의 미덕이 몸에 밴 소년들은 장차 스파르타의 지도급 시민이 되었을 때 솔선수범하여 통치자와 법에 절대복종하게 되었다. 우선 아이들은 머리를 빡빡 깎고 옷도 입지 않은 채 맨발로 함께 놀고 먹고 배우도록 했다. 소년들을 맨발로 걸어 다니게 했던 것은 발을 튼튼하게 하기 위해서였고, 옷을 주지 않았던 것은 더위와 추위에 잘 견딜 수 있도록 하기 위해서였다.

12세가 되면 훈련은 더욱 혹독해졌다. 일 년 동안 옷 한 벌로 지내면서 한데서 잠을 자고 소량의 식사로 견뎌내야 했다. 한창 성장하는 시기에 배고픔은 참기 어려운 일이었으므로 허기를 채우기 위해 들키지 않고 훔치는 일이 권장되었다. 소년들이 훔치다가 걸렸을 경우 도둑질이 서툴다고 처벌받았다. 도둑질이 발각되지 않은 소년은 높이 평가받았다. 이러한 훈련은 전쟁 중 벌어지는 최악의 상황에서도 살아남을 수 있는 능력을 키우려는 것이었다. 소년들은 글쓰기, 음악, 춤, 시, 설화 등을 배우고 운동, 시합을 하였다. 또한 공공장소에서 취해야 할 예절과 겸손한 행동을 익혔다.

20세가 되면 아고게를 졸업함으로써 공식적인 교육과 훈련 과정이 모두 끝났다. 그러고 나서 그들은 60세가 될 때까지 군 복무를 해야 했다. 20세에서 30세까지 완전한 시민권을 행사할 수는 없는 가운데 집단생활을 하면서 현역으로 복무했다. 25세 이전에는 결혼해야만 했다. 그러나 결혼하더라도 30세가 되기 전까지는 가정생활을 할 수 없었다. 남편들은 훈련을 마치고, 밤의 휴식 시간에 잠시 집에 들러 사랑을 나누었다. 남편이 밤중에만 왔다 갔기 때문에 스파르타 여자들은 아이들을 두셋 낳을 때까지 남편 얼굴을 모르는 경우도 많았다.

스파르타의 여자아이들은 부모가 키울지 말지를 결정했고, 원로들의 심사를 받지는 않았다. 그렇지만 다른 나라의 여자아이들과는 다르게 키워졌다. 뤼쿠르고스는 스파르타 여자의 가장 중요한 임무는 국가를 이어갈 튼튼한 아이를 낳는 일이라고 생각했다. 그래서 그는 여성들이 남자들처럼 신체 단련을 하는 데 가급적 많은 배려를 했다. 그는 남자들이 하는 것처럼 빠르기와 힘을 자랑하는 여성들만의 경기 대회를 만들었는데, 부모가 모두 건강하면 아이가 더 건강할 것이라고 생각했기 때문이다.

여성은 아이를 낳기에 적합한 신체 조건을 만들기 위해 영양가 있는 음식을 섭취하고 각종 운동을 했다. 여성이 했던 운동으로 씨름, 경주, 쇠고리나 창 던지기 등이 있었다. 이렇게 단련된 신체는 대충 두른 듯한 검소한 의상 때문에 다 드러나 보였다. 그 모습을 본 아테네인은 스파르타 여인들을 '넓적다리를 보여주는 애들'이라고 불렀다. 아테네를 비롯한 다른 나라 여자들은 발밑까지 오는 긴치마를 입은 데 반해 가릴 부분만 간신히 가린 스파르타 처녀들의 옷차림은 그리스 세계에서 화젯거리가 되기에 충분했다. 그들은 평소에도 몸을 드러내고 다닐 뿐 아니라 각종 축제에서 운동회가 열리면 나체로 시합하기도 했다. 이때 총각들은 나름대로 맘에 드는 처녀를 점찍어 결혼했는데, 그들은 주로 아이를 잘 낳을 것으로 보이는 처녀를 골랐다.[5]

그리스의 분열, 그리고 펠로폰네소스 전쟁(기원전 431~404)

페르시아 전쟁 후 아테네의 패권주의는 걷잡을 수 없이 커졌다. 아테네의 세력이 갈수록 팽창하자, 위기의식을 느낀 스파르타는 경계심을 늦추지 않았다. 시칠리아와 남부 이탈리아로 향하는 주요 통상로인 코린토스가 두 세력의 완충지 역할을 하고 있었다. 아테네는 자신의 힘을 과신하고 코린토스의 식민시를 차지하기 위해 압력을 가하기 시작했다. 코린토스인은 이에 굴복하지 않고 스파르타에 도움을 요청했다. 펠로폰네소스의 맹주를 자처했던 스파르타는 아테네가 자신들의 영역으로 들어오는 것을 묵과할 수 없었다. 그리하여 기원전 431년 그리스의 두 강대국인 아테네와 스파르타가 본격적인 전쟁에 돌입했다. 이 전쟁은 전 그리스 국가들의 전쟁으로 확산되었고, 결국 그리스 세계를 파멸로 이끌었다.

과두제 국가인 스파르타와 민주제 국가인 아테네의 전쟁은 상반된 두 체제의 우열을 가늠하는 시합과 같았다. 두 세력은 최대한의 전력을 동원하여 싸웠다. 전쟁이 터진 이듬해 페리클레스는 모든 아테네인을 도시 안으로 피난시키고 방어에 주력했다. 스파르타의 육군이 아티카의 농촌을 짓밟는 동안, 너무 많은 인구가 수용된 도시에서는 전염병이 돌아 수많은 아테네인이 사망했고, 페리클레스와 그의 가족도 죽었다. 그러나 지도자를 잃은 아테네는 전의를 상실하지 않고 오히려 더욱 맹렬하게 싸웠다. 스파르타와 아테네는 주변의 폴리스들을 서로 자기편으로 끌어들였고, 전쟁은 갈수록 확산되었다.

전쟁이 계속되면서 아테네 내부와 그리스 국가 간의 혼란은 더욱 심해졌고, 결국 기원전 405년 아테네는 스파르타에게 대패하고 말았다. 아테네는 포위되고 보급로가 완전히 차단당하자 항복했다. 아테네의 모든 성벽이 파괴되고 모든 해외 재산과 해군력이 파기되었다. 아테네에는 스파르타의 지원을 받는 30인의 과두정부가 들어섰다. 과두정부의 폭정이 계속되자 내란이 일어났다. 이 내란으로 인해 기원전 401년 스파르타의 지배체제가 무너지고 아테네 민주정이 회복되었다. 그러나 이때의 민주정은 불안정한 상태였고, 기원전 399년에는 소크라테스를 사형시켰다.

스파르타는 전쟁에 이겼지만 힘겹게 이긴 대가를 치러야 했다. 스파르타는 페르시아로부터 지원금을 받아 함대를 만들고 유지한 덕분에 승리할 수 있었다. 스파르타는 그 대가로 소아시아에 있는 그리스인에 대한 통제권을 완전히 넘겨주었다. 스파르타 내부에서도 많은 변화가 일어났다. 전쟁의 승리로 얻은 전리품과 경제적 부는 스파르타인의 검소와 절제의 미덕을 파괴했다. 사치 풍조가 만연한 가운데, 빈익빈 부익부 현상이 심화되어 사회적 혼란이 가중되었다.

스파르타가 전 그리스를 지배한 것도 오래가지 못했다. 스파르타는 기원전 371년 그리스 중부의 폴리스 테바이와 벌인 레욱트라 전투에서 대패했다. 이로써 그리스의 주도권은 테바이로 넘어갔으나 아테네와 코린토스의 견제 속에서 그리스는 혼란을 거듭했다. 그러한 가운데 그리스의 변방에서 힘을 키우던 왕국이 있었으니, 바로 마케도니아였다.

마케도니아 왕국은 그리스 북부의 추운 땅에 위치해 개발이 뒤처져 있었다. 이 왕국의 필리포스 2세(기원전 359~336)는 어릴 적 테바이에 인질로 붙잡혀 있었다. 필리포스는 레욱트라 전투의 영웅 에파미논다스에게 그리스 문화와 군사 기술을 배웠다. 성년이 되어 마케도니아로 돌아온 필리포스 2세는 군대를 개혁하고 마케도니아의 국력을 크게 신장시켰다. 그가 남쪽으로 정복 활동을 펼치자, 아테네의 위대한 연설가 데모스테네스가 마케도니아를 경계하여 그리스의 통합을 역설했다. 그러나 필리포스는 외교적 수완을 발휘해 그리스를 분열시켰다. 기원전 338년 카이로네이아 전투에서 필리포스의 아들 알렉산드로스가 이끄는 군대에 반마케도니아 세력이 패함으로써 그리스는 마케도니아 왕국의 지배하에 들어갔다. 그러나 스파르타는 마케도니아에 항복하지 않고 독립을 지켰다.

세계의 통합을 꿈꾼 제왕 알렉산드로스

동서양의 통합은 일찍이 동방의 왕들이 추진했고, 페르시아 왕들은 이를 실현하기 위해 구체적인 노력을 기울였다. 그러나 그 꿈을 이룬 사람은 서방의 변방에서 성장한 알렉산드로스였다. 필리포스의 뒤를 이어 왕이 된 알렉산드로스는 어릴 때부터 영웅의 자질이 대단했다. 알렉산드로스가 열 살 때 한 상인이 부케팔라스라는 명마를 가져와서 필리포스에게 사라고 했다. 필리포스는 말이 탐났지만, 말이 너무 사나워서 다룰 수 없었다. 필리포스가 몹시 화를 내고 있는데, 알렉산드로스가 말 쪽으로 가더니 단 한 번에 고삐를 잡고 올라탔다. 이 모습을 바라본 필리포스 왕은 "내 아들아, 너는 너에게 걸맞은 다른 왕국을 찾아야 한다. 마케도니아는 너에게 너무나 좁다"라고 말했다. 알렉산드로스는 어떻게 그 사나운 말을 쉽게 다루었을까? 그 비결은 매우 간단했다. 다른 사람들이 말을 태양을 향해 놓고 타려고 했는데, 알렉산드로스는 태양을 등지고 탔기 때문이다. 햇빛이 너무 강렬해 말이 눈을 뜨지 못하고 있는 모습을 알렉산드로스가 보았던 것이다.

기원전 334년에 스물두 살의 알렉산드로스는 페르시아를 정벌하기 위해 100척의 삼단노선에 4만의 군대를 이끌고 헬레스폰토스로 향했다. 처음에 페르시아는 알렉산드로스를 얕보고, 4만의 병사로 알렉산드로스군을 막으려고 했다. 페르시아군은 헬레스폰토스에서 멀지 않은 그라니코스강가에 진을 쳤다. 페르시아군은 강을 건너는 쪽이 불리하므로 자신들이 쉽게 승리할 수 있다고 믿었다. 그러나 알렉산드로스가 용맹하게 싸우면서 페르시아군은 대패했다. 지방 총독들이 이끄는 군대가 패배하자, 다리우스 3세(기원전 336~330)가 페르시아의 10만 대군을 이끌고 직접 출정했다. 이때 페르시아가 동원한 군대가 30만 명이라는 주장도 있다. 이는 군대를 세는 셈법의 차이 때문이다. 동서양을 막론하고 군대에는, 특히 기병에는 보조병이 있었다. 마케도니아군은 보조병을 군대 수에 포함시키지 않은 반면, 페르시아군은 포함시켰다. 그러나 어떤 셈법을 따르든 이소스 전투에서 마케도니아군은 페르시아군보다 숫자가 적었다. 알렉산드로스는 병력의 열세에도 불구하고 대승을 거두었고, 다리우스 3세는 가까스로 도망쳤다.

이후 알렉산드로스의 군대는 페르시아 함대를 공격하며 지중해 해안의 항구들을 점령해 내려가다가 이집트로 들어갔다. 기원전 332년 알렉산드로스의 군대가 이집트를 정복했을 때 이집트인은 그를 환영했다. 알렉산드로스는 기원전 331년 다리우스 3세와 본격적인 우열을 가리기 위해 메소포타미아 지방으로 말머리를 돌렸다. 다리우스 3세는 패배를 설욕하기 위해 100만 대군을 모으고, 코끼리까지 동원했다. 그렇지만 가우가멜라에서 벌어진 전투에서 다리우스는 또다시 패하여 도망갔다. 알렉산드로스는 계속 동쪽으로 진군하여 다리우스 3세를 추격했다. 알렉산드로스가 다리우스를 찾았을 때 그는 시체가 되어 있었다. 알렉산드로스는 다리우스의 장례를 엄숙히 치러주었다. 그러고는 알렉산드로스와 그의 군대는 인더스강까지 진격했고, 펀자브 지방까지 점령해갔다.*

그때까지 그리스인이 알고 있던 세계의 끝보다 더 나아간 알렉산드로스는 진짜 세상의 끝까지 가고 싶었다. 그러나 그의 군사들은 그만큼 호기심과 열정을 가지고 있지 않았다. 게다가 집을 떠나온 지 10년이 넘어서 그들은 지쳐 있었다. 알렉산드로스는 어쩔 수 없이 고향으로 돌아가야 했다. 마케도니아 군대는 육로와 해로로 나누어 떠나게 되었고, 알렉산드로스는 육로를 택해 수사를 향해 이동했다. 6개월 넘게 지속된 거친 행군으로 인한 피로는 젊은 왕의 건강을 해쳤다. 알렉산드로스는 기원전 323년 6월 머나먼 땅에 대한 미련을 남긴 채 눈을 감았다. 자신의 후계자를 정할 시간적 여유도 없이 알렉산드로스가 사망하는 바람에 후계자 승계 문제는 심각한 정치적 혼란을 초래했다.

알렉산드로스의 자식들과 직계 가족은 모두 암살당했고, 알렉산드로스의 부장들이 계승권을 놓고 오랫동안 치열하게 다툰 끝에 결국 세 사람의 유력한 인물이 남았다. 알렉산드로스의 제국은 이들의 타협에 따라 세 지역으로 나뉘었다. 이집트 왕국은 프톨레마이오스가, 시리아는 셀레우코스가, 마케도니아 왕국은 안티고노스가 맡았다.

헬레니즘 문화의 탄생

알렉산드로스는 젊은 나이에 죽었지만, 그의 후계자들이 동방을 계

---

* 알렉산드로스의 전법과 전투는 존 워리, 임웅 옮김, 《서양 고대 전쟁사 박물관》, 르네상스, 2006, 138~157쪽에 자세하게 소개되어 있다.

속 지배하면서 헬레니즘이라는 새로운 문화가 탄생했다. 헬레니즘은 알렉산드로스가 정복한 지역에서 그리스 문화를 중심으로 동방 문화를 융합해 형성된 새로운 문화를 말한다. 이 문화는 그리스 본토에서 이집트, 서남아시아, 북인도, 중앙아시아 지역까지 폭넓게 펼쳐져 있었다. 1966년에 아프가니스탄 북부 지역에서 고대 그리스의 유적이 발견되었는데, 희랍어로 쓰인 비문, 대규모 극장, 체육관(김나지움)이 발견되었다.[*] 이렇게 넓은 지역에서 헬레니즘 문화가 관찰되는 것은 알렉산드로스의 유산이 그가 죽은 후에도 오랫동안 유지되었음을 의미한다.

알렉산드로스는 그가 정복한 지역에서 동방의 관습을 존중하고, 페르시아인을 비롯한 아시아인을 그리스인과 동등한 조건으로 관리와 군인으로 등용했다. 심지어 페르시아인을 그를 호위하는 근위 기병대로 편제하기까지 했다. 그리고 알렉산드로스는 그리스인과 동방인의 혼합 결혼을 장려했다. 그는 모범을 보이기 위해 포로로 잡았던 다리우스의 딸 바르시네와 결혼했다.[6] 이렇게 알렉산드로스가 동방인과 동방의 관습을 존중하는 태도를 보이자, 그의 부하들이 반발했다. 그때 알렉산드로스는 "나는 이민족들을 모두 쓸어 없애거나 세상의 절반을 황무지로 만들기 위해 아시아를 정복한 것이 아니다. 나는 여러 민족에게 우리가 배워야 할 것이 많다는 것을 알았다. 이 위대한 제국을 훌륭하게 통치하려면 우리가 가진 것을 토착민에게 전해주고, 또한 그들이 가진 것을 우리가 배워야 한다"라고 말했다.[7]

---

[*] 차영길 편역,《사료로 보는 서양고대사》, 경상대학교출판부, 2018, 163쪽. 김나지움은 고전기 그리스의 학교 이름으로 나체를 의미하는 헬라어 '김노스gymnos'에서 유래했다.

이 말이 그리스와 그리스를 지배를 받게 된 동방인이 동등했음을 의미하지는 않는다. 근본적으로 헬레니즘의 중심은 그리스 문화였고, 동방인은 그리스 문화를 강요받은 측면이 있다. 그럼에도 고대인의 세계관에서 볼 때 알렉산드로스가 포용적이었으며, 국가들 사이의 경계를 넘어 세계 통합을 꿈꾸었다는 사실을 부정할 수는 없다.

알렉산드로스의 태도는 시대정신으로 발전했다. 스토아학파를 비롯한 철학자들은 세계가 하나이므로 국가와 종족을 초월해 모든 사람을 동등한 동료로 받아들여야 한다고 주장했다. 이를 세계시민주의라고 한다. 이런 인식은 알렉산드로스가 대제국을 건설한 후 시대의 변화를 반영한 것이다. 알렉산드로스 이전 그리스인은 작은 규모의 폴리스를 단위로 생활했는데, 플라톤이 《법률》에서 이야기했듯이 '모든 폴리스는 다른 폴리스에 맞서서 만성적인 전쟁 상태'에 있었다. 이제 알렉산드로스가 동방과 그리스 전체를 통합하면서 새로운 세상이 열렸다.

새롭게 통합된 세계에서 개별 종족이나 나라를 중요시하는 이념은 이제 필요하지 않았다. 대신 모든 사람이 다른 사람을 동료로 받아들이고, 서로를 존중하는 새로운 세계관이 필요했다. 철학자들은 사회와 정치 문제에 관심을 가지기보다는 윤리적으로 살면서 수행을 통해 행복을 추구하는 것이 현명하다고 가르쳤다. 이는 정치체제의 변화를 반영한 것이다. 그리스의 폴리스에서는 시민들이 자유롭게 모여 토론하고, 투표하면서 정책을 결정했지만, 이제 알렉산드로스와 그의 후계자들이 왕으로서 정치를 주관했다. 왕정 치하에서 지식인들이 정치에 적극 참여하려는 의지를 보이면 화를 입기 쉬우므로, 지식인이 행복한 삶을 살려면 정치에 대한 관심을 버리고 윤리적인 삶을 추구해야 했다.

미술에서는 고전 시대의 사실주의를 좀 더 과장되게 추구하는 경향

라오콘 군상. 트로이 전쟁 때 라오콘은 그리스군이 남겨둔 목마를 성에 들이는 데 반대한 후 신의 노여움을 사서 두 아들과 함께 뱀에 물려 죽었다고 전한다.

이 나타났다. 대표적인 작품으로는 밀로스섬의 비너스상과 라오콘 군상이 있다. 밀로스섬의 비너스상은 루브르 박물관에 소장되어 있는데, 비너스 여신의 아름다운 육체를 사실적이면서도 관능적으로 표현했다. 라오콘 군상은 바티칸 박물관에 소장되어 있는데, 육체를 사실적으로 표현하면서도 격정에 휩싸인 인간의 감성을 극적으로 드러냈다. 헬레니즘 미술은 인도에 전파되어 간다라 양식으로 발전했다.

이 시기 문화의 중심지는 이집트의 알렉산드리아였다. 알렉산드로스의 부장이었던 프톨레마이오스가 이집트를 차지한 후 세운 프톨레마이오스 왕조는 무세이온을 세웠다. 무세이온Mouseion은 원래 그리스 신화에 나오는 학문의 여신들인 '무사이Mousae'에게 바친 신전이고, 이 단어에서 박물관이라는 말이 나왔다. 프톨레마이오스 왕조는 이 신전을 도서관, 천문대, 동물원, 식물원, 해부실을 갖춘 연구 시설로 육성했다. 그리고 이곳에 많은 학자를 초청해 숙식을 제공하고 봉급을 주면서 학문을 연구하게 했다.

그러한 가운데 문헌학과 자연과학이 특히 발달했다. 문헌학에서는 에페소스의 제노도토스 등이 호메로스의 작품을 비롯한 고전 작품을 세밀하게 연구했다. 그들은 고전 작품들의 텍스트를 분석하여 주석을 달았으며, 여러 작품의 위작 여부를 판별했다. 호메로스가 한 명인가 여러 명인가 하는 논쟁이 이때 시작되었다.

자연과학에서는 기하학의 창시자 에우클레이데스, 부력의 원리를 발견한 아르키메데스, 지구 둘레를 측정한 천문학자 에라토스테네스 등이 이곳에서 연구했다.[8] 이 시기 천문학 수준은 매우 높았는데, 특히 아리스타르코스는 다음 자료에서 알 수 있듯이 태양 중심설을 주장했다.

사모스의 아리스타르코스는 몇 가지 가설을 담은 책 한 권을 내놓았다. 그 가정에 근거하면 우주는 지금까지 얘기해왔던 것보다 몇 배나 크다는 결론이 나온다. 그는 항성들과 태양은 정지해 있고, 지구는 원주 궤도의 형태로 태양 주위를 돌게 되어 있으며, … 항성들은 태양처럼 매우 큰 천구의 중심에 위치해 있다고 가정한다.[9]

아리스타르코스가 아무런 근거 없이 태양 중심설을 내세웠던 것은
아니다. 그는 태양·달·지구 사이의 거리와 상대적 크기를 계산하고,
태양이 지구보다 훨씬 크다는 사실을 알아냈다. 그는 훨씬 큰 것이 작
은 것을 돌 리가 없다고 판단하고, 지구가 아니라 태양이 우주의 중심
이라고 주장했다. 그러나 그의 주장은 너무나 시대를 앞서갔다. 고대
의 대다수 지식인은 지구가 우주의 중심이며, 태양이 지구를 돈다고
믿었다. 아리스타르코스의 주장은 1543년 코페르니쿠스에 의해 다시
살아나 우주에 대한 인식을 바꾸었다.

일반적으로 기원전 31년 악티움 해전에서 클레오파트라가 옥타비
아누스에게 패배하고, 로마제국이 지중해를 장악하면서 헬레니즘 시
대가 끝났다고 이야기된다. 연대상으로 보면 헬레니즘 시대는 알렉산
드로스가 동방 원정을 감행한 기원전 330년부터 로마가 이집트를 병
합한 기원전 31년까지다. 그렇지만 로마 시대에도 그리스 문화를 중
심으로 동서양의 문화를 통합하려는 움직임이 계속되었다. 헬레니즘
시기에 국제적인 언어로 자리 잡은 희랍어, 즉 코이네가 로마 시기에
도 계속 사용된 것이나, 세계시민주의를 표방한 스토아 철학이 로마에
큰 영향을 끼쳤다는 것이 이 사실을 잘 보여준다.

3부

고대 로마

11장

로마의 탄생과 발전

이탈리아의 지리 조건

이탈리아는 그리스와 비슷한 전형적인 지중해성 기후였지만, 지리 조건은 그리스와 크게 달랐다. 그리스는 평야가 적고 척박했다. 이탈리아도 평야가 국토의 20퍼센트밖에 안 되었지만, 비옥해서 이탈리아에 정착한 사람들이 먹고살기에 충분했다. 이탈리아 북부에는 포강과 아디제강 유역에 비옥한 충적평야가 있었고, 중남부에는 넓고 비옥한 캄파니아와 라티움 평야가 있었으며, 국토 곳곳에 작은 평야가 많았다. 반도 남쪽에 있는 시칠리아섬에도 비옥한 평야가 있었다.

기원전 753년에 로마 건설을 주도한 사람들은 목동들이었다. 그러나 로마는 국가체제를 갖추고 라티움 평야를 차지하면서 전형적인 농업 국가가 되었다. 로마가 농업 국가가 되었던 것은 평야가 발달했기 때문이기도 하지만, 외부인과의 교역이 쉽지 않았기 때문이다. 로마는 바다 가까이 위치했지만 건국 초기에는 항구가 없었다. 따라서 로마인은 소박한 농민 문화를 발달시켰다. 그들은 가족의 유대를 중요시했고 사치를 혐오했다.

로마 문화를 관통하고 있는 것은 상무 정신이었다. 로마 공화정기에 가장 중요한 민회는 병사회(켄투리아회)였다. 병사회는 병사들의 조직을 그대로 민회로 만들어놓은 것이다. 외적이 끊임없이 쳐들어왔기 때문에 로마는 상무적인 국가가 될 수밖에 없었다. 이탈리아반도는 외적이 침입하기 쉬운 지형적 특성을 가지고 있었다. 이탈리아 북부에 알프스산맥이 있었지만, 우회할 수 있는 길이 많아서 알프스는 중부 유럽에서 쳐들어오는 적을 막아주지 못했다. 해안 지역에도 해수면이 낮은 곳이 많아서 외적이 침입하기 쉬웠다. 이탈리아반도 내에서도 사람들의 이동이 비교적 자유로웠다. 아펜니노산맥이 이탈리아반도를 북서쪽에서 남서쪽으로 갈라놓고 있기는 하지만, 이 산맥 중간중간에는 교통이 수월한 통로가 많았다.

이렇게 이탈리아는 사방에서 들어가기 쉬운 곳이었기 때문에 로마가 통일을 이룩하기 전에는 수많은 종족이 살고 있었다. 이탈리아반도는 마치 거대한 인종의 도가니와 같았다. 큰 종족만을 열거하더라도 북서쪽에 리구리아인, 북동쪽에 베네티인, 서쪽의 라이티인, 로마의 북쪽에 에트루리아인, 중부 이탈리아의 피케이인, 역시 중부의 라틴족, 아펜니노산맥 중앙 지대의 움브로 사벨리인, 루카니아와 캄파니아 근방의 오스카인과 이아피기아인, 남부에 그리스인이 있었다. 이들 내부에는 또 수많은 종족이 있었다. 가령 움브로 사벨리인 내부에는 베스티니, 프렌타니, 사비니, 삼니움 등 많은 종족이 있었다. 이렇게 많은 종족이 한 뼘이라도 땅을 더 차지하려고 끊임없이 다투었다. 따라

서 로마인은 살아남기 위해 끊임없이 싸워야 했다.[1]

로마인은 농부이자 군인이었다. 로마인의 이런 이상은 킨키나투스의 행적에서 잘 드러난다. 기원전 458년 킨키나투스는 시골에서 농사를 짓고 있었는데, 아이퀴이인Aequi이 쳐들어와 로마를 포위했다. 위기에 처한 로마는 킨키나투스를 독재관으로 임명하고 조국을 구할 것을 명령했다. 킨키나투스는 즉각 쟁기를 팽개치고 전장에 나아가 15일 만에 적군을 격퇴했다. 킨키나투스는 위대한 장군으로서 공적을 자랑하며 높은 관리로서 살 수도 있었지만, 전투가 끝나자 농촌으로 돌아가 자기 땅을 갈았다.

똑같은 일도 어떤 때에는 화가 되고 어떤 때에는 복이 되는 법이다. 이탈리아가 개방 지역이어서 외적의 침입을 받기 쉽다는 조건은, 로마가 강대국이 되고 지중해 세계의 주인이 되면서부터 이점으로 작용했다. 만약 이탈리아가 큰 산맥으로 갈라지고 내부의 교통이 불편했다면 아무리 로마의 힘이 강하더라도 이탈리아를 통일하기 힘들었을 테고, 통일한다고 해도 자연적인 지형물로 갈라진 지역을 통치하기는 힘들었을 것이다.

이탈리아는 또한 해외로 뻗어 나가기에 유리한 위치에 있었다. 이탈리아반도는 지중해 한복판에 있고, 반대편 북아프리카와는 140킬로미터밖에 떨어져 있지 않다. 이탈리아 남단의 시칠리아섬은 동서 지중해를 연결하는 요지에 있다. 따라서 일단 이탈리아를 장악한 뒤에 로마는 지중해를 장악하기에 유리한 위치에 있었다.

이제 도시 로마만의 지리를 살펴보자. 로마 역사가 리비우스는 로마가 도시로 성장할 수 있는 최적의 요건을 갖추고 있다고 말했다. 로마는 이탈리아 중부 서해안의 평야 지대에 위치해 북쪽과 남쪽으로 교통이 편리했다. 그리고 로마의 가운데에는 테베레강이 흘렀다. 테베레강은 이탈리아에서 세 번째로 긴 강으로 아레티움 지역에서 솟아나기 시작해 아펜니노산맥을 빙빙 돌아 400킬로미터의 긴 여행을 끝내고 지중해로 흘러든다. 테베레강이 지중해와 만나는 곳에서 다시 거꾸로 이틀을 걸어가면(약 24킬로미터) 로마가 있다. 큰 강 하류에는 늘 평야가 발달하기 마련이다. 테베레강 남쪽에 라티움 평야가 있었고, 로마는 이 평야의 곡물을 이용할 수 있었다. 그리고 로마는 해안 지역에서 생산한 소금을 테베레강을 따라 이탈리아 중부 지역에 판매했다. 이렇게 로마는 교통이 편리하고 물산이 풍부한 곳이었다.

로마의 건국 신화

트로이가 함락되자 트로이의 왕족 아이네아스는 전사들을 이끌고 서쪽으로 항해하면서 새로운 운명을 개척했다. 거센 폭풍우에 휩쓸리다가 북아프리카 해안에 도착한 그들은 카르타고를 막 세우고 배우자를 찾고 있던 여왕 디도의 환대를 받았다. 디도는 아이네아스에게 첫눈에 반했다. 아이네아스도 여왕에게 사랑을 느꼈지만 새로운 국가를 건설하라는 신탁의 결정에 따라 로마로 향했다. 절망에 빠진 디도는 아이네아스 없이는 살 수 없었기에 그가 돌아오기를 바라며 스스로 불타는 장작더미 위에 올라 자살했다. 그녀의 애틋한 마음을 알면서도 아이네아스는 단호하게 시칠리아로 떠났다. 돌아오지 않는 아이네아스를 저주하며 불 속으로 타들어 가던 디도는 복수하겠다고 절규하면서 죽었다. 이 가슴 아픈 이야기는 카르타고와 로마의 숙명적인 적대 관계를 암시한다. 그러나 디도의 슬픈 사랑 이야기를 역사적 사실이라고 믿어서는 안 된다. 아이네아스는 기원전 12세기 사람인 반면, 카르타고가 건설된 시기는 기원전 814년이었다. 따라서 두 사람 사이에는 350여 년의 시간 차이가 있다.

테베레강에 도착한 아이네아스는 알바 롱가 왕국 라티누스 왕의 딸 라비니아와 결혼했다. 그리하여 아이네아스는 라틴족의 왕이 되었다. 아이네아스의 16대손은 누미토르와 아물리우스였다. 누미토르가 형이고 아물리우스가 동생이었는데, 아물리우스가 형을 쫓아내고 왕이 되었다. 형 누미토르의 혈육이라고는 딸 실비아밖에 없었다. 아물리우스는 실비아가 아이를 낳으면 왕권에 위협이 되리라고 생각하여, 그녀를 베스타 신전을 지키는 여사제로 만들었다. 신전을 지키는 여사제는 결혼할 수 없었다. 그런데 어느 날 실비아는 숲속에서 전쟁의 신 마르스와 관계를 맺어 쌍둥이를 낳았다.* 실비아는 쌍둥이를 로물루스와 레무스라고 이름 지었다.

아물리우스는 실비아가 아이를 낳았다는 소리를 듣고, 아이들을 죽이라고 명령했다. 명령을 받은 신하는 차마 아이를 죽일 수 없어서 바구니에 담아 테베레강에 버렸다. 쌍둥이 형제를 담은 광주리는 테베레강 하류에 멈추었다. 늑대 한 마리가 지나가다가 보고 형제를 데려다가 키웠다. 아물리우스 왕의 양치기 파우스툴루스가 늑대 굴을 지나다

---

* 마르스는 초기 로마인이 가장 중요시하는 신이었다. 상무적인 성격이 강했던 로마인은 창을 휘두르는 신, 적을 무찌르는 신인 마르스를 숭배하면 전쟁에 승리할 수 있다고 믿었다. 로마 건설 초기에 로마인은 유피테르·퀴리누스와 함께 마르스를 기념하는 축제를 열었다. 테오도르 몸젠, 김남우 외 옮김, 《몸젠의 로마사 1》, 푸른역사, 2013, 234쪽, 296쪽 참조. 그러나 로마의 종교 성지인 카피톨리누스 언덕에는 유피테르·유노·미네르바의 신전이 중심지에 설치되었다. 이는 로마의 종교가 변천했음을 보여준다.

가 아이들이 우는 소리를 들었다. 그는 아이들이 담긴 광주리를 보고 깜짝 놀랐다. 광주리에 왕가의 상징인 독수리가 새겨져 있었기 때문이다. 파우스툴루스는 쌍둥이 형제가 실비아의 자식들임을 알고 데려다가 키웠다. 아이들은 커서 목동이 되었고, 동료 목동들을 모아서 대장 노릇을 했다.

로마인은 해마다 2월 보름이면 그들의 조상이 늑대 젖을 먹고 자랐다는 사실을 기념하여 루페르칼리아 축제를 열었다. 루페르칼리아는 암늑대를 위한 축제를 말한다. 이날 로마인은 염소와 개를 잡아 그 피를 로물루스와 레무스에게 바친 후, 축제를 주관하는 사제들인 '루페르키' 가운데 두 명을 뽑아서 염소의 피를 그들의 이마에 묻혔다.* 이 젊은이들은 발가벗은 채 달리다가, 구경하고 있던 여인들을 염소 가죽으로 만든 끈으로 때렸다. 특히 임신하지 못한 여자들이 의도적으로 몸을 내밀어 맞곤 했는데, 루페르키가 생명을 가져다준다고 믿었기 때문이다.[2]

당시 로마 지역에는 아직 국가가 없었고, 산적들과 약탈자들이 득실거렸다. 목동 로물루스와 레무스는 살아남는 유일한 방법은 힘을 키우는 것뿐이라고 생각했다. 두 사람은 거처 없이 떠돌거나 자기 마을에서 죄를 짓고 도망친 사람들을 모아 규찰대를 조직했다. 이렇게 목동들의 우두머리로 성장하던 중 로물루스와 레무스는 자신들이 원래는 왕자였으며, 할아버지인 누미토르가 억울하게 왕위를 빼앗겼다는 사실을 알게 되었다. 이들은 추종자들을 모아 아물리우스를 몰아내고 누

* 두 명의 루페르키가 달리는 것이 아니라 루페르키 사제단이 두 무리로 나뉘어 달린다는 설도 있다. 최혜영, 〈루페르칼리아 축제, 루파(암늑대)와 고대 로마의 기원〉,《역사학연구》 30, 호남사학회, 2007, 248쪽 참조.

미토르를 알바 롱가의 왕으로 복위시켰다.

아물리우스를 쫓아낸 로물루스와 레무스의 명성은 날로 커졌다. 로물루스는 팔라티누스 언덕에, 레무스는 아벤티누스 언덕에 중심지를 두고 점차 세력을 키웠다. 두 형제는 하늘이 독수리를 통해 내려주는 징조를 받아 나라의 수장을 정하기로 했다. 어느 날 독수리 여섯 마리가 아벤티누스 언덕 위에 나타났는데, 며칠 뒤 팔라티누스 언덕에 독수리 열두 마리가 나타났다. 레무스를 따르는 무리는 레무스가 독수리를 먼저 보았다고 말하고, 로물루스를 따르는 무리는 로물루스가 본 독수리가 많다고 말하면서 서로 우위를 주장했다. 이렇게 독수리 점으로도 승부가 나지 않은 상황에서 레무스가 형이 성을 쌓고 있는 모습을 보다가, 성을 펄쩍 뛰어넘으면서 이것도 성이라고 쌓고 있느냐고 조롱했다. 화가 난 로물루스는 레무스를 때려죽였다. 이렇게 해서 로물루스가 로마를 건설하게 되었다.

도시는 건설되었건만 로마에는 여자가 없었다. 로물루스는 고민 끝에 축제를 열고 이웃 사비니인을 초대했다. 성대한 축제가 열리고 모두 술에 취하자 로마인은 사비니 여인들을 강탈하고 남자들을 쫓아버렸다. 쫓겨난 사비니 남자들은 분노에 떨며 복수하러 왔다. 로마인과 사비니인의 전쟁이 벌어지자, 로마인과 함께 살고 있던 사비니 여자들이 싸움을 말렸다. 여인들이 "예전에는 저희도 로마인이 미웠지만, 이제 저들이 전쟁에 나가면 걱정에 사로잡히고, 전장에서 사망하면 슬픔에 눈물을 떨굽니다"라고 말하자, 사비니 남자들은 어쩔 수 없이 전쟁을 중단했다. 로마인은 사비니인에게 로마 시민권을 주고 동료로 받아들였다.

로마 건국 신화의 진실

로마의 건국 신화는 얼마나 사실일까? 로마의 건국 신화는 대부분 허구지만 역사적 사실을 반영하고 있을 가능성이 있다. 로마인이 그들의 시조가 늑대 젖을 먹고 자랐다고 믿고, 해마다 2월에 루페르칼리아 축제를 열었다는 것은 그들이 늑대를 토템으로 숭배하는 사람들의 후손임을 의미한다. 중앙아시아 일대에 거주한 스키타이인 가운데 늑대를 토템으로 숭배하는 종족들이 있었다. 이들 가운데 일부가 펠로폰네소스반도를 거쳐 이탈리아로 이주해 정착했던 것 같다.[3] 로마인은 조상들의 이주 기억을 늑대 전설로 만들어서 기억했다.

로물루스가 나라를 건국한 장소나 시기도 역사적 사실을 반영하고 있을 가능성이 높다. 라틴족은 기원전 10세기 초부터 로마 주변 지역에 살기 시작했고,* 로마의 일곱 언덕 가운데 팔라티누스 언덕이 가장 먼저 거주지로 개발되었다. 최근 고고학자들이 기원전 8세기에 팔라티누스 언덕에서 거주지와 신전 터를 발굴했다. 이 유적들이 로물루스와 연관이 있는지는 논란이 있지만, 로물루스가 로마를 건국했다고 전해지는 시점에 팔라티누스에 작은 도시국가가 세워졌던 것은 사실이다.[4] 따라서 로물루스 신화는 라틴족이 팔라티누스를 중심으로 도시를 만들었던 과정을 신화적으로 각색한 것이다.

트로이의 영웅 아이네아스가 라티움 지역으로 이주했다는 이야기는

* Greg Woolf, *The Cambridge Illustrated History of the Roman World*, Cambridge University Press, 2003, p. 20, 주경철 외, 《도시는 기억이다》, 서해문집, 2017, 54~55쪽. 후대에 온전한 신화 형태로 전하지는 않지만, 고대 로마에는 로마의 건국에 대한 다양한 전승이 있었다. 플루타르코스는 로마라는 이름과 관련된 여러 전승을 전하고 있다.

허구다. 트로이 전쟁의 연대를 정확하게 획정할 수는 없지만, 일반적으로 기원전 12세기 초로 파악하고 있다. 이 시기에 트로이인이 이탈리아로 이동했다면, 초기 라틴족의 문화에 트로이 문화의 흔적이 남아 있어야 한다. 트로이는 당시 최고의 문명을 자랑하고 있었다. 그러나 초기 라틴 문화는 반농반유목적인 단계에 머물러 있었고, 조야하기 그지없었다. 두 문화 사이의 어떤 연계점도 찾을 수 없다.

이 허구의 이야기는 어떻게 해서 생겨났을까? 아이네아스가 이탈리아로 왔다는 전설과 비슷한 이야기들이 이탈리아 곳곳에서 많이 발견된다. 대개 한 영웅이 바다를 건너와 토착 왕국의 공주와 결혼해서 왕이 되었다는 이야기다. 가령 기원전 3세기의 그리스 작가 리코프론의 저서에는 트로이 전쟁에 참여했던 디오메데스라는 영웅이 동료들과 이탈리아 동남부의 아풀리아 해안에 도착하여, 그 지역의 왕인 다우누스의 환영을 받고 공주와 결혼해 왕국을 세웠다는 이야기가 전한다. 이런 이야기는 이탈리아 남부에 그리스인의 식민시가 있었다는 사실과 연관이 있다. 즉, 여러 종류의 그리스인과 소아시아인이 이탈리아로 건너왔고, 그들이 원주민들과 관계를 맺었다. 이 사실이 여러 신화로 변형되어 후대에 전해지고 있다.

아이네아스의 전설은 기원전 6세기에 최초로 등장한다. 기원전 6세기의 그리스 시인 스테시코로스가 아이네아스의 모험과 서방 이주에 관해 이야기했다. 그에 따르면 아이네아스는 시칠리아로 이주해 도시를 세웠다. 이후 투키디데스, 칼리아스를 비롯한 여러 역사가들이 아이네아스가 시칠리아에서 활동했다고 전한다. 시칠리아인이 지어낸 아이네아스 전설은 곧 에트루리아 지역으로 전파되었다. 기원전 6세기 말 에트루리아 지역에서 제작된 도기들이 이 사실을 입증한다. 가령 로마에서 16킬로미터 정도 떨어져 있는 베이이라는 지역에서 발견된 테라코타 조각상에는 아이네아스가 아버지 안키세스를 업고 도망치는 장면이 있다. 기원전 6세기 중엽 에트루리아인이 로마를 지배하면서 아이네아스 전설이 로마에 전파되었다.[5]

로마인은 에트루리아인으로부터 아이네아스가 이탈리아로 왔다는 전승을 듣고 그들이 기존에 갖고 있던 로물루스 전승을 그 이야기에 결합했다. 이 작업은 기원전 3세기 이후 본격적으로 진행되었으며, 베르길리우스에 의해 완성되었다. 로마의 평화 시기의 대표적인 시인 베르길리우스는 아우구스투스의 업적을 찬양하면서 아이네아스의 전설을 체계화했다. 로마인이 로물루스 전승과 아이네아스 전승을 결합했던 것은 자신들의 조상이 그리스인 못지않은 문화인임을 내세우기 위한 전략이었다.

에트루리아가 로마에 끼친 영향

로마가 성장하기 전 이탈리아반도에서는 두 세력이 주도권을 다투고 있었다. 북부에서는 에트루리아인, 남부에서는 그리스인의 세력이 컸다. 그중에서도 지리적으로 라티움 지역과 가까웠던 에트루리아인은 중북부 이탈리아를 차지하고 로마에 직접적인 영향을 끼쳤다.

에트루리아인은 기원전 9세기 무렵 풍요로운 아르노강 유역에 정착했다. 그들이 남긴 비문에 사용된 언어를 보면 이들이 인도·유럽어족이 아닌 것은 분명하지만, 남겨진 문자 기록이 충분하지 않아 확실한 것은 알 수 없다. 다만 에트루리아인이 소아시아 지역에서 왔을 가능성이 높다.* 짐승의 내장을 관찰하여 미래를 점치는 점복술은 원래 메소포타미아에서 일반적으로 행해졌는데, 에트루리아인이 이 의식에 심취해 있었기 때문이다. 기원전 7세기 에트루리아인은 북으로는 포강 유역, 남으로는 캄파니아까지 세력을 확대했다. 그리고 에트루리아 일대의 평원에서 생산되는 풍부한 농산물로 그리스인·페니키아인과 활발하게 교류했다. 또한 엘바섬에서 많은 구리와 철을 가져와서 금속 세공품을 만들어 멀리 동방에까지 팔았다.

에트루리아인은 기원전 6세기에 이탈리아 북부와 중부 지역을 망라하는 거대한 도시 연합을 결성했으며, 이 시기에 로마를 지배했다. 에트루리아가 로마에 끼친 영향은 두 가지 측면에서 두드러진다. 하나는 건축이고, 다른 하나는 종교이다. 에트루리아인은 지중해 세계에서 가장 정교하고 뛰어난 토목건축 기술을 가지고 있었다. 에트루리아인은 석재로 아치를 만들 수 있었다. 기원전 6세기에 만들어진 로마의 대하수도Cloaca Maxima는 에트루리아의 기술자들이 만든 것이다. 로마는 에트루리아로부터 받아들인 토목건축 기술로 역사에 길이 남을 많은 건축물과 시설을 만들었다.

로마의 역사가 리비우스는 에트루리아인을 가리켜 '어떤 민족보다도 종교의식에 몰입한 민족'이라고 했다. 이 말은 인간과 신이 밀접하게 연결되어 있다고 믿는 에트루리아인의 문화를 보여준다. 에트루리아인은 도시의 창건과 추수를 기념하는 행사에서 신과의 교감을 추구

---

* 에트루리아인의 출신에 대해 헤로도토스는 소아시아에서 유래했다고 전하지만, 할리카르나소스의 디오니시오스는 에트루리아인이 원래 이탈리아에 살았다고 전한다. 전통적으로 헤로도토스의 설이 받아들여져 왔지만, 최근에는 디오니시오스의 설이 우세해지고 있다. 이에 대해서는 토머스 R. 마틴, 이종인 옮김,《고대 로마사》, 책과함께, 2015, 34쪽 참조.

했다. 신과 인간을 연결해주는 제사장은 번개가 치는 모양에서 신의 계시를 읽어냈으며, 제물로 바치는 동물의 내장이나 새가 나는 모양을 보고 미래를 예측했다.

에트루리아의 이런 종교 관습은 로마인에게 전해졌다. 로마인도 나라의 중대사를 결정할 때 반드시 신들의 뜻을 물어야 한다고 생각했다. 로마인은 원로원 모임, 민회 개최와 같은 공적인 모임은 물론 전쟁이나 평화와 같은 국가의 중대사를 결정할 때 반드시 신의 뜻을 물었다. 가령 민회의 경우 개최 전날 개최권자가 복점을 쳐서 불길하면 개최가 연기되었고, 민회가 열린 뒤에도 복점관들이 복점에 문제가 있었다고 선언하면 투표가 무효가 되었으며, 회기 중에도 신들이 번개와 같은 기상 현상을 통해 반대 의사를 표명했다고 판단되면 회기가 중단되었다.

로마가 에트루리아의 모든 것을 수용하지는 않았다. 사후의 삶에 대한 에트루리아인의 애착, 화려한 무덤, 사치스러운 생활은 로마인의 기질에 맞지 않았다. 로마인은 에트루리아인의 여성관에 더욱 당황했다. 에트루리아 상류층의 무덤에는 여자들이 남자들과 함께 술을 마시면서 연회를 즐기거나, 부인과 남편이 똑같은 비중으로 묘사된 조각들이 있었다. 로마에서 여자들이 남자들과 어울리거나 술을 같이 마신다는 것은 상상할 수 없는 일이었다. 로마에서는 가부장의 권위가 절대적으로 강했기 때문이다. 에트루리아 여성의 높은 지위에 격분한 로마인은 이들을 격렬하게 비난했다. 이는 로마인의 독선이 돋보이는 대목이기도 하다.

그리스가 로마에 끼친 영향

그리스인은 이탈리아 남부의 여러 도시, 즉 나폴리, 파이스툼, 엘레아, 크로톤, 시바리스 등을 건설했다. 이곳은 '대그리스(마그나 그라이키아)'라고 불렸다. 이 지역의 문화 수준은 그리스 본토 못지않게 높았다. 피타고라스나 아르키메데스, 플라톤과 같은 저명한 그리스인이 이지역에서 살거나 상당 기간 머물렀다. 로마인은 그리스의 뛰어난 문명에 깜짝 놀라면서도 적대감을 가졌다. 도시적이고 예술적이며 지적이고 세련되었던 그리스 문화는 로마인의 가치관과 맞지 않았기 때문이다. 남성적 가치, 육체적 용맹, 국가에 대한 의무를 중시했으며 엄숙하고 딱딱한 문화를 갖고 있던 로마인이 보기에 그리스인은 사치하고 방탕한 존재였다.

원래 그리스인은 자신들을 헬렌의 후예라는 의미의 헬레네스라고 불렸는데, 로마인이 그들을 그리스인이라고 불렀다. 그들이 나폴리만의 정착지(쿠마이 식민지)에서 처음 만난 그리스인이 그라이키인Graikoi이었기 때문이다. 이 때문에 현재 그리스라는 나라 이름이 널리 쓰이고 있지만, 엄격하게 이야기하면 그리스는 그들의 언어대로 헬라스로 불러야 한다. 현재도 그리스인은 자기 나라를 헬라스 공화국Hellenic Republic, Ελληνική Δημοκρατία이라고 부른다.*

로마는 건설 초기부터 그리스인의 영향을 받았다. 기원전 750년경

---

* 플루타르코스, 허승일 옮김, 《플루타르코스 모랄리아》, 서울대학교출판문화원, 2012, 15쪽. 허승일은 이에 대해 두 가지 이론을 소개하고 있다. 하나는 본문에서 설명했고, 다른 하나는 아리스토텔레스의 '지구 과학론'에 나온다. 이 설명에 따르면 헬레네스인이 예전에는 그라이키라고 불렸다.

에 최초로 이탈리아에 식민시를 만든 사람들은 에우보이아섬의 칼키스인이었다. 칼키스는 구리란 뜻이다. 이 이름에서 알 수 있듯이 그들은 구리 제련에 뛰어났다. 구리와 철 같은 금속품을 파는 상인들이 로마에 선진 문물을 전파했다. 로마인이 쓴 문자는 형태는 조금 달라 보이지만 알파벳이다. 이 문자는 그리스로부터 수입했음이 틀림없다. 또한 로마인은 그리스의 신들을 들여와 자신의 것으로 만들었는데, 로마가 건설된 지 얼마 되지 않아 헤라클레스, 아폴론, 카스토르, 폴리데우케스 등이 도입되었다. 초기 로마의 종교가 그리스의 영향을 많이 받았다는 것은 누마 폼필리우스 왕의 사례에서 잘 알 수 있다. 누마는 로마의 종교 제도를 정비한 왕으로 유명한데, 가끔 한 달씩이나 숲에 들어가서 신들과 대화를 나누곤 했다고 전한다. 로마인은 누마가 피타고라스의 제자라고 믿었다. 물론 이것은 잘못된 믿음이다.

로마는 문학과 예술 분야에서도 그리스의 영향을 크게 받았다. 기원전 3세기 중엽에 타렌툼에서 포로로 붙잡혀 온 노예 루키우스 리비우스 안드로니쿠스가 그리스의 서사시·비극·희극을 라틴어로 개작했고, 이때부터 로마의 문학이 시작되었다. 조각과 같은 예술 분야에서 로마인은 그리스의 작품을 모방하기에 바빴다. 로마가 그리스를 정복한 후 그리스 예술품들이 고가에 거래되었다. 상인들이 그리스의 조각품을 대량으로 사 왔지만 공급이 수요를 따라가지 못하자 로마인은 모조품을 많이 만들었다. 로마인의 모방술은 세계 최고 수준이었다. 그때 만든 모조품들은 진품과 거의 구별되지 않는다. 당대나 현대나 전문가들조차도 진위를 가리지 못하는 경우가 많다.

기원전 2세기에 로마가 그리스 본토를 정복한 후 그리스의 영향은 이전보다 훨씬 커졌다. 로마에는 그리스 열풍이 불었다. 로마의 지식인들은 희랍어로 대화를 나누고, 그리스에 유학했다. 로마의 최대 문호인 키케로도 그리스에 유학했고 그의 아들 또한 아테네에 유학 보냈다. 학교에서는 그리스에서 잡혀 온 노예들이 그리스의 문학과 학문을 가르쳤다. 거리에는 그리스에서 수입한 물건들이 유행했고, 로마의 집들은 그리스의 조각품과 가구로 채워졌다. 로마의 문화 세계를 그리스인이 장악하자, 로마인은 "정복당한 그리스가 정복한 로마를 정복했다"라는 말을 남겼다.

12장

로마 공화정의 전개

로마의 왕정 시대

로물루스가 로마를 건국한 이래 일곱 명의 왕이 있었다. 로물루스, 누마, 툴루스 호스틸리우스, 안쿠스 마르키우스, 타르퀴니우스 프리스쿠스, 세르비우스 툴리우스, 타르퀴니우스 수페르부스가 그들이다. 로물루스와 누마는 전설적인 인물이므로 그들의 행적을 역사적인 사실로 볼 수 없다. 3대 왕은 민회장을 건설한 것으로, 4대 왕은 로마의 외항인 오스티아를 건설한 것으로 유명하다. 그러나 이들의 행적은 여전히 전설의 영역에 속한다. 5·6·7대 왕은 모두 에트루리아 계통이다. 에트루리아 계통의 왕들이 지배하고 있었을 때 로마는 확실한 역사시대로 들어섰다. 이 시기에 로마는 정치·군사 제도를 마련하고 로마 시를 정비했다. 포룸 로마눔과 주변의 신전들을 만들고 상수도, 운하, 도로 등을 정비했다.

왕정 시대에 로마 왕들은 동방의 전제군주와는 달랐다. 왕위가 세습되지 않고 원로원에서 왕을 선출했다. 왕이 죽고 나면 원로원은 왕이 될 만한 자질을 갖춘 사람으로 하여금 5일간 통치하도록 했다. 그를 간왕間王, interrex이라고 불렀다. 만약 그가 통치를 잘하면 원로원은 그를 정식 왕으로 선출했다. 간왕이 통치를 잘하지 못하면 또 다른 후보를 간왕으로 뽑아서 통치하게 했다. 이런 식으로 해서 적당한 후보자가 왕으로 선출되면 쿠리아 민회를 소집해 인민들의 승인을 받았다. 왕은 군통수권, 사법권, 제사권, 행정권을 포함한 절대권을 가졌다. 왕이 자신의 권한을 행사하여 명령을 내릴 수 있는 권리를 임페리움imperium이라고 한다.

원로원은 가부장들의 모임이었다. 전승에 따르면 로물루스가 왕이 된 후 로마의 가부장들 100명을 모아서 원로원을 만들었다. 가부장은 한 가족의 우두머리인데 로마의 가족은 대가족일 뿐만 아니라 혈연관계가 없는 사람도 포함하고 있었다. 즉, 노예나 기타 식솔도 가족의 범주에 포함되었다. 원로원은 순수한 자문기관이었다. 그들은 왕을 선출할 수 있는 권한을 가지고 있었지만, 국가의 운영에 대해 제도적인 권한을 가지고 있지는 않았다. 왕이 그들의 자문을 무시할 수도 있었기 때문이다. 그러나 왕들이 계속 원로원의 자문을 무시한다면, 그것은 '지혜'에서 벗어나는 행동으로 간주되었다.

왕정 시대에 민회는 쿠리아회Comitia Curiata라고 불렸다. 쿠리아는 씨족이라는 뜻인데, 이 명칭은 초기 민회가 씨족별로 소집되었음을 말해준다. 왕정 시대부터 궁극적으로 주권이 인민에게 있다는 의식은 있었으나, 인민들의 주권은 왕과 원로원의 통제 아래 있었다. 즉, 민회는 스스로 모여서 법을 만드는 것이 아니라 왕이 소집해야 모일 수 있었다. 전쟁 선포와 같은 국가 중대사에 대해서도 민회의 동의를 얻어야 하는 것으로 여겨졌다.

왕정에서 공화정으로

마지막 왕인 타르퀴니우스는 에트루리아 출신인 데다 오만했다. '오만왕'이라는 별명이 붙은 그는 법과 전통을 무시하고 권력을 휘둘렀다. 원로원을 중심으로 한 귀족들은 그의 통치에 분노했고 민심도 급격히 그를 떠났다. 그때 타르퀴니우스의 아들 섹스투스가 콜라티누스의 아내인 루크레티아를 겁탈하는 사건이 일어났다. 루크레티아는 수치심을 가누지 못하고 자살했다. 콜라티누스는 아내의 죽음에 비분강개하며, 브루투스와 발레리우스Publius Valerius Poplicola에게 도움을 청했다. 브루투스와 발레리우스는 즉시 병력을 모아 오만왕을 추방했다. 왕을 추방한 로마인은 더는 왕을 뽑지 않았다. 절대 권력을 가진 왕이 쉽게 타락한다는 것을 깨달았기 때문이다. 왕을 뽑는 대신 로마인은 임기 1년의 콘술(집정관)을 두 명 뽑아서 왕을 대신하도록 했다. 루크레티아의 남편 콜라티누스와 왕을 쫓아내는 데 공이 컸던 브루투스가 콘술로 선출되었다. 기원전 509년의 일이다.

그러나 쫓겨난 왕은 쉽게 포기하지 않았다. 오만왕은 두 가지 전술을 구사하면서 왕위를 되찾으려고 했다. 먼저 그는 로마 원로원에 편지를 보내 자신이 실정을 크게 반성하고 있으며, 협상을 통해 문제를 원만하게 해결하자고 말했다. 로마 시에는 아직 왕을 지지하는 세력이 있었고, 무엇보다 왕이 거느린 군사를 무서워하는 사람들이 많았다.

오만왕의 군사는 아직도 많았고, 오만왕을 도와줄 에트루리아 도시들도 있었다. 오만왕은 이렇게 로마인의 내분을 조장했다. 내분을 조장하는 오만왕의 솜씨는 대단했다. 협상하자는 제안이 잘 먹혀들지 않자 오만왕은 다시 사절을 보냈다. 이번에는 왕위를 완전히 포기하고 다만 로마에 있는 자신의 재산을 가지고 로마를 떠나겠으니 협조해달라고 말했다. 이에 로마에서는 심각한 내분이 일어났다. 콜라티누스가 왕의 요청을 수용하자고 주장한 반면, 브루투스는 절대 받아들일 수 없다고 맞섰다.

　이러한 혼란을 틈타 오만왕의 사자들은 로마 내에서 자신들을 지지해줄 세력을 찾아 매수하고 설득했다. 여러 귀족 가문이 그들에게 넘어갔고, 콘술 브루투스의 아들 두 명도 가담했다. 오만왕의 편이 된 이들은 콘술들을 쫓아내고 오만왕을 다시 왕위에 올릴 거사를 준비했다. 그러나 그들의 거사 계획을 엿들은 한 노예가 오만왕을 쫓아내는 데 앞장섰던 발레리우스에게 반역 음모를 알렸다. 발레리우스는 즉시 사병들을 끌고 가 반란을 모의한 자들을 잡아다가 콘술 앞에 고발했다. 반란의 전모가 밝혀져 반란자들은 모두 처벌을 면할 수 없게 되었다. 그런데 반란자 중에 콘술 브루투스의 아들 두 명이 있었다. 인민들은 이 사실을 알고, 차마 그들을 죽일 수 없으니 외국으로 추방하자고 말했다. 그때 브루투스는 혼자 피눈물을 흘렸다. 한참 울던 브루투스는 경호원들에게 아들들을 사정없이 때려죽이라고 명령했다. 경호원들이 고삐와 채찍으로 두 아들을 때려죽였다. 그때 브루투스는 한시도 한눈을 팔지 않고 두 아들이 맞아 죽는 모습을 쳐다보았다. 그리고 말했다. "누구든지 반역을 꾀하는 자는 용서할 수 없다." 브루투스의 이 태도야말로 로마인의 정신이자 근성이었다. 그들은 사적인 감정보다

는 국가와 공동체를 먼저 생각했다.[1]

내분을 이용해 왕위를 되찾으려던 오만왕의 시도는 실패했다. 그러나 오만왕은 이미 두 번째 전술을 준비하고 있었다. 그는 로마에 인접한 투스카니인을 설득해 자기편으로 만들었다. 투스카니인이 병력을 보내자 왕은 적극적으로 로마를 공격하기 시작했다. 로마는 발레리우스가 중심이 되어 출정했다. 양쪽 군대는 치열하게 싸웠는데, 승패는 한 명의 전사자 때문에 결정되었다고 전한다.

승패가 정해진 내막은 이렇다. 양측 군대가 너무나 치열하게 싸우는 가운데 많은 피해가 났다. 두 군대는 상대방의 용기와 군세에 위축되었다. 죽어가는 동료들을 쳐다보던 로마 병사들은 자기들이 지고 있다고 생각하고 용기를 잃었다. 병사들이 낙담한 채 잠을 청하고 있는데, 숲속에서 이상한 소리가 들렸다. "전투에서 로마인보다 투스카니인이 한 명 더 죽었다." 이 소리에 로마 병사들은 용기백배했고, 마침내 오만왕의 군대를 무찔렀다. 왕정을 무너뜨리고 공화정을 세우는 데 공을 세운 발레리우스에게 로마인은 로마인으로서 누릴 수 있는 최고의 영예를 주었다. 그것은 로마의 성벽 안에 묻힐 수 있는 권리였다. 그리고 그의 이름을 '인민의 벗'이라는 뜻의 푸블리콜라로 바꿔 불렀다. 이렇게 해서 왕정은 완전히 종식되었고, 에트루리아인의 지배도 끝났다.

공화정의 정치 구조: 국가는 '공공의 것'

기원전 509년 로마인은 왕정을 철폐하고 공화정을 세웠다. 라틴어로 공화정res publica이라는 단어는 '것 혹은 물건'을 뜻하는 'res'와 '공공의'라는 의미의 'publica'라는 말의 합성어이다. 국가는 왕이나 소수 귀족이 아니라 모든 인민의 것이라는 뜻이다. 아테네인보다는 못하지만, 로마인도 민주주의에 대한 관념을 가지고 있었다. 민주주의는 주권이 인민에게 있고, 주권을 실현하는 방법으로 사람들이 모여 토론하고, 투표를 통해 전체의 의사를 결정하는 것이다. 이런 의미에서 로마인은 철저한 민주주의자들이었다. 로마인은 특정한 개인이 권력을 독점하는 일이 없도록 세심하게 배려했으며, 모든 것을 토론과 투표를 통해 결정했다.

그러나 로마의 민주주의는 아테네와 달랐다. 아테네는 민주화 과정을 통해 민회에 모든 권한을 집중시켜 신분이나 재산에 상관없이 평등한 민주주의를 구현했다. 이에 반해 로마는 귀족과 평민을 각각 대변하는 원로원과 민회를 양대 권력 기구로 만들고, 귀족과 평민이 서로 견제할 수 있게 했다. 따라서 로마의 정치 기구는 신분의 차이를 인정하고, 신분 간의 합의를 중요시했다. 그리고 로마는 민회에서 표결을 개별 시민별로 하는 것이 아니라 시민들을 군사 단위나 지역구 단위로 묶은 다음 단위 투표로 진행했다. 시민들은 그가 속한 집단에서 투표했고, 각 집단이 민회에서 한 표를 행사했다. 따라서 시민 개개인의 의견이 아니라 시민이 속한 집단의 의견이 중요했다. 로마의 정치 구조가 이런 특징을 갖고 있기 때문에 로마의 정치체제를 민주주의가 아니라 공화주의라고 부른다.

공화정의 정치 구조에서 가장 중요하고 권위 있는 기구는 원로원이었다. 전직 관리 300명으로 구성된* 원로원의 가장 중요한 임무는 관

---

* 공화정 초기에는 콘술 역임자, 기원전 300년경부터는 프라이토르 직과 쿠룰리스 아이딜라스

로마 원로원의 모습. 이탈리아 화가 체사레 마카리가 19세기에 그린 작품으로, 집정관 키케로가 반란을 도모한 카틸리나의 처벌을 주장하고 있다. 카틸리나는 오른쪽 구석에 혼자 앉아 있다.

리의 국정 운영과 민회의 입법에 대한 자문이었다. 고위 관리들은 행정이나 국가 중대사의 결정에 있어 늘 원로원의 자문을 구해야 했다. 민회에 대해서도 원로원은 자문권을 가지고 있었다. 입법권은 민회에 있었지만, 법을 만들기 전에 반드시 원로원에 자문을 구해야 했다. 기원전 339년 이전에는 민회가 통과시킨 법이라도 원로원의 승인을 받지 못하면 법으로 인정받지 못했다.* 이후에도 민회는 새로운 법을 제

직 역임자, 술라 때에는 콰이스토르 역임자가 원로원 의원이 될 수 있었다. 허승일, 《로마사》, 나녹, 2019, 47쪽 참조.

* 기원전 339년 독재관 필로Quintus Publilius Philo의 푸브릴리우스 법lex Publilia에 따라 원로원의 인준권이 폐지되었다. K. Loewenstein, *The Governance of Rome*, Springer, 1973, p. 157. 푸브릴리우스 법은 기원전 339년 이후에 민회에 상정할 법은 사전에 원로원의 허락을 받아야 한다고 규정했다. 그러나 이 규정이 얼마나 잘 지켜졌는지 확실하지 않다. George Mousourakis, *A Legal History of Rome*, Routledge, 2007, p. 10 참조.

정할 때 사전에 원로원과 협의하는 것이 관례였다. 나중에 티베리우스 그라쿠스는 이 관습을 지키지 않았다는 이유로 크게 비난받게 된다. 관리들과 민회에 대한 자문권 외에 원로원의 중요 권한은 재정권과 외교권이었다. 원로원은 국가 예산의 수입과 지출을 통제하면서 실질적으로 국가 예산의 운영을 책임졌다. 외국에 사절을 보내고, 외국 사신을 접견하고, 외국과의 분쟁을 해결하는 것도 원로원의 몫이었다. 또한 원로원은 전시와 같은 비상시국에는 독재관의 지명을 요구할 수 있었고, 공화정 후기에는 '원로원의 비상 결의Senatus consultum ultimum'를 발표할 수 있었다. 이 결의가 발표되면 원로원은 절대 권한을 가지고 국가를 위협하는 인물을 제거할 수 있었다.

공화정 시기의 민회는 크게 보아 세 개가 있었다. 왕정 시기의 주요 민회였던 쿠리아회는 혈통 문제나 신분 문제를 다루었다. 양자를 얻거나 귀족으로의 신분 상승을 승인받고자 하는 사람은 쿠리아회의 동의를 얻어야 했다. 쿠리아회는 또한 병사회에서 선출된 관리들에게 임페리움(공무 수행권)을 부여했다.

왕정 시대 말기 세르비우스 툴리우스가 병사회라는 새로운 민회를 만들었다. 그리스와 마찬가지로 로마에도 밀집대형Phalanx과 중갑보병이 도입되었다. 로마 시민도 자비로 무장하고 군 복무를 해야 했기 때문에 무장할 능력이 있는 자영농이 군대의 주력이 되었다. 세르비우스 툴리우스는 재산 보유 정도에 따라 시민들을 193개의 켄투리아(백인대)로 편성했다. 귀족은 기병으로 복무하게 하고 18켄투리아로 편성했고, 평민들은 재산 보유 정도에 따라 다섯 등급으로 편성했다. 1등급은 토지를 20유게라 이상 가진 시민을 80개의 켄투리아로, 2등급은 15유게라 이상의 토지를 가진 자를 20켄투리아로, 3등급은 10유게라 이상의 토지를 가진 자를 20켄투리아로, 4등급은 5유게라 이상의 토지를 가진 자를 20켄투리아로, 5등급은 2.5유게라 이상의 토지를 가진 자를 30켄투리아로 편성했다. 이상의 188켄투리아 외에 다섯 개의 켄투리아가 있었는데, 재산이 없는 자들은 모두 모아 프롤레타리아라는 백인대를 만들었다. 프롤레타리아는 자식을 낳는다는 뜻인 프롤레오proleo라는 동사에서 유래했다. 즉, 프롤레타리아는 국가에 기여하는 바가 자식을 낳는 일밖에 없는 사람들이라는 뜻이다.

병사회는 공화정 시기 가장 중요한 민회였다. 병사회는 입법권, 사법권, 관리 선출권, 국가 중대사의 결정권을 가지고 있었다. 국정의 실제 운영은 고위 관리들과 원로원이 했지만, 최종적인 권한은 병사회에 있었던 셈이다. 병사회의 투표는 기사 백인대가 가장 먼저 하고, 그다음 평민 백인대들이 등급에 따라서 했다. 그런데 평민 1등급의 백인대가 80개였기 때문에, 기사 등급과 평민 1등급이 모두 찬성하면 절반이 넘었다. 과반이 되면 투표가 종료되어, 실제로 투표는 대부분 평민 2등급 이전에 끝났다. 이렇게 로마가 개인이 아니라 단위별로 투표하는 원칙을 갖고 있었기 때문에 하층 평민은 투표에 거의 영향을 끼치지 못했다. 특히 시민의 다수를 차지하는 프롤레타리아는 평생 가야 한 번도 투표할 수 없었다.

쿠리아회와 병사회 외에 지역구회tribus가 있었다. 로마의 지역구회는 귀족과 평민이 모두 모이는 지역구 인민회와 평민만이 모이는 지역구 평민회가 있었다. 지역구회도 입법, 사법, 관리 선출권을 가지고 있었다. 그렇지만 지역구회는 병사회보다 격이 낮았다. 병사회는 대정무관이라고 불리는 켄소르, 콘술, 프라이토르를 선출했고, 지역구 인민회는 프라이토르보다 직급이 낮은 소정무관들을 선출했다. 재판에서도 병사회는 중범죄를, 지역구회는 경범죄를 다루었다. 지역구 평민회는 처음에 민회로 대접받지 못했다. 지역구 평민회의 결의plebiscita는 국정의 참고 사항일 뿐 법이 아니었다. 신분 투쟁 과정에서 평민들의 요구를 반영해 기원전 287년 호르텐시우스법이 만들어졌다. 이 법은 지역구 평민회의 결의를 법으로 인정했다. 또한 2차 포에니 전쟁 기간에 귀족들은 평민들의 협조를 적극적으로 끌어내기 위해 향후 중요한 입법은 지역구 평민회를 통해서 하겠다고 약속했다. 그 결과 공화정 말기에 지역구 평민회의 권한이 강화되었다.

관리들은 모두 합해야 몇십 명이 되지 않았다. 가장 높은 관리는 콘술(집정관)이었다. 콘술은 최고의 관리로서 최고 행정권과 군통수권을 가지고 있었다. 군통수권자로서 콘술은 전쟁터에서는 재판 없이 사람을 사형시킬 수 있었다. 로마인은 콘술을 두 명으로 정했는데, 콘술의 권한이 워낙 막강하므로 권력이 집중되는 것을 막기 위해서였다. 로마인은 또한 콘술이 다른 콘술의 결정에 거부권을 행사할 수 있도록 했다. 관리 한 명이 독단적으로 국정을 운영하는 것을 막기 위해서였다.

국가 비상시에는 독재관이 임명되었다. 독재관은 원로원의 지명으로 콘술이 임명하며, 독재관이 임명되는 순간 콘술들의 권한은 모두 독재관에게 집중되었다. 그러나 독재관이 절대 권력을 행사하는 것을 제한하기 위해 임기는 6개월로 한정했다. 카이사르는 독재관의 임기를 무시하고 종신 독재관직에 올라 독재를 하려고 했다. 그는 종신 독재관이 된 지 두 달 만에 왕이 되려 한다는 이유로 살해되었다. 콘술 외에 재판을 담당하고 콘술을 보좌하는 프라이토르(법무관), 제사를 담당하는 사제pontifex, 센서스 조사를 수행하고 시민들의 풍기를 감독하는 켄소르(감찰관), 도시의 치안과 각종 시설 관리를 책임지는 아이딜리스(도시 관리관), 집정관의 재정 집행을 감독하는 콰이스토르(재무관) 등의 관리가 있었다.

공화정의 3대 기구는 각 기구 내에서 그리고 세 기구 간에 서로 견제의 원리를 지켜 특정 기관이나 특정 인물에 권력이 집중되지 않도록 했다. 그러나 공화정 초기에는 귀족의 권한이 너무 강했고, 로마 시민 다수는 국가 운영에 제대로 참여할 수 없었다. 이런 상황에 불만을 느낀 평민들은 귀족들과 동등한 정치권력을 확보하기 위해 투쟁했다.

신분 투쟁의 산물, 12표법

로마가 인류에게 남긴 위대한 유산 중 하나는 로마법이다. 로마법의 위대함에 대해 독일의 법학자 예링 Rudolf von Jhering 은 이렇게 말했다.

로마는 세계를 세 번 지배했고, 수많은 민족을 세 번 결합하여 통일했다. 첫째, 로마가 가장 강성했을 때 여러 국가를 통일했다. 둘째, 로마제국이 몰락한 후 종교를 통일했다. 그리고 중세에 계승되어 서양 법의 근간을 제공할 로마법 체계를 발전시켰다. 첫 번째는 무력을 이용해서 강제로 한 통일이었지만, 두 번째와 세 번째는 정신의 힘에 의한 것이었다. 로마가 세계사에서 갖는 의미와 사명을 한마디로 요약하면, 민족적 원리를 보편성의 사상에 의해 극복한 것이다.[2]

로마법의 모체는 12표법이다. 12표법의 제정은 신분 투쟁의 산물이었다. 공화정 초기에 대다수 평민들은 정치에 참여하기 힘들었고 공직을 얻을 수도 없었다. 그러나 밀집대형이 도입되면서 국가를 수호하는 평민의 중요성이 날로 커졌다. 군 복무는 평민에게 상당한 부담이 되었다. 특히 에트루리아를 비롯한 주변 종족들과의 전쟁이 계속되면서 군 복무 기간이 늘어났다. 평민들은 군 복무 기간 동안 농사를 지을 수 없었고, 장기간 집을 비웠다가 돌아오면 가족은 뿔뿔이 흩어지고 농지도 다른 사람의 소유가 되어 있는 경우가 많았다.

평민들은 자신들이 희생을 치른 만큼 정치적인 권리를 개선하고, 귀족들의 전횡을 막고자 했다. 그러나 귀족들은 자신들의 권리를 포기하려고 하지 않았다. 귀족들의 거만한 태도에 분노한 평민들은 기원전 494년 대규모 시위를 벌였다. 평민들은 로마 북쪽에 있는 성산에 모여 자신들의 요구가 관철되지 않을 경우 독자적으로 국가를 수립하겠다고 선언했다. 이에 귀족들이 양보하여 귀족과 관리들의 전횡을 막고 평민을 보호할 수 있는 관리를 뽑도록 했다.

이렇게 해서 호민관이라는 관리가 생겨났다. 호민관은 오직 평민 출신만 될 수 있었으며 처음에는 두 명이었지만 나중에 열 명으로 늘어났다.* 호민관의 의무는 평민의 생명과 재산을 보호하는 것이었다. 이 의무를 수행하기 위해 호민관은 민회가 통과시킨 법안, 원로원의 결의, 관리의 행위, 심지어 동료 호민관의 행위 중에서 평민의 이익을 침해하는 것에 대해 거부권을 행사할 수 있었다. 그러나 호민관의 권한은 로마 시내와 시 경계선에서 1.6킬로미터 이내에서만 효력이 있었다. 로마 시내는 안전지대이므로 고위 관리들의 정책이 거부되더라도

---

* 평민 출신이 콘술이 되면 귀족이 되는데 이들은 신귀족이라고 불렸다. 이들 가문은 호민관이 될 수 있었지만, 전통 귀족인 벌족은 호민관이 될 수 없었다.

큰 문제가 없지만, 로마 시 경계를 벗어난 지역에서 관리들의 결정이 거부된다면 국가가 위험해질 수도 있기 때문이었다. 호민관은 평민들이 언제든지 찾아올 수 있도록 집 문을 항상 열어놓아야 했고, 도시 밖으로 나가지 말아야 했다. 호민관의 신체는 신성불가침으로 여겨졌다. 그에게 폭행을 가하거나 그의 임무 수행을 의도적으로 방해하는 자는 사형에 처해졌다. 두 명의 평민 출신 아이딜리스가 호민관을 도왔다.

기원전 471년에 평민은 귀족으로부터 또다시 중요한 양보를 얻어냈다. 지역구 평민회를 창설한 것이다. 이 민회의 성격에 대해서는 앞에서 살펴보았다. 이렇게 평민들은 자신들의 이익을 대변해줄 대표와 자신들만의 모임을 가지게 되었다. 그러나 평민들의 권리는 여전히 성문화되지 않은 채 귀족들만이 알고 있는 관습법에 종속되어 있었다. 평민과 귀족 사이에 분쟁이 일어났을 때 평민들은 자신들이 어떤 권리를 가지고 있는지, 법적으로 그 문제를 어떻게 처리해야 하는지를 몰랐다. 귀족들은 법을 독점하여 자의적으로 이권을 챙겼다. 포악한 귀족들이 평민 여자들을 겁탈하기도 했다.

기원전 452년 호민관들은 이런 불합리한 상황을 해결하기 위해 성문화된 법전을 만들자고 원로원에 제안했다. 원로원은 10인의 입법자로 구성된 위원회를 설치했다. 이들이 사례 연구를 위해 아테네로 시찰단을 파견했다는 이야기가 있지만, 근거는 약하다. 그리스 측에 아무런 기록이 없고, 12표법의 내용이 이탈리아 남부에 있는 그리스 식민시들의 영향을 받은 것이 명확하기 때문이다.

기원전 450년 10인 위원회는 그때까지 존재하던 법을 정리하고 평민들의 요구를 받아들여 열 가지 항목에 대해 법을 정비했다. 이듬해 두 가지 항목의 법이 추가되어 법전은 12표법이 되었다. 12표법이라는 명칭에서 알 수 있듯이 열두 항목의 법이 각각 청동판에 새겨져 로마의 광장에 게시되었다. 기원전 4세기 갈리아인의 침입으로 12표법을 새긴 청동판은 소실되었고, 본문의 3분의 1가량이 후대 저자들의 인용문으로 전해지고 있다.

12표법의 제정은 법 앞에 모든 시민이 평등하다는 원칙을 구현했다는 점에서 인류 역사에 한 획을 그은 중요한 사건이었다. 함무라비 법전이 사람을 귀족·평민·노예로 나누고 신분에 따라 권리와 의무를 다르게 규정한 반면, 12표법은 거의 모든 조항에서 귀족과 평민, 남자와 여자의 차이를 두지 않았다. 또한 특정 개인에게 특권이나 예외를 주는 법을 만들지 못하게 했다. 그리고 시민이 결정한 것이 법이며, 시민을 사형에 처하는 법은 가장 중요한 민회인 켄투리아회를 통해 제정하도록 했다. 이는 주권이 최종적으로 시민에게 있으며, 시민이 법의 원천임을 천명한 것이다.* 그러나 12표법의 제정으로 귀족과 평민이 완전한 평등을 확보한 것은 아니었다. 기원전 449년에 추가된 두 개의 조항은 귀족과 평민의 통혼을 금지했고, 채무자를 가혹하게 처벌할 수 있도록 했다. 이는 귀족에게 매우 유리한 조항들이었다.

12표법이 제정된 후 법이 로마인의 생활을 좌우하게 되었다. 학생들은 12표법을 암송했고, 시민들은 분쟁이 생기면 12표법에 따라 소송을 제기했다. 전문적인 법률 지식을 가진 변호사들이 생겨났고, 학자들은 12표법에 주석을 다는 일에 힘썼다. 로마인이 12표법을 얼마

---

* 12표법, 9표 1조는 "인적 예외법안은 제안하지 못한다. 시민에 대한 극형에 관해서는 최고민회가 아니고서는 … 결정하지 못한다"라고 규정하고 있다. 그리고 12표 5조는 "무엇이든지 인민이 최종적으로 명한 것은 법이고 유효하다"라고 규정하고 있다. 12표법의 번역문은 최병조, 〈고대 로마 십이표법의 번역과 관련하여〉, 《서울대학교 법학》 51-3, 2010을 참조했다.

나 자랑스럽게 여기고 소중히 생각했는지 로마의 최고 문호인 키케로는 이렇게 말했다.

> 온 세상이 반대한다 해도 나는 내 생각을 말할 것이다. 12표법은 법의 원천이기에, 확언하건대, 권위의 비중과 유용함의 풍부함에서 그리스 철학자들의 모든 책을 합한 것보다 소중하다.[3]

평민들의 권리 신장은 12표법 제정 후에도 계속되었다. 기원전 367년 리키니우스와 섹스티우스는 새로운 법을 만들어 콘술 두 명 중 한 명은 평민 가운데서 뽑도록 했다. 기원전 287년에는 호르텐시우스가 평민회의 결의가 법적인 효력을 갖도록 했다. 이렇게 해서 평민들도 자신들에게 유리한 법률을 만들 수 있게 되었고, 로마의 정치체제는 훨씬 민주적인 모습을 가지게 되었다.

로마인이 공화정 체제를 다듬어나가는 과정은 로마인이 주변 종족들과의 투쟁 속에서 생존을 지켜나가는 과정과 연관되어 이루어졌다. 법률 개정을 통해 법적인 평등이 확보되면서 사회는 점차 안정되어갔다. 귀족들이 양보함으로써 평민들은 공동체 성원으로서 정체감을 가지게 되었고, 적극적으로 국가 발전을 위해 협력했다. 신분 간의 타협을 통한 사회 안정은 로마가 외부로 팽창할 수 있는 힘이 되었다.

이탈리아의 통일(기원전 509~264)

로마의 팽창은 처음부터 계획된 것은 아니었다. 이탈리아반도에 자리 잡은 여러 종족 가운데 하나인 로마는 수립 초기에 세력이 미약했다. 로마의 북쪽에 있던 에트루리아 계열의 종족들은 물론이고 알프스 너머에 살던 켈트인조차도 로마를 넘보고 있었다. 로마가 살기 좋은 곳인 데다가, 비옥한 남쪽 지역으로 가는 길목이었기 때문이다. 로마인은 공화정 초기부터 주변 종족들의 빈번한 침입을 받았고, 때때로 생존이 위협받을 정도로 심각한 위기를 겪었다. 수십 번 그런 난관을 뚫고 로마는 차츰차츰 세력을 키운 끝에 이탈리아반도를 통일했다. 조그마한 도시에서 출발하여 전체 이탈리아를 통일할 때까지 거의 300년이 걸렸다. 이를 두고 사람들은 '로마는 하루아침에 이루어지지 않았다'고 말한다.

로마의 이탈리아 통일 과정은 기묘하게도 라틴족과의 싸움에서 시작되었다. 로마가 건국될 무렵 이탈리아 중부에는 라틴인들이 30여 개의 도시를 건설해 살고 있었고, 초기 중심지는 알바 롱가였다. 그들은 매년 특정한 곳에 모여 '라틴 축제Feriae Latinae'라는 제전을 열고 동족의식을 형성했으며, 라틴 연맹을 맺어 다른 종족의 위협에 맞섰다. 에트루리아의 영향하에 있던 시절 로마는 알바 롱가와 싸워 승리함으로써 라틴 연맹의 중심 국가로 부상했다.[4]

로마가 에트루리아 왕들을 몰아내고 점점 더 강력해지자 라틴 연맹은 로마의 주도권을 인정하려고 하지 않았다. 그들은 아리키아를 중심으로 로마에 대항해 전쟁을 일으켰다. 로마와 라틴족의 전쟁은 몇 년이나 계속되었다. 로마는 레길루스Regillus 호수 전투에서 승리한 후 라틴족과 협상하여 전쟁을 종결했다. 그리하여 기원전 493년 카시우스 조약이 체결되었다. 그 내용은 로마와 라틴 연맹의 도시들이 외적과 전쟁을 하게 되면 각각 절반의 군사력을 부담하고, 노획물도 반으로 나누는 것이었다. 이 조약으로 로마는 라틴족 내에서 주도권을 확고하게 확보했다.

라티움 지역에서 주도권을 확보한 로마는 기원전 483년경 에트루리아의 요새 도시인 베이이를 공격했다. 베이이는 에트루리아인의 도시 가운데 가장 남쪽에 있는 곳으로 로마에서 북쪽으로 16킬로미터 정도 떨어져 있다. 베이이를 차지하는 것은 매우 중요했다. 초기 로마의 주요 수입원 가운데 하나가 테베레강 하류에서 채취한 소금을 이탈리아 본토에 파는 것이었는데, 베이이인도 소금 교역에 종사하고 있었기 때문이다. 옛날에는 소금이 얼마나 귀했던지 '하얀 황금'이라고 불렸다. 로마인은 한때 봉급을 소금으로 준 적이 있었고, 아라비아에는 소금 친 음식을 접대한 사람을 큰 은인으로 대접해야 한다는 관습이 있었다. 초기 로마의 힘이 강하지 않았기 때문에 베이이를 함락하는 데는 수십 년이 걸렸다. 로마는 여러 번 전투를 치른 후 기원전 396년에야 베이이를 함락했다. 이로써 로마는 로마 면적의 두 배에 해당하는 영토를 얻고, 북쪽에서 오랫동안 로마를 괴롭혀온 에트루리아의 압박에서 벗어났으며, 테베레강 하류에서 생산하는 소금 교역을 독점할 수 있었다.[5] 기쁨에 취해 있던 로마는 또 다른 북쪽의 적이 그들을 노리고 있음을 알지 못했다.

로마인이 갈리아인이라고 불렀던 켈트인은 알프스 이북의 유럽 본토에 퍼져 살았다. 기원전 6세기에 이들의 일파가 알프스 이남의 포강 유역에 들어와 에트루리아 지역을 점령하며 정착하기 시작했다. 로마인은 이 지역을 갈리아 키살피나Galia Cisalpina, 즉 알프스 이남의 갈리아라고 불렀다. 기원전 390년경 갈리아인의 일파인 세노네스족Senones이 남쪽으로 진출하여 로마를 위협했다. 로마는 이들을 막기 위해 알리아강으로 군대를 보냈으나 패배했다. 세노네스족은 로마로 진격해 약탈을 자행했다. 로마인은 여기저기로 도망쳤고, 카피톨리누스 언덕으로 피한 로마인이 겨우 세노네스족의 공격을 막아내고 있었다. 일곱 달 동안 카피톨리누스 언덕을 포위했던 세노네스족은 로마가 많은 배상금을 제시하자 물러났다.

로마 시가 파괴되면서 로마의 국가적 위신은 땅에 떨어졌다. 폐허가 된 도시로 돌아온 로마인은 도시 전체를 보호하기 위해 두께 3.6미터, 높이 10미터, 총 길이 11킬로미터의 성벽을 쌓았다. 이 성벽은 로마의 6대 왕인 세르비우스의 이름을 따서 세르비우스 성벽이라고 불렸다. 세르비우스가 성벽을 쌓았다는 전승이 있어 이런 이름이 붙여졌지만, 현재 남아 있는 성벽은 갈리아인의 침입 후 기원전 4세기에 축성되었다. 이 성벽 덕분에 로마는 기원전 349년 갈리아인의 재침을 성공적으로 막아낼 수 있었다.

갈리아인의 위협에서 벗어난 후 로마는 남쪽으로 진출하기 시작했다. 로마의 남쪽에는 삼니움인이 살고 있었다. 기원전 350년경 삼니움은 객관적으로 로마보다 강한 나라였다. 영토는 로마의 세 배 반, 인구는 두 배나 되었다. 더구나 그들은 매우 비옥한 캄파니아 평야를 차지하고 있었다. 로마와 삼니움의 갈등은 삼니움인의 내분에서 시작되었다. 산악의 삼니움인이 추위와 배고픔에 못 이겨 평지의 삼니움인을 약탈하곤 했다. 이를 견디다 못해 카푸아에 살고 있던 삼니움인이 로마에 보호를 요청했다. 로마는 캄파니아 평야로 진출할 절호의 기회라고 생각하고 그들의 요청을 흔쾌히 받아들였다. 평야 지역 삼니움인의 지원을 받으며 로마는 본격적으로 산악 지역의 삼니움인을 토벌하기 시작했다.

그러나 평야 전투에 익숙한 로마인이 산악의 삼니움인을 굴복시킨 다는 것은 매우 힘든 일이었다. 삼니움인은 게릴라 전술로 소규모 병력을 보내 기습할 뿐 전면 대결을 피했다. 삼니움인은 심지어 로마군을 완전히 속여서 계곡 깊숙이 유인한 경우에도 공격하지 않았다. 기원전 321년 삼니움인은 거짓 정보를 흘려 로마군을 카우디움 계곡으로 유인했다. 삼니움인의 계략에 속아 로마군이 계곡으로 들어오자, 삼니움인은 바리케이드로 로마군의 앞뒤를 막아버렸다. 적을 유인하고 포위하는 데 성공했다면, 어느 군대든 흥분해서 싸우기 마련이다. 그럴 경우 전투에는 승리하겠지만 아군의 피해가 조금이라도 있을 수 있다. 이렇게 생각한 삼니움인은 포위만 하고 싸우지 않았다. 결국 식량이 떨어진 로마군은 항복할 수밖에 없었다.

카우디움에서 치욕을 당한 로마인은 삼니움인과의 싸움에 맞게 전투 대형을 재편했다. 소규모 부대를 편성하고, 부대장에게 많은 자율권을 부여했다. 그리고 삼니움인이 쓰는 투창을 도입하여 그들의 것보다 훨씬 좋게 만들었다. 그러나 로마를 승리로 이끈 것은 이런 전술상의 차이가 아니다. 삼니움인과의 싸움에서 로마인이 범한 최대의 실수는 조급했다는 것이다. 로마인은 전투를 너무나 자신하고 있었기 때문에 삼니움인을 쉽게 이길 수 있다고 생각했다. 카우디움의 패배 후 로마는 전열을 정비하고 전술 변화를 꾀한 후 평야 지역의 삼니움인과 인접 도시들을 차례로 정복했다. 평야 지대의 종족들이 모두 정복당하고 나면, 산악 지역의 삼니움인은 식량을 확보할 수 없어서 평야로 나올 수밖에 없는 상황이었다.

점점 산지에 갇히게 된 삼니움인은 결국 로마와 강화조약을 맺을 수밖에 없었다. 그리하여 기원전 304년 삼니움인과 로마의 강화조약이 맺어졌다. 6년 후 삼니움인은 주변의 여러 종족과 연합하여 로마군과 최후의 대결을 벌였지만, 크게 패했다. 삼니움인을 굴복시킴으로써 로마는 비옥한 캄파니아 평야와 남동부 해안의 푸테올리를 비롯한 여러 항구를 확보했다. 이탈리아 중부를 차지한 로마는 이제 이탈리아 남부에 자리 잡은 그리스인과 맞서게 되었다.

이탈리아 남부는 그리스인이 식민하여 살던 곳이라 '대그리스'라고 불렸다. 남이탈리아에서 세력이 가장 큰 도시 타렌툼이 '대그리스'의 맹주였다. 로마가 삼니움을 차지하기 전에 로마와 타렌툼은 상대방의 영역을 침범하지 않기로 협정을 맺었다. 그런데 기원전 283년 로마 선박 열 척이 타렌툼 항구에 들어갔다. 바다를 항해하다가 기후가 나빠져서 피난했던 것 같다. 타렌툼은 로마가 남쪽으로 세력을 계속 확대하는 것을 경계하고 있었는데, 로마 배가 그들 항구로 들어오자 영역을 침범했다는 구실로 로마 배들을 침몰시켰다.

그리하여 로마와 타렌툼은 전쟁에 돌입했다. 타렌툼인은 상업에 종사하는 사람이 많아서 군대가 많지 않았고, 그나마 대부분 용병이었다. 타렌툼인은 로마와 대적하기 위해 지중해 세계에서 가장 잘 싸우는 사람을 불러왔다. 그는 발칸반도 서부에 있는 작은 산지 나라 에페이로스의 왕 피로스였다. 피로스는 제2의 알렉산드로스를 꿈꾸던 야심 찬 인물로 타렌툼의 요청을 받아들여 로마를 정복한 다음 지중해 세계의 정복에 나설 참이었다. 기원전 280년 봄 그는 인도산 전투용 코끼리들과 2만 5천 명의 용병을 거느리고 이탈리아에 도착했다.

타렌툼에서 멀지 않은 헤라클레아에서 피로스 군대와 로마군이 맞부딪쳤다. 전세는 호각지세였고, 두 군대 모두 잘 싸웠다. 피로스의 중장보병 밀집대는 로마 군단을 흐트러뜨리지 못했다. 삼니움 군대의 방식으로 무장하여 싸우는 로마 군단이 여기저기서 흩어진 뒤에 언제든지 다시 결집했기 때문이다. 그렇지만 피로스의 코끼리 20마리가 제 몫을 해주었다. 좌우 날개에 배치된 코끼리와 기병대가 양 측면에서 로마군을 포위하여 공격했다. 로마인은 코끼리를 본 적이 없었기에 전장에서 코끼리가 돌진해 올 때 어떻게 대처해야 할지 몰랐다.[6] 결국 로마는 7천 명의 병력을 잃고 철수했다. 그러나 피로스도 정예병 4천 명을 잃었다. 전술상의 우위를 확보하고도 아군이 그렇게 많이 죽은 것은 로마군이 잘 싸웠기 때문이다. 이후 자신도 피해를 많이 입고, 가까스로 이긴 전투를 '피로스의 승리'라고 부르게 되었다.

첫 전투를 승리로 이끈 피로스는 로마로 진격하여 점령하려고 했다. 그러나 로마를 점령하기에는 피로스의 병력이 너무 적었다. 그의 병력은 고작 2만밖에 되지 않았다. 피로스는 로마를 공격하면 로마의 동맹국들이 이반할 것으로 생각했다. 그러나 로마 동맹국들은 거의 이반하지 않았다. 나중에 한니발도 똑같은 오류를 범하는데, 로마는 역사상 유례를 찾아볼 수 없을 정도로 훌륭하게 동맹국을 관리했다. 일단 로마에 정복당한 동맹국들은 로마의 포용 정책에 감사하며 서서히 로마에 동화되었다.

피로스는 로마 남쪽 60킬로미터 지점까지 진출했지만, 로마의 동맹국들이 전혀 동요하지 않고 로마의 방어가 견고함을 알고는 강화를 맺고 회군했다. 피로스는 전쟁에 실패한 후 이탈리아를 떠나 마케도니아로 돌아가 왕이 되었는데, 기원전 272년 아르고스를 공격하다가 어떤 여인이 2층 창문에서 던진 옹기에 머리를 맞아 숨졌다. 피로스가 죽자 이탈리아에는 로마를 견제할 세력이 남아 있지 않았다. 이렇게 해서 기원전 270년경 로마는 이탈리아반도 전체를 통일했다.

로마는 어떻게 이탈리아반도를 통일할 수 있었을까? 이탈리아반도 정복은 로마가 처음부터 군사적으로 강력했기 때문에 얻은 결과가 아니었다. 그것은 로마가 강성해지는 과정이었다. 로마인은 실패를 거울 삼아 적들에게서 배운 교훈으로 자신들의 부족한 점을 과감하게 바꿀 줄 알았다. 기원전 4세기 중엽에는 정부를 재조직해 내부 결속력을 강화했다. 무엇보다도 이탈리아 통일은 로마 혼자의 힘으로 이룬 것이 아니었다. 이탈리아의 여러 동맹국이 제공한 인적·물적 지원이 로마가 적들을 제압하는 데 결정적인 힘이 되었다. 로마는 원래 자신의 적이었던 나라들을 정복한 후 동맹국으로 삼았고, 그들과 협력 관계를 맺었다. 동맹국은 로마가 보여준 관용과 신의에 감동하여 점차 로마와 자신들을 하나로 여기게 되었다. 이렇게 적을 동지로 만드는 능력이 훗날 로마가 세계적인 대제국으로 성장할 수 있었던 가장 중요한 덕목이었다.

로마와 카르타고의 격돌, 포에니 전쟁

카르타고인들

기원전 264년, 로마가 이탈리아반도의 패자로서 '장화의 코 끝'까지 다다랐을 때, 메시나 해협을 사이에 두고 풍요로운 시칠리아가 있었고, 맞은편에는 카르타고가 있었다. 고고학 발굴에 따르면 카르타고는 로마보다 조금 이른 시기인 기원전 9세기 말에 건설되었다.[7] 앞에서 아이네아스를 사랑한 디도의 애절한 이야기를 언급했는데 그 전설도 카르타고와 로마가 비슷한 시기에 건설되었음을 보여준다.

카르타고는 그리스보다 훨씬 오래전에 지중해에서 무역을 장악했던 페니키아인Phoenicia이 북아프리카의 튀니스만에 건설한 식민도시였다. 이 나라는 원래 왕정이었지만, 기원전 6세기부터 공화국을 표방했다. 최고 관리는 매년 선출되는 두 명의 수페테였다. 이들은 원로원과 민회를 주관하고 재판도 담당했다. 그렇지만 귀족 가문의 수장들이 모이는 원로회가 결정적인 힘을 가지고 있었다. 원로회는 국정 전반에 대한 자문권과 입법권을 가지고 있었다. 민회는 관리를 선출하고 국가 중대사를 결정할 수 있는 권한이 있었지만, 원로원과 수페테가 합의한 경우 민회에 의견을 묻지 않아도 되었다. 이 점에서 카르타고 인민은 로마의 인민보다 권한이 약했다. 그렇지만 카르타고의 정체와 사회 조직은 로마와 매우 유사했다.[8] 로마와 그리스의 폴리스를 제외한다면 이 도시는 왕 중심의 통치 방식에서 벗어난 가장 이른 사례의 하나로 꼽힌다. 로마인은 페니키아인의 후손이라는 의미에서 카르타고 사람을 포에니인이라고 불렀다.

지중해 동쪽 해안에 있던 모도시인 페니키아의 티로스가 동방의 패자들에게 정복당한 후, 카르타고는 자체의 해군력을 키워 서지중해 세계의 강자로 군림했다. 카르타고는 사르디니아(이탈리아 코르시카섬의 남쪽에 위치한 섬)와 히스파니아(오늘날 에스파냐) 해안 지역에 무역 거점을 설치하고 원거리 무역을 주도했다. 히스파니아 카디스 항에서 출발한 배는 북쪽으로 브리타니아의 콘월로 항해하여 값진 주석을 싣고 왔다. 주석은 청동의 주요 재료로 항상 수요가 넘쳐났다. 그리스·로마 시대에도 갑옷과 같은 무구, 가위와 같은 도구는 물론 컵과 같은 일상 용품이 청동으로 만들어졌기 때문이다.* 남쪽으로는 아프리카 서쪽

---

* Daniel C. Gedacht, *Technology of Ancient Rome*, Rosen, 2003, p. 6. 지중해 일대에서는 흑해

황금 해안과 카메룬을 지나 가봉까지 내려가서 금, 상아, 노예들, 전투용 코끼리들을 실어 왔다. 이렇게 실려 온 광물 자원들은 일부는 카르타고인이 가공했지만, 대부분은 헬레니즘 세계로 수출했다.

카르타고는 원거리 무역을 통해 막대한 부를 축적했을 뿐 아니라 부가가치가 높은 상품들을 생산했다. 카르타고의 공산품 중에 자색 염료로 가공한 직물, 상아를 가공한 장식품, 고급 유리 제품 등이 유명했다. 카르타고는 농업 면에서도 뛰어났다. 그들은 대규모의 노예 노동으로 단일 상품작물이나 곡물을 재배하는 일종의 플랜테이션 농법을 시행했다. 나중에 로마는 카르타고를 정복한 후 그들이 개발한 농업 기술과 농업서를 수입했다.

1차 전쟁의 발발(기원전 264)

1차 전쟁이 발발하기 전에 로마는 강한 육군을 가지고 있었고, 카르타고는 해군을 자랑하고 있었다. 두 나라는 시칠리아에서 기나긴 전쟁을 시작했다. 이들의 전쟁은 필연적인 순서였지만 준비된 것은 아니었다. 기원전 409년과 기원전 348년에 두 나라는 조약을 체결했다. 내용은 카르타고인들이 라티움에서 식민지를 만들지 않고 로마와 동맹을 체결한 라틴 도시를 침공하거나 간섭하지도 않으며, 로마인은 서부 지중해에서 카르타고의 주도권을 인정하는 것이었다. 그리고 시칠리아와 카르타고에만 로마 상인들의 출입이 허용되었다. 로마는 이 조약을 통해 카르타고와 우호적인 관계를 유지하고 있었으며, 기원전 279년

끝 지역에 있는 콜키스와 에트루리아에서 주석을 구할 수 있었지만, 공급이 부족했다. 이에 대해서는 앙드레 보나르, 김희균, 《그리스인 이야기 1》, 책과함께, 2011, 104쪽 참조.

에는 피로스의 군사 원정에 맞서 상호 방위 협정을 체결했다. 이러한 관계가 불과 15년 만에 적대 관계가 되었다. 로마가 달라졌기 때문이었다.

전쟁의 신 마르스Mars와 같은 뜻인 마메르스의 이름을 따서 '마메르티니'라고 불리는 용병 집단이 있었다. 이들은 전시에는 돈을 받고 싸웠지만, 평상시에는 약탈을 일삼았다. 이들이 시칠리아 북동부의 작은 도시 메시나를 점령한 후 시라쿠사 왕과의 갈등이 벌어졌다. 마메르티니 부대는 인근에 주둔해 있던 카르타고 함대의 장군에게 도움을 요청했다. 카르타고 장군은 메시나가 시라쿠사의 손에 넘어가는 것을 막기 위해 군대를 파견했다. 카르타고 함대에 두려움을 느낀 시라쿠사 왕은 철군했다. 카르타고의 도움으로 위기를 모면한 마메르티니 부대는 이번에는 카르타고가 메시나를 점령할까 봐 두려워했다. 그들은 카르타고를 막기 위해 로마 원로원에 군사 지원을 요청했다. 로마는 멀리 떨어져 있었으므로 직접적인 간섭은 하지 않으리라고 생각했기 때문이었다. 로마는 메시나를 점령하고 지중해로 진출할 기회로 여기고 마메르티니 부대를 지원했다. 그리하여 기원전 264년 아피우스 클라우디우스가 두 개의 군단을 이끌고 메시나로 향했다. 로마가 메시나에 입성하자, 카르타고의 여론이 크게 악화되었다. 카르타고는 로마가 메시나를 점령하고 지중해에 영향력을 확대하도록 방치할 수 없었다. 이에 카르타고는 시라쿠사와 동맹을 맺고 로마와 전쟁을 시작했다.[9]

그때까지 로마는 바다에서 싸워본 적이 없었기에 해군력이 전혀 없었다. 로마는 함대가 필요해지자 카르타고의 함선을 모방하여 배를 만들었다. 당시 사용된 전함은 수병들이 다섯 열을 이루어 노를 젓는 오단노선quinquereme이었다. 고대에는 배에 함포가 없었으므로 주로 아군의 배를 적군의 배에 충돌시켜 적함을 격침하거나 적함으로 옮겨 타 공격하며 전투를 벌였다. 충돌로 적함을 침몰시키려면 배가 무거워야 했고, 무거운 배를 움직이려면 노를 젓는 수병이 많아야 했다.

로마에게는 다행스럽게도 노를 젓는 수병들이 숙련병일 필요는 없었고, 배가 커서 50~100명의 보병을 태울 수 있었다. 그리고 로마군은 적의 함선으로 건너가기 위해 '까마귀'(코르부스)라고 불리는 연결 장치를 만들었다. 이 장치는 펠로폰네소스 전쟁 때 아테네인이 만들었지만 그리스인이 사용했던 삼단노선은 크기가 작아서 배 위에서 싸우기가 쉽지 않았기 때문에 효용이 별로 없었다. 반면에 오단노선은 배 위에서 전투가 가능할 만큼 충분히 크고 무거웠다. 로마는 '까마귀'를 적의 함대에 걸고 보병이 적선으로 건너가서 싸우는 전법을 구사해 기원전 260년 메시나 근처 밀라이 부근 바다에서 벌어진 해전에서 카르타고를 이길 수 있었다.

로마는 승리의 여세를 몰아 카르타고 본토 공략에 나섰다. 기원전 256년 카르타고로 진격한 로마군은 초기 전투에서 승리했지만, 이듬해 코끼리 부대를 앞세운 카르타고군에게 패배했다. 이후 전투는 시칠리아 주변에서 벌어졌고, 기원전 242년 로마가 해군을 재정비해 나설 때까지 로마는 카르타고에게 밀렸다. 그러나 그동안 해군력을 집중 육성한 로마는 250척의 최신 전함들을 만들었고, 이 함대를 시칠리아 근해에 파견해 카르타고의 해군을 물리쳤다. 참패한 카르타고는 평화를 청할 수밖에 없었다. 로마는 카르타고에 배상금 3200탈렌툼을 10년 안에 지불하고, 시칠리아와 이탈리아 사이에 있는 모든 섬을 포기하고, 이탈리아 해역에서 선박을 모두 철수시키고, 이탈리아에서 용병을 모집하는 일을 중단하라고 요구했다. 이로써 카르타고의 막강한 해군력은 분쇄되었고, 지중해에서 누렸던 영광은 사라졌다. 이제 로마는 이탈리아를 넘어 지중해 세계의 강자가 되었다. 시칠리아는 로마의 첫 번째 속주가 되었다.*

1차 포에니 전쟁이 끝난 후 카르타고는 배상금의 재원을 확보하기 위해 사르디니아를 재점령하려 했다. 그러나 로마는 카르타고의 시도를 저지하고 코르시카와 사르디니아를 점령해 두 번째 속주로 삼았다. 주요 재원이었던 두 섬을 잃고도 카르타고는 특유의 상업적 재능을 발휘해 급속도로 회복되었다. 그 주역은 하밀카르 바르카였다. 그는 전쟁 동안 그리스의 식민시 마실리아(지금의 마르세유)에 빼앗긴 영토를 회복하고, 히스파니아에 영토를 확대하고, 전쟁과 외교를 지혜롭게 병행해 이전의 카르타고 못지않게 부유한 제국을 수립했다. 기원전 229년 하밀카르 바르카가 죽자 그의 사위 하스드루발이 제국 건설 사업을 지속했다. 그는 히스파니아에 노바 카르타고(지금의 카르타헤나)를 건설하여 광산 자원을 독점하고, 제국의 중심지로 삼아 카르타고를 번성하게 했다.

패전국의 이러한 발전을 지켜보는 로마인의 마음은 편치 않았다. 더군다나 카르타고는 규모는 작아도 실속 있는 해군을 가지고 있었다. 그럼에도 카르타고는 히스파니아에서의 팽창은 배상금을 지불하기 위한 수단이라고 변명했고, 로마인은 이에 대해 별다른 대책을 내놓지 못했다. 로마는 오히려 에브로강 이남 지역에서 카르타고의 활동을 인정해 주었고, 이로 인해 카르타고는 이베리아반도 거의 전 지역을 장악했다.

---

* 일시에 시칠리아 전체가 속주가 된 것은 아니다. 시칠리아 내 시라쿠사 왕국과 몇몇 도시들은 처음에는 동맹국이었다가 나중에 속주로 편입되었다.

제국의 지배 원리를 습득해가는 로마

1차 포에니 전쟁에서 승리한 로마는 이전과는 질적으로 다른 상황에 직면했다. 로마가 이탈리아반도를 넘어 시칠리아까지 지배하게 되면서 로마인과 외국인 사이의 분쟁이 늘어났다. 이전에 로마는 이런 경우 외국인을 로마인으로 가정하고 재판했지만, 이제 새로운 제도의 정비가 필요했다. 이에 로마는 1차 포에니 전쟁이 끝나기 직전인 기원전 242년에 외국인 담당 프라이토르 직을 신설했고, 외국인들을 규제하는 법을 만들기 시작했다. 이 법은 '모든 민족이 지켜야 하는 법'이기에 '만민법ius gentium'이라고 불렸다. 로마 시민법이 시민의 권리와 의무를 규정하는 법이라면, 만민법은 로마 시민을 포함하여 모든 민족이 지켜야 할 법이었다. 따라서 만민법은 특정한 부족이나 계층에게 유리하게 작성된 것이 아니라 '자연법' 혹은 '자연 이성'에 근거한 보편성을 기본 원리로 삼았다.[10] 시간이 흐르면서 만민법이 점차 정교해졌고, 제정기인 212년에 제국의 모든 자유인에게 시민권이 주어지면서 로마 시민법과 만민법의 구별이 사라졌다.

법과 함께 통치 체제도 정비되었다. 로마는 이탈리아반도를 통일하는 과정에서 정복지를 로마와 동등한 권한을 가진 지역으로 만들거나 동맹국으로 편제했다. 동맹국은 로마에 군사력을 제공하는 대신 자치를 인정받았다. 그러나 1차 포에니 전쟁에서 승리한 로마가 시칠리아를 차지하게 되었을 때는 상황이 달랐다. 카르타고와 싸우면서 로마는 시칠리아인에게 군사적 지원을 요구했지만, 시칠리아인은 제대로 군대를 보내지 않았고 그나마 전투에 별 도움이 되지 않았다. 이에 로마는 시칠리아인에게 돈이나 농작물의 형태로 세금을 바치도록 했다. 이 결정으로 기원전 241년 시칠리아는 로마 최초의 속주가 되었다.* 속주 주민은 군대에 가지 않는 대신 수확의 10분의 1을 로마에 바쳐야 했다. 시칠리아는 밀 재배가 잘되는 곳이었기에 수확의 10분의 1을 로마에 바치면서 "로마의 모든 인민을 먹여 살리는 유모"라는 별명을 얻었다.[11]

속주의 통치를 위해 총독이 파견되었다. 로마는 시칠리아에 속주 제도를 도입하면서, 속주에는 독자적인 명령권imperium을 가진 관리가 필요하다고 판단하여 프라이토르를 새로 임명하여 파견했다. 이후 속주가 늘어나면서 전직 관리 가운데 총독을 선발했고, 총독에게는 속주의 중요도에 따라 콘술이나 프라이토르를 대행할 수 있는 권한을 부여했다. 따라서 속주 총독은 '콘술 대행proconsul' 혹은 '프라이토르 대행propraetor'이었다. 그렇지만 제정기에 규모가 작은 속주에서는 '주둔군 대장praefectus'이 총독을 맡았는데, 예수를 재판했던 본디오 빌라도가 이 직책을 맡고 있었다.

총독은 속주의 법령을 정하고, 병력을 지휘하며, 재무관의 재정 업무를 감독하고, 로마 시민들이 포함된 모든 민형사 사건에서 법을 집행하고, 속주 공동체들 사이에서 일어나는 분쟁을 중재할 책임이 있었다. 이렇게 법이 정비되면서 속주민의 지위가 점차 개선되었다. 속주민은 총독이나 로마 관리가 직무 수행을 통해 속주민에게 피해를 끼쳤다면 피해자가 임기를 마친 후 고소할 수 있었다. 원래 배상금은 손해액과 같았지만, 기원전 122년에 가이우스 그라쿠스가 만든 '반환법'은 로마 관리가 유죄 판결을 받으면 피해금을 두 배로 보상해주도록 규

---

* 이후 코르시카(기원전 238년), 사르디니아(기원전 237년), 히스파니아(기원전 197년), 마케도니아(기원전 146년), 아프리카(기원전 146년)가 차례로 속주가 되었다.

정했다.[12] 이후 로마 시민과 속주민 사이의 차별을 축소하려는 정책이 꾸준히 추진되었다.

1차 포에니 전쟁 후 귀족들이 대토지를 소유하는 경향이 심해졌다. 귀족들은 1차 포에니 전쟁 때 정부에 돈을 빌려준 대가로 공유지를 받아 매우 큰 이익을 보았다. 반면 로마 주변과 라티움 지역에서 소규모 농지를 경작하던 자영농들은 불만을 토로했다. 그들은 징집되어 고향에서 멀리 떨어진 곳에서 오랫동안 전쟁을 벌였다. 그동안 농토를 내버려두었고 수입이 없었기에 그들은 다시 농사를 시작할 때 빚을 질 수밖에 없었다. 농사로 수익을 내는 것도 갈수록 힘들어졌다. 시칠리아에서 수입된 밀 때문에 밀 가격이 떨어졌기 때문이었다. 또한 새로 정복된 토지 중에 분배하고 정착할 만한 곳이 적었다. 시칠리아와 사르디니아에서는 식민 활동이 전혀 이루어지지 않았기 때문이었다. 이러한 불만 요인들이 그 밖의 요인들과 합쳐져 정치 불안과 개혁 요구로 이어졌다.

개혁 운동을 주도한 사람은 가이우스 플라미니우스였다. 기원전 232년에 호민관이 된 그는 원로원의 공식적인 반대를 무릅쓰고, 지역구 평민회를 통해 피케눔과 갈리아인으로부터 몰수한 공유지를 소규모 농지로 분할해 평민에게 분배할 것을 결정하는 투표를 강행했다.[13] 그가 전통을 어기고 원로원의 권위와 특권을 무시한 것은 한 세기 뒤에 하층민의 요구를 대변하고 나선 사람들에게 선례가 되었다. 그러나 가이우스 플라미니우스는 후대의 그라쿠스 형제와 달리 귀족들에게 살해당하지는 않았다. 이는 그의 개혁이 귀족들의 이해관계를 정면으로 부정할 정도로 규모가 크지 않았기 때문이다.

카르타고를 꺾은 후 로마는 포에니 전쟁 이전부터 골칫거리였던 발칸반도 북부의 일리리아 지방의 국가들에 대한 정복 전쟁을 추진했다. 그러나 원정을 제대로 수행하지 못했는데, 원정 기간에 지중해 서쪽 끝에서 불길한 소식이 전해왔기 때문이다. 그것은 다시 부강해진 카르타고의 침입 소식이었다.

2차 전쟁(기원전 218~201)의 발발

1차 전쟁이 끝난 후 카르타고는 막대한 배상금을 마련한다는 명목으로 오늘날 에스파냐 지역인 히스파니아를 공략했다. 2차 전쟁의 주역인 한니발의 아버지 하밀카르 바르카가 책임자였다. 하밀카르 바르카는 히스파니아 원정을 준비하면서 어린 한니발을 데려갔다. 역사가 폴리비오스는 하밀카르가 아홉 살 먹은 아들 한니발에게 만약 제단으로 가서 절대로 로마의 친구가 되지 않겠다고 맹세한다면 히스파니아로 데려가겠다고 말했다는 그럴듯한 이야기를 전한다.[14]

하밀카르 바르카와 그의 사위인 하스드루발이 히스파니아를 장악해나가자 로마는 에브로강 남쪽에 대해서만 카르타고의 지배권을 인정하는 조약을 맺었다. 기원전 221년에 26세인 한니발이 히스파니아 사령관이 되었다. 한니발이 에브로강 이남 지역을 확고하게 장악하자, 사군툼이 문제로 떠올랐다. 이 도시는 에브로강 이남에 있어서 지리적으로 보면 카르타고가 지배할 수 있었지만, 로마의 동맹국이었다. 사군툼이 로마의 힘을 믿고 한니발의 통치권을 인정하지 않자 한니발은 사군툼을 공격하여 함락했다. 기원전 219년 한니발이 사군툼을 함락하자 로마가 발칵 뒤집혔다. 로마 시민들의 반카르타고 여론이 고조되었고, 로마는 카르타고에 사절을 보내어 한니발을 로마에 넘기라고 요구했다. 카르타고는 로마의 요청을 거절하고 전쟁을 택했다.

이때 카르타고가 로마와의 전쟁을 택한 것은 1차 포에니 전쟁을 끝낸 후 국력을 회복했을 뿐 아니라, 로마가 점차 지중해 해상 무력을 장악해갔기 때문이다. 로마는 기원전 218년 클라우디우스 법을 제정하여 원로원 의원들의 보유 선박 수를 제한해야 할 만큼 해외 무역을 활발하게 전개했다. 해상 무역을 통해 부를 축적해왔던 카르타고는 로마의 팽창을 더는 묵과할 수 없었다.

한니발, 알프스를 넘다

2차 포에니 전쟁이 시작되었을 때 로마와 카르타고의 전세는 1차 전쟁 때와는 사뭇 달랐다. 로마는 여전히 육군이 강했지만, 해상 세력으로 성장하면서 강한 해군도 가지고 있었다. 한니발은 카르타고가 1차 전쟁에서 패배한 이유는 강력한 육군이 없었기 때문이라고 생각해서 육군을 주력으로 육성했다. 한니발은 로마와의 전쟁에서 이기려면 이탈리아반도로 진격해 육전에서 짧은 시간에 결판을 내야 한다고 생각했다. 해군력의 부족으로 지속적인 보급이 어렵기에 전쟁을 오래 끌면 불리하기 때문이었다. 한니발이 이탈리아반도를 택했던 또 다른 이유는 이탈리아반도에서 로마의 동맹 관계를 해체시키면 로마에 승리를 거둘 수 있다고 판단했기 때문이었다. 그는 로마의 동맹국들이 이반한다면 그들에게서 보급을 얻을 수도 있을 것이라고 생각했다.

기원전 218년 5월 초 한니발은 보병 9만 명, 기병 1만 2천 명, 전투 코끼리 수십 마리를 이끌고 히스파니아의 노바 카르타고를 출발했다. 이 소식을 들은 로마는 한니발이 해상으로 올 것에 대비해서 스키피오를 지금의 마르세유로 파견했다. 그러나 로마의 예상과 달리 한니발은 히스파니아반도 북부의 에브로강을 건너 피레네산맥을 넘었고, 8월 중순에 지금의 프랑스 중부 지방을 지났다. 한니발이 알프스를 넘었던 시점은 가을에서 겨울로 접어드는 시기였다. 아프리카 출신인 그의 병사들과 열대 동물인 코끼리들이 험준한 산길과 알프스의 추위를 견뎌내기는 어려웠을 것이다. 우여곡절 끝에 북이탈리아의 평지에 도착했을 때 그의 병력은 보병 2만 명, 기병 6천 명, 코끼리 37마리였다.

한니발이 알프스를 건넜다는 소식을 들은 로마는 비상사태를 선포하고 마르세유에서 돌아와 있던 스키피오에게 진군해서 싸우도록 했다. 그러나 초기 전투에서 로마군은 여지없이 대패했다. 로마군과 한니발의 첫 전투인 티키누스 전투에서는 로마 장군 스키피오가 큰 부상을 입었는데 그의 아들 스키피오가 겨우 구출했다. 이후 트레비아와 트라시메노에서도 로마군은 크게 패했다. 그나마 로마군은 코끼리 36마리를 죽였다는 것을 위안으로 삼았다. 열대 동물인 코끼리는 알프스를 넘는 험한 여정에서 너무나 지쳐 있었다. 더욱이 로마는 이전에 코끼리와 싸워본 적이 있었기 때문에 코끼리의 약점을 공격할 수 있었다.*

세 번의 전투에서 크게 패한 로마군은 지연술을 쓰기 시작했다. 로마군을 지휘하고 있던 파비우스는 현명한 사람이었다. 그는 로마가 한니발군과 정면으로 싸워서는 승산이 없다고 생각했다. 한니발에게는 큰 약점이 있었다. 로마의 해군이 지중해를 장악하고 있었기 때문에 한니발은 보급품을 제대로 조달할 수 없었다. 카르타고로부터 보충병을 기대할 수도 없었다. 그의 동생 하스드루발이 로마군에게 발목이

---

* 한니발이 알프스를 건넜을 때 37마리의 코끼리가 있었는데, 티키누스와 트레비아에서 36마리가 죽었고, 이후 한 마리만 남았다. 한니발은 이후 이 코끼리를 데리고 15년이나 이탈리아를 돌아다녔다. 이에 대해서는 John M. Kistler, *Animals in the Military*, Abc-Clio, 2010, p. 77 참조.

잡혀 있었기 때문이다.

시간을 충분히 끌기만 하면 한니발군이 지치게 되어 있다고 생각한 파비우스는 한니발과 싸우지 않고 한니발군의 힘을 빼는 데 열중했다. 높은 산에 진지를 쳐놓고, 공격하는 체하다가 적이 따라오면 후퇴하기를 반복했다. 그러나 로마인은 싸움에 너무나 익숙한 사람들이었다. 수많은 전투에서 승리한 경험을 가진 그들은 파비우스의 지연술을 이해할 수 없었다. 많은 사람이 파비우스를 겁쟁이, 한니발의 졸개라고 조롱했다. 특히 기병대장 미누키우스는 "파비우스가 산꼭대기에 진을 치고, 온 이탈리아가 짓밟히고 불타는 것을 구경만 한다"라고 비난했다. 참다못해 로마 시민들은 파비우스를 파면하고, 새로운 콘술 티렌티우스 바로와 아에밀리우스 파울루스에게 지휘권을 맡겼다.

보병 8만과 기병 6천으로 구성된 로마군이 정면으로 한니발과 맞서 싸우기 위해 칸나이로 진격했다. 이에 맞선 한니발군은 보병 2만, 갈리아인 1만 5천, 기병 1만으로 구성되어 있었다. 전체적인 병력은 로마가 훨씬 우세했지만, 기병에서는 한니발이 앞섰다. 로마군은 한니발의 전법에 속아 대패했다. 한니발은 약한 갈리아인을 중앙에 배치하고, 강한 카르타고 병사들을 양 날개에 배치했다. 중앙을 정면으로 치고 들어간 로마군은 갈리아인이 형편없이 밀리자 승리할 수 있을 것 같았다. 그러나 양 날개에 있던 카르타고 병사들이 로마군을 포위 공격하자, 로마군은 대패했다. 로마군은 5만 5천 명이 전사하거나 포로가 되었다. 한니발군은 겨우 6천 명이 죽었다.[15] 이 전투의 승리로 한니발은 영웅을 넘어 전설적인 인물로 부상했다.

칸나이에서 참패를 당한 후 로마는 그야말로 위기에 처한다. 로마는 쫓아냈던 파비우스를 다시 독재관으로 임명하고 전권을 그에게 맡겼다. 파비우스는 침착하게 전열을 정비하면서 지연술을 쓰는 한편 전세를 역전시킬 비법을 찾고 있었다. 여기에 한니발의 실수가 겹쳐지면서 전쟁은 장기화되었다. 칸나이 전투 후 한니발이 군대를 이끌고 로마로 진격했더라면, 로마를 함락할 수도 있었다. 그러나 한니발은 진격하지 않았다.

칸나이 전투에서 로마군을 격파한 한니발의 석상.

한니발은 큰 착각을 하고 있었다. 한니발은 자신이 대승을 거두었기 때문에 로마의 동맹국들이 많이 이탈할 것으로 기대했다. 개전 초부터 한니발은 로마의 동맹국을 자기편으로 만들기 위해 최대의 노력을 기울였다. 이는 무엇보다 한니발의 포로 처리 방식에서 잘 나타난다. 한니발은 이탈리아 북부에서 벌어진 여러 전투에서 승리한 후, 포로로 잡은 로마의 동맹국 병사들을 아무런 조건 없이 석방했다. 한니발은 그들에게 고향으로 돌아가 한니발이 로마의 압제에서 그들을 해방시켜줄 것이라고 소문을 내달라고 부탁했다. 한니발의 전략은 초기에 상당한 효과를 거두었다. 이탈리아 북부에 살고 있던 많은 갈리아인이 한니발 편에 가담했다. 그러나 이탈리아 중남부 지역의 로마 동맹국들은 대부분 로마에 대한 신의를 끝까지 지켰다. 그들은 로마가 그때까지 보여준 동맹국에 대한 대우에 만족하고 있었다. 앞에서 설명했듯이 이탈리아를 통일하는 과정에서 로마는 패배한 자들에게 관대했고, 그들과 우호적인 관계를 맺기 위해 노력했다.[16]

이탈리아 중남부에서 로마의 동맹국들이 동요하지 않자 전쟁은 장기전으로 흘러갔다. 한니발은 전쟁이 시작된 지 15년 동안 이탈리아 북부는 물론 남부까지 장악하고, 로마 시를 포위해 함락하려고 노력했다. 그러는 동안 로마인의 생활은 피폐해졌다. 장기전이 되면서 농토가 유린되고, 장사를 할 수 없었으며, 집 또한 병사들을 재우기 위해 징발되었다. 점점 더 생활이 어려워지는데도 전쟁을 수행하느라 더 많은 돈이 필요했다.

콘술들이 더 많은 세금을 부과하려고 하자 민심이 크게 동요했다. 사람들은 세금을 내고 싶어도 더는 낼 것이 없다고 불평했다. 특히 가난한 평민들의 불평이 대단했다. 로마의 성 밖에 한니발군이 진을 치고 있는 상황에서 로마 시내에서는 내분이 일어날 것 같았다. 이 위기 앞에서 로마 귀족들은 진정한 귀족이 어떠해야 하는지를 유감없이 보여주었다.

그때 콘술 라이비누스Laevinus가 원로원 의원들에게 이렇게 말했다.

만약 여러분들이 여러분보다 못한 로마 시민들에게 부담을 지우기를 원하신다면, 먼저 여러분 자신과 가족들에게 똑같은 의무를 부과하십시오. 여러분들이 기꺼이 먼저 의무를 지십시오. … 우리가 먼저 의무를 집시다.[17]

라이비누스의 연설이 끝나자마자, 원로원 의원들은 앞다투어 자신들이 가장 소중히 여기는 재산들을 가져왔다. 그러자 모든 로마인이 기꺼이 재산과 몸을 국가에 바쳤다. 어린 소년들까지도 나라를 위해 싸우겠다고 나섰다. 로마인이 일치단결하여 싸우자 전세는 차츰 로마에게 유리해지기 시작했다.

전세를 뒤엎는 데 결정적으로 공헌한 사람은 스피키오의 아들이었다. 로마는 본토에서 한니발군과 싸우면서 히스파니아에서 원군이 오는 것을 막기 위해 스키피오 부자를 파견했다. 기원전 210년 아버지 스키피오가 카르타고군과 싸우다가 전사하자, 아들 스키피오가 자신을 히스파니아 로마군 사령관으로 임명해달라고 요청했다. 당시 아들 스키피오는 25세였기 때문에 군 지휘권을 맡을 수 없는 나이였다. 로마는 상황이 너무나 다급했기 때문에 정식 관직 코스를 거치지도 않은 데다 나이도 어린 그에게 콘술 대행의 지위를 주었다.

콘술 대행으로서 스키피오는 기원전 209년 카르타고의 중심지 노바 카르타고를 공격했다. 이 도시를 함락하려면 바다와 연결된 호수를 건너야만 했다. 수심이 꽤 깊을 뿐 아니라 중무장한 로마 병사들이 헤엄칠 수도 없어서 아무도 건너려고 하지 않았다. 그때 스키피오가 병사들을 모아놓고 어젯밤 포세이돈이 자신에게 나타나 수심을 얕게 해주겠다고 말했다고 하면서 가장 먼저 호수를 건넜다. 이때부터 스키피오는 '신들의 사랑을 받은 아들'이라는 명성을 얻었다. 과연 포세이돈이 스키피오에게 나타났을까? 스키피오가 호수를 건넌 것은 간단한 일이었다. 그는 호수가 바다와 연결되어 있어서 조수간만의 차이가 생기고, 썰물 때 건널목이 얕아진 상황을 이용했던 것이다.

호수를 건넌 로마 병사들은 신이 로마를 돕고 있다고 확신하고 용감히 싸워 노바 카르타고를 함락했다. 스키피오는 우수한 기지, 은광, 여러 척의 선박, 엄청난 전리품, 돈, 무기뿐 아니라 카르타고인들이 잡아두고 있었던 1만 명의 히스파니아인 인질까지 확보했다. 스키피오는 이들에게 전리품까지 안겨 집으로 돌아가게 했다. 이 조치로 그는 히스파니아인들 사이에서 큰 신망을 얻었다.

기원전 206년 스키피오는 로마에 돌아와 콘술이 되었다. 원로원에서는 전쟁을 끝내는 방법을 놓고 논쟁이 벌어졌다. 스키피오는 카르타고 본토를 공격하자고 주장했다. 한니발이 로마 본토를 갑작스럽게 공격했듯이, 카르타고 본토를 공격하면 한니발 군대가 급히 이동해야 하고, 그러면 승리하기 쉽다고 생각했기 때문이다. 그러나 대부분의 원로원 의원들은 무모한 주장이라며 반대했다. 스키피오는 원로원 의원들을 집요하게 설득해 아프리카 침공을 승낙받았다.

스키피오가 카르타고 본토를 공격하기 시작하자 카르타고 정부는 깜짝 놀라 한니발을 본국으로 소환했다. 카르타고 본국의 명령은 한니발에게는 딜레마였다. 이탈리아를 떠난다는 것은 곧 패배를 의미했다. 한니발이 이탈리아를 뜬다면 로마인은 더욱 철저한 준비를 할 테고, 그러면 로마 정복의 꿈은 영원히 사라지고 말 것이다. 급작스럽게 군사를 이동시키는 것도 매우 위험했다. 한니발뿐만 아니라 병사들도 이 사실을 잘 알고 있었기 때문에 본토 귀환을 반대하는 자들이 많았다. 그러나 본국의 명령을 거부할 수 없었던 한니발은 이탈리아에서 철수할 수밖에 없었다. 카르타고로 회군한 한니발은 자마에서 스키피오와 싸웠으나 대패했다. 이로써 기나긴 한니발 전쟁은 끝났다. 이제 로마는 명실상부한 지중해 세계의 최강자가 되었다.

2차 포에니 전쟁이 끝나자 카르타고는 히스파니아를 잃고 막대한 배상금을 지불해야 했다. 카르타고는 50년에 걸쳐 배상금 1만 탈렌툼의 지불을 완수하고 점차 세력을 회복했다. 기원전 149년 세력을 회복한 카르타고는 이웃 국가인 누미디아와 전쟁을 일으켰다. 누미디아가 지속적으로 카르타고를 괴롭혔기 때문이다. 이때 누미디아는 동맹국인 로마에 도움을 요청했고, 로마는 대규모 군대를 동원해 카르타고를 초토화시켰다. 카르타고는 불탔고, 땅에는 소금이 뿌려졌으며, 남아 있던 카르타고인은 모두 노예로 팔려나갔다. 그러나 카르타고가 지리적으로 아주 중요한 곳이었기 때문에 버려질 수는 없었다. 율리우스 카이사르가 도시를 재건했고, 팍스 로마나 시기에 카르타고는 로마제국 제2의 도시로 번성을 누렸다. 카르타고의 번영은 로마제국 말기까지 계속되었는데, 기독교 최고의 교부인 아우구스티누스가 이곳에서 공부했다. 카르타고는 서로마제국이 멸망한 후에도 오랫동안 북아프리카의 주요 항구로 기능했다.

13장
그라쿠스 형제의 개혁

정복 전쟁이 가져온 변화

포에니 전쟁을 통해 카르타고를 정복한 로마는 연이어 히스파니아, 그리스를 정복하고 지중해를 완전히 장악했다. 이제 로마를 가로막는 세력은 아무도 없었다. 로마는 지중해를 '우리들의 바다'라고 불렀고, 세계의 부와 자원이 로마로 흘러들어왔다.

그러나 정작 로마는 심각한 열병에 걸리고 말았다. 급작스럽게 모든 것이 변화하기 시작했다. 카르타고, 그리스, 히스파니아에서 막대한 배상금과 전리품이 속속 로마로 흘러들어왔다. 지중해를 장악하면서 상공업이 날로 발전했고, 속주 지배를 통해 부자가 된 사람도 많았다. 부가 넘쳐나자 사치 풍조가 만연했다. 로마 귀족들은 연일 호사스러운 가구로 집을 장식하고, 값비싼 음식으로 연회를 여는 데 열중했다. 동방의 값비싼 가구들이 불티나도록 수입되었고, 온갖 희귀한 음식이 만들어졌다. 여자들은 값비싼 보석으로 치장하는 데 열을 올렸다. 롤리아 파울리나Lollia Paulina라는 여자는 100가지가 넘는 보석으로 치장하고 다녔는데, 그 값어치는 지금으로 치면 수십억 원이나 되었다. 귀부인들은 또한 값비싼 염료로 색을 내고 좋은 옷감으로 만든 옷을 입는 데 열중했다. 가장 인기 있는 옷은 중국산 비단으로 만든 것이었다. 비단옷을 입은 여인네들은 몸매가 훤히 들여다보였다. 지중해 세계를 정복하기 전 로마 여인들은 남편 앞에서도 나체가 드러나지 않도록 애썼다.* 그러나 로마가 지중해 세계의 주인이 된 후 그들은 몸매가 훤히 보이는 비단옷을 입고 거리를 활보했다. 사치 풍조가 만연하자 로마의 전통을 지켜야 한다는 소리도 높았다. 마르쿠스 카토가 대표적인 인물이었다. 카토는 값비싼 장신구, 옷, 마차 등에 사치세를 부과했다. 그러나 그의 노력은 별다른 성과를 거두지 못했다.**

  모든 사람이 풍요로운 생활을 누리면서 사치가 만연하다면 그보다 더 좋은 일은 없을 것이다. 그러나 로마의 상류층이 사치에 빠져들고 있을 때, 로마의 민중은 깊은 나락으로 떨어지고 있었다. 수십 년 전쟁터에 나가 싸우고 돌아왔어도 로마 병사들이 차지한 것은 별로 없었다. 분배된 전리품도 많지 않았고, 제대 보상금도 없었다. 고향으로 돌

---

* 이는 그리스인과 로마인의 나체에 대한 인식이 달랐기 때문이다. 그리스인은 나체를 이상적인 형태로 생각해서 신들의 조각상을 나체로 만들었고, 나중에 황제를 신으로 숭배할 때 황제들의 조각상도 나체로 만들었다. 그러나 로마인은 아버지와 아들, 장인과 사위가 함께 목욕하는 것도 꺼렸다.
** 카토가 콘술이었던 기원전 195년 여성의 사치를 금지하는 법의 폐지가 논란이 되었다. 한니발 전쟁이 한창이던 기원전 215년 제정된 오피우스 법은 여성의 장신구·의복·마차에서의 사치를 금지했다. 카토는 법을 존속시키려고 노력했지만, 여성들의 거센 반발에 부딪혀 실패했다. 켄소르가 된 후 카토는 사치세를 부과해 사치를 막고자 했으나 역시 성공하지 못했다.

아간 병사를 기다리는 것은 관리하지 않아 황폐해진 토지와 배고픔에 시달리고 있는 처자식뿐이었다.

노예가 대규모 유입되면서 농민들의 처지는 더욱 어려워졌다. 정복 전쟁에서 잡아 온 노예들이 200만에 육박했다. 당시 이탈리아 인구가 600만이었으니 인구 셋 중에 한 명은 노예였다. 원래 로마 병사들은 자영농이었지만, 자신이 가진 토지만으로는 생계를 유지할 수 없어서 날품팔이를 통해 수입을 보충해왔다. 노예가 그렇게 많아졌으니 농민들이 일자리 얻기가 더욱 힘들어졌다. 토지는 황폐화되고, 일자리를 찾을 수 없는 농민들은 도시 로마로 몰려들기 시작했다.

50만의 인구가 로마 시로 몰려들자, 로마는 심각한 도시 문제를 겪어야 했다. 갑자기 인구가 늘어나니 땅값이 천정부지로 올랐다. 땅값이 오르니 건축업자들은 현대의 아파트와 비슷한 5~6층짜리 건물을 지어 시민에게 임대했다. 이런 건물을 '섬'이라는 뜻의 인술라insula라고 한다. 부자들의 개인 주택은 도시 안에 있는 것은 도무스domus, 도시 밖에 있는 것은 빌라villa라고 불렀다. 점점 더 인술라가 늘어나면서 도시는 시끄럽고 번잡해졌다. 변변한 일자리를 찾지 못한 빈민들은 거리를 돌아다니며 구걸을 하고, 귀족들의 집을 찾아다니며 먹을 것을 달라고 애걸했다.

자영농의 몰락, 도시 문제의 발생과 함께 로마가 겪어야 했던 심각한 문제는 곡물 부족이었다. 원래 로마는 비옥한 평야가 있어서 식량의 자급이 가능했다. 그러나 한니발 전쟁으로 많은 옥토가 피폐해졌고, 자영농이 몰락하면서 곡물이 부족해졌다. 이런 상황에서 귀족들은 대농장(라티푼디아)을 조성해 곡물 부족을 부채질했다. 귀족들은 라티움과 캄파니아의 비옥한 토지를 대량으로 집적하여 대농장을 만들었다. 그리고 정복 전쟁에서 잡아 온 노예를 부려 대농장을 경영했다. 그렇게 조성된 대농장에서는 상품으로 쉽게 팔 수 있는 가축을 사육하거나 과일나무를 재배했다.

결국 정복 전쟁의 결과 귀족들은 더 부유해진 반면, 자영농들은 대거 몰락하여 빈민이 되었다. 자영농의 몰락은 도시 문제와 곡물 부족 문제를 야기했다. 여기에 더해 빠뜨릴 수 없는 중요한 문제가 있었다. 자영농이 몰락하자 병역의 의무를 수행할 군인들이 부족해졌다. 자영농은 로마 중장보병의 중추였다. 이제 그들은 재산이 없어졌으므로 군대에 복무할 필요가 없어졌다. 따라서 자영농의 감소는 병력의 심각한 부족을 야기했다.

티베리우스 그라쿠스의 개혁

티베리우스 그라쿠스의 아버지는 티베리우스 그라쿠스였다. 아버지와 아들의 이름이 같다. 아버지 티베리우스 그라쿠스는 콘술을 두 번 역임했고, 개선식도 두 번이나 올린 명성이 높은 귀족이었다. 티베리우스의 어머니는 포에니 전쟁에서 한니발을 물리친 스키피오의 딸, 코르넬리아였다. 코르넬리아는 혈통이든 품행이든 너무나 뛰어나서 모든 로마 어머니의 모범으로 여겨졌다. 부모가 저명한 귀족이었을 뿐만 아니라 티베리우스 그라쿠스는 능력이 출중했다.

원로원 의장인 아피우스 클라우디우스가 티베리우스 그라쿠스를 사위로 삼고 싶어 했다. 어느 날 복점관ト占官들의 연회에서 티베리우스 그라쿠스를 만난 클라우디우스는 친절을 베풀며 자신의 사위가 되

어달라고 부탁했다. 티베리우스 그라쿠스는 그의 부탁을 흔쾌히 받아들였다. 그날 아피우스 클라우디우스는 기분이 좋아서 부인 안티스티아에게 "여보, 우리 딸 클라우디아의 남편감을 정하고 오는 길이오" 하고 말했다. 그러자 안티스티아가 "아니 왜 그렇게 서두르셨어요? 티베리우스 그라쿠스를 사위로 삼는다면 모르지만요" 하고 대답했다. 부인도 말은 안 했지만, 티베리우스 그라쿠스를 탐내고 있었던 것이다.

티베리우스 그라쿠스는 이렇게 촉망받는 젊은이인 데다 출세가 보장된 명문가의 자손이었지만 험난한 개혁의 길로 들어섰다. 그 이유는 로마가 포에니 전쟁 후 직면한 문제들을 해결하지 않는다면 대위기를 맞을 것이라고 생각했기 때문이다. 어느 날 티베리우스 그라쿠스는 누만티아를 정복하러 가는 길에 토스카나를 지나다가 노예들과 야만족들이 농촌에서 일하고 있는 모습을 보았다. 농촌 어디를 가도 일하고 있는 사람들은 노예였다. 로마 시민들이 농지에서 쫓겨나 도시로 몰려들고, 그 자리를 노예들이 대신하고 있는 것을 본 티베리우스 그라쿠스는 큰 충격을 받았다.

기원전 133년 티베리우스 그라쿠스는 호민관에 당선되었다. 여기서 주목할 점은 호민관의 역할과 권한이 이 시기에 중요해지고 강력해졌다는 것이다. 한니발 전쟁을 승리로 이끌기 위해 귀족들은 중요한 법을 지역구 평민회를 통해 제정하겠다고 약속했다. 이 때문에 지역구 평민회를 소집하고 주관하는 호민관의 역할이 커졌다. 호민관이 된 티베리우스 그라쿠스는 민회에 참석하여 개혁의 필요성을 역설하면서 이렇게 연설했다.

야생 짐승들도 은신할 굴이나 집이 있습니다. 그러나 이탈리아를 위해서 싸우고 죽는 사람들은 공기와 햇빛을 향유할 뿐, 가진 것이라고는 정말 아무것도 없습니다. 집도, 가정도 없이 그들은 처자식과 함께 떠돌아다니고 있습니다. 장군들은 전쟁터의 병사들에게 적으로부터 조상들의 무덤과 사당을 방어하라고 촉구하는데, 그것은 거짓말입니다. 왜냐하면, 병사 중 아무도 세습되는 제단을 가진 자가 없고, 이 많은 로마인 가운데 한 사람도 조상의 무덤을 가진 자가 없기 때문입니다. 그들은 오직 다른 사람들의 부와 사치를 위해 싸우다 죽는 것입니다. 그들은 세계의 지배자가 되었지만, 그들 자신의 소유라 할 단 한 조각의 땅도 가지고 있지 못합니다.[1]

티베리우스 그라쿠스의 연설을 들은 민중은 환호했다. 티베리우스 그라쿠스는 이에 힘입어 상황을 근본적으로 개선하기 위한 방법을 내놓았다. 그는 도시로 몰려와 빈민 생활을 하고 있는 농민들에게 토지를 나눠주어 농촌에 정착시킴으로써 도시 문제, 곡물 문제, 병력 수급 문제를 모두 해결하려고 했다. 티베리우스 그라쿠스는 이 목적을 이루기 위해 다음 내용의 농지법을 제안했다.

1. 로마 시민은 누구든지 공유지ager publicus를 500유게라(1유게라는 800평) 이상 보유할 수 없다. 단 성년 아들이 1인이나 2인 이상 있을 때에는 250~500유게라를 더 보유할 수 있다.
2. 공유지 보유 상한선을 초과하는 토지는 몰수하여 토지 없는 로마 시민들에게 추첨으로 각각 30유게라씩 분배한다. 단 이 경우에 매도는 불가능하며 매년 일정한 농지세를 국가에 내야 한다.

3. 이 법을 시행하기 위해 농지분배 3인 위원회를 구성한다.*

티베리우스 그라쿠스가 농지법을 제안하자 귀족들이 발칵 뒤집혔다. 원래 로마 시민은 로마가 정복한 지역을 선점하여 경작할 수 있었다. 유력자들은 이 권리를 이용하거나 평민이 선점하고 있던 공유지를 사들이는 방식으로 토지를 집적하여 대농장을 조성했다. 수십 년이 지나면서 그렇게 집적된 토지는 사유지처럼 인식되었다. 귀족들은 티베리우스의 농지법이 자신들의 권리를 침해할 것이라고 생각하고 파당을 이루어 농지법을 적극적으로 저지하려고 했다.** 그렇지만 아무리 악선전을 하고 위협해도 티베리우스 그라쿠스는 개혁 입법을 철회하지 않았다.

그러자 귀족들은 동료 호민관인 옥타비우스를 매수해 농지법에 거부권을 행사하도록 했다. 호민관이 동료 호민관의 결정에 거부권을 행사할 수 있다는 사실을 악용한 것이다. 티베리우스 그라쿠스는 옥타비우스에게 거부권을 철회해달라고 요구했지만 소용없었다. 결국 티베리우스 그라쿠스는 옥타비우스의 해임결의안을 민회에 제출했고 옥타비우스는 해임되었다.

---

* 허승일, 《로마 공화정 연구》, 서울대학교출판부, 1995, 61~62쪽. 티베리우스 그라쿠스 농지법은 원문이 남아 있지 않고 여러 사료에서 복원된 것이다. 특히 토지 분배 수혜자에 이탈리아 동맹국 시민도 포함되는지 논란이 있다.

** 허승일, 〈로마경제혁명〉, 《지중해지역연구》 19-2, 2017, 180~181쪽은 로마 귀족들의 선점지는 얼마 되지 않고 이탈리아 동맹국 시민들의 선점지가 대부분이었는데, 동맹국 시민들의 선점지는 모두 몰수되었을 것이라고 추론했다. 티베리우스 그라쿠스가 죽은 후 농지법은 계속 시행되었는데, 실제로 농지가 분배된 지역은 주로 이탈리아반도 중남부의 루카니아와 히르피니아, 동해안 쪽의 아풀리아 지역이었다.

동료 관료가 거부권을 행사했다는 이유로 해임된 것은 로마 역사에서 처음 있는 일이었다. 옥타비우스를 해임시키기 전에도 티베리우스 그라쿠스는 로마의 관례를 크게 벗어난 행동을 했다. 민회에 법을 제안하기 전에 원로원의 자문을 구해야 하는데, 티베리우스 그라쿠스는 원로원에 농지법 찬성 여부를 묻지 않고 바로 지역구 평민회에 제안했다.[2] 농지법이 통과된 후 티베리우스 그라쿠스는 관습법을 벗어난 행동을 연이어 했다. 페르가뭄 왕국의 아탈로스 3세가 죽으면서 유언으로 왕국 전체를 로마에 유증하였다. 티베리우스 그라쿠스는 이 소식을 듣고 민회에 나아가 왕의 유산을 농지 개혁을 위한 자금으로 쓰자는 법안을 통과시켰다. 이는 외교권과 재정권을 보유하고 있는 원로원을 무시한 행동이었다.

무엇보다도 중요했던 것은 티베리우스 그라쿠스가 호민관직을 연임하고자 시도했다는 것이다. 원래 로마의 모든 관리는 임기가 1년이었고, 연임할 수 없었다.* 그러나 이 관례를 그대로 따르면 개혁은 무산될 것이 뻔했다. 귀족들은 티베리우스 그라쿠스가 미웠지만, 호민관의 몸은 신성불가침이기 때문에 참고 있었다. 1년만 지나면 티베리우스 그라쿠스가 호민관직에서 물러날 테고, 그때 개혁을 흐지부지되게 할 속셈이었다. 그런데 티베리우스 그라쿠스가 연이어 호민관이 되겠다고 나서니 귀족들은 더는 참을 수 없었다. 티베리우스는 티베리우스대로 호민관직을 계속 가질 필요가 있었다. 농지법 시행은 1년 만에 이

---

* 티베리우스 그라쿠스 당시에 호민관직을 연임해서는 안 된다는 명시적인 규정은 없었다. 다만 기원전 3세기 후반부터 '로마 관직의 승진 규정'에서 동일 관직을 연임해서는 안 된다는 관습이 지켜졌다. 이에 대해서는 Luigi Capogrossi Colognesi, *Law and Power in the Making of the Roman Commonwealth*, Cambridge University Press, 2014, pp. 111~118, p. 185 참조.

루어지는 것이 아니었다. 토지를 조사하고, 몰수된 토지에 대해 보상하고, 추첨하여 할당하고, 할당받은 자를 정착시키는 작업은 여러 해가 소요되는 일이었다.

티베리우스 그라쿠스의 농지법은 개혁이 아니라 혁명에 가까웠다. 개혁이나 혁명은 사회를 고치려는 것인데, 개혁은 법의 테두리 내에서 이루어지는 반면 혁명은 법의 테두리를 벗어나서 변화를 시도하는 것이다. 티베리우스 그라쿠스는 연이어 로마의 법을 어겨가면서 변화를 추구했다. 그리고 자신의 개혁을 지속적으로 수행하고자 두 번째 호민관직에 입후보했다.

마침내 기원전 133년 7월 호민관 선거일이 되었다. 귀족들은 티베리우스 그라쿠스가 또다시 호민관이 된다면 농지법은 더욱 강도 높게 시행될 테고, 자신들의 이익은 처참히 무너질 것으로 생각했다. 티베리우스도 귀족들의 저항이 심상치 않음을 느끼고 있었다.

티베리우스 그라쿠스를 지지하는 사람들과 귀족들은 각기 세력을 규합해 투표에서 승리하려고 했다. 티베리우스 그라쿠스는 경호자들을 데리고 카피톨리누스 언덕으로 올라가 지지자들을 독려했다. 카피톨리누스 언덕 밑에 있는 민회 개최지에서 트리부스 평민회가 소집되었다. 그렇지만 투표가 순조롭게 진행되지 못했는데, 귀족들이 많은 지지자를 동원해 티베리우스 지지자들의 투표를 방해했기 때문이다. 혼란이 지속되는 가운데 풀비우스 플라쿠스Marcus Fulvius Flaccus가 귀족들의 동정을 알려주었다. "저들이 노예와 부하들을 무장시키고 당신을 죽이려고 합니다."

이 소식을 들은 티베리우스 그라쿠스는 자신의 목숨이 위태롭다는 것을 민중에게 알리려고 했다. 그러나 너무나 소란스러워 말이 들리지 않았으므로, 손을 머리에 얹어 적들이 자신의 목을 베려고 한다는 시늉을 했다. 이 모습을 본 반대파들은 원로원에 달려가 티베리우스 그라쿠스가 머리에 손을 얹어 왕관을 달라고 요구했다고 말했다. 이 소리를 듣자 귀족들은 곤봉과 몽둥이를 들고 카피톨리누스 언덕으로 몰려가 티베리우스 그라쿠스와 그의 추종자 300명을 때려죽였다. 티베리우스 그라쿠스는 죽고 그의 개혁은 좌초하고 말았다.

가이우스 그라쿠스의 개혁

가이우스 그라쿠스는 티베리우스 그라쿠스의 아홉 살 어린 동생이었다. 형이 개혁을 추진할 때 가이우스 그라쿠스는 초대 농지분배 3인위원회의 의원으로 참여했다. 그러나 형이 살해당한 후 보수파가 집권하면서 개혁은 무산되었다. 개혁을 무산시키는 데 앞장섰던 사람 중의한 명이 소스키피오였다.

소스키피오는 옛날 한니발과 싸워 자마에서 승리했던 스키피오 아프리카누스의 양손자였고, 3차 포에니 전쟁에서 카르타고를 물리친영웅이었다. 소스키피오는 티베리우스가 개혁을 추진하다가 맞아 죽었다는 소식을 누만티아에서 들었다. 그 소식을 듣고 소스키피오는 호메로스의 시 한 구절을 읊었다. "그런 짓을 하는 자는 누구든지 그처럼 파멸하게 될 것이다."[3] 이 말을 했기 때문에 소스키피오는 민중의원성을 샀고 인기를 잃었다. 나중에 소스키피오는 알 수 없는 원인으로 죽었는데, 티베리우스를 흠모했던 사람들이 암살했다는 소문이 있었다. 어쨌든 티베리우스가 죽은 후 누만티아에서 귀국한 소스키피오

는 보수파의 우두머리로서 티베리우스의 개혁법을 흐지부지되게 만들어버렸다.[4]

형이 죽고, 농지분배 3인 위원회가 기능을 상실한 후 가이우스 그라쿠스는 칩거 상태에 들어갔다. 보수파의 세력이 강한 상황에서 잘못 나섰다가는 자신마저 죽을 것이 뻔하기 때문이었다. 가이우스 그라쿠스는 개혁에 관심이 없는 것처럼 보이기 위해 노력했다. 며칠씩 골방에 처박혀 있기도 했고, 형을 옹호하거나 개혁을 다시 추진하겠다는 말은 절대로 하지 않았다. 그리고 곧 로마를 떠나 사르디니아로 갔다. 로마에 있으면 사람들의 구설수에 오르기 쉽기 때문에 정치적 칩거 상태에 들어간 것이다. 가이우스 그라쿠스는 사르디니아에서 콘술 오레스테스의 재무관으로 활동했다.

가이우스 그라쿠스는 웅변의 천재였다. 그가 법정에서 연설하고 있을 때면 방청객들은 넋을 놓고 바라보았다. 가이우스 그라쿠스의 뛰어난 자질에 놀란 귀족들은 무슨 일이 있어도 그가 호민관이 되어서는 안 된다고 생각했다. 귀족들은 가이우스를 되도록 오래 사르디니아에 묶어두려고 노력했다.

그러나 보석은 감출수록 가치를 드러내는 법이다. 사르디니아에 있는 동안 가이우스는 서서히 명성을 쌓아갔다. 사르디니아 군영에는 큰 문제가 있었다. 사르디니아의 겨울은 유난히 추운데 병사들의 옷이 부족했다. 추위에 떨고 있는 병사들을 본 총독이 사르디니아 도시들에 옷을 달라고 요청했다. 그러나 사르디니아 주민들은 단호히 거부하고, 오히려 총독이 과도한 요구를 했다고 로마 원로원에 호소했다. 이런 상황에서 가이우스 그라쿠스가 사르디니아 도시들을 방문하여 옷을 달라고 간곡하게 요청했다. 가이우스 그라쿠스의 달변에 감탄한 그들은 기꺼이 옷을 주었다.

이에 놀란 귀족들은 가이우스 그라쿠스가 귀국하지 못하도록 오레스테스를 계속 유임시켰다. 사령관이 유임되면 부관들은 자동으로 유임되기 때문이었다. 그러나 때가 무르익었다고 생각한 가이우스 그라쿠스는 과감하게 로마로 향하는 배를 탔다. 원로원은 그를 근무지 이탈로 고발했다. 그러나 가이우스 그라쿠스는 달변으로 자신의 무죄를 입증했다. "재무관은 원래 1년만 일하면 귀국할 수 있다고 법에 규정되어 있는데 저는 같은 사령관 밑에서 3년이나 일했습니다. 다른 사람들은 사르디니아에 갈 때 술통을 가져가서 술을 다 먹어치우고 거기에 금은보화를 채워 오는데 저는 빈손으로 왔습니다." 이렇게 귀족들의 의도는 여지없이 무너졌고, 가이우스 그라쿠스는 인민들의 관심을 한 몸에 받았다.

형이 죽은 후 10년 만인 기원전 123년 가이우스는 호민관이 되었다. 오랜 칩거의 시간은 끝났다. 이제 형이 못다 이룬 개혁을 완수해야 할 시기가 되었다. 귀족들의 집요한 반대에도 불구하고 가이우스 그라쿠스는 무난히 호민관에 당선되었다. 민중은 아직 티베리우스를 잊지 못하고 있어서, 가이우스 그라쿠스의 달변과 민중에 대한 애정을 신뢰하고 있었다.

가이우스 그라쿠스는 형의 농지법을 계속 추진하면서, 민중을 돕기 위해 곡물법을 제안했다. 곡물법의 내용은 다음과 같다.

1. 국가는 로마 시민 각자에게 매달 식량을 1모디우스modius당 시세의 반값 이하인 6과 3분의 1 아세스asess(로마의 동화)로 5모디우스를 배급한다.

2. 보충법으로 비축 곡물을 확보하기 위한 창고법과 곡물 운반을 위한 도로법을 제정한다.
3. 곡물 배급에 소요되는 경비를 충당하기 위하여 속주 아시아법을 제정한다.

이 자료에서 1항은 밀을 국가가 구입하여 시가의 반값 이하로 판다는 이야기이고, 3항은 거기에 드는 비용을 충당하기 위해 속주 아시아의 조세를 이용한다는 이야기이다. 가이우스 그라쿠스의 곡물법은 세계 최초의 복지 입법이다. 로마에 거주하는 모든 시민에게 곡물을 싸게 살 수 있게 했기 때문이다.

가이우스 그라쿠스의 곡물법이 제안되자, 귀족들은 입에 거품을 물고 반대했다. '국고가 고갈된다', '시민이 나태해진다' 등 구실도 여러 가지였다. 그러나 가이우스 그라쿠스의 곡물법은 끝내 통과되었다. 이때 곡물법에 강력하게 반대했던 피소Calpurnius Piso라는 인물이 곡물 배급을 받으려고 줄을 섰다. 가이우스 그라쿠스가 "당신은 곡물법을 반대했잖습니까?"라고 말하자, 피소는 이렇게 말했다. "그라쿠스여, 나는 그대가 국고를 사람들 각각에게 분배해주는 것을 원치 않소. 그러나 분배한다면 내 몫은 받겠소."

가이우스의 곡물법은 평민들에게 많은 호응을 얻었고, 가이우스 그라쿠스가 살해된 후에도 계속 시행되었다. 기원전 58년 호민관 클로디우스는 가이우스 그라쿠스의 법을 한층 강화하여 곡물을 무상 배급하도록 했다. 그 후 로마 시민들은 누구나 국가가 무상으로 배급하는 곡물로 먹고살 수 있었다. 곡물의 무상 배급은 로마제국이 멸망할 때까지 계속 시행되었다.

평민을 위한 개혁에 나섰던 그라쿠스 형제의 조각상.

곡물법 제정으로 가이우스 그라쿠스의 인기는 높아만 갔고, 그만큼 귀족들은 불안해졌다. 가이우스 그라쿠스가 계속 귀족들의 권위와 특권을 부정하는 법들을 만들었기 때문이다. 가이우스 그라쿠스가 주도면밀한 대비를 하고 다녔기 때문에 그를 쉽게 때려죽일 수도 없었다. 고심 끝에 귀족들은 묘책을 찾아냈다. 가이우스 그라쿠스의 동료 호민관 중에 리비우스 드루수스Marcus Livius Drusus라는 인물이 있었다. 원로원은 이 사람을 매수해 가이우스 그라쿠스를 누를 수 있는 인기를 얻으라고 부추겼다. 드루수스는 한 편의 연극처럼 민중에게 아첨하기 시작했다.

당시 민중은 식민시를 만들어 이주하는 데 큰 관심을 보이고 있었다. 식민시로 이주하는 자들에게 이주 비용과 토지가 지급되기 때문이었다. 사실 식민시 건설에 가장 열성적인 사람은 가이우스 그라쿠스였다. 그런데 민회에 나가서 가이우스 그라쿠스가 올해 안에 식민시 두 개를 건설하겠다고 연설하면, 드루수스는 '저는 열두 개를 건설하겠습니다'라고 말했다. 드루수스는 민중이 마땅히 국가에 납부해야 할 공유지 이용세도 폐지하겠다고 주장했다. 드루수스가 가이우스 그라쿠스보다 훨씬 급진적인 정책을 계속 내놓고, 원로원을 설득하는 듯이 행세하자 그의 인기가 갈수록 높아졌다. 이제 민중은 가이우스 그라쿠스가 아니라 드루수스를 찾기 시작했다. 그렇다고 가이우스 그라쿠스가 명망을 잃은 것은 아니었다. 민중은 여전히 가이우스 그라쿠스를 신뢰하고 있었지만, 가이우스 그라쿠스 못지않은 새로운 지도자를 만났다고 생각하고 있었다.

이때 가이우스 그라쿠스의 인기를 크게 떨어뜨리는 논쟁이 발생했다. 가이우스 그라쿠스는 이탈리아의 동맹시 주민들이 로마의 번영에 크게 기여했으며, 로마가 지중해 세계의 지배자가 된 상황에서 로마의 인적 자원을 키우기 위해 시민권을 확대하자고 주장했다. 그는 라틴 시민권을 갖고 있던 자들에게는 로마 시민권을, 기타 동맹국에게는 라틴 시민권을 주자고 제안했다. 당시 라틴 시민권자는 참정권을 제외하면 로마 시민과 동등한 권리를 누리고 있었으며, 심지어 로마 시로 이주해 센서스에 등록한다면 로마 시민이 될 수도 있었다. 이 때문에 많은 라틴 시민권자들이 로마로 이주하자, 로마는 로마로 이주하기를 원하는 라틴 시민권자는 아들 한 명은 고향에 두고 와야 한다는 법을 만들었다. 따라서 가이우스 그라쿠스의 주장은 이탈리아의 모든 시민에게 로마 시민권을 주자는 것이나 다름없었다. 가이우스의 이러한 주장은 시대를 앞서간 것이었다. 그의 지지 세력이었던 민중조차도 로마 시민권을 동맹국 시민에게 줌으로써 시민권의 가치를 희석시키려고 하지 않았다.

가이우스 그라쿠스의 인기가 어느 정도 떨어졌다고 판단한 원로원은 새로운 공작을 폈다. 세 번째로 호민관에 입후보한 가이우스 그라쿠스를 낙선시키기로 한 것이다. 원로원은 온갖 부정 선거와 선거 조작을 통해 가이우스 그라쿠스를 낙선시켰다. 가이우스 그라쿠스가 낙선하자마자 원로원은 가이우스 그라쿠스가 만들었던 모든 법을 무효화하려고 했다.

가이우스 그라쿠스의 법을 무효화하기 위한 투표를 하는 날이 왔다. 이때 귀족들과 가이우스 그라쿠스 지지파는 생존을 걸고 맞섰다. 가이우스 그라쿠스를 지지하는 사람들과 귀족들을 지지하는 사람들이 인산인해를 이루어 날카롭게 대립하고 있었다. 그때 귀족파인 콘술 오피미우스의 수행원인 퀸투스 안틸리우스가 무례한 행동을 했다. 제사에 썼던 짐승의 내장을 꺼내, 가이우스 그라쿠스파인 풀비우스에게 던지면서 "귀한 분께서 행차하시니, 어서 길을 비켜라, 이 악한 무리들아"라고 외쳤다. 혼란이 극에 달한 가운데 안틸리우스가 날카로운 필기구에 찔려 죽었다. 귀족들은 가이우스 그라쿠스파가 폭력을 행사했다며, 무력으로 응징하겠다고 나섰다. 그들은 노예를 무장시키고 세력을 모으기 시작했다. 그리고 가이우스 지지자 3000명을 때려죽였다. 가이우스는 도망치다가 절망하여 자살하였다.

이렇게 해서 그라쿠스 형제의 개혁은 실패했다. 티베리우스 그라쿠스의 죽음은 로마사에서 최초로 일어난 정치폭력이었다. 수백 년 로마인이 지켜온 타협과 협상의 정신이 무너졌다. 일이 이렇게까지 되었던 것은 원로원 귀족들이 그들의 이익에 과도하게 집착했기 때문이었다. 로마가 지중해 세계의 주인이 된 후 그들은 로마가 아니라 자신들이 지중해 세계의 주인이 된 것으로 착각했다. 지중해 세계를 정복하느라 피땀을 흘린 평민들에게는 별다른 보상을 해주지 않았다. 소수 귀족이 자신들의 이득에 과도하게 집착하고 있는 상황에서 나라 꼴이 제대로 될 리 없었다. 원로원 귀족들이 개혁에 나선 그라쿠스 형제를 때려죽인 것은 이제 더는 법 테두리 내에서 개혁이 불가능하게 되었음을 의미했다. 그라쿠스 형제가 비록 관행에 어긋나는 행동을 몇 가지 하기는 했지만, 근본적으로 그들은 로마의 정치체제를 수호하기 위한 개혁을 시도했다. 이런 개혁이 좌절된다면 이제 남은 것은 내전의 길뿐이었다.

14장
로마 공화정의 몰락

장군들의 시대: 마리우스와 술라

가이우스 그라쿠스가 죽은 후 귀족들의 압제에 시달리던 평민들은 새로운 지도자를 갈망하고 있었다. 그때 등장한 사람이 마리우스였다. 마리우스는 군인으로 잔뼈가 굵은 무장으로서 공명심이 대단한 사람이었다. 그는 호민관과 프라이토르(법무관)를 지낸 후 메텔루스 휘하에 들어가 콘술이 될 기회를 엿보고 있었다. 기원전 110년경 메텔루스는 북아프리카에서 누미디아와 전쟁을 치르고 있었고, 마리우스도 참전했다. 이 전쟁은 누미디아의 왕인 유구르타의 이름을 따서 유구르타 전쟁이라고 불린다. 로마군은 유구르타군을 계속 격파했지만, 유구르타군이 게릴라전을 구사하면서 전쟁은 장기전으로 치달았다. 마리우스는 메텔루스에게 적극적으로 공세를 펼치자고 주장했지만, 메텔루스는 그의 조언을 받아들이지 않았다. 이에 마리우스는 콘술에 입후보하여 총사령관이 되려고 했다. 콘술 선거 시기가 되자, 마리우스는 콘술에 입후보하기 위해 로마로 가겠다고 말했다. 이때 메텔루스는 화가 나서 "하찮은 평민 출신 주제에 가당치 않은 소리를 한다"라며 비웃었다.

이 소식을 들은 로마의 민중은 분노했다. 기원전 367년 리키니우스-섹스티우스 법이 제정된 이래로 평민도 콘술이 될 수 있었다. 그런데 메텔루스가 마리우스를 평민이라는 이유로 모독했던 것이다. 메텔루스의 모독은 평민들을 단결시켰고, 마리우스는 쉽게 콘술에 당선되었다. 콘술이 된 마리우스는 유구르타 전쟁의 지휘권을 물려받아 대승을 거두고 개선했다. 이후 마리우스는 6년 연속 콘술이 되었다.

콘술로서 마리우스가 행한 가장 중요한 개혁은 병제 개편이었다. 당시 로마는 새로 군대에 갈 병사가 부족했다. 원래 로마는 1만 1000아세스 이상의 재산을 가진 자만이 군대에 갈 수 있었는데 병력 자원이 부족해지면서 기준을 계속 낮추어왔다. 마리우스 시기에는 1500아세스만 있으면 군대에 갈 수 있었는데, 자영농이 몰락하면서 이 기준을 충족하지 못하는 빈민이 크게 늘어났다. 마리우스는 로마가 북아프리카, 갈리아, 아시아에서 전쟁을 효율적으로 수행하려면 병력을 증강하고 군대의 사기를 높일 필요가 절실하다고 생각했다. 그리하여 마리우스는 군 입대에 필요한 재산 자격을 철폐하고, 군인들에게 봉급과 토지를 약속했다.

재산 자격을 낮춘다고 입대하려는 사람들이 늘어날까? 어떻게든 병역을 기피하려는 경향이 있는 현대인은 고대인이 살기 위해 기꺼이 군대에 가려 했던 상황을 이해하지 못할 것이다. 그렇지만 마리우스의 개혁 이후 가난한 평민들은 하루하루 먹고살기 힘든데, 군대에 가면

생계를 걱정할 필요가 없고 봉급을 받을 수 있으며 더욱이 제대하면 토지를 준다는 데 큰 매력을 느꼈다. 자원 입대자가 증가하면서 로마군의 숫자가 두 배나 늘어났다. 2차 포에니 전쟁 때 로마군은 23~25개 군단이었지만, 아우구스투스 시기에는 군단 수가 60개가 넘었다.[1]

여기서 중요한 것은 평민들이 장군들의 사병이 되는 경향이 생겨났다는 것이다. 군인들의 봉급은 국가 재정에서 나왔지만, 장군을 잘 만나면 많은 보너스를 얻을 수 있었다. 더욱이 퇴직 병사에게 토지를 지급하는 것은 장군들의 역량에 달려 있었다. 원로원은 여전히 토지 지급을 꺼렸고 또 토지를 주려고 해도 땅이 없어서 주지 못하는 경우가 많았다. 급료와 토지 외에 병사들이 기대했던 것은 전리품이었다. 반항하는 적을 물리치고 승리를 거둘 경우 장군들이 약탈을 허락한다면 단단히 한몫 얻을 수 있었다. 이런 연유로 병사들은 국가가 아니라 장군들에게 충성하게 되었고, 군대가 점차 사병화하는 경향을 보였다.

마리우스는 여러 전쟁에서 공을 세웠고, 연설도 잘했다. 그는 유구르타 전쟁에 출정하면서 병사들 앞에서 이렇게 연설했다.

저는 모든 인간이 평등하게 태어났다고 확신합니다. 그러나 동시에 공동체에 더욱더 공헌한 사람이 더욱더 고귀한 사람으로 대접받아야 한다는 것도 확신합니다. 고명한 조상들의 초상도 없는 제가 로마 지도층에 들어간 것은 바로 어제 일입니다. 그렇지만 뛰어난 조상을 가졌다고 자랑하는 것보다는 스스로 명성을 쌓아 올리는 것이 더 나은 삶이라고 생각지 않습니까? 귀족들이 지체 높은 혈통을 보여주는 눈부신 조상들을 자랑하면 저는 제가 수많은 전투에서 입어 제 몸에 남아 있는 상처를 보여줄 것입니다. 저에게 명성이나 지위는 고생과 위험을 견디면서 저 스스로 획득한 것임을 분명히 말할 것입니다. 저와 함께 출정하게 된 여러분은 모든 고난을 저와 함께할 것입니다. 저는 행군할 때도 전투를 할 때도 항상 여러분 곁에 있을 것입니다. 여러분과 똑같이 위험을 감수하는 전우로서, 신들의 가호에 힘입어 승리도 명예도 찬사도 모두 우리의 것이 되리라고 확신합니다.[2]

평민 출신인데도 자부심이 대단했던 마리우스는 유구르타 전쟁을 승리로 이끌었고, 갈리아 지역을 침범한 게르만족을 물리쳤다.* 마리우스는 장군으로서 전술에 밝았을 뿐 아니라 일반 병사들과 함께 숙식하면서 모범을 보였다. 마리우스가 행한 재판 이야기가 유명하다. 마리우스의 부대에 가이우스라는 장교가 있었다. 당시 로마군에는 동성애가 성행했는데, 가이우스는 트레보니우스라는 젊은이가 마음에 들었다. 가이우스가 여러 번 추파를 던졌지만 트레보니우스가 거절했다. 어느 날 밤 가이우스는 부하를 보내어 트레보니우스를 불러온 후 그를 강간하려고 했다. 트레보니우스는 지휘관이 오라고 해서 갔지만, 정절을 지키기 위해 가이우스를 죽였다. 트레보니우스는 즉석에서 잡혀 재판을 받게 되었다. 사람들은 장교를 살해한 트레보니우스를 용서할 수 없다고 주장했고, 더군다나 살해당한 사람이 마리우스의 조카였기 때문에 마리우스가 트레보니우스를 처형할 것이라고 생각했다. 그러나 트레보니우스의 진술을 듣고, 그의 진술이 참이라는 것을 알게 된 마

---

* 기원전 106년경 게르만족의 일파인 킴브리족, 테우토네스족(영어로는 튜튼족), 암브론족 등이 로마의 영역인 갈리아 지역을 침범했다. 로마는 아로시오 전투에서 대패했지만, 마리우스가 콘술이 되어 이들을 물리쳤다. 이에 대해서는 존 워리, 임웅 옮김,《서양 고대 전쟁사 박물관》, 르네상스, 2006, 240~245쪽 참조.

리우스는 오히려 그에게 상을 내렸다. 마리우스가 혈연에 얽매이지 않을 뿐만 아니라 하급 병사인 트레보니우스를 옹호해주는 것을 보고 병사들은 마리우스를 더욱 신뢰하게 되었다.[3] 마리우스의 공정한 처사가 알려지면서 로마의 평민들은 그가 자신들의 진정한 대변자라고 생각했으며, 덕분에 마리우스는 일곱 번이나 콘술에 당선되었다. 콘술로서 마리우스는 곡물을 저가로 시민들에게 분배하고, 공유지를 평민에게 나눠주는 등 평민을 위한 여러 정책을 펼쳤다.

그러나 누구도 세월을 이길 수는 없다. 마리우스가 점점 늙어가고 있을 때 술라가 정치의 전면에 등장했다. 술라는 귀족 가문 출신이었지만 원래 난봉꾼이었다. 사회에서 천대받던 배우들과 어울리며 매춘부들과 세월을 보냈다. 술라는 마리우스의 부관이 되면서부터 주목을 받기 시작했다. 마리우스가 치렀던 중요한 전쟁, 즉 유구르타 전쟁과 갈리아 전쟁에서 술라는 큰 공을 세웠다. 이후에도 몇 차례 전공을 더 세웠고, 마리우스의 후원을 받으면서 점차 관직이 높아졌다.

술라가 계속 무공을 세우고 관직이 높아지자 마리우스는 술라를 경계의 눈초리로 쳐다보았다. 마리우스가 평민에게 우호적인 정책을 추진하자, 원로원은 마리우스를 견제하기 위해 술라를 적극 지지했다. 기원전 90년대 평민의 지지를 받은 마리우스와 원로원의 지지를 받은 술라의 대립이 점차 본격화되었다. 두 사람의 갈등은 기원전 88년에 폭발했다.

동맹시 전쟁이 거의 마무리되었던 기원전 88년 아시아에서 폰토스 왕국의 미트리다테스가 소아시아 일대를 정복하면서 로마의 지배에 저항했다. 귀족들의 지지를 받은 술라가 콘술로서 지휘권을 받고 출정했다. 그런데 술라가 이탈리아 남부의 카푸아에 도착했을 때 민회가 소아시아로 출정한 군대의 지휘권을 술라에서 마리우스로 이전한다는 법안을 통과시켰다. 이에 격분한 술라는 민회의 명령을 거부하고 로마로 진군해 마리우스의 지지자들을 숙청했다. 마리우스는 아프리카로 도망갔고, 술라가 정치의 주도권을 장악했다. 정권을 장악한 술라는 자신이 귀족들의 대의를 추종한다는 것을 명확히 밝혔다. 그는 지역구 평민회가 아니라 켄투리아 민회가 입법을 주도하도록 했으며, 켄투리아 민회가 결정한 사항이라고 해도 원로원의 승인 없이는 시행할 수 없게 했다. 이로써 지역구 평민회가 결의한 사항은 원로원의 동의가 없어도 법으로 인정받는다는 호르텐시우스 법이 무력화되었다. 이후에도 마리우스와 술라의 대립은 계속되는데, 여기서 주목할 것은 관리들의 명령이나 원로원의 결의와 같은 전통적인 국가 통치 체제가 와해되었다는 것이다. 마리우스와 술라는 자기에게 불리한 조처가 취해지면 군대를 끌고 진격해 피의 보복을 감행했다. 그리고 평민과 귀족의 갈등이 너무나 심해서 정상적인 법질서 내에서는 서로 조화될 수 없었다. 어느 쪽이든 강력한 장군을 포섭하고 군사력을 모으는 쪽이 승리했다.[4]

로마사의 분수령, 동맹시 전쟁

마리우스가 늙어가고 술라가 권력자로 등장하고 있던 기원전 90년경 로마사의 분수령을 이루는 중요한 사건이 일어났다. 로마는 이탈리아반도를 통일하는 과정에서 새로 정복한 지역의 도시들을 대부분 동맹시로 편입했다. 동맹시를 라틴어로는 소키socii라고 한다. 동맹국들

은 전쟁이 일어나면 군대를 보내어 로마를 도와야 했다. 로마는 동맹
국들이 협조하는 대가로 그들의 안전을 보장해주었고, 전리품도 나누
어주었으며, 식민시 건설에도 참여할 수 있는 권리를 주었다. 그리고
동맹국 시민들은 로마 시민과 결혼하고 교역할 수 있는 권리를 가졌
다.[5] 동맹시 주민들은 로마가 부여한 이런 권리를 매우 소중히 여겼기
때문에 피로스 전쟁과 포에니 전쟁에서 로마를 배반하지 않았다.

　그러나 동맹시의 주민들은 로마의 시민권을 받지 못했기 때문에 로
마의 정책 결정에 관여할 수 없었으며, 로마가 공유지를 분배할 때도
혜택을 누리지 못했고, 때때로 로마 관리들로부터 학대를 받아도 항
소할 수 없었다. 따라서 동맹시 시민들은 자신들이 로마가 이탈리아
를 통일하는 과정, 나아가 포에니 전쟁을 비롯한 대외 전쟁에 크게 기
여했는데도 제대로 보상을 받지 못했다고 생각하고 있었다. 그들은 기
회가 될 때마다 로마에 시민권을 달라고 요구했고, 기원전 2세기 중반
이후 로마의 지도자들도 이 문제를 심각하게 고민했다.

　가이우스 그라쿠스는 시대를 앞선 개혁가로서 동맹시 주민들에게
로마 시민권을 주려다가 실패했다. 그 후에도 동맹시 주민들은 지속적
으로 로마에 시민권을 달라고 요구했지만, 로마는 긍정적인 태도를 보
이지 않았다. 기원전 90년에 동맹시 주민들의 인내심은 한계에 이르
렀다. 중동부의 도시인 아브루치가 반란을 일으키자 대부분의 동맹시
들이 즉각 가담했다.

　동맹시들은 이탈리아 연방이라는 새로운 나라를 결성하고 로마에
맞섰다. 동맹시 전쟁이라고 불리는 이 전쟁에서 로마는 초반에 크게
패했다. 동맹시의 군사들은 오랫동안 로마와 함께 전장을 누빈 역전의
용사들이었고, 로마군의 전술을 잘 알고 있었기 때문이다. 로마는 기

원전 89년부터 점차 군사적인 우위를 확보했고, 기원전 88년 술라가 캄파니아 남부에서 동맹시의 주력군인 삼니움인을 물리치면서 전쟁을 승리로 이끌 수 있었다. 그러나 로마의 지도자들은 동맹시를 완전히 무력으로 진압하고 그들의 권리를 박탈한다면 로마의 국력이 크게 손상될 것이라고 생각했다. 따라서 동맹시를 완전히 무력화하기보다는 주민들에게 시민권을 줌으로써 그들을 다시 로마에 충성하는 시민으로 육성하는 길을 택했다. 로마가 이탈리아 동맹시 시민들에게 로마 시민권을 주기로 결정하자 동맹시 시민들의 반란이 멈추었다. 이로써 이탈리아에 사는 모든 자유민이 로마 시민권을 갖게 되었고 로마는 시민 수를 크게 늘릴 수 있었다.

폼페이우스와 카이사르

기원전 86년 마리우스가 일곱 번째 콘술 직을 마치지 못하고 자연사하자, 한동안 술라가 최고 권력자로서 득세했다. 그런데 술라는 기원전 79년에 다섯 번째 아내로 맞은 젊은 처녀 발레리아와 사랑에 빠져 정치에서 은퇴했다. 그 후 술라 밑에서 군사적 능력을 인정받았던 폼페이우스(기원전 100~기원전 44)가 지중해 연안에 창궐하던 해적을 소탕하고 시리아와 팔레스타인을 정복해 명성을 얻었다.

폼페이우스가 히스파니아 지역의 반란을 진압하려고 파견되어 있던 기원전 73년 스파르타쿠스 반란이 일어났다. 트라키야 출신의 검투사 스파르타쿠스가 카푸아 근처에서 봉기한 후 노예들을 선동해 세력을 키웠다. 그를 추종하는 무리가 10만 명에 이를 정도로 반란이 커지자 로마는 여러 번 진압을 시도했으나 실패했다. 기원전 72년 당시 로마에서 가장 부유한 자로 유명했던 크라수스가 자원하여 진압에 나섰다. 크라수스는 4만 명의 병력으로 스파르타쿠스의 난을 진압함으로써 로마의 유력자로 등장했다. 이후 대체로 두 장군이 정치를 주도해나갔지만, 큰 혼란은 없었다. 그런데 카이사르가 등장하면서 정국은 안개 속으로 빠져들었다.

카이사르는 술라의 숙청 사건 때부터 세상의 이목을 받기 시작했다. 일찍이 마리우스를 격파하고 전권을 장악한 술라는 마리우스의 잔당을 대대적으로 숙청했다. 그때 카이사르도 처형당할 뻔했는데, 그의 장인이 마리우스의 처조카로 마리우스파의 지도자였기 때문이었다. 술라는 카이사르의 친구들이 적극적인 구명 활동을 펴자 "이 소년은 마리우스를 열 명쯤 합쳐놓은 놈이다"[6]라고 말했다. 술라의 평가대로 카이사르는 야심과 능력이 대단한 인물로 특히 웅변에 능해 사람들을 선동하는 능력이 뛰어났다. 카이사르의 숙적이었던 키케로는 "카이사르를 능가할 만한 웅변가를 나는 알지 못한다"라고[7] 말했다. 하여튼 술라의 말을 전해들은 카이사르는 재빨리 몸을 숨겨 목숨을 부지할 수 있었다.

카이사르는 마리우스파와 가까웠고, 관직에 오르면서 친평민적인 성향을 노골적으로 드러냈다. 카이사르는 첫 관직에 오르자마자 술라가 축소했던 호민관의 특권을 부활시키고자 노력했다. 도시 관리관이었을 때는 민회장을 보수했고, 콘술이 되어서는 대규모의 농지분배를 단행했다. 카이사르가 평민파로서 입지를 굳혀가자 원로원이 그를 견제하기 시작했다. 이에 카이사르는 유력한 장군 폼페이우스, 크라수스와 협약을 맺어 원로원의 견제를 무력화하려고 했다. 당시 폼페이우스는 미트리다테스 전쟁에서 큰 공을 세웠지만, 원로원이 그 공로를 인정하지 않아서 원로원과 소원한 상태에 있었다. 크라수스는 카이사르, 폼페이우스와 협력해 권력을 차지할 수 있다는 데 매력을 느꼈다. 이렇게 해서 기원전 59년 카이사르가 폼페이우스, 크라수스와 손을 잡음으로써 1차 삼두정치가 시작되었다.

이때 카이사르는 자신의 딸 율리아를 폼페이우스의 아내로 보내 두 사람의 화합을 추구했다. 폼페이우스는 그녀를 끔찍하게 사랑했다. 카이사르는 폼페이우스가 확고하게 자신을 지지한다고 믿고 기원전 58년 갈리아 원정에 나섰다. 갈리아는 지금의 프랑스와 벨기에 지역으로 켈트인이 살던 곳이었다.

카이사르는 여러 전투에서 승리했고, 기원전 55년과 54년에는 두 차례 브리타니아 원정을 단행했다. 카이사르의 승리가 확고해지자, 켈트족이 베르킨게토릭스를 중심으로 뭉쳤다. 베르킨게토릭스는 기원전 52년 8만의 군사를 거느리고 카이사르 군대와 맞서 싸우다가 의도적으로 프랑스 중부의 도시인 알레시아에 있는 요새로 도망쳤다. 5만의 군사를 거느린 카이사르는 알레시아를 포위하여 베르킨게토릭스의 군대를 굶겨 죽이기 위해 진지를 구축했다. 그러나 베르킨게토릭스에게는 다른 속셈이 있었다. 그는 자신이 포위되어 죽게 될 상황이 되면 다른 켈트족이 연합해 카이사르군과 싸울 것이라고 생각했다. 그의 예상대로 사방의 켈트족이 그를 구하러 왔는데, 그 병력이 무려 25만이나 되었다. 카이사르는 병력이 6분의 1밖에 안 되었지만, 양쪽으로 포위된 상황에서도 포기하지 않고 싸웠다. 그는 켈트족 연합군을 격파하고 베르킨게토릭스를 사로잡았다. 이로써 7년에 걸친 갈리아 원정은 끝났고, 갈리아 전역이 로마의 영토로 편입되었다.

갈리아 전쟁을 승리로 이끌고 나서 카이사르는 로마 역사상 가장 위대한 장군으로 부상했다. 이때 카이사르는 또 다른 위대한 업적을 남겼다. 그것은 카이사르가 갈리아 전쟁을 끝내면서 쓴 《갈리아 전쟁기》이다. 카이사르는 흔히 장군으로만 알려져 있지만, 로마 최고의 작가 키케로가 시샘할 정도로 문필이 뛰어났다.[8] 《갈리아 전쟁기》는 지금도 라틴어 초급 교본으로 쓰일 정도로 깔끔하고 정돈된 문체로 유명하다.

한편 갈리아 전쟁의 영웅인 베르킨게토릭스는 로마로 끌려가 죽었지만, 켈트족의 영웅으로 역사에 남았다. 근대 프랑스 사람들은 베르킨게토릭스가 전투를 벌였던 지역을 발굴해 유적지로 조성하고, 프랑스 곳곳에 그의 동상을 세웠다. 파리를 비롯한 여러 지역의 거리에도 그의 이름이 붙여졌고, 많은 예술가가 그를 기념하는 작품을 만들었다. 가령 1870년 샤트루스Chatrousse라는 조각가는 잔 다르크와 베르킨게토릭스가 나란히 손을 잡고 있는 조각상을 만들었다.[9]

카이사르가 갈리아 원정에 힘쓰고 있는 동안 폼페이우스가 변심했다. 카이사르의 딸인 율리아가 아이를 낳다가 죽자 폼페이우스는 카이사르와의 인연이 끊어졌다고 생각했다. 두 사람의 관계가 소원해지자 원로원 의원 대다수가 카이사르의 독주를 막기 위해 폼페이우스 편에 가담했다. 기원전 52년 단독 콘술이 된 후 폼페이우스는 원로원의 도움을 받아 카이사르를 무력화하려고 했다. 폼페이우스와 원로원은 카이사르에게 갈리아 원정이 끝났으니 군대는 갈리아 지역에 두고 개인 자격으로 로마로 귀환하라고 명령했다. 물론 카이사르를 갈리아 전쟁의 영웅으로 우대하려는 것이 아니라 로마에 오면 제거할 속셈이었다.

카이사르는 폼페이우스의 속셈을 알고 있었기 때문에 군대를 두고 갈 수 없었다. 카이사르는 군대를 이끌고 기원전 49년 이탈리아 북부에 있는 조그만 강인 루비콘강을 건넜다. 로마의 법에 따르면 이 강을 건너 귀환하는 장군은 무장을 해제하고 로마로 들어와야 했다. 이때 카이사르는 "주사위는 던져졌다"라고 말하면서 병사들을 독려하고 바로 로마로 진격했다.*

카이사르는 로마를 점령했고, 폼페이우스는 동방으로 도망가서 군사를 다시 모았다. 둘은 기원전 48년 파르살로스에서 최후의 결전을 벌였다. 폼페이우스는 두 배의 병력을 가지고도 패배했다. 폼페이우스가 특별히 큰 실수를 하지도 않았고, 최선을 다해 싸웠건만 카이사르는 뛰어난 부하들과 전술 덕분에 승리했다. 폼페이우스를 중심으로 한 공화파는 패배하고 뿔뿔이 흩어졌다.

카이사르는 이집트로 도망간 폼페이우스를 쫓아갔고, 카이사르가 온다는 소리에 겁먹은 이집트인이 폼페이우스를 죽였다. 거기서 카이사르는 클레오파트라를 품에 안고 서쪽으로 방향을 돌려 폼페이우스파 잔여 세력을 소탕했다. 폼페이우스파 잔여 세력 가운데 공화파 귀족의 대표 주자인 마르쿠스 카토가 유명했다. 카이사르는 항복하면 목숨을 살려주겠다고 말하면서 회유하려고 했지만, 카토는 끝까지 싸웠다. 카토는 전황이 불리해지자 인간의 영혼은 불멸한다고 주장한 플라톤의《파이돈》을 읽고 자살했다.

이제 카이사르를 견제할 수 있는 인물은 아무도 없었다. 모든 권력을 손에 쥔 카이사르는 독재자의 모습을 드러냈다. 카이사르는 기원전

---

* 루비콘강을 건너기 전에 이미 카이사르는 사전 준비를 철저하게 해놓았다. 따라서 주사위는 던져졌다는 말은 그의 결단력을 강조하기 위해 지어낸 말이다. 이에 대해서는 김경현, 〈율리우스 카이사르(Iulius Caesar)의 리더십에 관한 역사적 고찰〉, 《중앙사론》 35, 2012, 466~467쪽 참조.

46년에 10년 임기의 독재관에 취임했다. 그리고 카이사르는 관직 인사를 좌지우지하면서 측근들을 최고 관리에 앉혔다. 심지어 이런 일도 있었다. 기원전 45년 12월의 마지막 날 콘술 한 명이 갑자기 죽었다. 새로 콘술을 뽑는다면 임기는 고작해야 하루였다. 카이사르는 부하에게 콘술을 지냈다는 영예를 주기 위해 민회를 열어 콘술을 새로 뽑았다. 그러자 키케로가 새로 뽑힌 콘술은 임기를 채우기 위해 한숨도 자지 않을 것이라고 조롱했다.

이 시기 카이사르는 새로운 세계를 구상하고 있었다. 그는 로마 공화정의 법이 허용하는 한계를 초월한 권력자가 되려고 했다. 카이사르는 권력을 강화하기 위해 종교적인 의례까지 적극 활용했다. 기원전 46년 카이사르를 지지하는 원로원이 로마의 중심지인 카피톨리누스 언덕에 그의 동상을 세우고, 거기에 '율리우스 신Divus Julius'이라는 비문을 새기게 했다. 이 비문에서 율리우스는 카이사르의 씨족 이름이다. 따라서 이 비문은 카이사르가 평범한 인간이 아니라 신과 같은 초월적인 존재가 되었음을 의미한다. 물론 카이사르가 광인이어서 자신이 진짜 신이라고 생각하고 이런 명예를 차지했던 것은 아니다. 로마인은 신에게 여러 등급이 있다고 생각했다. 제우스, 헤라처럼 원래 초월적인 존재였던 신들은 '데우스deus'라고 불렀고, 뛰어난 인간으로 죽어서 신적인 존재가 된 사람들을 '디부스Divus'라고 불렀다. 따라서 카이사르뿐만 아니라 다른 영웅들도 디부스가 될 수 있었고, 심지어 일반인도 '조상 신'이 되어 후손들로부터 숭배받을 수 있었다. 그렇지만 그때까지 인간은 죽고 나서야 디부스가 되는 영예를 차지할 수 있었다. 살아서 이 영예를 누린 카이사르는 가장 위대한 인간으로 숭배되었다.[10]

이후 퀴리누스 신전에도 그의 조각상이 봉헌되었는데, 이 조각상에는 '정복되지 않은 신에게Deo Invicto'라는 비문이 새겨졌다. 그리고 주요한 국가 행사에서 그의 조각상이 신들의 조각상과 나란히 배열되었으며, 신들에게 의례를 행할 때 그의 조각상에도 똑같은 의례가 행해졌다. 또한 신격화된 카이사르를 모시는 사제단이 조직되었으며, 카이사르의 이름을 붙여 태양력이 제정되었다.[11] 카이사르의 조각상이 신들의 조각상 옆에 설치된 것도 고대 세계의 관행을 보면 기이한 일이 아니다. 동방을 중심으로 고대 신전들에는 여러 영웅의 조각상이 신들의 조각상 옆에 설치되었다.[12]

카이사르가 생전에 신격화되었다는 것은 그의 권력이 절대적인 수준에 도달했음을 의미한다. 카이사르가 강력한 권력욕을 드러내자 평민들은 그를 왕으로 추대하려고 했다. 카이사르는 이들의 요구를 마지못해 물리치는 척하면서 자신의 권력을 더 강화했다. 그는 기원전 44년 1월에 자신의 독재관 임기를 '종신'으로 바꾸었다. 원래 로마의 법에 따르면 독재관은 전시와 같은 특별한 위기 시에 임명되는 절대 권력자였다. 로마인은 독재관의 권력이 너무 강해서 임기를 6개월로 한정했는데, 이제 카이사르가 그것을 무시하고 종신 독재관이 되었다.

사태가 이렇게 되자 로마의 전통 귀족들은 비장한 각오를 하게 되었다. 500년간 유지된 로마 공화정의 전통이 여지없이 무너져가고 있는데 이 일을 어떻게 할 것인가? 무력으로는 카이사르를 감당할 수 없었던 그들은 암살을 모의했고, 결국 기원전 44년 3월 15일 원로원 의사당에서 카이사르를 찔러 죽였다. 이때 원로원 의원 60여 명이 카이사르를 에워쌌는데, 주도자 가운데 한 명이 브루투스였다. 브루투스는 카이사르의 애인, 세르빌리아의 아들이었다. 흔히 카이사르가 브루투스를 총애해서, 그가 자신을 칼로 찌르자 "브루투스 너마저"라는 말을 남기고 죽었다고 한다. 그러나 이 말은 사료에 등장하지 않고, 셰익스피어가 카이사르를 소재로 쓴 희곡에서 지어낸 말이다.

카이사르의 인간적 면모는 어땠을까? 카이사르는 건장한 장군이었지만 간질병 환자였다. 집무 중에 발작을 일으킨 적도 두 번이나 있었다. 그런데 고대인은 간질을 병으로 보지 않고 오히려 위대한 인간이 신과 소통하는 것으로 여겼다. 따라서 지위가 높은 사람이 간질로 발작을 할 때면, 신으로부터 어떤 계시를 받고 있다고 말하곤 했다. 카이사르의 애정 행각도 유명하다. 카이사르는 마음에 드는 여자라면 누구의 딸이건 아내건 가리지 않고 유혹했다. 심지어 정적이자 선배인 크라수스의 아내 테르툴리아와 폼페이우스의 아내 무키아까지 유혹해 관계를 가졌다고 한다.[13] 정복지에서도 마찬가지였다. 이렇게 여자를 좋아했던 카이사르는 남달리 외모에 신경을 썼다. 그의 외모에서 가장 큰 콤플렉스는 대머리였다. 그는 아침이면 늘 얼마 남지 않은 머리를 빗질해서 머리카락이 많게 보이려고 시간을 허비했다.

옥타비아누스의 등장

카이사르 암살 후 3일 만에 정국은 안정을 되찾는 듯했다. 안토니우스와 또 다른 실력자인 기병대장 레피두스가 카이사르 암살파와 타협했기 때문이다. 안토니우스는 대사면령을 내려 카이사르 암살자들을 용서하기로 했고, 암살파는 카이사르 유언의 효력을 인정하기로 했다. 그러나 로마 시민들의 생각은 달랐다. 그들은 카이사르가 이룩한 위대한 업적과 평민들에 베푼 호의를 기억했다. 암살파가 무력을 휘둘러서 내놓고 항의하진 못했지만, 암살파에 동조할 생각은 없었다. 암살 4일째, 카이사르가 로마 시민에게 1인당 300세스테르티우스를 유증했다는 내용을 담은 유언장이 공개되었다. 300세스테르티우스는 보통 사람 75일치 임금이다. 크게 감동받은 로마 시민들의 카이사르에 대한 애정은 장례식에서 극적으로 표출되었다. 장례식 절차에 따라서 카이사르의 일생과 업적이 낭송된 후 시민들은 무리를 지어 암살파 인사들의 집을 약탈하고, 암살자들을 처단하라고 외치며 시내를 활보했다.[14] 이후 암살파는 급격하게 세력을 잃었고, 안토니우스를 중심으로 한 카이사르파가 정세를 주도하게 되었다.

안토니우스는 카이사르의 복수를 하면서 최고 권력자가 되려고 했다. 그에 반해 암살파는 카이사르를 죽일 때 안토니우스를 죽이지 못한 것을 크게 후회했다. 안토니우스의 권력이 강화되어가자 암살파 인물들은 속속 로마를 떠났다. 브루투스와 카시우스는 마케도니아와 시리아로 떠났고, 키케로도 아테네로 떠나려고 했다. 그런데 키케로의 동방 여행은 역풍을 만나 중단되었다. 키케로는 기원전 44년 9월 2일 로마로 돌아와 안토니우스를 본격적으로 공격하기 시작했다. 키케로를 중심으로 암살파, 즉 공화파가 다시 뭉치기 시작했다. 암살파는 카이사르를 죽이고 공화정을 복원하려 했기 때문에 공화파라고 불리기도 했다. 공화파의 세력이 만만치 않게 커지자 안토니우스는 군대를 동원해 그들을 싹쓸이하기로 결심하고, 44년 10월 9일 마케도니아에 주둔하고 있는 군단을 동원하기 위해 로마를 떠났다. 당시 그곳에는 카이사르의 정예부대 6개 군단이 있었는데 카이사르가 생전에 파르티아를 원정하기 위해 주둔시켜둔 군대였다.

이렇게 카이사르파와 암살파의 대립이 격화되는 가운데 제3의 인물이 등장한다. 그는 카이사르가 유언장에서 후계자로 삼고 재산의 4분의 3을 물려준 옥타비우스였다. 그때 옥타비우스는 열여덟 살밖에 안되어 정치의 전면에 나서기에는 너무 어렸다. 그의 나이는 관직을 갖기에도 모자랐다. 더욱이 옥타비우스는 가문이 매우 한미한 데다 로마 출신도 아니었다. 그는 로마에서 남동쪽으로 40킬로미터 떨어진 자치시 벨리트라이 출신이었다. 그의 조상은 상인들이었는데, 옥타비우스의 아버지가 프라이토르를 지내어 가문에서 최초로 원로원 의원이 되었다. 카이사르가 왜 옥타비우스를 상속자로 정했는지는 알 수 없다. 옥타비우스가 누나의 손자라는 이유밖에 알려진 것이 없다. 옥타비우스는 카이사르의 후계자가 된 후 자신의 이름을 '옥타비아누스'로 바꾸었는데, 자신의 미천한 출신을 감추기 위해서였다. 옥타비아누스가 이렇게 초라한 존재인 반면, 수많은 무공을 세운 안토니우스는 콘술이자 카이사르 군대의 수장이었다. 따라서 옥타비아누스가 1인자가 되리라고 생각하는 사람은 아무도 없었다. 과연 옥타비아누스는 어떻게 로마의 지배자가 될 수 있었을까.

양부의 유언장 이야기를 들은 옥타비아누스는 부리나케 로마로 가서, 카이사르의 유산을 관리하고 있던 안토니우스에게 아버지의 유언대로 재산을 달라고 요구했다. 그렇지만 안토니우스가 이미 많은 돈을 써버렸기 때문에 그가 받은 재산은 얼마 되지 않았다. 옥타비아누스는 상황이 불리하게 돌아가고 있음을 알고 실망했다. 그렇지만 옥타비아누스는 수완과 야심이 대단한 사람이었다. 혼란의 시기에 위대한 카이사르의 양자로서 자신이 로마의 최고 지도자가 되어야겠다는 야심이 그의 가슴속에서 꿈틀거렸다. 그렇지만 아무리 주위를 둘러보아도 그가 가진 것이라곤 많지 않은 돈밖에 없었다. 자신을 알아주는 사람도, 인정해주는 사람도 없었다. 오로지 카이사르의 부관이었던 안토니우스에게 의존해야 했다. 그러나 안토니우스에게 옥타비아누스는 부담스럽기 짝이 없는 존재였다. 카이사르의 양자로서 양부의 후광을 업고 정치적인 라이벌로 성장할 수도 있기 때문이었다. 따라서 안토니우스는 카이사르의 유언 집행을 늦추면서 옥타비아누스를 견제했다.

안토니우스가 계속 냉대하자 옥타비아누스는 공화파와 손을 잡았다. 카이사르의 양자가 카이사르의 암살자들과 협력했던 것이다. 옥티비아누스의 행동은 명분이 없었다. 그렇다면 왜 옥타비아누스는 공화파와 협력했을까. 냉담한 안토니우스와 달리 공화파는 간절히 그를 원했다. 카이사르파의 내분을 일으킬 수 있다고 판단했기 때문이다. 현실적으로 아무런 힘도 없는 옥타비아누스는 양부를 죽인 공화파가 밉지만, 안토니우스의 세력을 견제하는 것이 더 중요하다고 생각했던 모양이다.

안토니우스가 군대를 끌고 오기 위해 로마를 비우자, 로마에 있는 공화파는 부산해지기 시작했다. 안토니우스가 마케도니아 군단을 끌고 온다면 모든 것은 끝이다. 어떻게든 군대를 모으고, 안토니우스의 진격을 막아야 한다. 이때 옥타비아누스가 자신의 존재를 세상에 알릴 중요한 기회를 만들어냈다. 안토니우스가 마케도니아로 가자마자, 옥타비아누스는 남부 이탈리아의 도시 칼라티아Calatia로 갔다. 칼라티아는 카이사르가 자신에게 충성했던 퇴역병을 정착시키려고 만든 식민시였다.

칼라티아에 도착한 옥타비아누스는 카이사르가 부당하게 살해당했다는 사실을 알리고, 카이사르의 양자인 자신을 안토니우스가 제거하려 한다고 호소했다. 카이사르에 대한 옛정을 가지고 있던 병사들은 카이사르의 양자에게 연민을 느꼈다. 옥타비아누스는 이를 알아차리고 계속해서 카이사르의 업적과 카이사르가 베풀었던 혜택들을 이야기했다. 그리고 자신은 카이사르보다 더 많은 혜택을 제공하겠노라고 약속했다. 그는 자기를 돕겠다고 약속한 퇴역병에게는 그 자리에서 500데나리우스라는 거금을 주었다. 500데나리우스는 군단병들의 2년치 봉급을 넘는 금액이었다. 이후에도 옥타비아누스는 돈으로 계속 병사들을 매수했다. 그가 그렇게 큰돈을 쓸 수 있었던 것은 카이사르가 파르티아와의 전쟁에 대비해 모아놓은 기금을 차지했기 때문이었다. 옥타비아누스가 거액의 돈을 약속하자 퇴역병들은 감동했고 너도나도 앞장서서 옥타비아누스를 따르기 시작했다. 이리하여 옥타비아누스는 자신을 따르는 병사들을 최초로 얻었다.

이제 호위병을 거느린 옥타비아누스는 또 다른 식민시 카실리눔·칼레스·테아눔·카푸아에 갔고, 그곳에서도 똑같이 카이사르의 양자라는 후광과 돈을 이용해 병사들을 얻었다. 이렇게 해서 3000명의 병사가 옥타비아누스의 수중에 들어왔다. 옥타비아누스는 이 병력을 이끌고 로마로 갔다. 공화파는 옥타비아누스를 열렬히 환영했고, 옥타비아누스는 원로원에 충성을 맹세했다. 옥타비아누스를 따라온 카이사르의 옛 병사들은 여기서 큰 혼란을 느꼈다. 많은 병사들이 옥타비아누스를 따라 카이사르를 죽인 공화파를 쳐부숴야 한다고 생각했기 때문이다. 많은 병사들이 온갖 핑계를 대며 이탈하기 시작했다. 옥타비아누스는 이들에게 다시 돈을 뿌렸다. 그러자 돈에 눈이 멀어 병사들의 이탈이 중지되었다.

한편 마케도니아 군단을 장악하러 갔던 안토니우스는 6개 군단 중 4개 군단에게 이탈리아 남부의 브룬디시움으로 진격하라는 명령을 내렸다. 기원전 44년 10월 중순경 4개 군단이 이동하기 시작했고, 안토니우스는 그들을 맞이하러 브룬디시움으로 갔다. 브룬디시움에서 안토니우스는 군대를 사열하고 동해안을 따라 아리미눔으로 가라고 명령하고 자신은 로마로 향했다.

그런데 북진하던 마케도니아의 4개 군단 가운데 2개 군단이 옥타비아누스 쪽으로 가버리는 극적인 사건이 발생했다. 정규 2개 군단이 사령관의 명령을 거부하고, 반대편에 가담해버린 것이다. 이것은 로마의 군대에서는 상상도 할 수 없는 일이었다. 사령관의 명령을 거부하고 집단 이탈했던 사례가 로마사에 한 번도 없었기 때문이다. 문제는 돈이었다. 브룬디시움에 도착한 병사들은 안토니우스에게 보상금을 요구했고, 안토니우스는 그들에게 100데나리우스를 주겠다고 약속했다.

그에 반해 옥타비아누스는 로마로 진군하는 병사들에게 첩자들을 보내, 자기를 지지하면 많은 보상을 하겠다고 선전했다. 옥타비아누스는 이미 자신을 지지한 병사들에게 500데나리우스를 지급했음을 알리고, 최종적으로 승리를 거둔다면 1인당 5000데나리우스를 주겠다고 약속했다. 5000데나리우스는 일반 병사의 22년 치 봉급에 해당하는 거액이었다. 그만 한 돈이라면 평생을 돈 걱정 없이 살 수 있었다. 이렇게 해서 옥타비아누스는 안토니우스를 따르던 2개 정규 군단을 빼돌려 강력한 군사력을 지니게 되었다.[15]

기원전 44년이 지나고 기원전 43년이 되면서 안토니우스는 불리한 처지에 놓였다. 그를 따르던 2개 군단이 옥타비아누스에게 가버렸고, 그의 콘술 임기도 끝났다. 이제 안토니우스는 일개 사인이 되었다. 안토니우스는 자신을 따르는 몇 개의 군단으로 공화파를 대적해야 했다. 이후 안토니우스와 공화파 간의 전투가 본격화되었다. 공화파는 콘술들이 이끄는 군대와 옥타비아누스의 군대를 동원해 이탈리아 북부의 도시 무티나에서 안토니우스군을 격파했다. 공화파에 패한 안토니우스는 알프스를 건너 갈리아 총독 레피두스에게로 도망갔다. 레피두스는 7개 군단과 그에 따른 보조군단을 거느리고 있었다. 사실상 당시 최고의 군대를 거느리고 있었던 것이다. 이 군단병 대부분은 카이사르 밑에서 복무한 적이 있는 카이사르파의 군인들이었다. 레피두스와의 제휴로 새로운 힘을 얻은 안토니우스는 다시 로마로 진격했다.

이 무렵 옥타비아누스와 공화파 사이에 갈등이 시작되었다. 옥타비아누스는 무티나에서 안토니우스를 물리친 대가로 콘술 자리를 요구했으나, 공화파는 거부하고 계속해서 공화파 총사령관인 브루투스 휘하에 들어가라고 명령했다. 심지어 공화파는 옥타비아누스에게 휘하의 군단을 브루투스에게 넘겨주라고까지 말했다. 원래 공화파는 옥타비아누스를 좋아하지 않았다. 카이사르의 양자로서 언제든지 또 다른 독재자가 될 수 있다고 생각했기 때문이다. 그와의 제휴는 단지 전략적인 필요성에서 나온 것이었다. 옥타비아누스 자신도 안토니우스와 싸우기 위해 공화파와 협력하고 있었을 뿐이었다.

공화파의 요구에 화가 난 옥타비아누스는 군단을 이끌고 다시 로마로 진격했다. 이때 옥타비아누스 휘하 병사들의 압력도 로마 진격에 한몫했다. 옥타비아누스와 안토니우스가 각각 거느린 병사들은 모두 카이사르의 병사들이었다. 그들은 옛 동료들과의 싸움에 염증을 느끼고 있었다. 공화파는 자신들의 명령을 거부하고 옥타비아누스가 로마로 진격하자, 황급히 방어 계획을 마련했으나 아무런 소용이 없었다. 그들은 옥타비아누스를 자신들의 우군으로 생각하고 있었고, 자신들 휘하에 있는 병사들을 안토니우스의 진격에 대비하기 위해 전선에 배치해놓았기 때문이었다. 옥타비아누스는 로마를 접수했고, 공화파는 뿔뿔이 흩어져 도망갔다. 로마를 점령한 옥타비아누스는 19세의 어린 나이에도 불구하고 콘술에 취임했다. 이로써 옥타비아누스는 명실상부한 최고 지도자의 반열에 올랐다. 옥타비아누스는 자신을 지지해준 병사들에게 2500데나리우스의 거금을 안겨주었고, 나머지 2500데나리우스도 빠른 시일 내에 주겠다고 약속했다.

이후 옥타비아누스의 정책은 180도 바뀌었다. 이제 공화파란 외피가 필요 없어진 옥타비아누스는 안토니우스와 정면대결을 벌일 것인가를 생각해보았다. 안토니우스와의 전투는 너무나 어려운 것이었다. 안토니우스는 전투 경험이 풍부한 장군일 뿐만 아니라, 레피두스와 제휴하여 많은 군사를 거느리고 있었다. 더군다나 자신이 거느리고 있는 병사들은 모두 카이사르파로서 안토니우스와의 전쟁을 원하지 않았다. 이렇게 생각한 옥타비아누스는 안토니우스와의 싸움을 중단하고 안토니우스·레피두스와 제휴하여 2차 3두 정치의 시대를 열었다. 기원전 43년 11월 27일의 일이다.

이후 공화파는 뿔뿔이 흩어져 재기를 꿈꾸었으나 위대한 세 장군이 연합한 카이사르파를 당할 수 없었다. 사실상 공화파의 우두머리였고, 로마 최대의 문호인 키케로는 안토니우스의 군대에 체포되어 처형당했다. 키케로를 죽인 안토니우스는 키케로의 목을 베어다가 로마의 포룸에 걸어놓았다. 그때 안토니우스의 부인 풀비아가 키케로의 목에서 혀를 끄집어내 "이 세 치 혀로 나라를 어지럽혔다"라고 말하면서 송곳으로 찔렀다. 역사가들은 키케로의 혀에 송곳이 박히는 순간 로마 공화정이 끝났다고 이야기한다.

15장

로마 제정의 수립

아우구스투스가 세운 원수정 체제

2차 3두 정치가 수립된 후 옥타비아누스와 안토니우스는 공화파의 잔당들을 쫓아 동방으로 갔다. 안토니우스는 카시우스 군대를 쳐부쉈지만, 옥타비아누스는 브루투스 군대에 힘겨워했다. 이때 옥타비아누스는 건강이 좋지 않아 로마로 돌아갔고, 안토니우스는 계속 잔당들을 무찌르면서 동방을 휘젓고 다녔다. 안토니우스는 가는 곳마다 환영을 받았고, 거대한 규모의 선물을 받았다. 그러던 중 안토니우스는 클레오파트라를 만나 사랑을 나누게 된다. 안토니우스가 클레오파트라를 만난 후의 상황에 대해서는 이미 클레오파트라 편에서 이야기했다.

악티움 해전에서 안토니우스를 격파함으로써 옥타비아누스는 내란의 최종 승자가 되었다. 로마 시민들은 이제 전쟁이라면 치가 떨렸고, 평화를 애타게 갈구했다. 그런데 내란이 종결되면서 초법적인 권력자가 더는 필요하지 않았다. 전쟁이 계속된다면 장군들이 군사력을 기반으로 법을 무시하고 통치할 수도 있지만, 그런 상황을 영원히 지속할 수는 없었다. 로마에 남아 있던 귀족들과 시민들은 옥타비아누스에게 이제 비상시국이 끝났으므로 법을 바로잡고, 정치체제를 복원해달라고 요구했다.

이 요구를 무시할 수 없었던 옥타비아누스는 기원전 27년 공화국의 복원을 정식으로 선포했다. 옥타비아누스의 말을 들어보자.

나는 6선과 7선의 콘술 임기 때(기원전 28년과 기원전 27년) 내란을 종식하고, 모든 사람의 동의에 의해 모든 것에 대한 최고 권력을 얻은 후, 국가를 나 자신의 권력으로부터 로마 원로원과 인민의 손으로 이양했다.[1]

이 구절은 아우구스투스(기원전 27~서기 14)가 직접 자신의 업적을 정리하면서 쓴 글이다. 따라서 아우구스투스의 시각에서 쓴 자화자찬이라고 할 수 있다. 아우구스투스는 권력을 원로원과 인민에게 넘겨주는 시늉을 했을 뿐이며, 실제로는 왕처럼 막강한 권력을 장악했다. 하여튼 원로원은 옥타비아누스가 시늉으로라도 권력을 양보한 데 감사하여 그에게 '존엄자'라는 의미의 아우구스투스라는 칭호를 부여했다. 옥타비아누스는 이 칭호를 자랑스러워했지만, 겉으로는 자신이 시민의 대표일 뿐이라며 자신을 프린켑스(제1시민)라고 불렀다. 이렇게 해서 최고 통치자가 제1시민으로서 통치하는 프린키파투스(원수정) 시대가 열렸다.

원수정 체제에서 핵심은 제1시민이 실질적인 일인자로서 최고 권력을 가지면서, 형식적으로나마 원로원을 공동 통치 기관으로 인정하

는 것이다. 원로원은 제국의 절
반에 대한 통치권, 입법권, 신
임 황제 승인권을 가졌다. 원로
원이 제국의 반에 대한 통치권
을 가지게 된 것은 아우구스투
스가 제국을 공공 속주와 황제
속주로 나누었기 때문이다. 전
쟁의 위협이 없는 아시아·아프
리카·시칠리아 등을 원로원의
통제하에 두었고, 전쟁의 위협
이 계속되는 시리아·이집트·
타라코넨시스 등은 자신의 통

아우구스투스의 입상.

제하에 두었다. 언뜻 보기에는
원로원이 훨씬 더 좋은 몫을 차지한 것 같다. 그러나 원로원 속주는 평
화 속주여서 군대가 매우 적었다. 아우구스투스가 통제하는 속주에 대
부분의 군대가 있었기 때문에, 로마의 모든 군대에 대한 실질적인 통
제권을 아우구스투스가 차지했다. 그리고 아우구스투스는 여전히 콘
술 자리를 차지하고 있었다.

　제정기 입법권은 매우 복잡했다. 원로원은 공화정기와 마찬가지로
'원로원의 결의'를 발표할 수 있었는데 제정기에 이 결의는 법으로서
인정을 받았다. 따라서 제정기 원로원은 입법권을 갖고 있었다. 그렇
지만 프린켑스가 내린 명령도 법처럼 여겨졌다. 로마 시대에 황제가
명령을 내리는 방식에는 서신epistula, litterae, 칙령edictum, 회칙rescripta
이렇게 세 가지가 있었다. 서신은 관리에게 명령을 써서 보내는 것이

고, 칙령은 공공장소에 명령을 게시하는 것이며, 회칙은 관리의 질의나 요청에 답을 내리는 것이다. 서신은 희랍어로는 에피스톨레ἐπιστολή 혹은 그람마타라고 부르고, 칙령은 프로스타그마 혹은 디아타그마 διάταγμα라고 불렀다.[2] 그런데 때로는 세 가지를 엄밀히 분리하기가 어렵거니와[3] 황제가 써서 보낸 편지를 관리가 공적으로 게시하기도 했다. 제정기의 프린켑스들이 칙령이나 회칙을 내릴 때 원로원과 상의하거나 원로원의 결의를 통해 확인받는 경우도 많았다. 3세기 초 이후 황제권이 강화되면서 원로원의 입법권은 점차 유명무실해졌고, 황제가 입법권까지 차지했다.[4] 그렇지만 황제가 공식적으로 입법권을 차지한 것은 284년 디오클레티아누스가 새로운 통치 시스템인 도미나투스 체제를 수립한 후이다.

원로원이 갖는 세 번째 권한은 신임 황제의 인준권이다. 원수정기 프린켑스는 대개 전임 프린켑스가 지명하고 원로원의 동의를 받았다. 그러나 전임 프린켑스가 후임 프린켑스를 지명하지 않고 죽거나, 내란이 일어났을 경우에는 사실상 원로원이 후임 프린켑스를 선출했다.

그런데 이때 아우구스투스는 왜 왕이 되지 않았을까? 그가 진정으로 공화국을 사랑했고, 왕이 될 마음이 없었을까? 그렇지 않다. 아우구스투스는 분명 왕이 되고 싶은 욕망을 느꼈지만, 수백 년 유지되어 온 전통을 무너뜨리기가 힘들었고 무엇보다 원로원을 중심으로 한 귀족들의 힘을 무시할 수 없었다. 안토니우스와 싸웠던 공화파는 모두 죽었지만, 로마에는 여전히 공화국의 전통을 지키려는 귀족들이 많았다. 그들은 많은 돈과 토지를 가졌고 노예들을 거느리고 있었다. 사회혁명을 일으켜 귀족들을 모두 죽이지 않는 한, 귀족의 힘과 권위는 계속 유지될 것이었다.

아우구스투스는 양부인 카이사르가 암살당한 사실을 마음에 두고 있었다. 그는 카이사르가 자기보다 능력이 더 뛰어났지만 왕이 되려다가 죽었다고 생각하고 공개적으로는 공화국 형태를 지지하는 척 행동했다. 그러나 드러나지 않게 자신의 권력을 강화하고 독재체제를 수립해나갔다. 아우구스투스는 제국의 반에 대한 통치권과 군대 통수권을 가지고 있었지만, 기원전 27년 이후 4년간 계속해서 콘술 직에 입후보해 당선되었다.

공화국의 전통을 유지하려는 귀족들은 서서히 아우구스투스의 진심을 의심하기 시작했다. 과연 아우구스투스가 권력을 독점하거나 왕이 되려고 시도하지 않을 것인가? 이런 상황에서 프리무스 재판 사건이 터졌다. 프리무스는 마케도니아의 총독이었는데, 당시 마케도니아는 원로원 속주였다. 따라서 프리무스는 원로원의 통제를 받아야 한다. 그런데 프리무스는 원로원의 허가를 받지 않고, 오드리사이족과 전쟁을 했다. 총독이 승인 없이 군사를 동원한 것에 원로원은 격분했고, 프리무스를 소환해 누구의 명령을 받고 군대를 움직였는지 추궁했다. 프리무스는 한 번은 아우구스투스의 명령을 받았고, 또 한 번은 아우구스투스의 조카 마르켈루스의 명령을 받았다고 말했다.

이 재판을 통해 아우구스투스가 원로원 속주에 개입했다는 사실이 드러나자 원로원 의원들은 크게 분노했다. 그러나 공화주의자들을 더 화나게 한 것은 마르켈루스가 아우구스투스의 후계자로 등장하고 있다는 것이었다. 마르켈루스는 아우구스투스의 누이인 옥타비아의 아들로, 아우구스투스의 무남독녀 율리아와 결혼했다. 아우구스투스는 마르켈루스를 후계자로 생각하고 있었고, 그가 열여덟 살일 때 원로원 의원으로 만들어주었다. 공화정이 계속 유지되고 있는데, 아우구스투스가 독재를 하고 있을 뿐 아니라 후계자를 키워 마치 왕처럼 행동하고 있는 정황이 드러난 것이다.

분노한 귀족들은 아우구스투스를 그의 양부처럼 죽이기로 결정했다. 카이피오와 무레나가 주도하여 구체적인 암살 계획을 짰다. 그러나 양부가 암살당한 사실을 늘 마음에 두고 있던 아우구스투스는 항상 주위를 살폈고, 암살 음모를 파헤쳐 그들을 처형했다. 그리고 자신이 독재자나 왕이 될 생각이 없음을 보여주기 위해 콘술 직에서 물러났다. 귀족들도 명분은 있었지만, 아우구스투스를 제거할 현실적인 힘을 가지고 있지 않았으므로 타협할 수밖에 없었다. 그리하여 원로원은 아우구스투스에게 종신 호민관의 권한을 주었다.[5]

이후에도 권력을 강화하려는 아우구스투스의 시도와 그를 견제하려는 원로원의 노력은 계속된다. 그러나 어느 쪽도 상대방을 완전히 제압하거나 무시할 수 없었다. 원로원은 아우구스투스가 왕이 되지 않는 데 만족해야 했고, 아우구스투스는 종신토록 최고 권력을 가진 것에 만족해야 했다. 아우구스투스가 평생 최고 권력을 유지할 수 있도록 원로원은 기원전 19년 아우구스투스에게 종신 콘술의 권한을 주었고, 기원전 2년에는 국부의 칭호를 주었다. 그에 대한 대가로 아우구스투스는 원로원에 제국의 반에 대한 통치권과 입법권, 그리고 프린켑스의 인준권을 확인해주었다. 이렇게 해서 원수정(프린키파투스) 체제가 확립되었다. 원수정은 제1시민인 프린켑스가 원수처럼 통치하는 체제를 말한다. 분명 프린켑스는 최고 권력을 차지했지만 결코 왕이 아니었고, 원로원과 협의하여 제국을 통치해야 했다.

아우구스투스 이후 디오클레티아누스가 전제정을 수립할 때까지 수많은 프린켑스가 존재했다. 네로, 트라야누스, 마르쿠스 아우렐리우스 등등. 흔히 이 사람들을 로마의 황제라고 부르는데 이것은 잘못이다. 그들은 결코 황제의 반열에 오른 적이 없다. 제1시민이었을 뿐이다.

팍스 로마나 1: 보편 제국의 수립

아우구스투스 이후 1세기는 아우구스투스가 세운 체제를 정비해가는 과정이었다. 새로운 시대를 여는 데에는 언제나 갈등과 대립, 그리고 고통이 있기 마련이다. 티베리우스(14~37), 카리굴라(37~41), 네로(54~68)와 같은 황제(프린켑스)들이 정신병에 시달리거나 폭정을 하다가 쫓겨난 데에는 이런 시대적 배경이 있었다. 즉, 프린켑스들은 그들의 권력을 더 강화하려고 했지만, 공화정의 전통에 대한 향수를 버리지 못한 귀족들이 계속 저항했고 여기서 생긴 갈등이 때때로 내전으로 치닫기도 했다.

이런 상황은 네로의 통치에 잘 나타난다. 통치 초반기 네로는 매우 인기 있는 인물이었고 훌륭한 통치자였다. 네로는 민생을 안정시키기 위해 곡물 배급 제도를 정비했고, 일거리를 제공하려고 많은 건축 사업을 벌였으며, 평민들을 위해 축제와 공공행사를 자주 열었다. 이렇게 네로가 친평민 정책을 폈기 때문에 네로가 죽은 후에도 평민들은 네로를 그리워했고 귀족들의 억압이 거세질 때면 네로가 돌아와서 자기들을 구해줄 것이라고 말하곤 했다. 그러나 그의 정책은 전통과 관습을 무시하는 것이었고, 귀족들에게 불리했다. 귀족들은 네로를 미워했고 네로의 통치에 대항했으며 그 가운데 수많은 살육이 일어났다. 네로는 이 대립 속에서 일어난 갈등을 견뎌내지 못하고 기괴한 행동을

하다가 끝내 황제 자리에서 쫓겨났다.[6]

　이런 갈등 속에서도 로마의 국력은 날로 커졌다. 98년부터 다섯 명의 현명한 통치자들이 연달아 나오면서 로마 세계는 평화를 누리게 되었다. 다섯 명의 위대한 통치자란 네르바(96~98), 트라야누스(98~117), 하드리아누스(117~138), 안토니누스 피우스(138~161), 마르쿠스 아우렐리우스(161~180)를 말한다. 아우구스투스가 평화를 확립한 후 이들이 통치하던 시기를 팍스 로마나Pax Romana라고 부른다. 이는 로마의 평화라는 뜻인데, 로마의 힘으로 세계가 평화를 누리던 시대라는 의미를 담고 있다. 일찍이 저명한 로마사가인 에드워드 기번은 이 시기를 인류 역사에서 가장 행복한 시대라고 불렀다. 그의 평가는 과연 얼마나 정당한 것일까?

　팍스 로마나 시기에 로마가 이룩한 업적은 크게 두 가지로 볼 수 있다. 첫째, 로마는 문명을 확산시키면서 세계를 하나로 통합했다. 로마 이전에 문명의 중심은 동방에 있었다. 문명의 중심지가 동방에 있을 때, 현재의 서유럽 지역에는 야만족들이 살고 있었다. 그들은 철기 문화를 가지고 있기는 했지만, 문자나 화폐와 같은 고급 문명을 몰랐고 국가와 같은 통치 시스템도 갖추지 못했다. 카이사르가 갈리아를 정복한 후 로마인은 계속해서 북쪽으로 진격했다. 그리고 팍스 로마나 시기에 북쪽으로는 라인강, 다뉴브강을, 동쪽으로는 유프라테스강을 국경으로 정했다. 특히 트라야누스는 로마의 북쪽 국경선을 위협하던 다키아 왕국을 정복하고, 동쪽으로는 파르티아 왕국을 정복하여 로마의 영토를 최대로 넓혔다. 국경이 안정되면서 로마 전역에 교류와 교역이 확산되었고, 사방으로 로마 문명이 퍼져나갔다. 이 과정에서 특히 군인들의 역할이 중요했다. 원수정기 로마는 대부분의 군대를 변경 지역

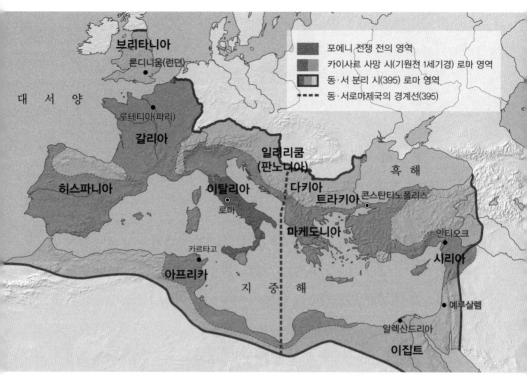

'팍스 로마나'를 이루며 문명을 확산해간 로마 제국.

에 주둔시키고, 중앙에는 소규모의 예비군만을 두었다. 따라서 많은 로마 시민이 변경 지역에 살게 되었다. 그들의 복무 기간은 로마 시민이라면 20년이고, 비시민이라면 25년이었다. 그렇게 긴 기간 동안 그것도 혈기 왕성한 청년기를 변경에서 보내는 로마의 군인들은 당연히 현지민과 활발하게 접촉했고, 퇴역한 뒤에는 그곳에 정착했다. 그 결과 로마 문명이 변경 지역으로 퍼져나갔다.

인적 통합 외에도 군대가 변경 지역에 있다는 것 자체가 변경 지역의 발전과 문명화를 가져왔다. 법치를 표방한 로마 병사들이 변방에서 약탈이나 사악한 행동을 하는 경우는 드물었다. 그들은 본국에서 받은 봉급을 주둔 지역에서 사용했다. 거대한 소비 집단이 변경 지역에 생겨난 것이다. 그러자 변경 지역의 경제가 활성화되었다. 군수품의 보급도 변경 지역의 발달에 기여했다. 멀리 떨어진 변경 지역까지 모든 군수품을 로마에서 가져다줄 수는 없었다. 로마는 사령관들에게 막대한 자금을 주었고, 사령관들은 포도주를 비롯한 음식, 가죽을 비롯한 군수품을 현지에서 조달했다. 군대가 주둔하고 있는 속주들의 경제는 날로 성장하게 되었고, 로마가 가져다주는 평화 속에서 번영을 누리게 되었다.[7] 이렇게 해서 로마의 변경 지역은 강대국 로마가 이웃 종족들을 착취하는 공간이 아니라 로마 문화와 인접 문화가 서로 섞이면서 합쳐지는 '융합 지대'가 되었다. 로마사가 피터 브라운은 로마의 변경 지역을 '거대한 호수'라고 불렀는데, 이는 변경 지역에서 로마 문화와 인접 문화가 융합한 현상을 잘 표현해주고 있다.

로마의 문명화 작업은 실질적인 세계의 통합을 지향했다. 로마가 정복한 세계에서 피정복자들을 착취했을 것이라고 생각하기 쉽다. 물론 로마 시민들이 특권을 누렸고, 속주민이 로마 시민들의 특권을 위해 희생했던 측면은 있었다. 가령 로마 시민들은 직접세를 납부하지 않았는데, 속주민은 직접세를 납부했다. 로마 시민들은 로마 시민권을 가지고, 고문을 받지 않는 등 여러 가지 특권을 누리고 있었는데 속주민은 그렇지 못했다.

그러나 로마는 누구에게나 로마 시민이 될 길을 활짝 열어놓았다. 속주민이라도 로마를 위해 군대에 복무하거나 관리를 지내면 시민권을 주었다. 노예로 끌려와서 로마인 밑에서 일하던 사람도 해방이 되면 그 자식에게는 시민권을 주었다. 따라서 로마 황제 중에 속주 출신이 여럿 있었으며, 원로원 의원 가운데서도 속주 출신이 많았다. 2~3세기 얼마나 많은 속주 출신이 원로원 의원이 되었는지를 통계로 살펴보면 다음과 같다.

68~217년 사이 원로원 의원의 출신 비율[8]

황제	원로원 의원 총수	출신 확인 의원 수	이탈리아 출신 의원 수	속주 출신 의원 수	백분율*
베스파시아누스	386	178	148	30	16.8
도미티아누스	404	163	125	38	23.4
트라야누스	428	152	100	52	34.2
하드리아누스	332	156	88	68	43.6
안토니누스	355	167	96	71	42.5
아우렐리우스	342	180	98	82	45.6
코모두스	259	114	63	51	44.7
세베루스와 카라칼라	937	479	204	275	57.4

* 백분율: 출신이 확인된 원로원 의원 중에서 속주 출신 원로원 의원이 차지하는 비율

이 도표에 나타난 것처럼 2세기 말 로마의 원로원은 반 이상이 속주 출신으로 채워졌다. 즉, 정복당한 자들이 로마의 최고 권력 기구인 원로원을 장악한 셈이다. 로마인들의 이런 개방성은 고대 국가에서는 유례가 없었다. 로마의 시민권 확대 정책은 212년 카라칼라가 제국의 모든 자유민에게 시민권을 줌으로써 완성된다. 그의 조처로 모든 자유민이 로마 시민이 되면서 정복자와 피정복자의 구별이 사라졌다.

로마는 세금 문제에서도 정복자들과 피정복자들 사이의 편차를 줄이려고 노력했다. 아우구스투스는 로마 시민에게만 상속세를 부과했고, 디오클레티아누스는 이탈리아 주민과 속주민 사이의 세금 부담 차

이를 완전히 제거했다. 이렇게 해서 로마제국의 지배하에 들어간 모든 사람은 하나의 정부와 하나의 법 밑에 통합되었다. 4세기 작가 클라우디아누스는 로마가 모든 사람을 포용하는 보편 제국을 수립했음을 다음과 같이 노래했다.

로마는 모든 자를 품으로 안아 들였고,

모든 인류를 똑같은 이름으로 품어 들였다.

권위적인 지배자의 모습이 아니라,

마치 어머니의 자애로운 품속과 같이.

그리고 그들을 동포라고 부르며 길들였고,

사랑의 끈으로 모든 분열된 것들을 하나로 이어주었다.

낯선 이를 고향처럼 살 수 있게 했고, …

우리 모두를 하나의 민족처럼 살 수 있도록 했다.

이 모든 것은 평화를 가져다주는 로마의 선한 관습 덕분이다.

로마의 힘은 경계도 없고 끝도 없이 영원할 것이다.[9]

이 시에서 클라우디아누스가 노래한 '보편 제국'은 몇몇 지식인이 내세우는 선전 구호가 아니었다. 로마제국에 살았던 모든 시민이 로마제국에 대한 애국심을 가지고 있었으며, 스스로 '로마인'임을 자랑스럽게 생각했다. 로마제국에 대한 이런 인식은 서로마제국이 멸망한 후에도 오랫동안 유지되었다.

팍스 로마나 2: 학문의 발달

팍스 로마나 시기 로마의 두 번째 업적은 학문과 문화를 발달시켰다는 것이다. 흔히 문화적인 업적에서 로마는 그리스에 미치지 못하고, 독창성이 없었다고 이야기한다. 그러나 이는 매우 편파적인 평가이다. 로마를 제외하고 고대 세계에서 그리스에 필적하는 문화 수준에 도달한 족속은 없었다. 로마의 문학·역사·예술 수준은 그리스 못지않게 높았다. 로마의 문학은 기원전 3세기에 그리스 서사시를 번역하는 것에서 출발했지만, 공화정 말기에 독자적으로 높은 수준에 이르렀다. 라틴어를 학문과 문학의 언어로 발달시킨 일등 공신은 팍스 로마나 직전의 인물인 키케로였다. 로마 최고의 문호인 키케로는 청년 시절 로도스섬에서 웅변술과 철학을 공부했다. 키케로는 스승 아폴로니오스로부터 희랍어로 읽고 쓰고 연설하는 것을 배웠다. 어느 날 아폴로니오스가 과제를 내고 키케로에게 모의 연설을 해보라고 했다. 키케로의 연설이 끝나자 주위의 모든 사람이 크게 칭찬했지만, 아폴로니오스는 슬픈 표정을 지었다. 키케로가 자신의 연설이 형편없었느냐고 묻자 아폴로니오스는 이렇게 대답했다.

키케로! 나는 그대에게, 다만 칭찬과 감탄을 할 따름이네. 내가 이렇게 멍하니 앉아 있는 것은 그리스를 딱하게 여기고 동정하기 때문이네. 우리 그리스인이 지금까지 명예로 삼아온 것은 오직 학문과 웅변뿐이었는데, 이제 그것마저 그대 때문에 로마에 빼앗겼으니 말이네.[10]

이렇게 희랍어에 능했기 때문에 키케로는 마음만 먹으면 희랍어로 작품을 쓸 수 있었다. 그러나 키케로는 라틴어로 글을 썼을 뿐 아니라 라틴어의 품격을 희랍어 수준으로 끌어올렸다. 그는 58권의 연설문, 웅변술에 관한 일곱 권의 저서, 20여 권에 달하는 철학서와 수많은 편지를 썼다. 그는 라틴어를 인간의 생각과 감성을 표현하는 뛰어난 언어로 만들었다. 그의 작품은 중세 대학 교과과정의 표준이 되었으며, 그의 언어는 서양의 모든 시대에 지식인들이 구사해야 할 모델로 여겨졌다. 근대를 거쳐 현대까지도 서양인들은 계속해서 키케로를 읽고 가르치고 있다.[11]

키케로가 최고의 산문 작가라면 최고의 운문 작가는 베르길리우스였다. 베르길리우스는 아우구스투스 황제의 친구였으며, 아우구스투스의 최측근 마이케나스의 후원을 받아 창작에 전념했다. 베르길리우스의 대표작은 서사시 《아이네이스》이다. 트로이 전쟁이 끝난 후 아이네아스가 카르타고를 거쳐 라틴 지방에 정착하는 과정을 그린 이 서사시는 로마의 건국 신화라고 할 수 있다. 베르길리우스는 10년에 걸쳐 《아이네이스》 집필에 매진한 끝에 작품을 거의 완성했지만, 3년 정도 더 다듬어야 한다고 생각했다. 그는 작품 속에 나오는 지역을 직접 답사하려고 그리스 현지답사에 나섰다가 죽었다.[12] 베르길리우스는 임종의 침상에서 《아이네이스》를 불태우라고 유언했다.[13] 미처 다듬지 못한 부분들이 있어서 세상에 내보낼 수 없다고 생각했기 때문이다. 베르길리우스가 죽자 아우구스투스가 《아이네이스》를 검토하라고 명령했는데, 미완성된 부분은 몇 구절 되지 않았다.[14] 이 이야기는 베르길리우스가 작품의 완벽성에 결벽증을 가지고 있었고, 그 결벽증 때문에 《아이네이스》가 서양의 고전이 될 수 있었음을 보여준다. 《아이네이스》는 로마제국 시기 이후 근대까지 라틴어 표준 교재로 이용되고 있다.

역사 작품으로는 리비우스의 《로마사》가 가장 유명하다. 이 작품은 로마의 건국에서 아우구스투스 시기까지의 역사를 애국주의 관점에서 서술했다. 타키투스는 《연대기》, 《게르마니아》 등을 썼고, 수에토니우스는 《12황제 열전》을 썼다. 다른 문인으로는 산문 작가 세네카, 철학가 마르쿠스 아우렐리우스 등이 유명하다.

팍스 로마나 3: 실용 문화

로마 문화의 가장 중요한 특징은 실용성이고, 이는 법과 건축 분야에서 두드러지게 나타났다. 로마법의 위대함은 12표법을 이야기하면서 살펴보았다. 여기서는 로마의 토목과 건축 분야의 경이로운 업적을 살펴보자. 이 분야에서 백미는 단연 도로이다. 로마가 건설한 도로는 주요 도로만 8만 5천 킬로미터, 지선까지 합하면 32만 킬로미터나 된다. 로마의 도로는 견고하게 만들어져 지금까지도 사용할 수 있고, 당시로서는 놀라운 것이었다. 로마인은 그로마라는 기구를 사용하여 직선으로 도로를 건설했는데, 강이 있으면 다리를 놓았고, 산이 있으면 터널을 뚫어서 최대한 직선 도로를 만들었다.

도로에 버금가는 시설은 상수도이다. 로마는 인구 백만이 넘었던 로마 시를 비롯한 제국의 여러 도시에 상수도 시설을 이용해서 물을 공급했다. 이를 위해 수십 킬로미터 떨어진 수원지에서 도심까지 물을 운송하는 정교한 시설을 만들었다. 때때로 수도관이 강을 통과해야 할 경우 다리를 만들었는데, 이것이 수도교이다. 이 중 프랑스 남부 도시

프랑스 남부 도시 님까지 물을 공급했던 가르교. 고대 로마 시대에 건설된 수도교로 3층으로 되어 있다.

님 Nîmes에 물을 공급하던 수도교가 유명하다. 이 수도교는 길이가 약 50킬로미터이고 경사는 1킬로미터마다 약 25센티미터가 낮아진다. 아우구스투스 시절에 건설하기 시작하여 트라야누스 시절에 완성된 이 수도교는 3층으로 되어 있다. 1층은 일종의 다리로서 사람들이 건너갈 수 있었는데, 중세 때 시설을 변경하여 짐을 실은 노새도 통과할 수 있었다.[15] 로마 시대에 건설된 수도교 가운데 상당수는 지금도 사용되고 있다. 가령 현재 로마 시에 물을 공급하는 수도교 가운데 다섯 개는 고대 로마인이 만든 것이다.[16]

지금도 유럽의 여러 도시를 방문하면 많은 분수대를 볼 수 있는데, 분수대는 로마가 무료로 시민들에게 물을 나누어주던 공공 급수 시설이었다. 도시로 공급된 물은 식수 외에도 여러 용도로 사용되었는데, 로마인은 특히 목욕을 좋아했다. 그리하여 주요 도시에 거대한 목욕탕을 건설했는데, 4세기 중반 로마 시에는 열한 개의 황제 목욕탕(규모가 가장 큰 디오클레티아누스 목욕탕은 3000명 수용), 800개의 공중목욕탕, 1152개의 분수대가 있었다. 로마의 목욕탕은 일종의 종합 휴게소였다. 목욕탕에는 도서관, 공연장, 세미나장, 휴게실이 갖추어져 있었으며, 주변에 산책로도 있었다. 체육 시설도 갖추어져 있었는데, 남자는 물론 여자도 체조, 씨름, 권투, 여러 구기 종목을 펼치곤 했다. 입장료가 없거나 매우 쌌기 때문에 가난한 사람도 목욕을 즐길 수 있었고, 시민들은 목욕탕에서 사교 모임이나 회의를 열곤 했다.[17]

로마의 건축을 논의할 때 가장 먼저 살펴보아야 할 곳은 포룸 로마눔Forum Romanum이다. 포룸 로마눔은 로마의 광장이라는 뜻이다. 포룸은 원래 주거지 밖에 있는 '열린 공간'을 의미하다가 사람들이 모이는 시장, 광장이라는 의미로 쓰였다. 이탈리아어로는 포로 로마노Foro Romano라고 부른다. 포룸 로마눔은 가로세로가 250미터와 170미터인 직사각형 모양의 광장이고, 주변에 주요 정부 기관 건물들이 둘러싸고 있다. 포룸 로마눔은 로마 정치·경제·종교의 중심지였다. 이곳에서 시장이 열렸고 민회와 원로원이 개최되었으며 개선식, 공공 연설, 선거, 주요 종교 의례, 심지어 검투사 경기까지 국가의 중대 행사들이 열렸다.

포룸 로마눔의 주요 시설로는 먼저 신전을 들 수 있다. 사투르누스 신전, 카스토르와 폴룩스 신전, 카이사르 신전 등이 있었다. 로마에는 유독 신전이 많은데 로마인이 고대에 신앙심이 특히 깊은 종족이었기 때문이다. 키케로는 "다른 모든 점에서 로마인은 다른 종족보다 같거나 못하지만, 종교에서는, 즉 신들을 숭배하는 데 있어서는 훨씬 뛰어나다"[18]라고 말했다.

포룸 로마눔의 다른 주요 시설로는 원로원 의사당과 민회장을 들 수 있다. 공화정 초기 이래 원로원 의사당은 포룸 북서쪽에 있는 쿠리아 호스틸리아Curia Hostilia였는데, 율리우스 카이사르가 쿠리아 율리아Curia Julia를 세워서 새로운 의사당으로 삼았다.* 공화정 초기에 민회는 쿠리아 호스틸리아와 인접한 민회장Comitium에서 열렸다. 민회장은 3천 명을 수용할 수 있는 널찍한 공간으로 원형 계단 시설이 있었다. 로마의 민회 가운데 쿠리아회와 지역구회가 포룸 민회장에서 열렸다.** 공화정기의 주요 민회인 켄투리아회는 마르스 광장에서 열렸지만, 민회가 열리기 전에 열리는 '예비 모임cnotio'은 민회장에서 열렸다. 민회장 앞에는 각종 집회에서 연설하는 사람을 위한 연단Rostra이 있었다.

가장 유명한 건축물은 콜로세움이다. 이 건물은 베스파시아누스가 네로의 황금궁전 터에 세우기 시작했고, 그의 아들 도미티아누스가 완성했다. 네로의 황금궁전 옆에는 원래 높이가 35미터나 되는 네로의 황금 동상이 있었는데, 베스파시아누스는 그 머리를 아폴론 신으로 바꾼 채 세워두었다. 이 동상의 이름인 콜로수스Colossus에서 콜로세움이라는 명칭이 유래했다. 콜로세움은 입석까지 포함하여 7만~8만 명의 관중을 수용할 수 있었다. 관중들은 신분에 따라 다른 자리를 할당받았고, 입장할 때 받은 번호표를 가지고 출입구를 이용했다. 이 때문에 15분이면 관중들이 모두 빠져나갈 수 있었다. 약 50미터 높이에, 전체 지름은 장축 188미터 단축 156미터였다. 이 건물에서 검투 경기가 많이 진행되었지만, 때때로 경기장에 물을 가득 채워 모의 해상전투가 벌어지기도 했다.[19]

판테온은 콜로세움 못지않게 위대한 건축물이다. 판테온을 이해하

---

* 쿠리아 율리아는 카이사르가 짓기 시작하여 아우구스투스가 완성했다.
** 지역구 인민회 개최 장소는 공화정 말기에는 마르스 광장으로 변경되었다.

콜로세움의 내부. 콜로세움은 로마의 원형 경기장으로 검투 경기가 많이 열렸던 곳이다.

려면 먼저 '신 초대하기evocatio' 관습을 알아야 한다. 로마는 다른 종족을 정복할 때면, 최후의 결전을 앞두고 다른 종족의 수호신을 '초대' 했다. 로마인은 다른 종족의 수호신에게 로마에 그들을 위한 신전을 세우고, 로마인이 적절한 의례를 행하겠다고 맹세했다. 비록 다른 종족의 신이라고 해도 그가 도와주지 않는다면 다른 종족을 정복하기 힘들다고 생각했기 때문이다. 이 때문에 로마의 정복 활동이 활발해지면서 로마인이 모셔야 하는 신들이 계속 늘어났다. 로마인은 이 문제를 해결하기 위해 여러 신을 한 신전에 모시기 시작했다. 이런 신전 가운데 대표적인 것이 판테온이다. 로마의 판테온은 기원전 26년 아그리파가 처음 세웠지만 불탔고, 나중에 하드리아누스가 재건했다.*

---

* 현존하는 건물에 "세 번 콘술 직을 맡은 루키우스의 아들 마르쿠스 아그리파가 세웠다"라는 문구가 새겨져 있는데, 이 문구는 하드리아누스가 아그리파를 기념하여 새긴 것이다.

이탈리아 화가 조반니 파올로 판니니가 18세기에 그린 로마 판테온의 내부.

3세기 로마의 역사가 디오 카시우스는 "이 신전이 판테온이라고 불리게 된 것은 신전에 마르스와 비너스를 비롯한 많은 신의 조각상을 안치하고 있기 때문이라고 알려져 있다. 그러나 나는 판테온의 돔이 하늘을 닮았기 때문이라고 생각한다"라고 말했다. 여기서 판테온의 돔이 하늘을 닮았다는 것은 판테온이 하늘을 품고 있듯이 로마가 세계 전체를 지배하고 있음을 상징한다. 따라서 판테온은 로마제국을 상징하는 건물이다.[20]

판테온의 돔은 지름과 높이가 각각 43.4미터여서 완벽한 반구를 이루고 있으며, 19세기까지 세계에서 가장 컸다. 판테온의 돔 이후로 유명한 것은 콘스탄티노폴리스의 성 소피아 성당의 돔인데, 그 지름은 32.4미터이다.

규모로 본다면 대전차경기장, 즉 키르쿠스 막시무스Circus Maximus가 콜로세움이나 판테온보다 컸다. 이 경기장은 길이가 550미터, 폭은 약 180미터였고, 25만 명의 관중을 수용할 수 있었다. 로마가 이렇게 거대한 건축물을 세울 수 있었던 것은 무게를 분산시킬 수 있는 아치 기법을 발전시켰고 화산재를 이용한 콘크리트 기술을 개발했기 때문이다. 또한 로마인은 연극 관람을 즐겼기 때문에 많은 극장을 만들었는데, 규모가 매우 컸다. 폼페이우스가 세운 극장은 1만 7천 명을 수용할 수 있었다.

로마인은 자신들이 발전시킨 실용적인 문화에 큰 자부심을 가졌다. 1세기 로마의 상수도 관리관이었던 프론티누스는 "우리가 필요로 하는 물을 넉넉하고 안정적으로 공급해주는 이 상수도 시설들을 보라! 그리고 어디 한번 이것을 그리스의 건축물이나 이집트의 피라미드와 비교해보라! 그러면 이 시설들이야말로 우리에게 절대적으로 필요하다는 것을 알게 될 것이다. 그리고 그리스의 건축물이나 이집트의 피라미드가 쓸모없는 존재라는 사실을 당신은 깨달을 수 있으리라!" 하고 말했다.[21]

로마는 이런 위대한 건축물을 이탈리아 본토에만 한정해서 건설하지 않았다. 로마는 정복지의 주민들을 위해 많은 건축물을 만들었는데, 로마가 지배했던 거의 모든 곳에서 지금도 로마의 유산을 확인할 수 있다. 특히 유럽 지역에 로마의 유적이 잘 보존되어 있는데, 세고비아와 님의 수도교, 아를의 원형 극장, 트리어와 배스의 공중목욕탕, 오랑주의 극장 등이 유명하다. 루이 14세는 오랑주에 건설된 로마 극장의 무대 벽을 보고는 "우리 왕국에서 가장 아름다운 벽"이라고 말했다.[22] 로마의 건축은 이렇게 위대했는데, 이에 대해 재미있는 일화가 있다. 로마 건축의 위대함을 보고 중세 서양인들은 로마인이 악마가 아닐까 의심했다고 한다. 악마의 힘을 빌리지 않았다면 그렇게 훌륭한 건물을 지을 수 없다고 생각했기 때문이다.

16장
기독교의 탄생과 발전

메시아 신앙의 등장

기원전 1010년경 다윗이 팔레스타인 사람(블레셋 사람)들을 물리치고 헤브라이 왕국의 왕이 되었을 때, 유대교의 신 야훼는 "네 왕조, 네 나라는 내 앞에서 길이 뻗어나갈 것이며 네 왕위는 영원히 흔들리지 아니할 것이다" 하고 약속했다. 그러나 야훼의 약속은 지켜지지 않았다. 다윗의 왕국은 기원전 931년, 그의 아들 솔로몬이 죽자 곧 붕괴되었다. 북쪽의 10지파는 이스라엘 왕국을 세워 독립했고, 남쪽의 2지파는 유대 왕국을 세웠다.

분리된 두 왕국의 역사는 고통과 재앙으로 가득했다. 북왕국 이스라엘은 기원전 722년 잔인한 정복자 아시리아에게 멸망하여 흔적도 없이 사라져버렸고, 남왕국 유대도 계속 아시리아의 압박을 받다가 기원전 586년 신바빌로니아에 멸망했다. 신바빌로니아는 예루살렘을 점령한 후 유대인을 그들의 수도인 바빌론으로 끌고 갔다. 이 사건을 바빌론 유수(기원전 586~539)라고 한다. 유대인이 바빌론에서 포로 생활을 하고 있을 때 페르시아의 키루스 대왕이 신바빌로니아를 무너뜨리고 새로운 제국을 건설했다. 키루스가 피정복자들에게 관용 정책을 펼친 덕분에 유대인들은 고향으로 돌아갈 수 있었다. 그러나 고향으로 돌아온 유대인들의 삶은 결코 안정되거나 평화롭지 않았다. 그들은 페르시아의 지배 아래 대체로 친페르시아 정책을 취했지만, 기원전 340년경 반란을 일으켜 혹독한 탄압을 받기도 했다.

기원전 331년 알렉산드로스가 페르시아의 다리우스 3세를 격파하고 아시아를 지배하게 되자 유대도 그 아래에 들어갔다. 알렉산드로스가 젊은 나이에 급작스럽게 죽은 후 기원전 302년에는 프톨레마이오스 왕조가 예루살렘을 정복하고, 많은 유대인을 이집트로 끌고 갔다. 기원전 201년에는 소아시아의 셀레우코스 왕조가 유대를 지배했다. 셀레우코스 왕조의 안티오쿠스 4세Antiochus Epiphanes(기원전 175~164)는 잔인하게 유대교를 탄압했다. 그는 예루살렘 신전에 제우스 상을 설치하고 우상 숭배를 강요했으며, 할례와 안식일 준수를 금지했다.

이에 격분한 사제 출신의 마따디아Mattathias가 반란을 일으켰다. 반란을 일으킨 지 1년 만에 마따디아가 죽자 그의 아들 마카베오Maccabeus가 지휘권을 인수했다. 마카베오와 그의 후계자들은 셀레우코스의 군대를 격파하고 종교의 자유를 되찾았다. 그러나 유대인의 자유는 오래가지 못했다. 서쪽에서 역사상 가장 강력한 제국인 로마가 진격해 오면서 유대도 그 영향력 아래에 들어갔고, 결국 기원전 63년 로마 장군 폼페이우스(기원전 106~48)가 예루살렘을 정복했다. 이렇듯 바빌론 유수 이후 유대는 짧은 기간을 제외하고는 독립국을 이루지 못한 채 이방인들의 침입과 탄압을 받았다. 이 와중에 메시아 신앙이 싹텄다.

바빌론 유수 기간에 예레미아, 에스겔, 제2 이사야 등의 예언자들이 활동했다. 이들은 다윗의 후손 가운데 메시아가 나타나 유대인들을 해 방하고 위대한 왕국을 복원할 것이라고 예언했다. 제2 이사야가 대표 적인 인물이다.

제2 이사야는 본래 이름이 알려지지 않았고, 그의 예언이 구약성경 의 〈이사야〉 뒷부분에 실려 있다. 그는 포로 생활에 지친 유대인들에 게 새로운 희망을 불어넣어 주기 위해 힘썼다. 그는 유대인들이 그동 안 율법을 제대로 지키지 않아 야훼께서 유대인에게 시련을 주었으나, 이제 다시 계명을 지키면 야훼께서 바빌론을 심판하고, 유대인들은 고 향으로 돌아가 예루살렘 성전을 복원할 수 있게 해줄 것이라고 했다. 제2 이사야는 바빌론에서의 해방이 단순한 해방이 아니라, 제2의 창 조라고 주장했다. 예루살렘으로 돌아간 유대인은 단순히 옛 질서를 회 복하는 것이 아니라, 야훼의 최종 승리라는 위업을 달성할 것이다. 야 훼의 통치는 온 세상에 미칠 것이며, 여러 국가는 이교 신앙과 우상 숭 배를 버리고 야훼를 유일신으로 믿을 것이다. 이스라엘이 이 모든 것 을 이루려면 위대한 영웅이 나와 이스라엘을 먼저 해방시켜야 한다. 그가 바로 메시아이다. 이스라엘이 복원될 날의 영광에 대해 〈이사야〉 11장은 이렇게 노래하고 있다.

그날이 오면, 이새의 뿌리에서 한 싹이 나서 만민의 깃발이 될 것이며, 민 족들이 모여들어 그가 있는 곳이 영광을 받을 것이다. 그날이 오면, 주께서 다시 손을 펴서 그의 남은 백성들, 곧 아시리아와 하이집트와 상이집트와 에티오피아와 엘람과 바빌로니아와 하맛과 바다의 섬들에서 남은 사람들을, 자기의 소유로 삼으실 것이다. 주께서 뭇 나라가 볼 수 있도록 깃발을 세우시고, 쫓겨난 이스라엘 사람들이 그 깃발을 보고 찾아오게 하시며, 흩어진 유대 사람들이 사방에서 그 깃발을 보고 찾아오게 하실 것이다.[1]

이 구절에서 이새는 다윗의 아버지이므로, 이새의 뿌리는 다윗의 후손을 의미한다. 따라서 이 구절은 다윗의 후손 가운데 메시아가 나와 이스라엘을 제2의 번영으로 이끌 것이라고 예언하고 있다. 바빌론 유수가 끝난 후 고국으로 돌아온 유대인들의 메시아 신앙은 더욱 깊어졌다. 폐허가 된 땅을 다시 일구고 예루살렘 성을 복원하는 과정은 참으로 힘들었다. 더욱이 이민족들의 침입과 지배가 계속되었기에 유대인들의 메시아에 대한 열망은 더욱 간절해졌다. 기원전 3세기부터 메시아에 대한 기대는 묵시 종말론이라는 새로운 신앙과 결합했다.

종말론의 성행

고대 유대인에게 메시아는 하느님이 기름을 부어서 임명한 왕을 의미했다. 그는 하느님의 힘을 빌려 고난받는 이스라엘을 해방시킨 후 세계를 지배할 강대국으로 만들어줄 것이다. 그런데 메시아에게는 또 다른 사명이 있었으니, 단순히 유대인을 해방하는 데 그치지 않고 정의의 심판자로서 이 세상의 모든 질서를 새롭게 하는 것이다. 메시아가 새로운 세상을 연다는 것을 이해하려면 먼저 유대교 내부에서 부활과 심판, 그리고 종말론 사상이 어떻게 발전했는지를 살펴보아야 한다.

　바빌론 유수 이전의 유대교는 현세 중심적인 종교였다. 그때까지 유대교에는 부활·심판·천국·지옥의 개념이 없었다. 죽은 자가 부활하여 심판받는다는 생각은 바빌론 유수 전후에 등장한다. 바빌론 유수 후반부터 유대교에서 부활과 종말에 대한 교리가 체계화된 것은 이 시기 유대인들이 조로아스터교의 영향을 받았기 때문이다. 조로아스터교는 선한 신 아후라 마즈다와 악한 신 앙그라 마이뉴Angra Mainyu(아리만)가 끊임없이 대립하면서 세계의 역사가 진행되고, 최후의 날이 오면 선한 신이 승리를 거두고 새로운 세상을 열 것이라고 가르쳤다. 유대인은 종말론을 받아들여 묵시 신앙apocalypticism으로 발전시켰다. 묵시 신앙은 세상이 급격하고 폭력적으로 종말을 맞을 것인데, 하느님이 새로운 세상의 모습을 계시를 통해 알려주었다는 믿음을 말한다.

　구약성경의 여러 문서에서 묵시 신앙이 관찰된다. 대표적인 문서는 〈다니엘〉이다. 이 문서는 마카베오 전쟁 때인 기원전 165년경에 어느 묵시 신앙가가 다니엘의 이름을 빌려 자신이 본 환상을 쓴 것이다.[2] 다니엘의 예언에 따르면 마지막 날이 너무나 가까이 왔다. 이 문서에는 그때에 세계에 큰 환란이 일어나서 유대인도 "나라가 생긴 이래 일찍이 없었던 어려운 때를 만날 것이지만, 미카엘 대천사가 지켜줄 것이고 생명의 책에 기록된 자들은 환란을 면할 것이다. 그리하여 티끌로 돌아갔던 대중이 잠에서 깨어나 영원히 사는 이가 있는가 하면 영원한 모욕을 받을 사람도 있을 것이다"[3]라고 쓰여 있다. 이렇게 셀레우코스 왕조의 핍박에 맞서 싸우던 자들은 세상의 종말이 가까웠으며 그때 자신들의 고난이 완전히 끝나고 하느님이 보내신 사자가 세상을

철저히 심판하여 새로운 질서를 만들 것이라고 믿었다.[4]

기원전 2세기 이후 유대인 사이에 묵시 종말론이 성행하면서 많은 유대인이 종말 공동체를 만들었다. 가령 에세네Essenes파는 기원전 150년대 '의로운 사람들'을 자처하면서 종교적 열성 단체를 구성했다. 그들은 성경에 규정된 부정한 것들을 엄격하게 피했으며, 부정을 씻어내기 위해 자주 목욕했다. 그리고 구성원들의 몸과 공동체의 생활 장소를 정결하게 만들기 위해 최선을 다했다. 특히 그들은 배설물이 부정을 가져온다고 생각해서 배변할 때는 극도로 조심했으며, 대변을 즉시 땅에 묻었다. 심지어 안식일에는 배변 자체를 하지 않았다.[5]

에세네파가 금욕적 생활을 하면서 철저하게 정결례를 준수했던 것은 묵시 종말의 '그날'이 오면 하느님을 따르는 자들과 악마를 따르는 자들이 최후의 일전을 벌일 것이라고 믿었기 때문이다. '그날'에 하느님은 하늘에서 천사로 구성된 군대를 보내실 것이며, 하느님을 따르는 선한 세력도 천사처럼 변모해서 하늘 군대에 동참할 것이다. 그런데 인간이 천사처럼 변모하려면 자신의 몸을 극도로 깨끗하게 유지해야 하며 모든 불결을 피해야 한다. 이렇게 묵시 종말론을 신봉했던 에세네파는 기원전 130년 무렵 예루살렘을 떠나 광야로 들어갔다. 그곳에서 종말을 맞아야 한다고 믿었기 때문이다. 그들은 종말의 예언이 자기들 세대에 실현된다고 믿고, 매우 광신적인 삶을 살았다.[6] 예수 시절 종말론은 메시아 신앙과 결합했다. 많은 유대인이 메시아가 종말과 심판을 가져올 것이라고 믿었다. 이 믿음에 따르면 메시아는 이스라엘의 독립과 승리를 가져온 후 대심판을 내리고, 그로써 새로운 세상을 창조할 것이다.

예수의 탄생과 가르침

기원전 5년경 예수가 태어났을 때 유대인들은 로마의 지배를 받고 있었다. 로마가 비교적 온건한 정책으로 유대인들을 포용했지만, 유대인들에게 로마인은 어디까지나 정복자였다. 유대인들은 로마에 저항하면서 독립에 대한 열망을 키웠다. 특히 마카베오 정신의 계승자였던 열심당Zealots은 무모하고, 용감한 사람들이었다. 그들은 하느님이 그들을 도우러 오실 것이라고 확신했고, 민족의 독립을 위해 목숨을 걸고 싸웠다. 이들은 유대인들을 공공연히 선동하며 로마인들과 대적할 것을 주장했다.

열심당이 정치 운동에 열심인 반면, 바리사이인은 율법을 철저히 지키면서 하느님의 구원을 기다려야 한다고 생각했다. 바리사이인은 귀족 계급도 제사장 파벌도 아니었지만, 도덕적이고 종교적인 삶을 통해 유대 백성의 존경을 받았다. 이들의 율법 준수는 확실히 남달랐다. 이들은 성전 밖에서나, 성전 안에서나 똑같이 정결함을 지켜야 한다고 생각했다. 이들 세력은 날로 커져서 예수가 태어났을 때 유대인의 지도 계층으로 성장했다. 열심당이나 바리사이인 외에도 여러 파벌이 있었지만, 유대인들은 모두 율법을 지키고 독립을 꿈꾸었으며, 사두가이인을 제외한 대부분 사람들이 종말과 최후의 심판을 열망했다.

이런 상황에서 등장한 예수(기원전 4?~서기 33)는 당시 유대인들이 도저히 수용할 수 없는 주장을 했다. 예수는 먼저 율법을 새롭게 해석했다. 거의 모든 유대인이 율법 지키는 것을 생명처럼 생각했는데, 예수는 율법의 형식을 부정했다. 이는 안식일에 대한 양측의 해석이 얼마나 다른지 비교해보면 알 수 있다. 안식일을 온전히 지키는 것은 유대인들에게 매우 중요한 일이었다. 앞에서 말한 마카베오 반란 초기에 반란을 주도한 마따디아와 그의 추종자들은 처자와 가축을 데리고 광야로 가서 숨어 살았다. 이들이 숨어 사는 곳을 알아낸 안티오쿠스 4세는 군대를 보내어 마따디아 일행을 소탕하도록 했다. 왕의 군대는 마따디아의 일행이 숨어 살고 있는 곳에 도착하여 이렇게 소리쳤다. "자, 이제 항복해라. 그러면 목숨만은 살려주겠다." 그러나 마따디아 일행은 "왕명에 굴복해서 하느님이 주신 율법을 더럽힐 수는 없다. 우리는 나가지 않는다"라고 대답했다. 이에 왕의 군대는 안식일을 공격 날짜로 선택하고, 마따디아 일행을 공격했다. 어떤 일이 있어도 안식일 규칙을 지켜야 한다고 생각한 마따디아 일행은 아무런 저항도 하지 않았다. 그들은 돌을 던지거나 피신처에 방벽을 쌓지도 않고, "우리는 모두 깨끗하게 죽겠다. 너희들이 죄 없는 우리를 죽였다는 것을 하늘이 알고 땅이 증언할 것이다"라고 말하면서 죽어갔다. 이때 죽은 유대인들이 천 명이나 된다. 반란자들은 나중에 태도를 바꾸어 안식일에도 싸우기로 했지만, 천 명의 유대인이 안식일을 지키다가 죽어간 사실은 유대인에게 안식일이 얼마나 중요했는지를 잘 보여준다.

예수와 그의 제자들은 배가 고프다고 안식일에 밀을 추수해서 먹었다. 또한 예수는 안식일에 병을 고치고, 안식일에 이로운 행동을 해도 된다고 사람들에게 가르쳤다. 예수는 율법을 철저하게 지키는 바리사이인의 형식주의를 공격하며, 그들을 '독사의 자식들'이라고 부르기도 했다. 그렇다면 예수는 율법이 필요 없다고 생각한 것일까? 그렇지 않다. 예수는 안식일을 지키지 말라고 한 것이 아니라, 다만 정신을 강조한 것이다. 즉, 안식일을 거룩하게 지키려는 마음이 더 중요하다고 본 것이다. 그러면서 예수는 "서로 사랑하여라. 내가 너희를 사랑한 것처럼 너희도 서로 사랑하라"라는 새로운 계명을 주었다.

율법에 대한 새로운 해석을 제시하면서, 예수는 대부분 유대인들이 도저히 수용할 수 없는 또 다른 주장을 전파했다. 그것은 로마로부터의 독립을 포기하라는 것이었다. 많은 유대인은 예수가 다윗의 후손이며 메시아이기 때문에 로마를 격파하고 유대를 독립시켜줄 것이라고 믿었다. 그러나 예수는 정치적인 메시아의 역할을 부정했다. 바리사이인이 예수를 시험하려고 로마에 세금을 내는 것이 정당하냐고 물었을 때, 예수는 "카이사르의 것은 카이사르에게 돌려주고, 하느님의 것은 하느님께 돌려드려라"라고 대답함으로써 그들을 물리쳤다. 정치적인 문제에 간섭하지 않겠다는 예수의 선언은 이후에도 계속된다. 로마 총독 빌라도의 재판을 받으면서 예수는 자신이 유대인의 왕이라고 대답했지만, 그 왕국은 이 세상에 속한 것이 아니라고 했다. 이 말은 유대인의 독립을 위해 자신은 어떤 행동도 하지 않겠다는 뜻이고, 자신이 정치적인 메시아가 아니라 영적인 메시아라고 선언한 것이다.

영적인 메시아임을 선언한 예수는 철저한 종말론자였다. 끊임없이 하느님의 나라가 가까웠고 세계의 종말이 임박했다고 선언하고, 무화과의 비유, 열 처녀의 비유, 달란트의 비유 등을 통해 하느님의 심판이 임박했다고 가르쳤다. 심지어 예수는 자기 세대가 끝나기 전에 멸망이 이루어질 것이라고 선언했다.

결국 예수는 유대인들의 믿음을 모두 저버렸다. 율법을 철저히 지켜 야훼와의 계약 관계를 회복하면 야훼의 도움을 받을 수 있다는 바리사이파의 주장을 비판했고, 정치적인 메시아를 고대하던 열심당과 민중의 믿음을 저버렸다. 유대 지도자들과 민중은 예수를 용서할 수 없어서 그를 로마인의 손에 넘겨서 죽게 했다.

기독교와 유대교의 분리

예수가 죽은 뒤 예수의 제자들은 예수가 부활했다고 믿고 새로운 종파를 형성했다. 그들은 예수가 구약에 예언된 진정한 메시아이고, 그가 부활하여 머지않아 세상을 심판하기 위해 재림하실 것이라고 주장했다. 이때 초기 기독교인들은 자신들이 새로운 종교를 만드는 것이 아니라 유대교를 완성한다고 생각했고, 거의 전적으로 유대인들을 상대로 포교 활동을 했다. 그들은 유대인들이 자기들의 주장을 곧 받아들일 것이라고 믿었다. 〈사도행전〉에서 예수의 제자인 베드로Peter는 유대인들에게 이렇게 말했다.

> 예수는 영원 전부터 하느님께서 자기의 거룩한 예언자들의 입을 통하여 말씀하신 대로, 만물을 회복하실 때까지, 마땅히 하늘에 계실 것입니다. 모세는 '주 하느님께서 나를 세우신 것과 같이, 너희를 위해서 너희 동족 가운데서 한 예언자를 세워주실 것이다. 그가 너희에게 하는 말은, 무엇이든지 다 들어라' 하고 말하였습니다. ⋯ 그리고 사무엘을 비롯하여 그 뒤를 이어서 예언한 모든 예언자도 다 이날에 있을 일을 알려주었습니다. 여러분은 예언자들의 자손이며, 하느님께서 여러분의 조상들과 맺은 언약의 자손입니다.[7]

이 구절에서 베드로는 예수가 영원 전부터 하느님께서 유대인을 위해 세우신 예언자이고, 유대인은 하느님이 선택하신 '언약의 백성'이라고 말하고 있다. 그러나 유대인은 기독교 신자들의 주장을 받아들이지 않았다. 유대인은 예수 제자들의 선교를 거부했을 뿐 아니라 기독교 신자들을 박해하기 시작했다.

박해는 예루살렘 교회 내의 헬라파에 집중되었다. 예루살렘 교회에는 팔레스타인 출신으로 유대 율법에 충실했던 히브리파와 디아스포라 출신으로 유대 율법에 유연한 태도를 취했던 헬라파가 있었다. 헬라파의 지도자인 필리포스는 박해를 피해 사마리아 지역으로 가서 사마리아인에게 복음을 전파했다. 초기 기독교 시대에 유대인은 사마리아인에 대해 이중적인 태도를 갖고 있었다. 일부 유대인은 그들을 이스라엘의 일부로 보았고, 그들이 유대인보다 더 신실한 사람들이라고 생각했다. 따라서 사마리아인을 '이방인'이라고 보기는 힘들다.[8] 필리포스는 사마리아 선교를 마친 후 가자Gaza로 내려가는 길에 에티오피아의 내시를 만났고, 그에게 세례를 베풀었다. 필로포스가 이 내시에게 선교한 것이 기독교 최초의 이방인 선교였다.[9]

필리포스를 비롯한 헬라파가 이방인 선교를 시작했는데, 이때 헬라파 신자들은 개종하는 이방인에게 율법의 준수를 요구하지 않았다. 헬라파가 이방인에게 율법을 강요하지 않은 선교, 즉 '율법 없는 선교'를 감행하자 예루살렘 교회에서 분란이 일어났다. 헬라파가 박해를 받아 사방으로 흩어진 후 예루살렘 교회에는 히브리파만 남게 되었다. 히브리파는 이방인 선교 자체는 찬성하지만 이방인도 개종하려면 율법을 지켜야 한다고 주장했다. 그런데 히브리파의 유력 지도자인 베드로가 태도를 바꾸었다. 베드로도 처음에는 개종하는 이방인이 율법을 지켜야 한다고 생각했다. 그는 꿈속에서 하느님이 율법이 금지하고 있는 '부정한 음식'을 먹으라고 명령했지만 세 번이나 거부했다. 베드로는 꿈에서 깬 후, 하느님이 꿈에서 보여주신 부정한 음식이 무엇을 의미하는지 생각했다. 그는 부정한 음식은 율법을 지키지 않은 이방인을 의미한다고 생각했고, 그 후 개종하는 이방인에게 율법을 강제하지 않는 것이 옳다고 믿게 되었다.

헬라파의 이방인 선교가 시작된 지 얼마 되지 않아 베드로는 카이사리아로 내려가서 로마군 백인대장 코르넬리우스와 그를 따르는 무리에게 선교했다. 베드로는 그들이 기독교를 받아들이겠다고 말하자 그들에게 세례를 베풀었다. 며칠 후 베드로는 예루살렘으로 돌아와 자신의 선교 활동을 교회에 보고했는데, 이때 예루살렘 교회의 신자들이 다음과 같이 항의했다.

할례 받은 신자들이 그에게 따지며 "당신이 할례 받지 않은 사람들의 집에 들어가 그들과 함께 음식을 먹다니요?" 하고 말하였다.[10]

〈사도행전〉은 이렇게 항의한 사람들을 '할례 받은 신자'라고 말했다. 이들은 예루살렘 교회의 구성원 가운데 이른바 '할례당'이라고 불리는 강경파들이었다. 이들이 베드로가 코르넬리우스의 무리와 함께 식사한 것을 비난했던 이유는 베드로의 식사에 문제가 있었기 때문이다. 원래 유대인이 이방인과 함께 식사하는 것 자체가 금지되어 있지는 않았다. 다만 유대인은 음식 금기가 까다로워 이방인과 함께 식사할 때면 자기가 먹을 음식을 따로 준비하거나 채소만 먹었다. 만약 베드로가 코르넬리우스 무리와 식사하면서 율법을 준수했다면 아무리 할례당이라고 해도 논란을 제기할 수 없었다. 따라서 할례당이 베드로의 '공동 식사'에 문제를 제기했던 것은 베드로가 이때 율법을 지키지 않은 식사를 했기 때문이다. 할례당의 항의에 베드로는 자신의 행동이 하느님의 계시를 받은 것임을 역설했다. 그리하여 '율법 없는 선교'가

초기 기독교의 기본 노선이 되었다.[11]

베드로와 함께 초대 교회의 양대 기둥이라고 불리는 바오로는 '율법 없는 선교'를 기독교의 확고한 교리로 발전시켰다. 그는 율법에 대해 다음과 같이 말했다.

율법을 통해서는 아무도 하느님과 올바른 관계를 맺을 수 없다는 것이 분명합니다. 성경에도 "믿음을 통해서 하느님과의 올바른 관계를 가진 사람은 살 것이다"라는 말씀이 있습니다. 율법은 믿음에 기초를 둔 것이 아닙니다. 율법은 다만 "율법을 지키는 자는 그것을 지킴으로 산다"라고 말합니다. "나무에 달린 자는 누구나 저주받을 자다"라고 성경에 기록되어 있듯이 그리스도께서는 우리를 위하여 십자가에 달려 저주받은 자가 되셔서 우리를 율법의 저주에서 구원해내셨습니다.[12]

이 구절에서 바오로는 믿음의 중요성을 역설하며, 율법은 믿음이 없는 자들에게 일종의 행동 기준으로 주어진 것이라고 주장한다. 따라서 율법은 예수에 대한 믿음이 생길 때까지만 유효하고, 그 후에는 의미를 상실하게 된다. 다시 말해 예수가 오기 전까지는 율법이 필요하지만, 예수가 새로운 믿음을 주셨기 때문에 이제 율법은 필요 없다.

베드로와 바오로가 율법에 대한 새로운 시각을 제기하면서 기독교는 유대교와 다른 종교가 되었지만, 할례당을 비롯한 보수파의 반대가 지속되었다. 그들 가운데 일부는 개종하는 이방인은 율법을 지켜야 한다고 계속 주장했고, 또 일부는 개종하는 이방인이 율법을 지키지 않아도 된다는 주장을 받아들이기는 했지만 새로 개종한 신자들은 일종의 2급 신자라고 주장했다. 두 번째 부류의 보수파 신자들은 유대인 출신 신자와 이방인 출신 신자의 차별을 유지하기 위해 '공동 식사'를 해서는 안 된다고 주장했다.

이방인 출신 신자들과 기존 기독교 신자들이 함께 식사하는 것과 관련하여 흥미로우면서도 중요한 일화가 전한다. 50년경 안티오키아 교회에서 베드로가 이방인 출신 신자들과 함께 식사하고 있었다. 그런데 예루살렘 교회의 수장이었던 '예수의 형제 야고보'가 보낸 사람들이 온다는 말을 듣고 자기가 이방인들과 함께 식사하는 장면을 감추기 위해 얼른 자리를 떴다. 그러자 바오로가 크게 소리치며 베드로의 행동을 비난했다.[13] 두 사람의 갈등을 드러내는 이 일화에서 베드로는 이방인 출신 신자는 율법을 지키지 않아도 되고, 유대인 출신 신자와 이방인 출신 신자가 공동 식사를 하는 것도 역시 합당하다고 생각했다. 다만 그는 유대인 출신 신자와 이방인 출신 신자가 함께 식사하는 것에 반대하는 신자 집단과 대립하는 것이 바람직하지 않기에 당분간 공동 식사 문제를 전면에 부각하지 않는 것이 좋다고 판단했다. 반면 바오로는 공동 식사에 반대하는 신자들의 태도를 인정할 수 없었고, 그 문제에 대해 모호한 태도를 취한 베드로가 마음에 들지 않았다. 바오로는 이 문제로 베드로와 결별하고 독자적인 선교 활동을 펼쳤다. 이후 바오로는 이 문제에 대한 입장을 다음과 같이 밝혔다.

하느님은 유대인만의 하느님이십니까? 이방인의 하느님도 되시는 분이 아닙니까? 그렇습니다. 이방인의 하느님도 되십니다. 참으로 하느님은 오직 한 분뿐이십니다. 그러므로 하느님은 할례를 받은 사람도 믿음으로 의롭게 하여주시고, 할례를 받지 않은 사람도 믿음으로 의롭게 하여주십니다.[14]

바오로의 이 선언으로 기독교는 유대교에서 독립했다. 본래 유대인들도 이방인들 역시 구원받을 수 있다고 생각하기는 했다. 그러나 이방인들이 유대인의 신 야훼의 절대성을 인정하고, 모세의 율법을 준수하고, 예루살렘을 신앙의 중심으로 인정해야만 개종자로 받아들였다. 바오로는 유대인의 이런 신앙을 거부하고, 율법은 수명을 다했으며 야훼는 유대인만의 하느님이 아니라고 선언했다. 이로써 야훼에 대한 유대인들의 독점은 깨어졌고 새로운 세상이 열렸다. 이후 기독교는 유대교에서 떨어져 나와 새로운 종교로 성장하게 된다.

종족과 계층의 벽을 넘어선 기독교의 힘

기독교는 서양인의 정신세계에 새로운 지평을 열었고, 서양인의 정체성을 결정하는 가장 중요한 요소가 되었다. 가령 현재 유럽연합에 속해 있는 나라들은 모두 기독교 국가들이다. 유럽 대륙에 땅을 가진 터키가 오래전부터 유럽연합 가입을 추진했지만 거듭 실패했는데, 종교적인 차이가 가장 중요한 요인이다. 어떻게 기독교는 이토록 오랫동안 서양 사회에서 생명력을 유지할 수 있었을까?

먼저 기독교는 종족의 벽을 허물었다. 기독교의 모종교인 유대교는 야훼가 유대인만을 위한 신이라고 주장한 반면, 기독교는 야훼는 모든 인류를 위한 신이라고 주장했다. 기독교가 퍼져나가기 전 지중해 연안과 유럽 본토에는 이집트인, 페니키아인, 로마인, 그리스인, 갈리아인, 게르만인 등 수많은 종족이 살고 있었는데, 그들은 저마다 고유한 신을 섬기고 있었다. 이들이 섬기는 신은 모두 부족신이었다. 부족신은 특정 부족의 수호신으로 그가 지켜주는 부족의 이익에만 관심을 가지고, 그 부족을 위해 다른 부족을 죽이기까지 한다. 이에 반해 기독교는 야훼가 종족의 구별 없이 모든 사람을 사랑하고 보호해준다고 가르쳤다. 이 점에서 기독교는 고대 종교를 무너뜨리고 인류 종교사에 새 장을 열었다.

기독교가 부족신의 개념을 극복하고 보편신을 섬기게 되면서 고대 사회의 지형도에 새로운 변화가 나타났다. 고대인은 자기 종족이나 국가에 속한 '시민'만이 온전한 인간이고, 다른 부족에 속한 사람이나 자기 국가의 시민권이 없는 사람은 2급 인간으로 취급했다. 따라서 고대인은 전쟁을 통해 다른 종족을 정벌하면 죽여도 된다고 생각했으며, 자기 나라에 이주해 활동하고 있는 외국인을 여러 가지로 차별했다. 기독교는 이에 반대하면서 국가나 종족에 상관없이 모든 사람이 평등하다고 가르침으로써 고대 세계에 존재했던 종족의 벽을 허물었다.

기독교는 또한 계층의 장벽을 제거했다. 바리사이인과 사두가이인은 예수가 세리, 창녀, 한센병 환자들과 어울리는 것을 비판했다. 그들은 이들이 죄인이라고 주장하며 이들과 어울리는 것 자체가 죄라고 규정했다. 고대 유대교의 교리에 따르면 예루살렘 성전에 들어가 자신의 죄를 회개하고 사제의 축복을 받은 사람만이 구원을 받을 수 있었는데, 장애인은 성전에 들어가지 못했기 때문에 구원을 받을 수 없었다. 그러나 예수는 온갖 병자와 장애인의 병을 고쳐주었고, 그들이 예루살렘 성전에 들어갈 수 있도록 했다. 예수의 이런 행동은 종교적 공동체의 범위를 새롭게 설정했다. 기존에 유대교 공동체의 일원으로 인정받지 못했던 장애인, 창녀, 세리 등은 새로운 공동체의 일원이 되었다. 또한 예수는 끊임없이 가난한 사람들을 옹호했으며, 그들이야말로 진정 축복받은 존재라고 설교했다. 이 때문에 초기 기독교는 '가난한 자들의 종교'라고 불리기도 했다. 이와 관련해서 기독교 신자로 태어났다가, 기독교를 버리고 다신교도가 되어 반기독교 운동을 펼쳤던 율리아누스는 이렇게 말했다.

기독교가 갈수록 교세를 확대하고 있는 것은 그들이 그들의 가난한 자들뿐만 아니라 우리들(다신교도들)의 가난한 사까시 먹이고 있기 때문입니다.[15]

율리아누스의 이 말을 통해 기독교가 대단히 윤리적인 종교였고, 그 때문에 많은 사람의 호응을 받았음을 알 수 있다. 기독교는 이렇듯 종족과 계층의 장벽을 뛰어넘는 포용력을 보여주었기 때문에 지금까지 놀라운 생명력을 유지할 수 있었다.[16]

17장
로마제국의 기독교 박해

1기의 박해: 비종교적인 이유로 가해진 박해

1세기 중반 베드로와 바오로의 선교에 힘입어 기독교가 로마제국 전역으로 뻗어나갔다. 기독교는 세력이 확대되면서 로마제국과 대립하게 되었다. 로마제국의 기독교 박해는 세 시기로 나누어볼 수 있다. 첫 번째 시기는 네로의 박해에서 112년경에 일어난 플리니우스 박해 때까지고, 두 번째 시기는 플리니우스 박해 때부터 249년 데키우스 박해 때까지며, 세 번째 시기는 데키우스의 박해에서 콘스탄티누스(306~337)의 밀라노 칙령 때까지다.

첫 번째 시기에 기독교는 아직 '불법 종교'로 규정되지 않았다. 기독교 탄생 초기에 로마는 기독교를 유대교의 분파로 생각했는데, 유대교는 합법 종교였다. 합법 종교는 제국 정부가 인정하고 때로는 후원하는 종교를 말한다. 로마가 유대교를 공식적으로 인정했기 때문에 유대교는 세금, 병역 등에서 여러 혜택을 누렸다. 따라서 로마제국이 종교적인 이유에서 기독교를 박해할 이유가 없었다. 이 시기 로마의 기독교 박해는 비종교적인 이유에서 간헐적으로 이루어졌다. 네로의 박해를 대표적인 사례로 들 수 있다.

네로의 박해는 64년에 발생한 로마의 대화재를 수습하는 과정에서 일어났다. 그해 로마에서 대화재가 발생했는데, 로마의 열네 구역 가운데 세 구역이 전소되었고, 일곱 구역이 큰 피해를 입었다. 화재가 진화된 후 네로가 불을 보고 노래를 불렀으며, 심지어 그가 의도적으로 불을 냈다는 소문이 돌기 시작했다. 이 시기에 네로의 기독교 박해가 이루어졌는데, 타키투스는 이에 대해 다음과 같이 전한다.

인간의 모든 노력도, 황제의 모든 희사도, 신들에게 바친 희생물도 화재가 네로의 명령에 의한 것이라는 불길한 소문을 잠재우는 데 충분하지 않았다. 네로는 소문을 잠재우기 위해 자신들의 악행 때문에 대중의 미움을 받고 있던 그리스도교도Chrestianos에게 죄를 뒤집어씌우고 특별히 고안된 고문을 가했다.[1] … 먼저 그들의 신앙을 고백하여 잡혀 온 자들이 그리고 그들에게서 얻어낸 정보에 의해 (잡혀 온) 많은 자가 방화죄보다는 인류에 대한 혐오 때문에 유죄 판결을 받았다.[2]

타키투스의 이 진술에는 모순이 존재한다. 타키투스는 네로가 기독교 신자들에게 방화죄를 뒤집어씌워 박해했다고 말하면서, 기독교 신자들은 방화죄가 아니라 '인류에 대한 혐오' 때문에 유죄 판결을 받았다고 말하고 있다. 타키투스를 제외한 2~4세기의 어떤 자료도 로마의 대화재와 네로의 박해를 연계시키지 않았다. 타키투스가 두 사건을 연계시켰던 것은 네로의 기독교 박해가 대화재 직후에 진행되었고, 네로가 로마의 대화재 직후 조성된 민심의 불안을 잠재우기 위해 기독교 박해를 이용했다는 의견을 반영한 것 같다.

기독교 신자들이 인류 혐오 죄라는 죄목으로 처벌되었던 것은 로마의 대화재 이후 민심이 불안한 시기인데도 기독교 신자들이 적극적으로 선교 활동을 펼쳤기 때문이다.[3] 로마의 기독교도들은 대화재는 종말의 징표이므로 가까운 시기에 종말이 올 것이라고 예언하면서 가뜩이나 불안에 빠져 있던 로마인을 자극했다. 이로 인해 기독교도와 다신교도가 충돌하자, 네로는 기독교도를 조사하도록 명령했다. 네로는 기독교를 사악한 미신이라고 규정했고, 그들을 박해하는 것이 자신의 정권을 안정시키는 데 도움이 된다고 생각했다. 따라서 네로가 먼저 자신이 뒤집어쓴 오명에서 벗어나려고 기독교 신자들을 잡아들였던 것은 아니다. 기독교 신자들이 로마인에게 멸망이 임박했다고 선교하면서 기독교 신자와 로마인 사이에 갈등이 발생했고, 기독교 신자들이 잡혀 오자 네로가 그들을 가혹하게 처벌하는 것이 자신에게 유리하다고 판단해서 박해했던 것이다. 그런데 박해를 시작한 지 얼마 되지 않아 네로는 황제 직에서 쫓겨나 자살했다. 네로가 박해를 했을 때 로마시 밖에서 기독교 신자들이 핍박을 받았다는 증거는 전혀 없다. 오히려 네로 이후 도미티아누스 시기까지 기독교 신자들이 평화롭게 신앙생활을 했다는 증거들이 있다. 따라서 네로의 박해는 로마 시에 한정된 일회적인 사건이었다.[4]

96년 도미티아누스(81~96) 시기에 박해가 재개되었다. 디오 카시우스Dio Cassius는 이 시기의 박해에 대해 다음과 같이 말했다.

도미티아누스 황제가 자신의 친척인 플라비아 도미틸라를 아내로 두고 있던 콘술이자 자신의 사촌인 플라비우스 클레멘스를 처형했고, 그의 부인 도미틸라를 판다테리아로 추방했다. 그들은 '무신론자'라는 죄목으로 고발을 당했는데, 같은 죄목으로 유대인의 관습에 빠졌던 많은 사람이 유죄 판결을 받았다. 어떤 자들은 사형을 받았고, 나머지 사람들은 최소한 그들의 재산을 빼앗겼다.[5]

이 자료에 따르면 클레멘스Flavius Clemens와 여러 사람이 '무신론자ἀθεοτης', '유대인의 관습을 채택한 자'라는 죄목으로 박해를 받았다.* 기독교 계열의 학자들은 이들이 기독교 신자라서 박해를 받았다고 주장하지만, 클레멘스가 기독교 신자라는 주장은 8세기에 처음 등장한다. 따라서 클레멘스는 유대교 계열의 학자들이 주장한 대로 유대교 신앙을 채택했기 때문에 박해를 받았다. 그가 이른바 '하느님 경외자'로서 콘술의 임무를 게을리하고, 도미티아누스를 적극적으로 높이는 종교 의례에 참여하지 않았던 것이 박해의 원인이었다.

이때 클레멘스뿐만 아니라 여러 사람이 박해를 받았던 것은 '유대인세' 징수가 논란이 되었기 때문이다. 66년에 일어난 유대 반란을 진압한 후 베스파시아누스는 3세 이상의 유대인에게 1년에 2드라크마의 유대인세를 납부하라고 명령했다. 도미티아누스는 유대인세의 징수를 강화했고, 이때 유대인의 풍습을 행하면서 세금을 납부하지 않던

---

* 1~2세기 로마인이 사용했던 무신론의 개념에 대해서는 L. Thompson, "The Martyrdom of Polycarp: Death in the Roman Games", *The Journal of Religion*, 82-1, 2002, pp. 44~45 참조. 로마인은 페르시아인, 유대인, 기독교인, 나아가 로마의 전통 종교 질서를 부정하는 자들을 '무신론자'라고 불렀다.

사람들을 색출했다. '유대인의 풍습을 행하는 자'에는 크게 두 부류가 있었다. 한 부류는 '하느님 경외자'로 유대교 신앙을 받아들였지만, 유대교로 개종하지는 않은 무리였다. 이들은 유대인 공동체에 편입되어 유대인과 함께 신앙생활을 했지만, 할례를 받지 않고 일종의 '2등 유대인'으로 살았다. 다른 한 부류는 기독교 신자들이었다. 이 시기까지 기독교는 유대교의 한 분파였다. 기독교 신자들 가운데는 유대인 출신이 많았는데 이들은 여타 유대인과 전혀 구분되지 않았으며, 이방인 출신 신자들도 안식일을 준수했기 때문에 다신교도들은 그들을 유대인과 구분하지 못했다. 따라서 도미티아누스 박해 때 많은 기독교 신자들이 화를 입었다. 그러나 도미티아누스가 기독교를 불법 종교로 규정했다는 증거는 없으며, 그가 죽은 후 박해는 다시 중단되었다.

2기의 박해: 기독교를 불법 종교로 규정하다

2세기 초 약 1만 명에 이르는 기독교 신자들이 유대, 시리아, 아시아 북부, 그리스, 로마를 비롯해 로마제국 전역으로 뻗어나갔다.[6] 기독교 신자들은 세상의 종말이 임박했다고 선전했고, 로마인이 숭배하는 신들은 우상이라고 비난했다. 그들은 또한 성행위를 부정하는 등 로마의 전통적인 가족 윤리를 거부했다. 기독교 신자들의 이런 신앙은 로마 다신교 사회의 윤리와 사회 질서를 뿌리째 부정하는 것이었다. 기독교 신자들이 증가하면서 여러 지역에서 다신교 신자들과의 대립과 갈등이 본격적으로 시작되었다.

112년경 플리니우스가 비티니아-폰토스의 속주 총독으로 임명받고 임지에 도착했을 때 다신교도들이 그에게 기독교 신자들을 고발했다. 플리니우스는 그들을 심문하고, 심문 내용을 트라야누스 황제에게 다음과 같이 보고했다.

폐하, 저는 기독교도에 대한 재판에 참여해본 적이 없습니다. 따라서 저는 무엇을, 그리고 어느 정도로 처벌해왔고, 또한 어떻게 심문해왔는지 모릅니다. 나이에 따라 어떤 차이를 두어야 하는지, 연약한 자들(어린이들)과 강한 자들을 어떤 차별도 없이 대해야 하는지, 반성하는 자를 용서해야 하는지, 아니면 한번 기독교 신자였던 자들은 신앙을 버리더라도 용서해서는 안 되는지, 범죄 행위가 없더라도 기독교 신자라는 이유만으로 처벌해야 하는지, 아니면 기독교 신앙과 관련된 범죄 행위가 있을 때만 처벌해야 하는지 저는 참으로 모르겠습니다. 그동안 저는 지금까지 기독교 신자라고 고발된 자들을 다음과 같은 방식으로 처리했습니다. …

그들은 당신의 명령에 따라 제가 모든 비밀 결사를 금지하는 명령을 내린 후 이런 모임을 중단했습니다. 나아가 저는 지도자(부제)라고 불리는 두 여자를 고문하여 진실을 밝혀내는 것이 필요하다고 생각했습니다. 그렇지만 '사악하고 극단적인 미신superstitio prava, immodica' 외에 다른 것을 찾지 못했습니다. 따라서 심문을 멈추고 서둘러 당신에게 상의드립니다. 위험에 빠진 사람이 매우 많기 때문에 이 일을 상의드리는 것이 합당하다고 생각됩니다. 진실로 나이와 계층, 성의 구분 없이 너무나 많은 사람이 위험스럽게도 이미 이 미신에 빠져들었고, 미래에도 빠져들 것입니다. 이 미신이 도시뿐만 아니라 마을과 시골들로 번져나가고 있습니다.[7]

이 편지에 따르면 다신교도들이 기독교 신자들을 고발하고, 로마 총독이 그들을 재판한 일은 예전부터 많았다. 로마인들이 기독교 신자들을 고발한 이유는 그들이 로마의 다신교 의례를 방해했다, 황제 숭배를 적극적으로 비난했다, 로마의 전통적인 도덕을 무시했다 등이었다. 각 지역에서 재판권을 가진 사람들이 고발을 당한 기독교 신자들에게 여러 가지 형벌을 가했는데, 사형을 시킬 권리는 오직 속주 총독에게만 있었다. 플리니우스 이전에는 기독교에 대한 확고한 원칙이 없었기 때문에 총독들은 다양한 판결을 내렸다. 플리니우스는 기독교 신자들을 심문하고, 기독교를 불법 종교로 규정하는 원칙을 정하는 것이 좋겠다고 판단하여 트라야누스에게 결심을 요구했다. 트라야누스는 다음과 같이 대답했다.

나의 소중한 플리니우스여, 기독교 신자라는 죄목으로 고발당하여 너에게 끌려온 자들을 처리함에 있어서 너는 올바르게 처신하였다. 그러나 확실한 공식으로 보편적으로 적용될 어떤 원칙을 정할 수는 없다. 그런 자들을 수색하지는 마라. 고발당하여 너의 법정에 끌려와서 유죄가 입증된 자들을 처벌하라. 그러나 스스로 기독교 신자라는 것을 부정하고, 우리의 신들에게 기도를 드림으로써 그것을 입증하는 자들은, 과거에 그가 어떤 의심스러운 행동을 했다고 하더라도 현재 반성하고 있기 때문에 용서되어야 한다. 익명으로 제기된 고소장은 법정에서 전혀 고려해서는 안 된다. 그런 경우는 끔찍한 사례들이 될 수 있으며 우리들의 시대와 맞지 않는다.[8]

트라야누스는 답장에서 기독교 신자를 기독교를 믿는다는 이유만으로 사형에 처한 플리니우스의 판결이 정당하다고 규정했다. 이는 기독교를 불법 종교로 규정한 것이다. 이후 기독교 신자들은 단지 기독교를 믿는다는 이유만으로 사형에 처해질 수 있었다. 그러나 실제 기독교 신자들이 고발을 당해 박해를 받은 일은 일반적으로 생각하는 것보다 많지 않았다. 249년 데키우스 박해가 일어날 때까지 순교한 기독교 신자들은 수백 명을 넘지 않았다.* 기독교를 고발하는 사람이 실명으로 고발해야 했고, 기독교 신자들을 사형에 처하려면 속주 총독이 재판해야 했기 때문이다. 대개 총독들은 기독교 신자들을 재판하면서 성직자와 같은 핵심 지도자들을 사형에 처했고, 일반 신자들은 광산 노역형이나 유배형에 처했다. 249년 데키우스가 전 제국에 걸쳐 기독교를 박해할 때까지 이런 상황이 지속되었다.

3기의 대박해: 대위기 속에 가해진 혹독한 박해

3세기 중엽 로마제국은 심각한 대위기를 맞았다. 동쪽에서는 사산조 페르시아가 쳐들어왔다. 여러 황제가 페르시아를 막아내기 위해 혼신의 노력을 기울였지만, 국경을 제대로 지켜내기도 힘들었다. 페르시아군은 때때로 로마 국경 깊숙이 쳐들어와 안티오키아와 같은 주요 도시를 점령하고 약탈했다. 페르시아의 압박은 이후 7세기까지 지속되었다. 북쪽에서는 게르만족이 국경선을 넘어 쳐들어왔다. 데키우스(249~251)가 즉위할 때 게르만족의 위협은 더욱 거세졌다. 고트족, 카

---

* 이상규, 《초기 기독교와 로마 사회》, SFC, 2016, 352쪽은 천 명이 넘지 않을 것이라고 평가하고 있다.

르피족 등이 다뉴브 지역과 모에시아 지역을 침범했고, 이들은 디오클레티아누스 시기까지 지속적으로 침입해 왔다.[9] 외적의 침입이 지속되는 가운데 질이 낮은 화폐의 대량 발행으로 극심한 인플레이션이 발생했고, 치명적인 전염병인 페스트가 발생하면서 인구가 급감하고 농업 생산도 크게 줄어들었다.

　내우외환이 극심해지자 로마인은 대위기가 왜 발생했는지 고민했다. 로마인의 신앙에 따르면 신들은 인간이 그들에게 적절한 의례를 행할 때 인간에게 평화와 번영을 주지만, 인간이 적절한 의례를 행하지 않으면 재앙을 내린다. 그런데 기독교 신자들이 늘어나면서 로마제국 곳곳에서 전통 신들에 대한 의례가 소홀해졌다. 신들이 노해서 여러 재앙을 내리고 있으므로, 로마가 평화와 번영을 회복하려면 로마의 전통 신에 대한 의례를 확실하게 치러야 했다.[10] 이렇게 생각한 데키우스 황제는 249년 12월 로마제국의 모든 시민에게 다신교 신들에게 희생 제사를 드리고, 그것을 확인하는 증명서를 받으라고 명령했다. 이 명령에 따라 제국 전역에서 시민들의 희생 제사 참여를 강제하는 위원회가 결성되었다. 각 지역에서 구성된 위원회가 제사에 참여한 사람들에게 발급한 확인서가 수십 개 발견되었는데, 그중 하나는 다음과 같다.

　신성한 희생제를 감독하도록 선택된 위원회에게
　테아델피아Theadelphia 마을의 주민, 세레누스의 아들, 아우렐리우스 아세시스Aurelius Asesis로부터.
　저는 항상, 중단 없이 신들에게 희생 제사를 드려왔고, 이제 황제 폐하의 칙령에 따라 당신들 앞에서 신들에게 술을 따르고, 희생을 드리며, 희생

고기의 일부를 맛보았습니다. 저를 위해 이 사실을 확인해주시기 바랍니다. 안녕히 계십시오. 저 아세시스는 서른두 살이고, 몸에 상처가 있습니다.

우리, 아우렐리우스 세레누스와 아우렐리우스 헤르마스가 네가 희생 제사를 드리는 것을 보았다.

나 아우렐리우스 헤르마스가 이 사실을 확인한다.

— 데키우스 트라야누스 황제 1년(250년) 6월 12일[11]

이 확인서는 제국의 모든 시민이 다신교 제사에 참여해야 했음을 보여준다. 이제 누군가 정식으로 고발하기 전에 로마 관리가 기독교 신자를 수색하여 찾지 않는다는 트라야누스의 원칙이 무너졌다. 관리들이 모든 시민에게 제사 참여를 강제하고, 길거리에서 지나가는 시민을 붙잡아 제사에 참여한 확인서가 없으면 처벌했다. 주교를 비롯한 고위 성직자들은 사형을 당했고, 일반 신자들도 배교를 강요받으며 온갖 고문을 받다가 여러 가지 형태의 처벌을 받았다.

데키우스의 박해는 로마 정부가 로마제국 전역에 걸쳐 모든 기독교 신자에게 가한 최초의 대박해였다. 그러나 데키우스 박해는 251년 6월 데키우스가 고트족과 싸우다가 전사하면서 중단되었다. 데키우스를 적극적으로 도왔던 발레리아누스(253~260)가 황제가 된 후 257년에 대박해를 재개했다. 발레리아누스는 성직자들을 처벌하고 교회 재산을 몰수하고, 기독교 모임을 금지해 기독교 세력을 위축시키려고 했다. 이때 로마 교황 식스투스를 비롯해 많은 성직자가 순교했다. 그러나 발레리아누스의 시도는 성과를 거두지 못했고, 그가 260년 7월 페르시아에 포로로 잡혀가면서 박해가 중단되었다.

발레리아누스가 죽은 후 기독교는 사실상 관용을 받으면서 세력을 크게 확장했다. 그런데 303년 디오클레티아누스가 대박해를 감행했다. 디오클레티아누스가 303년 2월에 시작한 박해는 이전의 어떤 박해보다도 길고도 혹독했다. 로마제국 시기의 순교는 대부분 이 시기에 일어났다. 박해 초기에 로마 정부는 교회를 파괴하고 성경을 압수했고, 기독교 신자들을 관직에서 추방하고 성직자들을 체포했다. 이런 조처가 기독교 세력을 제어하는 데 효과가 없자, 예전에 데키우스가 했던 조처가 다시 시행되었다. 제국의 모든 시민에게 희생 제사를 강제하고, 거부하는 자들은 혹독하게 처벌했다.[12] 305년 5월 디오클레티아누스가 양위하면서 갈레리우스가 정제(디오클레티아누스가 수립한 사분 체제는 두 명의 정제와 두 명의 부제가 통치했다)가 되었는데, 그는 이전보다 박해를 더 강화했다. 그러나 서방의 정제 콘스탄티우스가 박해에 열의를 보이지 않았기 때문에 박해는 거의 전적으로 동방에서만 진행되었다.

311년 4월 죽음의 침상에 누워 있던 갈레리우스(293~305)는 대박해에도 불구하고 기독교 세력을 꺾을 수 없다는 사실을 깨닫고, 박해를 중단하는 칙령을 내렸다. 유세비우스는 그 칙령의 내용을 이렇게 전한다.

로마의 황제인 갈레리우스, 콘스탄티누스, 리키니우스(308~324)는 명령한다. 우리가 공공의 이익과 유익을 위해 강구한 여러 가지 일 가운데 우리는 먼저 모든 일을 로마의 오래된 법과 공공의 원칙에 맞게 복구하기를 원했기에, 그들 조상의 종교를 버린 기독교 신자들도 좋은 상태ἀγαθὴν πρόθεσιν로 돌이키기 위한 조치를 강구했다. 어찌 된 생각에서인지 기독교 신자들은 너무나 큰 오만함에 사로잡히고 어리석음에 빠져, 오래전 그들의 조상들이 세웠음에 분명한 전통 있는 제도들을 따르지 않고, 그들 자신의 성향에 따라 각자가 원하는 대로, 그들 스스로 법들을 만들고 그것을 지키며, 여러 곳에서 다양한 무리를 모았다. 따라서 우리는 곧 기독교 신자들에게 조상들의 제도에 순응하라는 명령을 내렸다. 그러나 많은 기독교 신자들이 위험에 빠졌고, 괴롭힘을 당하고 온갖 종류의 죽임을 당했음에도 불구하고, 그들 다수가 그 어리석음을 고수했기에, 우리는 기독교 신자들이 하늘의 신들에게 적절한 경배를 하지도 않고, 그들의 신을 예배하지도 않은 상황에 있다는 것을 알게 되었다. 모든 사람에게 용서를 베푸는 우리의 변함없는 관습을 고려하고 자비심을 베풀어, 우리는 이 문제에 있어서도 기꺼이 관용을 베풀기로 결정했다. 이제 다시 기독교 신자들은 기독교 신자로 살 수 있고, 그들이 모이곤 했던 집회소를 재건할 수 있다.*

이 칙령으로 로마제국의 기독교 박해는 거의 완전히 끝났고, 기독교는 합법적인 종교로 인정받았다.

콘스탄티누스의 기독교 공인

306년 아버지가 남긴 군대를 이끌고 반란을 일으킨 콘스탄티누스는

---

* Lactantius, *De Mortibus Persecutorum*, 34에도 갈레리우스의 칙령이 전하는데, 락탄티우스와 유세비우스가 310년대에 집필 활동을 했기 때문에 311년 칙령의 원본을 확보하고 있었던 것 같다. 그렇지만 락탄티우스는 칙령을 발표한 황제들의 이름을 전하지 않고, 유세비우스는 막시미누스 다이아를 제외한 세 명의 황제가 칙령을 발표했다고 전한다.

승승장구하여 영국과 프랑스 지역을 차지하고 307년 황제가 되었다. 콘스탄티누스가 황제가 되었을 때 그가 제국의 단독 통치자가 되고, 후대에 대제라는 칭호를 받을 만큼 위대한 업적을 세울 것이라고 믿는 사람은 아무도 없었다. 늙었지만 정제로서 확고한 기반을 가지고 있던 갈레리우스, 새로 정제로 임명받은 리키니우스, 그리고 은퇴한 막시미아누스의 아들 막센티우스가 군대를 거느리고 제국을 지배하고 있었다. 더욱이 콘스탄티누스는 출신이 비천했으므로 그를 도와줄 처가나 전통 귀족 가문도 없었다. 그의 어머니는 발칸반도 지역에서 살던 술집 여자였다. 아버지 콘스탄티우스는 정략결혼을 하기 위해 콘스탄티누스의 어머니를 버렸다.

그러나 콘스탄티누스는 유능한 사람이었다. 그는 어린 시절을 디오클레티아누스의 궁전에서 보냈다. 디오클레티아누스가 혹시나 콘스탄티우스가 딴마음을 먹을까 봐 콘스탄티누스를 볼모로 잡아놓았기 때문이다. 개인적으로 불행했을 것 같지만 이 시기는 콘스탄티누스에게 학습의 시기였다. 콘스탄티누스는 디오클레티아누스 밑에서 자라면서 통치술과 군대 지휘법을 배웠다. 디오클레티아누스가 양위한 후 연장 정제가 된 갈레리우스는 콘스탄티누스를 계속 붙잡아두려고 했다. 그의 아버지 콘스탄티우스를 견제하기 위함이었다. 그러나 이때 콘스탄티누스는 갈레리우스의 막사를 탈출하여, 영국에 있던 아버지에게로 갔다. 306년 아버지가 영국에서 갑자기 죽자, 그는 아버지 군대의 지지를 받아 스스로 황제가 되었다. 갈레리우스는 내란을 피하기 위해 콘스탄티누스를 서방의 부제로 임명했지만, 내심으로는 반란을 일으킨 그를 못마땅하게 생각하고 있었다.

콘스탄티누스의 실질적인 라이벌은 막센티우스였다. 갈레리우스는 늙은 데다 동방 지역을 차지하고 있어서 부딪힐 일이 적었다. 막센티우스는 이탈리아를 차지하고 있었고, 콘스탄티누스를 제거해 서방 전체를 차지하고 싶어 했다. 더욱이 콘스탄티누스는 막센티우스의 아버지를 죽인 원수였다. 막센티우스의 아버지 막시미아누스는 아들과 사이가 틀어진 후 사위인 콘스탄티누스의 궁정으로 피신했다. 콘스탄티누스가 그를 환대해주었지만, 막시미아누스는 권력욕을 버리지 못했다. 그는 콘스탄티누스가 라인강 동부로 야만족을 정벌하러 갔을 때 반란을 일으켰다. 콘스탄티누스는 반란을 진압한 후 막시미아누스를 죽였다. 이후 막센티우스는 콘스탄티누스가 자신의 아버지를 죽였다며 비난하곤 했다.

312년 콘스탄티누스는 알프스를 넘어 이탈리아로 원정을 떠났다. 콘스탄티누스는 적은 병력으로 공격해야 하는 처지였지만, 서방을 차지하려면 막센티우스를 반드시 격파해야 했다. 콘스탄티누스는 고심에 빠진 가운데 잠이 들어 꿈을 꾸었다. 교회사가 락탄티우스는 콘스탄티누스의 꿈에 대해 이렇게 적었다.

> 콘스탄티누스는 꿈속에서, 하늘의 표지를 군사들의 방패에 새겨놓은 후에 전투에 나가라는 지시를 받았다. 그는 명령받은 대로 방패에 X 문자를 쓰고 수직으로 선을 긋고 그 꼭대기에 둥글게 원을 그려 그리스도의 암호문이 되게 했다. 즉, ☧를 표시한 후, 군대는 전투에 들어갔다.[13]

이 문장에서 P와 X는 희랍어로 크리스토스Χριστος의 첫 두 글자이다. 콘스탄티누스의 꿈이 사실인지, 그가 꿈에서 보았다는 표시가 어떤 것인지 정확히 알 수는 없다. 콘스탄티누스가 실제로 군대에 사용하도록 한 문장에는 ☧ 위에 금과 보석으로 치장한 화관이 있었다. 이 화관이 태양을 상징한다는 주장도 있다. 어쨌든 이 문장을 사용하여 콘스탄티누스는 312년 밀비우스 다리 전투에서 결정적인 승리를 거두었다.

콘스탄티누스의 두상.

막센티우스를 물리친 후 콘스탄티누스는 서방을 장악하고 밀라노 칙령을 내려 갈레리우스의 기독교 공인을 재확인했다. 과연 이때 콘스탄티누스가 기독교 신자가 되었을까? 하느님의 징표를 받아 승리했고, 기독교를 공인하고 후원했던 황제가 기독교 신자인가, 아닌가를 묻는 것 자체를 이상하게 생각하는 사람도 있을 것이다. 그러나 문제는 그렇게 간단하지 않다.

기독교를 공인한 후에도 콘스탄티누스는 이교도 숭배, 특히 태양신 숭배를 계속했다. 콘스탄티누스는 310년 발행한 주화에서는 태양신을 자신의 보호자로 선전했고,* 313년에서 317년 사이에 발행한 주화의 4분의 3에 '황제의 보호자이신, 무적의 태양신께soli invicto comiti'라는 명문을 새겼다. 그는 318년경까지 계속 '불패의 태양신'을 새긴 주

---

* 콘스탄티누스가 태양신을 보호 신으로 설정하면서 그의 초상의 모습도 아우구스투스의 이미지를 닮은 것으로 바뀌었다. 이것이 현재 가장 널리 알려진 콘스탄티누스의 초상이다. R. Smith, "The Public Image of Licinius 1", *The Journal of Roman Studies*, 87, 1997, pp. 186~187.

화를 발행했다.[14] 따라서 적어도 318년까지 콘스탄티누스는 기독교 신자가 아니었다.

콘스탄티누스는 태양신을 섬겼을 뿐 아니라 임종 직전에야 세례를 받았다. 임종 직전에 세례를 받은 것을 어떻게 해석해야 할까? 콘스탄티누스가 기독교 신자였다고 믿는 사람들은 콘스탄티누스가 세례를 받고도 죄를 짓는 것을 피하고자 세례를 미루었다고 말한다. 그렇지만 임종 직전에 세례를 받는 것이 기독교의 보편적인 관습은 아니다. 이렇게 콘스탄티누스가 애매한 태도를 취했기 때문에 지금도 학자들은 콘스탄티누스가 언제부터 기독교 신자였는지 논쟁하고 있다.

콘스탄티누스가 언제부터 기독교 신자였는지는 확실하지 않지만, 기독교를 공인한 후 콘스탄티누스는 적극적으로 기독교를 후원했다. 콘스탄티누스는 박해 기간에 기독교 신자들로부터 압수한 재산을 돌려주었고, 여러 교회에 막대한 후원금을 주었다. 그리고 파괴된 교회를 복구하고 증축해주었다. 콘스탄티누스의 정책을 계승한 후대의 황제들은 사제들에게 면역의 특권을 주었다. 성직자들은 군대에 가지 않아도 되었고, 고된 노역을 하지 않아도 되었다. 신자들의 신앙생활을 돕기 위한 여러 가지 조치도 이루어졌다. 가령 노예라고 할지라도 수도사가 되고 싶다면 주인은 그것을 허락해야 했다.

이후 기독교는 비약적으로 발전하다가 마침내 로마제국의 국교가 되었다. 392년에 테오도시우스 황제가 모든 이교 신앙을 금지하는 칙령을 내렸고, 이 칙령에 따라 기독교를 제외한 모든 종교는 로마제국에서 소멸하게 되었다. 제국의 시민은 누구든 원하지 않는다고 해도 기독교 신자가 되어야 했다. 이후로 모든 서양인은 기독교 신자가 되거나 최소한 기독교 문화 속에서 살아야 했다.

18장
서로마제국의 멸망

3세기 위기 속에 펼쳐진 군인황제 시대

영원히 번영을 누릴 것 같던 로마제국도 3세기가 되면서 위기에 처한다. 위기는 철학자이자 황제였던 마르쿠스 아우렐리우스가 즉위하면서부터 시작되었다.

《명상록》의 작가인 마르쿠스 아우렐리우스는 조용히 사색하며 살았을 것 같지만 실제로는 그렇지 않다. 물론 황제가 되기 전 마르쿠스 아우렐리우스는 철학과 독서를 즐겼다. 161년에 황제가 된 후에도 스승들을 쫓아다니며 계속해서 철학을 배웠다. 그러나 황제가 된 후 그의 인생은 온통 전쟁으로 점철되었고, 재위 기간 내내 전장을 오가다가 전쟁터에서 죽었다. 그가 즉위한 해인 161년에 동방에서 파르티아가 쳐들어왔고, 162년부터는 북쪽에서 게르만족이 쳐들어왔다. 특히 쿠와디족, 마르코만니Marcomanni족과 같은 게르만족의 침입은 거세고 지속적이었다. 그들은 아테네를 위협했고, 로마로 통하는 관문인 아이퀼리아를 포위했다. 그렇게 전쟁터를 오가던 마르쿠스 아우렐리우스는 180년에 죽었다.

마르쿠스 아우렐리우스 사후 감당하기 힘들 정도로 외부의 침입이 강하게 계속되자, 다시 군인들이 득세하기 시작했다. 위기의 시대는 군인들의 시대이고, 그들의 몸값이 올라간다. 군인들의 몸값이 올라가면서 또다시 장군들이 정치에 등장하기 시작했다. 전장에서 공을 세우고, 충성스러운 병사들을 확보한 장군들은 황제가 되고 싶어 했다. 그리하여 제국은 다시 내란에 빠졌다. 외적의 침입이 계속되는 가운데 일어난 내란이 '3세기 위기'의 본질이다.

세력 있는 장군들이 황제 직을 노릴 수 있었던 것은 아우구스투스가 세운 원수정 체제의 특성 때문이다. 원수정은 제1시민이 다스리는 체제이므로 절대 세습의 원칙이 없었다. 아우구스투스 이후 관례에 따르면 현직 프린켑스가 능력과 자질이 입증되는 사람을 후계자로 삼고 교육을 시켰다. 프린켑스가 새 후보를 지명하면 원로원이 그를 승인하는 방식으로 후계 계승이 이루어졌다. 그러나 후계자를 정하지 못했거나, 후보자의 자질이 현격히 부족할 경우 원로원은 후계자를 거부할 수 있었다.

3세기 군인들의 시대가 되면서 칼과 군인들이 실질적으로 황제를 결정하게 되었다. 콤모두스(117~192)의 후임인 페르티낙스(193. 1~193. 3)의 암살 이후 일어났던 황제 직 경매 사건은 이를 잘 보여준다. 황제를 살해한 근위대는 황제 자리를 경매에 부쳤다. 그들은 황제 자리에 오르고 싶어 했던 술피키아누스와 율리아누스를 다른 방에 대기시키고 가격을 부르도록 했다. 병사가 오가면서 상대방이 부른 돈을 제시하면서 경매 가격을 올렸다. 경매 가격은 점점 치솟았고, 근위대원 1인당 6250데나리우스를 제시한 율리아누스(193. 3~193. 6)가 황제 자리를 샀다.

군인들이 황제 자리를 마음대로 주무르는 시대가 되자 황제들도 군인들 눈치를 보기에 바빴다. 율리아누스를 폐위시키고 황제가 된 셉티미우스 세베루스는 임종 때 두 아들에게 "화목하게 지내라. 병사들을 부유하게 하고 나머지는 무시하라"라고 말했다. 이 말은 3세기가 군인들의 시대였음을 단적으로 보여준다.

234년부터 284년까지 혼란은 극에 달했다. 군대를 등에 업은 장군들은 기회만 있으면 로마로 진격해 황제를 죽이고 새 황제 자리에 올랐다. 이 기간에 26명의 황제가 바뀌었는데, 그 가운데 수명을 다하고 자연사한 황제는 한 명밖에 없었다. 로마인은 사람이 죽으면 그 사람의 얼굴 모형(이마고)을 만들었는데, 이 시기 황제들의 이마고는 한결같이 고뇌에 찬 표정을 하고 있다. 언제 죽임을 당할지도 모르는 불안한 상황이 계속되었으니 당연한 일이다.

내우외환이 계속되었으므로 민중의 생활 조건은 날로 나빠졌다. 농토가 황폐화되었고 전쟁을 위한 징발이 잦았기 때문이다. 특히 인플레이션이 민중의 삶을 힘들게 했다. 당시 로마 정부는 전쟁에 드는 엄청난 돈을 충당하기 위해 악화를 남발했다. 원래 로마의 금화와 은화는 순도가 거의 100퍼센트에 가까웠다. 순도 100퍼센트를 유지하던 제정 초에 로마의 화폐는 국제적으로 통용되었다. 지중해 전역은 물론 멀리 인도에까지 대량으로 유통되었다. 그러나 전쟁을 수행하기 위해 로마 정부는 순도가 떨어진 화폐를 대량으로 발행했다. 3세기 중반에 오면 은화에 은이 1퍼센트도 들어 있지 않게 되었다. 순도가 떨어진 화폐를 대량으로 발행하면서 돈의 가치가 형편없이 떨어졌다. 1차 세계대전이 끝난 후 독일에서도 비슷한 이유에서 인플레이션이 발생했는데, 당시 독일인들은 빵 한 조각을 사기 위해 수레에 돈을 가득 싣고 가야 했다. 3세기 로마 상황은 더 심했다. 은행들조차도 정부가 발행하는 돈을 받아주지 않았기 때문이다.

극심한 위기가 계속되자 로마인은 이렇게 절규했다.

> 계속되는 페스트가 어디에서 오는지, 무서운 질병이 어디에서 오는지, 여러 가지의 파멸이 어디에서 오는지, 다양하고 많은 인간의 죽음이 어디에서 오는지, 왜 이 거대한 도시가 그렇게 많던 거주자를 이제는 가지고 있지 않은지 사람들은 놀라고 당황했다.[1]

이렇게 로마제국은 뿌리째 흔들리며 곧 멸망할 것만 같았다. 그러나 위대한 인물들이 나타나 로마를 중흥시켰다.

디오클레티아누스의 개혁

디오클레티아누스는 끝이 없을 것 같던 3세기의 위기를 극복하고, 로마제국을 다시 반석 위에 올려놓았다. 그는 일리리아(지금의 크로아티아) 출신으로 아버지가 노예였다. 이렇게 로마의 변방에서 태어난 매우 비천한 출신이었지만 그는 강인하고 고상한 인품을 지녔다. 일찍부터 군에 들어가 군인으로서 출세한 디오클레티아누스는 284년 로마의 황제가 되었다.

즉위 후 디오클레티아누스는 제국의 질서를 근본적으로 바꾸지 않으면 위기가 계속될 수밖에 없다고 생각했다. 디오클레티아누스는 먼저 황제의 권력을 강화했다. 이제까지 황제는 프린켑스(제1시민)였다. 그러나 앞으로 황제는 도미누스(주인이라는 뜻의 라틴어)이며, 이제 시민들은 황제를 자신들의 대표가 아니라 주인으로 모셔야 했다. 제국의 주인으로서 황제는 단독으로 통치했다. 이제 원로원은 제국의 반을 통치할 수 없고, 입법권을 갖지 못하며,* 후임 황제의 선출에도 관여할 수 없었다. 디오클레티아누스가 세운 이 새로운 통치 체제를 도미나투스라고 한다.

디오클레티아누스가 황제의 권한을 크게 강화했지만, 그가 세운 새로운 체제는 결코 동방식 전제군주제가 아니었다. 디오클레티아누스는 황제의 권한을 강화하는 한편 황제를 네 명으로 만들었다. 한 사람이 통치하기에 로마제국은 너무나 넓었다. 더욱이 사방에서 외적이 쳐들어오는 상황에서 군사령관인 황제는 끊임없이 전선으로 돌아다녀야 했다. 황제 한 명이 이런 상황을 모두 감당해낼 수는 없었다. 디오클레티아누스는 부하 장군 막시미아누스를 동료 정제로, 갈레리우스와 콘스탄티우스를 부제로 임명했다. 부제들은 정제들처럼 자율적으로 통치할 수 있는 지역을 받았지만, 정제의 지도를 받아야 했다. 그리고 정제들은 서로 협의해가며 제국을 운영했다. 이런 통치 체제를 사분 체제라고 한다.

신기하게도, 이때 디오클레티아누스는 임기제 황제를 구상했다. 부

---

* 최윤제, 〈2세기 말 로마제국의 위기와 셉티미우스 세베루스 정책의 도미나투스적 성격〉,《서양고대사연구》51, 2018, 149쪽. 원로원은 3세기 초부터 사실상 입법권을 상실했다.

디오클레티아누스가 만든 사분 체제를 상징하는 조각. 네 명의 황제가 부둥켜안은 모습으로 묘사되어 있다.

제로 선출되면 10년간 통치하고 나서 정제로 승진한다. 정제가 되어 10년을 더 통치하고 나면 은퇴한다. 디오클레티아누스는 황제의 임기제를 제도화하려고 노력했고, 본인이 모범을 보이고자 305년 동료 정제였던 막시미아누스(286~305)와 동반 은퇴했다.

임기제 황제를 구상한 디오클레티아누스의 생각은 너무나 혁신적이지만, 착상은 단순한 데서 나왔다. 20년을 통치하고 나면 아무리 젊은 나이에 황제가 된 사람이라도 늙기 마련이다. 늙은이는 기억력도 힘도 젊은이만 못하다. 늙은이가 황제 자리를 계속 차지하는 것은 낭비이자 죄악이다. 참으로 간단한 논리다. 권력의 단맛을 느낀 인간들이 그것을 실천하지 못하고 있을 뿐이다.

디오클레티아누스가 이 생각을 얼마나 철저하게 실천했는가를 보여주는 이야기가 있다. 디오클레티아누스가 동료 막시미아누스를 이끌고 은퇴한 후 부제였던 갈레리우스와 콘스탄티우스가 정제로 승진했다. 그리고 세베루스와 막시미누스 다이아(305~311)가 부제로 선출되었다. 새로운 부제의 선출도 주목할 만한 부분이다. 새로 정제가 된 콘스탄티우스에게는 아들 콘스탄티누스가 있었다. 정제에서 은퇴한 막시미아누스에게도 아들 막센티우스가 있었다. 그러나 디오클레티아누스는 이들을 부제로 뽑지 않았다. 혈연에 의한 세습이 아니라 능력에 따른 선출이라는 원칙을 세우고 싶었기 때문이다.

그런데 콘스탄티우스는 정제가 된 지 1년 만에 죽고 말았다. 콘스탄티우스가 죽자 그의 아들 콘스탄티누스가 병사들을 이끌고 반란을 일으켰다. 307년 그는 황제를 칭하면서 서방 지역을 차지했다. 이에 자극받은 막시미아누스의 아들 막센티우스도 반란을 꾀해 황제를 칭했다. 디오클레티아누스가 꿈꾸었던 임기제 황제 시스템이 붕괴한 것이다. 제국은 다시 일시적인 내란 상황에 빠졌다.

307년, 디오클레티아누스와 함께 은퇴했던 막시미아누스가 크로아티아에 있는 디오클레티아누스의 거처를 찾았다. 막시미아누스는 정국이 매우 불안하며 자신들의 고상한 이념이 짓밟히고 있다고 한탄했다. 그리고 디오클레티아누스에게 다시 정계에 나아가 어지러운 무리를 청산하고 질서를 바로잡자고 말했다.

디오클레티아누스는 워낙 훌륭한 장군이었고 황제였기 때문에 여전히 그를 따르는 무리가 많았다. 이때 디오클레티아누스가 시도했다면 충분히 정계에 복귀할 수 있는 상황이었다. 그러나 디오클레티아누스는 자기가 가꾸는 양배추 밭으로 막시미아누스를 데려갔다. 그러고는 이렇게 말했다. "내가 가꾼 양배추로 쌈을 싸 먹어보면 생각이 바뀔 걸세." 디오클레티아누스는 끝까지 정치에 나아가지 않았으며, 311년 조용히 숨을 거두었다.[2]

디오클레티아누스의 통치를 평가할 때 그의 정치 개혁 외에 조세 개혁도 반드시 살펴보아야 한다. 212년 카라칼라가 제국의 모든 자유민에게 시민권을 주었지만, 이탈리아 본토는 특별 행정 구역이었고, 그곳에 거주하는 자유인은 직접세를 면제받고 있었다. 디오클레티아누스는 정복민과 피정복민의 차이를 완전히 없애기 위해 이탈리아를 제국의 다른 지역과 똑같은 행정 구역으로 편제했다.[3] 이리하여 이탈리아가 누려오던 모든 특권이 소멸되었고, 로마는 명실상부하게 '보편 제국'이 되었다. 로마제국의 통치를 받는 모든 사람이 똑같은 자격을 가지고, 똑같은 부담을 지면서, 하나의 법과 정부 아래 살게 되었다.

서로마제국의 멸망

395년 테오도시우스 황제가 죽으면서 로마제국은 동서로 갈렸다. 이후 서로마제국은 476년 게르만 용병대장 오도아케르에게 멸망했고, 동로마제국은 1453년까지 계속되었다. 일반적으로 역사적 관심의 대상이 되어온 것은 서로마제국의 멸망이다. 흔히 로마제국의 멸망이라고 표현하는데, 이 말은 잘못된 것이다. 동서로 갈린 후 로마제국의 정통성은 동로마제국에 있었다. 그리고 흔히 비잔티움제국이라고 불리는 동로마제국은 어디까지나 로마제국이었다. 그곳에서 로마의 정치제도와 법률, 종교와 관습, 문화와 예술이 계승 발전되었다. 따라서 476년에 로마제국은 결코 멸망한 적이 없다. 사람들은 멸망한 적도 없는 로마제국이 멸망했다고 야단법석을 떨어왔던 것이다.

그렇다면 왜 서로마제국의 멸망이 로마제국의 멸망으로 둔갑했을까? 그것은 서양인들의 자기중심적인 시각에서 나왔다. 서양인들은 동로마제국의 존재를 인정하려고 하지 않았다. 위대한 로마의 법통이 동로마에 있다고 인정하면 동유럽의 역사적 정통성이 강화되기 때문이다. 그들의 눈에 로마제국의 중심은 서방이었고, 게르만족이 서방을 차지하면서 로마제국은 멸망한 것으로 보였다.

그렇다면 476년에 서로마제국은 왜 멸망했을까? 그 답은 너무나 명약관화하다. 게르만족이 쳐들어왔고, 서로마가 그들을 막아낼 수 없었기 때문이다. 원래 게르만족이란 로마의 국경선 밖에 살고 있던 야만족들을 통칭하는 말이다. 그 안에는 수많은 종족이 있다. 동고트족, 서고트족, 부르군트족, 반달족 등등. 4세기 후반 동양의 유목족인 훈족이 헝가리 평야로 진출하면서 게르만의 이동이 시작되었다.

4세기 후반 훈족의 압박에 놀라 로마의 변경으로 쫓겨 온 게르만족은 로마 황제 발렌스에게 편지를 보내 로마제국 내에서 살게 해달라고 간청했다. 발렌스는 새로운 병사들을 얻을 수 있다는 생각에 기꺼이 게르만족에게 땅을 주었다. 그런데 게르만족이 정착하는 과정에서 로마 관리들이 그들을 모욕하면서 온갖 부당한 대우를 했기 때문에, 게르만족이 참다못해 반란을 일으켰다. 여러 게르만 부족은 연합하여 376년 하드리아노폴리스에서 로마 황제 발렌스를 죽이고 그의 군대를 대파했다.

그러나 황제 한 명이 죽었다고 로마가 멸망하지는 않았다. 역사가천 년 이상 된 로마는 무서운 저력을 가지고 있었다. 새로 즉위한 테오도시우스(379~395)는 즉각 군대를 재소집하여 게르만족과의 전투에 들어갔다. 전투는 치열하게 전개되었지만 승패를 쉽게 가릴 수 없었고, 서로 협상하는 것이 좋다고 생각하게 되었다. 결국 테오도시우스는 그들에게 로마제국 내의 땅을 할당해주었고, 게르만족은 로마의 군대에 복무함으로써 그 은혜에 보답했다.

그 후 로마제국 내에 정착한 동고트족, 반달족, 서고트족이 몇 차례약탈을 자행하기는 했지만, 그들은 로마제국을 존중했고 로마의 문화를 배우고자 했다. 서고트족 추장이었던 아타울푸스의 말은 이런 게르만족의 태도를 잘 보여준다.

처음에 나는 로마라는 이름이 없어지고, 로마의 모든 땅이 고트족의 제국으로 바뀌기를 바랐다. 나는 로마의 영역이 고트인의 영역이 되고, 내가 세계의 황제가 되기를 원했다. 그러나 나는 고트인이 너무나 방종하여 법으로 통치되지 않는다는 것을 깨달았다. 법이 없다면 그 나라는 나라도 아니다. 그래서 나는 고트인의 활력으로써 로마의 영광을 복원하는 것이 훨씬 더 영예로운 길이라고 생각하게 되었다. 내가 로마제국의 형태를 바꾸는 것은 불가능하다. 나는 차라리 로마의 영광을 복원하는 시발자로 후세에 기억되고 싶다.[4]

4세기 후반에 내려온 게르만족은 이렇게 로마 문화를 배우면서 서서히 로마에 흡수되어갔다. 5세기와 6세기에도 게르만족의 이동은 계속되었고, 점차 그 규모가 커졌다. 로마제국 내로 들어온 게르만족이 갈수록 늘어나면서 서방은 점차 게르만족의 세상으로 변해갔다.

5세기 중반 이후 서로마제국 정부가 게르만족을 통제할 수 없었던 데는 서로마제국 황제들의 어리석음과 무능이 단단히 한몫했다. 5세기 초 집권했던 호노리우스 같은 인물은 게르만족이 진격해 온다는 소리만 들리면 싸우기는커녕 도망가버렸다. 호노리우스는 410년 서고트족의 추장 알라릭이 로마로 진격해 온다는 소리를 듣고 재빨리 라벤나로 도망갔다. 로마가 약탈당한 후 그의 환관이 "로마가 약탈당했습니다"라고 말하자, 그는 잠시 정신이 나갔던지 "누가 내 닭을 잡아먹었냐?"라고 말했다. 그가 애지중지하는 닭이 한 마리 있었는데, 그 닭의 이름도 로마였다. 그는 도시 로마보다 자신의 닭 소식이 더 궁금했던 것이다. 이렇게 무능한 황제들이 연이어 집권했기 때문에 서로마제국은 게르만족의 침입을 막아내지 못하고 멸망하고 말았다. 서양의 고대는 그렇게 종언을 고했다.

서문

1) 마르크 반 드 미에룹, 김구원 옮김, 《고대 근동 역사》, CLC(기독교문서선교회), 2010, 84~85쪽.

2) 강승일, 《이스라엘과 고대 근동의 점술》, CLC, 2015, 39~40쪽.

3) 벤슨 보브릭, 이상근 옮김, 《점성술로 되짚어보는 세계사》, 까치, 2006, 221쪽.

4) 커크 헤리엇, 정기문 옮김, 《지식의 재발견》, 이마고, 2009, 59쪽.

5) 벤슨 보브릭, 앞의 책, 31~32쪽.

6) 김문환, 《유물로 읽는 이집트 문명》, 지성사, 2016, 13~14쪽.

7) 마틴 버낼, 오홍식 옮김, 《블랙 아테나의 반론: 마틴 버낼이 비평가들에게 답하다》, 소나무, 2017.

8) 알베르토 망구엘, 김헌 옮김, 《일리아스와 오디세이아 이펙트》, 세종서적, 2012, 72쪽, 168~200쪽.

1장 메소포타미아 문명

1) 발터 부르케르트, 남경태 옮김, 《그리스 문명의 오리엔트 전통》, 사계절, 2008, 35쪽, 55~56쪽.

2) 앤드류 로빈슨, 박재욱 옮김, 《문자 이야기》, 사계절, 2003, 82쪽.

3) Mariana Giovino, *The Assyrian Sacred Tree: A History of Interpretations*, Academic Press, 2007, p. 18.

4) 장 보테로, 최경란 옮김, 《메소포타미아: 사장된 설형문자의 비밀》, 시공사, 1998, 45~46쪽.

5) Martin Roberts, *The Ancient World*, Nelson, 1979, pp. 52~54.

6) 〈창세기〉 11:1-9.

7) Alonzo Trévier Jones, *Empires of the Bible*, Teach Services, 2004, p. 3.

8) EBS 다큐프라임 〈위대한 바빌론 제2부 바벨탑〉 (2013년 1월 방영).

9) Charles Gates, *Ancient Cities*, Routledge, 2003, p. 58.

10) 조철수,《메소포타미아와 히브리 신화》, 길, 2000, 50쪽.

2장 메소포타미아를 지배했던 종족들

1) 이동규, 〈제7차 교육과정 고등학교 세계사 교과서의 오리엔트 문명 서술 분석: 오리엔트 문명 일반과 메소포타미아 문명의 내용을 중심으로〉,《역사교육》114, 2010, 105쪽.

2) 마르크 반 드 미에룹, 김구원 옮김,《고대 근동 역사》, CLC, 2010, 60쪽.

3) Richard J. Clifford, *Wisdom Literature in Mesopotamia and Israel*, Society of Biblical, 2007, p. 4.

4) 학교에 대한 내용은 새뮤얼 노아 크레이머, 박성식 옮김,《역사는 수메르에서 시작되었다》, 가람기획, 2000, 23~40쪽을 참조했고, 특히 본문의 마지막 대화는 39쪽에서 재인용했다.

5) 제임스 B. 프리처드 편, 강승일 외 옮김,《고대 근동 문학 선집》, CLC, 2016, 177~178쪽, Tremper Longman, *Fictional Akkadian Autobiography: A Generic and Comparative Study*, Eisenbrauns, 1991, pp. 56~57.

6) 클라아스 R. 빈호프, 배희숙 옮김,《고대 오리엔트 역사》, 한국문화사, 2015, 62쪽.

7) 한상수,《왜 함무라비 법전을 만들었을까?》, 자음과 모음, 2010, 68쪽.

8) C. W. 세람, 오흥식 옮김,《발굴과 해독》, 푸른역사, 1999, 147~158쪽.

9) 강창훈,《철의 시대: 철과 함께한 인류의 역사》, 창비, 2015.

10) Richard A. Gabriel, *The Great Armies of Antiquity*, Greenwood, 2002, p. 75.

11) Emmet John Sweeney, *The Ramessides, Medes, and Persians*, Algora, 2008, p. 104.

12) Paul Bentley Kern, *Ancient Siege Warfare*, Souvenir, 2000, p. 68.

13) 조르주 루, 김유기 옮김,《메소포타미아의 역사 2》, 한국문화사, 2013, 144쪽.

14) 마르크 반 드 미에룹, 앞의 책, 272쪽.

15) Lucianos, *Inspectores*, 23.

16) 마르크 반 드 미에룹, 앞의 책, 379쪽에서 재인용.

17) Peter Spring, *Great Walls and Linear Barriers*, Pen and Sword Military, 2015.

18) Michelle Laliberte, *What Are the 7 Wonders of the Ancient World?*, Enslow, 2013, p. 20.

19) Vitruvius Pollio, *The Ten Books on Architecture*, 7, 13.

20) Glenn Markoe, *Phoenicians*, University of California Press, 2000, pp. 156~157.

21) 마르크 반 드 미에룹, 앞의 책, 299쪽.

22) 안토니우스 H. J. 군네벡, 문희석 옮김, 《이스라엘 역사》, 한국신학연구소, 1998, 42~44쪽.

23) 강승일, 《이스라엘과 고대 근동의 점술》, CLC, 2015, 30~33쪽.

24) 정기문, 《그리스도교의 탄생》, 길, 2015, 67~76쪽, 김기흥, 《유일신 야훼: 역사와 그의 실체》, 삼인, 2019, 16~17쪽.

25) 안나 반잔, 송대범 옮김, 《페르시아: 고대 문명의 역사와 보물》, 생각의나무, 2008, 9쪽.

26) Xenophon, *Cyropaedia*, 1, 3.

27) 마르크 반 드 미에룹, 앞의 책, 422쪽에서 재인용.

28) Gerda Lerner, *The Creation of Patriarchy*, Oxford University Press, 1986, p. 63.

29) 마르크 반 드 미에룹, 앞의 책, 427~428쪽.

30) 안나 반잔, 앞의 책, 80쪽.

31) Benjamin George Wilkinson, *Truth Triumphant: The Church in the Wilderness*, Hartland, 2004, pp. 126~127.

32) 메소포타미아 부분은 정기문, 〈문명의 고향, 메소포타미아〉, 《14가지 테마로 즐기는 서양사》, 푸른역사, 2019에 실린 내용을 수정한 것이다.

3장 태양과 피라미드의 나라, 이집트

1) 장 베르쿠테, 송숙자 옮김, 《잊혀진 이집트를 찾아서》, 시공사, 1995, 29~87쪽.

2) 샹폴리옹 해독의 자세한 과정은 박영수, 《역사 속에 숨겨진 코드 암호 이야기》, 북로드, 2006 참조.

3) 요시무라 사쿠지, 김이경 옮김, 《고고학자와 함께하는 이집트 역사기행》, 서해문

집, 2002, 16쪽.

4) Quirke, *Exploring Religion in Ancient Egypt*, John Wiley & Sons, 2014, p. 13.

5) 게이 로빈스, 강승일 옮김,《이집트의 예술》, 민음사, 2008, 14쪽.

6) 이봉규,《이집트 피라미드 기행》, 화산문화, 2005, 56~58쪽.

7) 키릴 알드레드, 신복순 옮김,《이집트 문명과 예술》, 대원사, 1998, 162~164쪽.

8) 피라미드에 대한 서술은 정기문,《역사보다 재미있는 것은 없다》, 신서원, 2001
에 실린 내용을 수정한 것이다.

9) 차영길,《왜 이집트 인들은 피라미드를 지었을까?》, 자음과모음, 2010, 114~
122쪽.

10) M. Bunson, *A Dictionary of Ancient Egypt*, Oxford Uni. Press, 1991, p. 252.

11) 요시무라 사쿠지, 앞의 책, 149~153쪽.

12) 김봉철,《영원한 문화도시 아테네》, 청년사, 2002, 33~34쪽.

13) 이태원,《이집트의 유혹》, 기파랑, 2009, 114~116쪽.

14) Howard Carter and A. C. Macepp, *The Discovery of the Tomb of
Tutankhamen*, Courier, 2012, pp. 69~70.

15) Howard Carter, *The Tomb of Tutankhamun: Volume 2: The Burial Chamber*,
Bloomsbury, 1923, p. 137.

16) 헤로도토스, 김봉철 옮김,《역사》, 길, 2017, 250~251쪽.

4장 이집트의 역사와 영웅들

1) 유성환,〈벤트라시 석비: 위작 역사기술 및 신화학적 분석〉,《서양고대사연구》
48, 2017, 12쪽.

2) 앤드류 로빈슨, 박재욱 옮김,《문자 이야기》, 사계절, 2003, 93쪽.

3) Alan K. Bowman, *Egypt After the Pharaohs 332 BC-AD 642: From Alexander to
the Arab Conquest*, University of California Press, 1989, p. 16.

4) Juan Carlos Moreno García ed., *Ancient Egyptian Administration*, Brill, 2013,
p. 460.

5) Maulana Karenga, *Maat, the Moral Ideal in Ancient Egypt: A Study in Classical
African Ethics*, Psychology, 2004, pp. 64~65, Kathleen Kuiper Manager

ed., *Ancient Egypt: From Prehistory to the Islamic Conquest*, The Rosen, 2010, p. 131.

6) 키릴 알드레드, 신복순 옮김, 《이집트 문명과 예술》, 대원사, 1998, 234쪽.

7) 게이 로빈스, 강승일 옮김, 《이집트의 예술》, 민음사, 2008, 160~162쪽.

8) 오홍식, 〈필리스티아인들의 원고향: 캅토르(Caphtor, 크레타)?〉, 《서양고대사연구》 51, 2018, 36쪽.

9) 강성일, 〈이집트의 이단아 아켄아텐〉, 국립중앙박물관 은하문화학교 교육자료, 2009, 13~14쪽.

10) 유성환, 〈아마르나 시대 예술에 투영된 시간관: "베를린 석비"에 묘사된 왕실 가족의 정경을 중심으로〉, 《인문논총》 73-4, 2016, 417쪽.

11) 강성일, 앞의 글, 3쪽.

12) 유성환, 앞의 글, 2016, 436쪽.

13) Pamela Bradley, *The Ancient World Transformed*, Cambridge University Press, 2014, p. 158.

14) 카데시 전투의 전개 과정 및 람세스 2세가 게시한 선전비의 내용에 대해서는 C. W. 세람, 오홍식 옮김, 《발굴과 해독》, 푸른역사, 1999, 187~240쪽 참조.

15) 함규진, 《조약으로 보는 세계사 강의》, 제3의공간, 2017, 23쪽.

16) 조이스 타일드슬레이, 김훈 옮김, 《람세스, 이집트의 가장 위대한 파라오》, 가람기획, 2001, 29~31쪽.

17) 위의 책, 54쪽에서 재인용.

18) 정동연, 《고대 문명의 탄생》, 살림, 2018, 74~75쪽.

19) 마르크 반 드 미에롭, 김구원 옮김, 《고대 근동 역사》, CLC, 2010, 237~238쪽.

5장 에게해 문명

1) Martin Roberts, *The Ancient World*, Nelson, 1979, p. 124.

2) 김진경, 《고대 그리스의 영광과 몰락》, 안티쿠스, 2009, 49쪽.

3) 위의 책, 53쪽.

4) 신선희·김상엽, 《이야기 그리스·로마사》, 청아, 2005, 27쪽.

6장 그리스의 신화, 사상, 그리고 문화

1) H. D. F. 키토, 박재욱 옮김, 《고대 그리스, 그리스인들》, 갈라파고스, 2008, 54~56쪽.

2) 최혜영, 〈고대 지중해 식민 활동과 여성〉, 《서양고대사연구》 52, 2018, 109쪽.

3) 신선희·김상엽, 《이야기 그리스·로마사》, 청아, 2005, 85~87쪽.

4) 폴 카트리지, 이은숙 옮김, 《스파르타 이야기》, 어크로스, 2011, 262~263쪽.

5) Judith Swaddling, *The Ancient Olympic Games*, University of Texas Press, 1999, pp. 41~42.

7장 그리스의 철학과 소크라테스

1) 이정우, 《세계 철학사 1》, 길, 2013, 58~60쪽.

2) H. D. F. 키토, 김진경 옮김, 《그리스 문화사》, 탐구당, 2004, 314~315쪽.

3) 김헌, 《인문학의 뿌리를 읽다》, 이와우, 2016, 233쪽.

4) 찰스 밴 도렌, 오창호 옮김, 《지식의 역사》, 고려문화사, 1995, 84~88쪽.

5) 이정우, 앞의 책, 88쪽.

6) 윌리엄 J. 프라이어, 오지은 옮김, 《덕과 지식, 그리고 행복》, 서광사, 2010, 77~78쪽.

7) Cicero, *Tusculanae disputationes*, 5, 10.

8) 강철웅 외, 《서양고대철학 1》, 길, 2013, 343쪽.

9) 위의 책, 426쪽.

10) 김헌, 《위대한 연설》, 인물과사상사, 2008, 39~41쪽.

11) 호메로스, 천병희 옮김, 《오뒷세이아》, 단국대학교출판부, 2000, 7, 245~260.

12) 조현미, 〈그리스 세계의 인간 숭배 전통: 알렉산드로스 이전까지의 신격화 선례를 중심으로〉, 《서양고대사연구》 20, 2007, 45쪽.

13) 호메로스, 천병희 옮김, 《일리아스》, 숲, 2007, 24, 258~259.

14) Tallay Ornan, *The Triumph of the Symbol: Pictorial Representation of Deities in Mesopotamia and the Biblical Image Ban*, Saint-Paul, 2005, pp. 168~169.

15) 소포클레스, 《안티고네》, 332~362(천병희, 《소포클레스 비극 전집》, 숲, 2008, 108~109쪽).

16) 손윤락, 〈아리스토텔레스에 있어서 '소통하는 시민' 개념: 대학의 시민 인성교육을 위한 연구〉, 《서양고대사연구》 52, 2018, 15쪽.

17) Patrick V. Reid, *Readings in Western Religious Thought: The Ancient World*, Paulist Press, 1987, p. 81.

18) 퓌스텔 드 쿨랑주, 김응종 옮김, 《고대도시》, 아카넷, 2000, 8쪽.

19) Vassilis Vitsaxis, *Thought and Faith: The concept of divinity*, Somerset Hall Press, 2009, p. 480.

20) Leonid Livak, *The Jewish Persona in the European Imagination: A Case of Russian Literature*, Stanford University Press, 2010, p. 42.

21) 김칠성, 《에게 · 그리스문명 · 로마제국: 지중해, '오래된 미래'를 찾아서》, 살림, 2018, 126~127쪽.

8장 희극과 비극, 역사 서술

1) 김헌, 《인문학의 뿌리를 읽다》, 이와우, 2016, 94쪽.

2) 위의 책, 100쪽에서 재인용.

3) 위의 책, 101쪽에서 재인용.

4) 대니얼 버트, 김지원 옮김, 《호모 리테라리우스》, 세종서적, 2000, 89쪽.

5) Nora Goldschmidt & Barbara Graziosi ed., *Tombs of the Ancient Poets: Between Literary Reception and Material Culture*, Oxford Univ. Press, 2018, p. 32.

6) 최혜영, 《그리스 비극 깊이 읽기》, 푸른역사, 2018.

7) 헤로도토스, 김봉철 옮김, 《역사》, 길, 2016, 24쪽.

8) 위의 책, 23쪽.

9) 김봉철, 《이소크라테스: 전환기 그리스 지식인》, 신서원, 2004, 309~311쪽.

10) C. M. 바우라, 이창대 옮김, 《그리스 문화예술의 이해》, 철학과현실사, 2006, 140~141쪽.

11) 김봉철, 〈헤로도토스의 『역사』에 나타난 다문화 인식〉, 《서양사론》 135, 2017.

12) 헤로도토스, 앞의 책, 28쪽.

13) 헤로도토스, 앞의 책, 377~379쪽.

14) Joseph J. Kerski, *Interpreting Our World: 100 Discoveries That Revolutionized*

Geography, ABC-CLIO, 2016, p. 162.

15) 빅터 데이비스 핸슨, 임웅 옮김,《고대 그리스 내전, 펠로폰네소스 전쟁》, 가인
비엘, 2009, 26~28쪽.

9장 아테네의 역사와 민주주의

1) H. D. F. 키토, 박재욱 옮김,《고대 그리스, 그리스인들》, 갈라파고스, 2008, 23쪽,
김진경,《고대 그리스의 영광과 몰락》, 안티쿠스, 2009, 20~21쪽.

2) 김창성,《로마 공화국과 이탈리아 도시》, 메이데이, 2010, 77쪽.

3) 최혜영,〈고전기 아테네의 식민 활동과 트립톨레모스〉,《서양고전학연구》 55-2,
2016, 9쪽.

4) 윌리엄 포레스트, 김봉철 옮김,《그리스 민주정의 탄생과 발전》, 한울아카데미,
2001, 112쪽.

5) 앙드레 보나르, 김희균 옮김,《그리스인 이야기 1》, 책과함께, 2011, 188쪽 참조.

6) 토머스 R. 마틴, 이종인 옮김,《고대 그리스사》, 책과함께, 2015, 233~234쪽.

7) Eric W. Robinson, Ancient Greek Democracy: Readings and Sources, Wiley-
Blackwell, 2003, p. 79.

8) 헤로도토스,《역사》, 1. 60.

9) 이상덕,〈판아테나이아 부상 암포라(Panathenaic Prize Amphora)의 도상과 페이
시스트라토스의 연관성〉,《서양사론》 135, 2017, 235~236쪽.

10) 허승일 외,《인물로 보는 서양고대사》, 길, 2006, 122~123쪽.

11) 헤로도토스, 앞의 책, 6. 112(헤로도토스, 김봉철 옮김,《역사》, 길, 2016, 647쪽).

12) Waldo E. Sweet, Sport and Recreation in Ancient Greece: A Sourcebook with
Translations, Oxford University Press, 1987, p. 34.

13) 헤로도토스, 천병희 옮김,《역사》, 숲, 2009, 703쪽.

14) Josiah Ober, Athenian Legacies: Essays on the Politics of Going on Together,
Princeton University Press, 2015, p. 58.

15) 투퀴디데스, 천병희 옮김,《펠로폰네소스 전쟁사》, 숲, 2011, 482쪽.

16) Loren J. Samons II, Pericles and the Conquest of History: A Political Biography,
Cambridge University Press, 2016, pp. 81~82.

17) 투퀴디데스, 앞의 책, 168~170쪽(2권 6장, 35~45).

18) 김봉철,《영원한 문화도시 아테네》, 청년사, 2002, 86~87쪽 참조.

19) 크세노폰,《헬레니카》, 1. 7.

20) 윌리엄 포레스트, 앞의 책, 53쪽.

21) 위의 책, 292쪽에서 재인용. 아테네 민주주의에 대한 평가 부분은 정기문,《14가
지 테마로 즐기는 서양사》, 푸른역사, 2019에 실린 내용을 정리한 것이다.

10장 그리스의 분열과 헬레니즘의 탄생

1) 폴 카트리지, 이은숙 옮김,《스파르타 이야기》, 어크로스, 2011, 74쪽.

2) C. M. 바우라, 이창대 옮김,《그리스 문화예술의 이해》, 철학과현실사, 2006, 31쪽.

3) Strabon, 8, 5, 4. 김진경 외,《서양고대사강의》, 한울, 2018, 67~68쪽에서 재인용.

4) Robert Garland, *Daily Life of the Ancient Greeks*, Greenwood, 1998, p. 80.

5) 스파르타에 관한 부분은 허승일,《스파르타 교육과 시민생활》, 삼영사, 1998을
정리한 것이다.

6) 이근혁,《알렉산드로스와 헬레니즘: 동서융합의 대제국을 꿈꾸다》, 살림, 2018,
160~168쪽.

7) 퀸투스 쿠르티우스 루푸스, 윤진 옮김,《알렉산드로스 대왕 전기》, 충북대학교출
판부, 2010, 360~361쪽.

8) 통합유럽연구회,《박물관 미술관에서 보는 유럽사》, 책과함께, 2018, 28~34쪽.

9) 아르키메데스,《모래 숫자 세기》(월뱅크, 김경현 옮김,《헬레니즘 세계》, 아카넷, 2002,
226쪽에서 재인용).

11장 로마의 탄생과 발전

1) 프리츠 하이켈하임, 김덕수 옮김,《로마사》, 현대지성사, 1999, 31~33쪽.

2) 조반니 베리 외 편집, 정기문 옮김,《청소년의 역사 1》, 새물결, 2007, 88~90쪽.

3) 최혜영, 〈루페르칼리아 축제, 루파(암늑대)와 고대 로마의 기원〉,《역사학연구》
30, 호남사학회, 2007.

4) Francesca Fulminante, *The Urbanisation of Rome and Latium Vetus*, Cambridge
University Press, 2014, p. 87, 김창성,《사료로 읽는 서양사 1》, 책과함께,

2014, 240쪽.

5) 차전환,《로마 제국과 그리스 문화》, 길, 2016, 46~53쪽.

12장 로마 공화정의 전개

1) 정기문,《로마는 어떻게 강대국이 되었는가?》, 민음인, 2010, 127~129쪽.

2) Weiping Sun & Mingcang Zhang, The "New Culture": From a Modern Perspective, Springer, 2015, p. 63.

3) Cicero, De Oratore, I. 44.

4) E. Gjerstad, Early Rome, Lund, 1953, p. 48.

5) Paula Landart, Finding Ancient Rome: Walks in the City, Paula Landart, 2015, p. 50.

6) John M. Kistler, Animals in the Military, Abc-Clio, 2010, p. 71.

7) Peter Mitchell, Paul Lane et al., eds., The Oxford Handbook of African Archaeology, Oxford Univ. Press, 2013, p. 769.

8) 차전환, 〈포에니 전쟁: 카르타고 문명의 몰락〉,《서양고대사연구》35, 2013, 82~83쪽.

9) 프리츠 하이켈하임, 김덕수 옮김,《로마사》, 현대지성사, 1999, 174~176쪽.

10) 한동일,《법으로 읽는 유럽사》, 글항아리, 2018, 126~127쪽.

11) 김화니, 〈속주 시칠리아 총독 베레스의 재판(기원전 70년)을 통해 본 반환법과 반환법정의 한계〉, 서울대학교 석사학위논문, 2020, 30쪽.

12) 허승일, 〈가이우스 그라쿠스의 사법 개혁: 그의 반환법을 중심으로〉,《역사교육》89, 2004, 262~265쪽.

13) 허승일 외,《인물로 보는 서양고대사》, 길, 2006, 396~401쪽.

14) 폴리비우스의 진술과 그것이 폴리비우스의 창작일 가능성에 대해서는 Nikos Miltsios and Melina Tamiolaki ed., Polybius and His Legacy, Walter de Gruyter, 2018 참조.

15) 존 워리, 임웅 옮김,《서양 고대 전쟁사 박물관》, 르네상스, 2006, 228~229쪽 참조.

16) 허승일 외, 앞의 책, 334~347쪽.

17) Livius, *ab urbe condita*, 26, 36.

13장 그라쿠스 형제의 개혁

1) Plutarchos, *Tiberius Gracchus*, 9, 5(플루타르코스, 천병희 옮김,《플루타르코스 영웅전》, 숲, 2010, 419쪽).

2) Jan H. Blits, *Telling, Turning Moments in the Classical Political World*, Lexington Books, 2011, pp. 115~117.

3) Homeros, *Odysseia*, 1, 47.

4) 그라쿠스 형제와 소스키피오의 관계에 대해서는 허승일,《로마 공화정 연구》, 서울대학교출판부, 1995, 204~225쪽 참조.

14장 로마 공화정의 몰락

1) 배은숙,《강대국의 비밀》, 글항아리, 2008, 304쪽.

2) 허승일 외,《인물로 보는 서양고대사》, 길, 2006, 458쪽에서 재인용.

3) 배은숙, 앞의 책, 25쪽.

4) 술라에 대해서는 허승일 외, 앞의 책, 483~500쪽 참조.

5) 정기문,《로마는 어떻게 강대국이 되었는가?》, 민음인, 2010, 40~44쪽.

6) Plutarchos, *Caesar*, 1.

7) Cicero, *Brutus*, 261.

8) 이디스 해밀턴, 정기문 옮김,《고대 로마인의 생각과 힘》, 까치, 2009, 126쪽.

9) 홉스보옴·랑거 편, 최석영 옮김,《전통의 날조와 창조》, 서경문화사, 1996, 455~465쪽.

10) 김경현,〈율리우스 카이사르의 신격화: 그리스·로마 전통의 종합〉,《서양고대사연구》 26, 2010, 269쪽. 데우스와 디부스는 처음에는 잘 구분되지 않다가 제정 초 언젠가부터 구분되었던 것 같다. 김경현,〈율리우스 카이사르 생전의 신격화〉,《서양고대사연구》 19, 2006, 43~45쪽 참조.

11) 김경현,〈율리우스 카이사르 생전의 신격화〉,《서양고대사연구》 19, 2006.

12) L. S. Nasrallah, *Christian Responses to Roman Art and Architecture*, Cambridge University Press, 2010, pp. 112~113.

13) Susan Treggiari, *Servilia and her Family*, Oxford University Pres, 2019, p. 103.

14) 허승일, 〈율리우스 카이사르의 암살: 로마 시민들의 민의는 어떠했는가?〉, 《서울대학교 명예교수회보》 16, 2020, 131 134쪽.

15) 허승일, 《로마 공화정 연구》, 서울대학교출판부, 1988, 141쪽.

15장 로마 제정의 수립

1) Augustus, *Res Gestae Divi Augusti*, 34, 1.

2) Karen Radner ed., *State Correspondence in the Ancient World: From New Kingdom Egypt to the Roman Empire*, Oxford University Press, 2014, pp. 175~176.

3) John Cairns and J. Plessis ed., *Beyond Dogmatics: Law and Society in the Roman World*, Edinburgh: Edinburgh Univ. Press, 2007, pp. 114~115.

4) 최윤제, 〈2세기 말 로마제국의 위기와 셉티미우스 세베루스 정책의 도미나투스적 성격〉, 《서양고대사연구》 51, 2018, 149쪽.

5) 아우구스투스의 제정 수립 과정은 김덕수, 《아우구스투스의 원수정》, 길, 2013, 156~162쪽 참조.

6) 안희돈, 《네로황제 연구》, 다락방, 2004, 25~34쪽.

7) 반기현, 〈원수정기 동방속주에서의 군대 주둔과 도시화〉, 《서양고대사연구》 49, 2017.

8) 안희돈, 앞의 책, 94쪽.

9) Claudianus, *On Stilicho's Consulship*, 3, 130ff.

10) 플루타르코스, 김병철 옮김, 《플루타르크 영웅전 7》, 범우사, 1994, 12~13쪽.

11) 정기문, 《로마는 어떻게 강대국이 되었는가?》, 민음인, 2010, 169~170쪽.

12) 강대진, 《그리스 로마 서사시》, 북길드, 2012, 220~221쪽.

13) Aulus Gellius, *Noctes Atticae*, 17, 7.

14) 이디스 해밀턴, 정기문 옮김, 《고대 로마인의 생각과 힘》, 까치, 2009, 240~241쪽.

15) Donald Langmead & Christine Garnaut, *Encyclopedia of Architectural and Engineering Feats*, Abc-Clio, 2001, p. 256.

16) 김혜경, 《일곱 언덕으로 떠나는 로마 이야기》, 인문산책, 2010, 18쪽.

17) 신상화, 《로마: 물의 도시, 돌의 도시, 영원의 도시》, 청년사, 2004, 39~40쪽.

18) Cicero, *De Natura Deorum*, 2, 3, 8.

19) 정태남, 《건축으로 만나는 1000년 로마》, 21세기북스, 2013, 179~189쪽.

20) Daniel J. Boorstin, *The Creators: A History of Heroes of the Imagination*, Vintage Books, 2012, p. 124.

21) Sextus Julius Frontinus, *De Aquis urbis Romae*, 1, 1, 16.

22) 프레데리크 들루슈 편, 윤승준 옮김, 《새 유럽의 역사》, 까치, 1995, 83쪽.

16장 기독교의 탄생과 발전

1) 〈이사야〉 11:10-12.

2) 옷토 카이저, 이경숙 옮김, 《구약성서 개론》, 분도출판사, 1995, 353쪽.

3) 〈다니엘〉 12:2.

4) 정기문, 《그리스도교의 탄생》, 길, 2016, 82~83쪽.

5) 플라비우스 요세푸스, 박정수·박찬웅 옮김, 《유대전쟁사 1》, 나남, 2008, 205~206쪽.

6) 정기문, 앞의 책, 101~106쪽.

7) 〈사도행전〉 3:21-24.

8) 박정수, 〈유대교의 사마리아 통합의 갈등과 초기기독교의 선교〉, 《신약논단》 14-1, 2007, 217~220쪽.

9) John P. Meier, *A Marginal Jew: Rethinking the Historical Jesus Volume V*, New Haven, 2016, p. 222.

10) 〈사도행전〉 11:2-3.

11) 한미연, 〈사도행전의 ὅραμα(환상)에 대한 연구〉, 한세대학교 석사학위논문, 2017, 59~61쪽.

12) 〈갈라티아 신자들에게 보낸 서간〉 3:11-13.

13) 위의 글, 2:12-14.

14) 〈로마 신자들에게 보낸 서간〉 3:29-31.

15) Julian the Apostate, *Letter to Arsacius*. 기독교의 탄생 부분은 정기문, 《한국인을 위한 서양사》, 푸른역사, 2003에 실린 내용을 수정한 것이다.

16) 박윤덕 외, 《서양사 강좌》, 아카넷, 2017, 82~84쪽.

17장 로마제국의 기독교 박해

1) Tacitus, *Annales*, 15, 44.

2) 위의 책, 15, 44.

3) K. P. Donfried & P. Rchardson ed., *Judaism and Christianity in First-Century Rome*, W. Eerdmans, 1998, p. 182.

4) 최기호, 〈2·3세기 로마제국의 기독교 박해사 연구〉, 목원대학교 석사학위논문, 2007, 7쪽.

5) Dio Cassius, *Historia Romana*, 67, 14, 1-2.

6) Rodney Stark, *Discovering God*, HarperCollins, 2007, p. 313.

7) Plinius, *Epistulae*, 10, 96.

8) Plinius, *Litterae*, 10, 97.

9) George Brauer, *The Age of the Soldier Emperors*, Noyes Press, 1975, p. 14, 램지 맥멀렌, 김창성 옮김, 《로마제국의 위기》, 한길사, 2012, 46~47쪽.

10) G. T. Oborn, "Why did Decius and Valerian Proscribe Christianity?", *Church History*, 2-2, 1933, p. 67.

11) Pap. Hamburg. 1910. (J. R. Knipfling, "The Libelli of the Decian Persecution", *The Harvard Theological Review*, 16-4, 1923, p. 367.)

12) Eusebius, *De Martyribus Palestinæ*, ch. 3.

13) Lactantius, *De Mortibus Persecutorum*, 44.

14) R. A. G. Carsons, *Coins of the Roman Empire*, London, 1990, p. 159, p. 239.

18장 서로마제국의 멸망

1) Eusebius, Ἐκκλησιαστικὴ ἱστορία, 7. 21. 9.

2) Stephen Williams, *Diocletian and the Roman Recovery*, Routledge, 1985, p.196.

3) Fergus Millar, *Rome, the Greek World, and the East: Volume 2*, Univ. of North Carolina Press, 2005, p. 374.

4) Orosius, *Pauli Orosii historiarum adversum paganos libri*, 7, 43.

처음부터 다시 배우는 서양고대사

메소포타미아·이집트 문명부터 서로마제국 멸망까지

1판 1쇄 2021년 3월 2일
1판 2쇄 2021년 12월 17일

지은이 | 정기문

펴낸이 | 류종필
책임편집 | 정헌경
편집 | 이정우, 이은진
마케팅 | 이건호
경영지원 | 김유리
표지 디자인 | 박미정
본문 디자인 | 이미연

펴낸곳 | (주) 도서출판 책과함께
　　　　주소 (04022) 서울시 마포구 동교로 70 소와소빌딩 2층
　　　　전화 (02) 335-1982
　　　　팩스 (02) 335-1316
　　　　전자우편 prpub@hanmail.net
　　　　블로그 blog.naver.com/prpub
　　　　등록 2003년 4월 3일 제25100-2003-392호

ISBN 979-11-91432-01-5 03920